W0197658

Das Prinzip Partnerschaft

Das Prinzip Partnerschaft

Neue Formen von Governance im 21. Jahrhundert

Herausgegeben von der
Alfred Herrhausen Gesellschaft
für internationalen Dialog

Piper
München   Zürich

**Alfred Herrhausen Gesellschaft
für internationalen Dialog**
Ein Forum der Deutschen Bank

Redaktion:
Elisabeth Seligmann, Susan Stern

Koordination:
Maike Tippmann, Christiane Girg

Übersetzungen aus dem Englischen:
Torsten Waack, Kathrin Razum,
Matthias Winkler, Susanne Nötscher,
Bettina Münch, Sylke Wintzer

Unser besonderer Dank geht an Thorsten Benner, Igor Reichlin
und Dunja Reulein

ISBN 3-492-04622-3
© Piper Verlag GmbH, München 2004
Umschlaggestaltung: Schaper Kommunikation, Bad Nauheim
Gesamtherstellung: Kösel, Krugzell
Printed in Germany

www.piper.de
www.alfred-herrhausen-gesellschaft.de

Inhalt

Inhalt

Was die Welt weiterbringt: Durch vernetztes Wissen zum Handeln

Anhang

Josef Ackermann

Verantwortungspartner-schaften

The 21st century opens in twilight and obscurity.
Eric Hobsbawm

Am Ende seines Buches *Die Geschichte der Staatsgewalt* kommt Wolfgang Reinhardt zu dem Ergebnis, dass der klassische europäische Nationalstaat für die Probleme der heutigen Welt zu klein geworden ist. Er spricht von einem unfertigen Zwischenzustand voller Dynamik, der auf eine stabile Lösung hinauslaufen werde, obwohl heute noch niemand wisse, wie diese aussähe.

Vor ökonomischen Krisen, oft ausgelöst durch neue Viruserkrankungen, Terrorismus, religiös-kulturelle Konfrontationen, die durch Migration in viele Länder exportiert werden, kann sich kein Staat durch nationale Regelungen, nicht einmal durch Abschottung, schützen. Der Ort der Verantwortung für Probleme wird daher für die Bürger eines Landes immer weniger identifizierbar, sie nehmen nur noch eine entleerte staatliche Zuständigkeit wahr.

Welche neuen Formen des Regierens bilden sich in der Zeit der Souveränitätsdämmerung des Nationalstaates heraus? Dieser Frage geht die Alfred Herrhausen Gesellschaft in diesem Jahr nach. Wie wird eine Gesellschaft wieder Herr über Verhältnisse, die von einem einzigen Staat nicht mehr beherrscht werden können, die ihm, wie eine Vielzahl von Warnkatastrophen zeigt, zu entgleiten scheinen?

Durch freiwilligen Souveränitätsverzicht und durch Delegation von Kompetenzen auf überstaatliche Einrichtungen versuchen die Staaten, die Souveränität über die Verhältnisse wieder zurückzugewinnen. Wenn sie gemeinsam in internationalen Organisationen unterstützt von Vertretern der internationalen Zivilgesellschaft in »Bündnissen auf Zeit« Verantwortungspartnerschaften bilden, dann kann die Verantwortung zwar nicht mehr einem souveränen Staat, aber einem Bündnis zugeordnet werden. Sie ist damit wieder fassbar und einforderbar geworden. Der Bürger hat mittelbar über seine Regierung oder eine NGO Einfluss, wie diese Verantwortung wahrgenommen wird. Auch weltweite Medien übernehmen eine immer wichtigere Kontrollfunktion.

Die Europäische Union hat beim ersten Scheitern des Verfassungsentwurfes erfahren müssen, dass Verantwortungspartnerschaften mehr sind als die optimale Durchsetzung von Einzelinteressen. Orientierung am Einzelinteresse und nicht auch an dem der anderen kann nicht in Souveränitätspartnerschaften münden.

Diese Erfahrung gilt auch für große Unternehmen. Sie haben längst die Grenzen des Nationalstaates überschritten und sind wie dieser weltweiten Problemen ausgesetzt. Sie operieren in Wirtschaftsräumen, die größer als Nationalstaaten – ja, Staatenbünde – sind. Die dadurch unvermeidliche Begegnung mit unterschiedlichen Wertvorstellungen an den Orten wirtschaftlicher Tätigkeit kann nur dann konfliktfrei ins Positive gewendet werden, wenn das Unternehmen bereit ist, von den unterschiedlichen Gesellschaften zu lernen und zwischen diesen zu vermitteln. Lernen und Vermitteln in globalen Zusammenhängen sind Kernkompetenzen, Voraussetzungen für neue Formen der Governance im 21. Jahrhundert – nicht nur für Unternehmen. Aus diesen beiden Komponenten entsteht Verständnis und gegenseitige Toleranz.

Legitimation erwerben sich Verantwortungspartnerschaften aber nur dann, wenn sie durch ihr Tun einen spürbaren Beitrag zur Verbesserung der Situation vieler Bürger leisten. Sie erwächst nicht aus Verhinderungsmacht, derer sich viele NGOs gerne rühmen.

Verantwortungspartnerschaften haben sich dann als besonders erfolgreich erwiesen, zum Beispiel bei der Bekämpfung von Krankheiten, wenn sie aus Staaten, internationalen Organisationen, Unternehmen und Vertretern der Zivilgesellschaft gebildet wurden. Sie müssen Erfolg haben, nicht nur bei der Bekämpfung von Krankheiten. Versagen sie, dann zerfällt die Welt wieder in ungezügelte Einzelinteressen. Und was wir bereits heute an *failing states* beobachten, könnte in Teilen der Welt zu *failing continents* führen. Ohnmachtserfahrungen wären die Folge bei Millionen Menschen. Diese sind aber kein Nährboden für modernes Regieren, für das Entstehen moderner bündnisfähiger Staaten, die auf mündige Bürger und nicht auf ohnmächtige Untertanen angewiesen sind.

Die Erfolgsdividende möglicher, unkonventioneller und sicher noch zu entdeckender Verantwortungspartnerschaften besteht auch in der Verbesserung der wirtschaftlichen, kulturellen und sozialen Situation vieler Länder. Wirtschaftliches Wachstum ist nur in stabilen politischen und kulturellen Verhältnissen möglich. Diese wiederum sind ohne ein Minimum an ökonomischem Wohlstand nicht zu erlangen.

Für jede Gesellschaft ist eine Zwischenzeit, in der das Alte nicht mehr greift und das Neue nur in Schemen erkennbar ist, nicht ohne politische Konflikte zu ertragen. Aber die populistische Versuchung, sich vor Entwicklungen außerhalb des eigenen Landes in Sicherheit bringen zu können, den Wandel quasi vorbeiziehen zu lassen, verlangsamt nur die Veränderungen, die notwendig sind, damit wir Herr über die Verhältnisse bleiben, in denen wir leben. Nur wenn Gesellschaften den Wandel mitgestalten, können sie andere befähigen, dieses auch zu tun.

In dieser Zwischenzeit hat sich die Alfred Herrhausen Gesellschaft dem Thema der Verantwortungspartnerschaften gestellt und versucht, den internationalen Diskussionsprozess um neue Formen der Governance in einer Welt unterschiedlicher Werte mitzugestalten. Wir werden sicher noch nicht die verbindlichen Antworten finden, aber vielleicht neue Mosaiksteine erstellen, durch unsere Konferenzen, das Jahreskolloquium und den vorliegenden Band, damit das obskure und in Teilen noch unbekannte Bild einer neuen Governance schneller an Konturen gewinnt.

Was die Welt zusammenhält: Pragmatische Partnerschaften

Die Zeiten, in denen Regieren Sache allein von Regierungen war, sind unwiderruflich vorüber. Erfolgreiches Regieren in einer zunehmend komplexen Welt erfordert vielmehr die Mobilisierung des Sachverstandes und der Leistungskraft möglichst vieler gesellschaftlicher Sektoren. Doch wie bringt man die Vertreter konträrer, oftmals unvereinbar scheinender Interessen dazu, an einem Strang zu ziehen? Akteure aus Regierungen, internationalen Organisationen, Wirtschaft und Zivilgesellschaft üben zunehmend in neuen Partnerschaften die hohe Kunst des globalen Regierens. Welche Herausforderungen müssen sie dabei bewältigen?

Grundlagen schaffen

John Ruggie

Auch Vernunftehen sind Ehen

Ein Gespräch

Partnerschaften für die Zukunft. Wie können wir die Welt zu-
künftig regieren und wie können wir Menschen zueinander
bringen, um das zu bewerkstelligen?

Wir befinden uns derzeit in einem jener Stadien, die die Mak-
ro-Historiker als »Achsenzeit« bezeichnen. Damit meinen sie
eine Zeit, in der verschiedene starke soziale Kräfte aufeinander treffen und auf verschiedenen Ebenen der sozialen
Organisation Auflösungserscheinungen hervorrufen. Es ist
schwer, solche Stadien herauszuarbeiten, solange man sich
mitten darin befindet – im Rückblick fällt das wesentlich
leichter: »O ja, natürlich. A hat dieses verursacht und B jenes
und so weiter.«
    Eine dieser aufeinander treffenden Kräfte, die uns im letz-
ten Jahr etliche Probleme bereitet hat, ist die außergewöhnliche Zusammenballung von Macht in einem einzigen Land –
den Vereinigten Staaten. Und dies nicht nur in militärischer
Hinsicht, sondern auch in Bezug auf wirtschaftliche, soziale
und kulturelle Macht. Per definitionem führt eine solche
Asymmetrie zu Verwerfungen innerhalb des Systems und
verursacht Risse. Zweitens stehen wir vor der Erkenntnis,
dass wir zwar ein System weltweiten Handels, weltweiter
Kommunikation und zunehmend standardisierter Transak-

tionsflüsse geschaffen haben, dem jedoch eine in höchstem Maße fragmentierte globale politische Ordnung gegenübersteht. Als Folge davon machen wir meines Erachtens nun auf globaler Ebene die gleiche Erfahrung, die wir in den industrialisierten Ländern bereits im frühen 20. Jahrhundert gemacht haben: dass sich nämlich das radikale Auseinanderdriften wirtschaftlicher und politischer Kräfte ungeheuer destabilisierend auswirken kann.

Drittens erlebt die Welt derzeit einige fundamentale normative Veränderungen. So haben beispielsweise einige universelle moralische Grundwerte aus dem Bereich der Menschenrechte einen wesentlich größeren Stellenwert erlangt, als man das vor 10 oder 15 Jahren für möglich gehalten hätte.

Inwieweit ist das den Aktivitäten von nichtstaatlichen Organisationen und der Zivilgesellschaft zuzuschreiben?

Ich führe es auf die Nürnberger Prozesse zurück. Sie haben ein Bewusstsein für persönliche Verantwortung und Schuld verankert, das der Menschenrechtsbewegung zum Aufschwung verhalf. Die USA haben diesen Prozess vorangetrieben – auch wenn der amerikanische Kongress fortwährend versucht hat, die Vereinigten Staaten aus Gründen ihres eigenen Umgangs mit internen Rassenfragen den Instrumenten der Menschenrechtspolitik zu entziehen. Doch das Bewusstsein hat inzwischen wesentlich tiefere Wurzeln geschlagen. Als ich meine Arbeit bei den Vereinten Nationen begann, pflegten sich Leute, die sich nicht im unmittelbaren Umfeld von Mary Robinson bewegten, noch dafür zu entschuldigen, wenn sie mit universellen Grundwerten argumentierten. Drei Jahre später war es vollkommen üblich.

Ein vierter Punkt, in dem sich fundamentale Veränderungen vollziehen, ist die Feststellung, dass einzelne gesellschaftliche Bereiche immer weniger in der Lage sind, auf das Ausmaß und die Komplexität heutiger Probleme effektiv zu reagieren. Governance kann sich heutzutage nicht mehr auf die Maßnahmen von Regierungen beschränken. Es ist in zunehmendem Maße erforderlich, die Fähigkeiten und Kapazitäten verschiedener sozialer Sektoren und Akteure mit einzubeziehen und diese dazu zu bringen, zur Schaffung von Gemeinwerten an einem Strang zu ziehen.

Es gibt also mindestens vier große historische Veränderungen, die alle gleichzeitig aufeinander prallen, und das bereitet uns Akademikern großen Kummer, weil wir mit ihnen nicht Schritt halten können. Ein großer Teil der Kreativität geht im Moment von den Praktikern vor Ort aus.

Wer sind diese Praktiker vor Ort?

Das kommt darauf an, von welchem Bereich man spricht. Nehmen wir beispielsweise das Gesundheitswesen. Ich habe im vergangenen Jahr zusammen mit Kollegen von der Harvard School of Public Health und der School of Business ein HIV/Aids-Projekt in schwer betroffenen Ländern geleitet. Dabei beschäftigten wir uns mit den Bedingungen für das Funktionieren sektorenübergreifender Partnerschaften. In diesem Fall sind die Praktiker die medizinischen Verantwortlichen der Anglo-American Mining Company, deren Belegschaft zu einem Drittel infiziert ist und die nicht warten kann, bis der Staat handelt. Die Praktiker sind Leute der Gesellschaft für Technische Zusammenarbeit in Deutschland, die erkannt haben, dass es notwendig ist, Partnerschaften zwischen Basisorganisationen, lokalen Unternehmen und deutschen Firmen in Südafrika aufzubauen und zu unterstützen.

Praktiker findet man in zivilgesellschaftlichen Organisationen vor Ort, die zwar die Vision und die Bereitschaft, aber nicht die Mittel haben, um Dinge zum Laufen zu bringen. Und es gibt natürlich Akteure auf den verschiedensten Ebenen von Regierungen und internationalen Organisationen: bei UNAIDS, dem Global Fund, der Global Business Coalition on HIV/AIDS und anderen. Auf dem Weltwirtschaftsforum in Davos haben wir einen Richtlinienkatalog für Partnerschaften eingeführt. Er ist vor allem für die zweite und dritte Generation von Protagonisten geeignet und weniger für die Vorreiter selbst, weil diese sozusagen die Erfinder der Vorgehensweisen sind. Sie entdecken und erkennen gute Methoden und geben diese Informationen dann an andere weiter, die sich mit den Problemen beschäftigen. Nach meiner Einschätzung wird diese Strategie auch in Denkfabriken und von Akademikern aus verschiedensten Aufgabengebieten immer häufiger angewandt, nicht nur im Bereich HIV/Aids: Man muss mit den Vorreitern zusammenarbeiten und die bewährten Vorgehensweisen dann verbreiten, während man andere außer Acht lässt. Akademiker tragen also durchaus zur Lösung von Problemen bei, doch im Großen und Ganzen werden die Tatsachen vor Ort geschaffen.

Wer sind die Vorreiter, die den Ball ins Rollen bringen? Und wie sehen ihre Motive aus?

Die Vorreiter haben häufig ganz unterschiedliche Motive. Bleiben wir beim Beispiel Aids. Für die Anglo-American Mining Company gab es nicht viel zu überlegen. Man war gezwungen zu handeln. Allerdings hätten sie nicht so weit gehen müssen, wie sie es letztendlich taten, indem sie direkt in die örtlichen Gesundheitsprogramme einstiegen. Irgendetwas hat sich im Laufe des Prozesses verändert. Das Engagement entwickelte sich über die reine Zweckorientierung hinaus – oder zumindest begann man das Firmeninteresse aus einer langfristigeren und aufgeklärteren Perspektive zu betrachten, als dies vielleicht am Anfang der Fall war. Dennoch steht außer Frage, dass die ursprüngliche Motivation einem reinen Zweckdenken entsprang.

Ein anderes Beispiel ist Coca-Cola, das derzeit dabei ist, Behandlungsmöglichkeiten für seine Angestellten in den afrikanischen Abfüllanlagen einzurichten. Die Ursprungsmotivation des Unternehmens war das Bestreben, das eigene

Ansehen zu schützen, nachdem Aids-Aktivisten Coca-Cola auf peinliche Weise bloßgestellt hatten. Es war eine Frage des Markenschutzes, der Rufsicherung. Auf DaimlerChrysler dagegen traf keines dieser Motive zu. Im Gegensatz zur Anglo-American, deren Belegschaft zu 30 Prozent infiziert war, belief sich die Infektionsrate bei DaimlerChrysler in Südafrika nur auf neun Prozent und auch die Aktivisten ließen das Unternehmen in Ruhe. Auch auf Heineken trafen die besagten Motive nicht zu. In beiden Fällen ging die Initiative von der Konzernspitze aus, die beschloss, dass es richtig sei, zu handeln – einige der leitenden Angestellte hatten lange genug in Afrika gearbeitet, um zu wissen, welches Ausmaß an sozialem Verfall in vielen Fällen mit der Krankheit einhergeht.

Nach den Vorreitern lassen sich viele verschiedene Verhaltensmuster beobachten. Nehmen wir das Thema Klimawandel. Auf der einen Seite gibt es Firmen wie BP oder Shell, die sich für eine alternative Klimapolitik stark machen, auf der anderen Seite ExxonMobil, das sich nach Kräften gegen eine Kontrolle des Treibhausgas-Ausstoßes wehrt. Wenn die Kluft zwischen Vorreitern und Nachzüglern zu groß wird, gibt es nur noch eine wirksame Reaktion: Der Staat muss sich auf seine Aufgaben besinnen, das heißt, er muss für faire Wettbewerbsbedingungen sorgen und von seinen traditionelleren Mitteln der Regelsetzung Gebrauch machen.

Was geschieht, wenn der Staat nicht eingreifen will? Wie die USA beim Klimaschutzabkommen von Kioto?

Dann wird das Spiel auf anderer Ebene fortgesetzt. Präsident Bush erteilte Kioto eine Absage und glaubte, damit sei die Sache erledigt. Lassen Sie mich nur ein paar der Dinge aufzählen, die sich etwa im Zeitraum eines Jahres seit seinem Nein in den USA abgespielt haben: Als Erstes machten sich einige Ölgesellschaften im Kongress für freiwillige Kontrollen stark, weil sie bereits kräftig in ein erfolgreiches Abkommen investiert hatten. Sie hatten auf langfristiger Basis in alternative Technologien investiert und fürchteten nun, diese Investitionen zu verlieren. Zweitens begannen die Umweltschützer, sich die bundesstaatliche Ordnung unseres Landes zu Nutze zu machen und auf einzelstaatlicher Basis aktiv zu werden. Inzwischen hat fast die Hälfte aller Bundesstaaten Gesetze erlassen, die »Söhne Kiotos« genannt werden und dazu dienen, im jeweiligen Staat gesetzliche Rahmenvorgaben zu verankern. Das wird die Industrie über kurz oder lang zur Verzweiflung bringen, weil sie Gefahr läuft, irgendwann 50 verschiedenen Gesetzesvorgaben gegenüberzustehen. Sollte sich eine Entwicklung in diese Richtung abzeichnen, wird die Industrie anfangen, auf einheitliche nationale Standards zu dringen – was natürlich genau im Sinne der Umweltschutzgruppen wäre. Darüber hinaus hat sich inzwischen die Versicherungsbranche eingeschaltet, angeführt nicht von einem amerikanischen, sondern von einem schweizer Unternehmen. Die Schweizer Rück sorgte für großes Aufsehen, als sie mit einem Mal Firmen anschrieb, die ihre Führungskräfte und Vorstandsmitglieder bei ihr haftpflichtversichert hatten. Sinngemäß stand in dem Schreiben des Unternehmens: Unser Haus ist zunehmend in Sorge darüber, ob Sie als Firma einer Gefährdung durch klimatische Veränderungen in ausreichendem Maße begegnen. Wir würden daher gerne wissen, über welche Strategien Sie verfügen, um die damit verbundenen finanziellen Risiken zu minimieren. Sollten Sie über keine derartigen Strategien verfügen, wären wir eventuell gezwungen, die Höhe unserer Prämien oder gar den Fortbestand des Versicherungsverhältnisses zu überdenken.

Auch die Pensionsfonds sind zunehmend betroffen. Vor kurzem fand bei den Vereinten Nationen ein Treffen von Kämmerern einzelner Bundesstaaten und Gemeinden statt – insgesamt etwa 30 Personen, die Pensionseinlagen in Höhe von einer Billion Dollar verwalten –, um über den Klimawandel zu diskutieren und seine möglichen Auswirkungen auf die

Pensionseinlagen der Stadt New York sowie der Bundesstaaten New York und Kalifornien. Einen Teil dieses Geldes hat man in Unternehmen investiert, die sehr viel Energie verbrauchen, und diese Geldmittel könnten einem hohen Risiko ausgesetzt sein, sollten einige der wirklich schlimmen Folgeerscheinungen des Klimawandels irgendwann zu Tage treten.

Ein Beispiel, das bei dieser Diskussion immer wieder zur Sprache kam, ist das Thema Asbest: Pensionsfonds mit Investitionen in Firmen, die mit Asbest in Zusammenhang gebracht wurden, haben ihr letztes Hemd verloren. Und Asbestklagen sind »kleine Fische« im Vergleich zu dem, was in Sachen Klimawandel auf uns zukommen könnte. Wir haben also direkt betroffene Öl- und Versicherungsgesellschaften, Pensionsfonds und Einzelstaaten, die sich einmischen. Darüber hinaus haben die nordöstlichen Bundesstaaten eine Klage gegen Washington angestrengt. Kurzum, als Präsident Bush das Protokoll von Kioto ablehnte, fand der Kampf keineswegs ein Ende, er eskalierte.

Früher oder später wird jede Regierung mit einer Verschiebung des politischen Kräfteverhältnisses und der wirtschaftlichen Triebkräfte konfrontiert. Diese Art der Politik sind wir in unserem Land gewöhnt. Die bundesstaatliche Ordnung bedingt ein Spiel auf vielen Ebenen. Doch die Prozesse gehen zunehmend über die nationalen Grenzen hinaus. Die Umweltschutzbewegungen sind multinational organisiert – die Schweizer Rück ist zwar ein schweizer Unternehmen, versichert aber amerikanische Firmen. Immer öfter geht der Druck von internationalen Ebenen und multinationalen Netzwerken aus. Die Bush-Regierung wird am Ende dastehen wie ein kleiner Junge vor einem löchrigen Deich – wenn er den Finger in das eine Loch hineinsteckt, spritzt das Wasser zu einem anderen heraus. Die Grenzen sind heutzutage so durchlässig, dass selbst die mächtigste Nation der Welt nicht tun kann, als ließen sich gesellschaftliche Reaktionen auf den Klimawandel aufhalten.

Wie wird sich all das in Asien darstellen – in China beispielsweise?

Dort ist es natürlich anders. In Peking führte ich kürzlich mit einem hohen Funktionär ein interessantes Gespräch über Aids. Früher sprachen die Chinesen nicht gern über dieses Thema, schon gar nicht mit Ausländern. Das Treffen war Bestandteil einer Reihe von Workshops, die wir in Asien zu unseren HIV/Aids-Partnerschaftsrichtlinien abhielten, und dieser Funktionär stellte in diesem Zusammenhang Statistiken vor, die wesentlich genauer waren als das, was man bisher veröffentlicht hatte. Eine Woche vor der offiziellen Bekanntgabe informierte uns dieser Mann also darüber, dass die chinesische Regierung beabsichtige, Behandlungsprogramme für Arme ins Leben zu rufen, die sich eine Behandlung selbst nicht leisten können. Wir überredeten sie, eine Erklärung zu veröffentlichen und auch den Privatsektor zu ermuntern, sich zu engagieren. Doch dann stießen wir auf einige Hindernisse, zu denen unter anderem die Verteilung von Kondomen gehörte, vor allem an Prostituierte. »Sie wissen, dass Prostitution bei uns verboten ist. Wenn der Staat Kondome an Prostituierte ausgibt, billigt er damit eine gesetzwidrige Handlung«, erklärte mir der Funktionär. Und ich gab zur Antwort: »Sie haben es hier mit zwei Problemen zu tun. Das eine ist Aids, eine sexuell übertragbare Krankheit, und wenn Sie sich mit dieser Tatsache nicht arrangieren können, wird es schwer werden, die Seuche zu bekämpfen. Das zweite Problem jedoch ist Ihre totale Abhängigkeit vom Staat. In den USA ist die Prostitution ebenfalls verboten und der Staat verteilt auch keine Kondome. Aber wir haben zivilgesellschaftliche Organisationen, die das übernehmen. Es wäre also in Ihrem eigenen Interesse, bestimmte Arten gesellschaftlichen Engagements zu dulden, weil es Ihnen helfen kann, genau jene moralischen Konflikte zu lösen, in denen der Staat nichts ›Unrechtes‹ tun darf.« Das führte zu einer sehr interessanten Diskussion. Es kommt einfach auf Abwägeentscheidungen an, wenn man entschlossen ist, bestimmte Dinge anzupacken.

Die ausländischen Unternehmen in China zeigen in puncto Aids zunehmend mehr Engagement, weil sie von anderer Seite unter Druck stehen. Sie haben gesehen, was in Südafrika passiert und sie haben aus Thailand gelernt. Sie warten nur darauf, dass die chinesische Regierung ihnen signalisiert, sich in China zu engagieren. Dagegen hält sich die chinesische Wirtschaft noch zurück – das wäre die nächste Herausforderung für die sektorenübergreifend arbeitenden Initiativen. Auf einen Nenner gebracht kann man sagen, dass sich die Situation in China deshalb anders darstellt, weil dieses Land ein gänzlich anderes politisches System hat. Aber, um auf den Umweltschutz zurückzukommen: In Peking herrscht eine unglaubliche Umweltverschmutzung und darüber ist man sich in China völlig im Klaren. Vor kurzem wurde angekündigt, Standards für Treibstoffverbrauch beziehungsweise Schadstoffemissionen übernehmen zu wollen, die denen des Westens entsprechen. Wir werden sehen. Und man hat in China sehr fortschrittliche Modelle entwickelt, die aufzeigen, wie sich regionale und globale Klimaphänomene gegenseitig beeinflussen. Sie beginnen also zu begreifen, was in China alles passieren könnte – und diese Aussichten gefallen ihnen nicht. Auch wenn es in China vielleicht nicht ganz so schnell vorwärts geht, wie wir uns das vorstellen, ist dort eine Menge in Bewegung. Wenn sich die Chinesen einmal etwas in den Kopf setzen, finden sie normalerweise auch einen Weg, es zu tun.

Asien ist also durchaus ein Sorgenfaktor, aber es ist nicht so, also gehe dort nichts voran. Auch hier können transnationale Netzwerke eine große Rolle spielen. Ausländische Firmen sind sehr wichtig und auch die Kontakte zu ausländischen Wissenschaftlern. Es liegt auf der Hand, dass trisektorale Partnerschaften sich je nach den örtlichen Gegebenheiten unterscheiden müssen. Es gibt keine Musterformel, die sich auf alle übertragen lässt. Doch der Druck der Realität sorgt mehr und mehr dafür, dass das Phänomen ein allgemeines wird, es sei denn, eine Regierung ist so korrupt, dass ihr alles einerlei ist. Deshalb gibt es auch keine solchen Partnerschaften in Zimbabwe oder in Burma.

Könnten Sie einige Worte zum Global Compact sagen? Versucht die Initiative Standards zu setzen, die Unternehmen befolgen sollen?

Die Initiative des Global Compact basiert auf einer Reihe universeller Prinzipien, die sich aus den Konventionen oder Erklärungen der Vereinten Nationen zu den Bereichen Menschenrechte, Arbeitsstandards und Umweltschutz ableiten. Diese Prinzipien in zertifizierbare Standards umzusetzen gehört nicht zu den Zielen des Global Compact, da die Initiative nie als Regulativorgan gedacht war. Sie ist eine Plattform des Dialogs und des Engagements und sie ist eine zunehmend effektivere Brücke zwischen der sozialen Verantwortung von Unternehmen und Entwicklungsbemühungen. Die Hälfte der 1200 Unternehmen, die sich dem Netzwerk des Global Compact derzeit angeschlossen haben, operiert in Entwicklungsländern. Der Global Compact hat inzwischen Unterzeichner in fast 50 Ländern, viele davon liegen in der dritten Welt. Für sie liegt der Reiz weniger darin, bestimmte Standards zu übernehmen – jedes Land hat seine eigenen Arbeitsstandards. Die Herausforderung besteht eher darin, Möglichkeiten zu finden, die drei Sektoren auf der Grundlage der neun Prinzipen des Global Compact grundsätzlich miteinander zu verbinden. Standards zu setzen ist einfach. Viel schwieriger ist es, das Potenzial beziehungsweise die Bereitschaft zu entwickeln, sich in die richtige Richtung zu bewegen; den Firmen begreifbar zu machen, dass sich die Erwartungen an die soziale Rolle eines Unternehmens verändern. Sowohl die Gesellschaft als auch die Regierungen erwarten von Unternehmen immer häufiger, bei der Lösung großer sozialer Probleme partnerschaftlich mitzuarbeiten. Letzten Endes aber ist effektives Regieren durch nichts zu ersetzen.

Das Gespräch führte Susan Stern

Anne-Marie Slaughter

Kluge neue Welt: Macht und Legitimität globaler Regierungsnetze

Global Governance ist ein fester Bestandteil unserer Welt – doch globales Regieren heißt mehr, als viele annehmen. Sicher, es ist ein Regieren im Kollektiv der Nationalstaaten, die über ihre Präsidenten, Regierungschefs, Außenminister sowie über die Vereinten Nationen miteinander kommunizieren. Auch Unternehmen und zivilgesellschaftliche Organisationen wirken auf vielfältige Weise mit. Doch ein wesentliches Element der neuen globalen Regierungsarchitektur wird meist übersehen oder ignoriert: das weltumspannende, engmaschige Beziehungsnetz der Exekutiven und Judikativen.

Vorreiterin dieser neuen Form des supranationalen Regierens ist die Europäische Union, in der Netzwerke aus Ministern, Richtern und Parlamentariern eine zentrale Rolle spielen. Auf der Weltbühne haben sich indessen eher die USA dafür stark gemacht, etwa die Wettbewerbspolitik oder den Wertpapierhandel nicht mehr von den klassischen internationalen Organisationen regeln zu lassen, sondern über globale Regierungsnetze zu gestalten. Vielleicht ist den Europäern nicht bewusst, was sie angestoßen haben, oder sie scheuen die Ausweitung ihres Verfahrens auf einen Mitspielerkreis, der nicht an den vertraglichen Rahmen der Union gebunden ist. Möglich ist auch, dass die Bürger Europas stärker auf die Mängel der EU-Methode achten – Stichwort Demokratiedefizit – als auf die Vorzüge.

Trotzdem erreicht das vernetzte Regieren mittlerweile globale Ausmaße. Vielerorts und auf den verschiedensten Gebieten sind Regierungsnetze noch im Werden. Manche von ihnen umspannen den Erdball, andere einzelne Regionen. Nie beziehen sie alle Länder ein. Ihr Nutzen wird häufiger behauptet als belegt, ihre Legitimation oft in Frage gestellt. Die Möglichkeiten ihrer Anwendung sind erst ansatzweise verwirklicht. Dennoch eignen sie sich hervorragend zur Bewältigung globaler Probleme – ohne den politischen und logistischen Albtraum einer Weltregierung heraufzubeschwören.

Was sind Regierungsnetze?

Regierungsnetze sind grenzüberschreitende Beziehungsgeflechte unter Staatsbeamten, die sich regelmäßig zwecks Informationsaustausch, Abstimmung von Maßnahmen und Vereinbarung von Leitlinien zur konzertierten Lösung globaler Aufgaben treffen. So spielen im Umgang mit nationalen und regionalen Finanzkrisen die Kontakte zwischen den Finanzministerien und Zentralbanken eine entscheidende Rolle. Im Rahmen der G8 tagen sowohl die Staatschefs als auch die Finanzminister. Letzteren obliegt unter anderem die Entscheidung darüber, inwieweit die Gläubigerstaaten den Aufrufen zum Schuldenerlass für die ärmsten Länder nachgeben sollten. Finanzministerien und Zentralbanken geben jeweils auf eigenen Pressekonferenzen politische Gegenmaßnahmen gegen Wirtschaftskrisen wie die asiatische von 1997 oder die russische von 1998 bekannt. Eigens zur Verhinderung weiterer Krisen wurde die G20 ins Leben gerufen, die sich aus den Finanzministern von insgesamt 20 Industrie- und Schwellenländern zusammensetzt. Bereits 1984 entstand die Internationale Organisation der Wertpapieraufsichtsbehörden (*International Organization of Securities Commissions*, IOSCO). Ihr folgten in den 90er Jahren der Internationale Verband der Versicherungsaufsichtsbehörden (*International Association of Insurance Supervisors*, IAIS) sowie ein Netzwerk nationaler und internationaler Funktionäre mit Verantwortung für die Stabilität

29

des Weltfinanzsystems, das so genannte Forum für Finanzstabilität (*Financial Stability Forum*, FSF).

Auch in der Weltsicherheitspolitik setzt man zunehmend auf Regierungsnetze. Aufmerksamkeit haben vor allem die Militäraktionen erregt, die nach dem 11. September 2001 im Rahmen eines einseitig erklärten »Kriegs gegen den Terrorismus« von den USA unternommen wurden. Doch ebenso wichtig sind das Zusammenwirken der Finanzaufsichtsbehörden beim Aufspüren und Einfrieren von Kapital terroristischer Gruppen, der Informationsaustausch zwischen nationalen Kriminalbehörden über mutmaßliche Terroristen und deren Helfer sowie die Kooperation der Geheimdienste zur Vereitelung neuerlicher Anschläge. So fordert Stephen Flynn, der führende amerikanische Experte für neue Grenzsicherungsmethoden, den Arm der nationalen Zoll-, Lebensmittel- und sonstiger Kontrollbehörden durch Neuaufstellung sowie eine deutliche Intensivierung der Zusammenarbeit mit den ausländischen Partnern über das eigene Staatsgebiet hinaus zu verlängern. Als Nordkorea den Jemen mit Raketen belieferte, wies die US-Regierung mangels völkerrechtlicher Handhabe die eigene Bundespolizei an, dafür zu sorgen, dass das heimische Strafrecht auch im Ausland durchgesetzt werde.

Außer mit Wirtschafts- und Sicherheitspolitik befassen sich Netzwerke nationaler Beamter auch mit grenzüberschreitenden Umweltfragen. Im Rahmen der NAFTA haben sich die Umweltämter der USA, Mexikos und Kanadas zu einer virtuellen Metabehörde vernetzt, der es gelungen ist, in allen drei Staaten, insbesondere in Mexiko, die Umweltaufsicht zu verbessern. Mit seiner niederländischen Schwesterbehörde hat das US-Umweltamt EPA (*Environmental Protection Agency*) das internationale Umweltschutz- und -aufsichtsnetz INECE (*International Network for Environmental Compliance & Enforcement*) aus der Taufe gehoben, das staatlichen Umweltschützern auf der ganzen Welt technische Unterstützung anbietet, internationale Fachtagungen veranstaltet und ein Internetportal mit audiovisuellem Schulungs- und Informationsmaterial betreibt.

Solche Netzwerke sind unter Aufsichtsbehörden besonders häufig. Vertreter anderer Staatsorgane ziehen aber allmählich nach. Richter tauschen auf Kongressen, in internationalen Berufsverbänden und im Internet Urteile aus. Immer öfter zitieren Verfassungsgerichte einander zu Streitfragen von der Meinungsfreiheit bis zum Persönlichkeitsrecht. Um komplexe grenzüberschreitende Firmenpleiten zu regeln, handeln Konkursrichter der betroffenen Staaten Partikularverträge aus. Mit Streitfällen im Außenhandel befasste Richter verstehen sich zunehmend als Vertreter eines globalen Rechtssystems. In Handels- und Menschenrechtsfragen arbeiten nationale und supranationale Gerichte Hand in Hand.

Selbst die Vertreter der Legislative, wegen ihrer persönlichen Bindung an die Wahlkreise oft die engstirnigsten Diener des Staates, blicken inzwischen über den heimatlichen Tellerrand hinaus. In bester Absicht gegründet, haben internationale Parlamentarierverbände in der Vergangenheit kaum etwas erreicht. Heute dagegen verabschieden und publizieren Abgeordnete verschiedener Länder gemeinsame Standpunkte zur Todesstrafe, zu Menschenrechts- und Umweltfragen. Sie unterstützen einander bei Gesetzesinitiativen, bieten Fortbildung und technische Hilfe an.

Die beschriebenen Beziehungsgeflechte sind horizontal in dem Sinne, dass sie Staatsbeamte vergleichbarer Hierarchieebenen grenzüberschreitend miteinander vernetzen. Doch auch die Zusammenarbeit zwischen Funktionären überstaatlicher Organisationen – Gerichten, Aufsichtsbehörden, Parlamenten – und ihren nationalen Kollegen wird immer enger. Diese Kooperation bezeichnet man als vertikal. Sieht das alte Modell des Völkerrechts und der internationalen Gerichtsbarkeit vor, dass Tribunale wie der Internationale Gerichtshof in Den Haag Urteile fällen, die an Staaten ergehen und von diesen nach eigenem Ermessen befolgt oder missachtet werden können, so tragen im EU-System weniger die Gliedstaa- **31** ten als Ganze die Verantwortung für die Anwendung der Rechtsprechung des Europäischen Gerichtshofs (EuGH) als vielmehr die nationalen Gerichte. Ein vertikales, weltweites Richternetz ist auch im Statut des Internationalen Strafgerichtshofs (IStGH) angelegt. Ihm zufolge ist zunächst die nationale Jurisdiktion für Fälle von Völkermord, Kriegsverbrechen sowie Verbrechen gegen die Menschlichkeit zuständig. Erweist sie sich als außerstande oder weigert sie sich, einen Fall zu verfolgen, wird er ihr vom IStGH entzogen. Außer in der Rechtsprechung leistet die EU durch die vertikale Vernetzung der Generaldirektion Wettbewerb der Europäischen Kommission mit den staatlichen Kartellämtern Pionierarbeit. Die Kommission kann somit die Landesbehörden anweisen, dem EU-Recht im Einklang mit den nationalen Gepflogenheiten Geltung zu verschaffen.

Die beschriebenen vertikalen Netze führen Bestimmungen durch. Andere dienen der Harmonisierung länderspezifischer mit supranationalen Normen. Wieder andere beschränken sich auf den Austausch von Informationen. So stützen sich die Umweltminister der NAFTA-Staaten auf ihre gemeinsame Umweltkommission CEC (*Commission on Environmental Cooperation*), die Daten zur Einhaltung von Umweltbestimmungen sowie Beschwerden über deren Verletzung durch Privatleute oder Unternehmen sammelt. Ziel ist, die Überwachung der Einhaltung der Umweltgesetze durch einschlägige Informationen zu erleichtern. Auch die EU ist dabei, europaweite Informationsstellen zur Beschaffung und Weitergabe der von den supranationalen Aufsichtsnetzen benötigten Daten einzurichten. Solche Agenturen können außerdem Vergleichswerte zum Abschneiden der einzelnen Länder bei der Umsetzung global oder regional verbindlicher Standards liefern.

Was leisten Regierungsnetze?

Es ist eine Sache, die Existenz von Regierungsnetzen zu dokumentieren; eine andere ist es, ihren Beitrag zur ebenso schwer fassbaren wie wichtigen Global Governance nachzuweisen. Was leisten diese Beziehungsgeflechte? Können sie den Lauf der Weltpolitik beeinflussen, Streit schlichten, die Zusammenarbeit verbessern, Lösungen globaler Probleme erarbeiten und durchsetzen?

Diese Fragen lassen sich nicht pauschal beantworten. In welcher Form sich ein Netzwerk engagiert und welche Ziele es verfolgt, hängt vom Politikbereich, von den Mitgliedern und von seiner Geschichte ab. Um zu erforschen, wie sich die grenzüberschreitende Kooperation einzelner Organe der Staatsgewalt (Aufsichtsämter, Gerichte, Parlamente) auf konkrete Krisen oder politische Aufgaben auswirkt, wären unzählige Studien und Dissertationen vonnöten. Dennoch kann man bestimmte Typen und Handlungsformen sowie funktionale Gemeinsamkeiten beschreiben.

Regierungsnetze verlängern die Reichweite der Regulierungsbehörden und ermöglichen den Vertretern der Nationalstaaten, mit multinationalen Konzernen, Zivilorganisationen, aber auch mit dem organisierten Verbrechen Schritt zu halten. Sie dienen der Vertrauensbildung und dem Knüpfen von Arbeitsbeziehungen, die dazu anspornen, ein gutes Ansehen zu erwerben und eine schlechte Reputation zu vermeiden. Dadurch werden Voraussetzungen einer dauerhaften Kooperation geschaffen. Die Mitwirkenden informieren einander regelmäßig über ihre Aktionen und pflegen Datenbanken zu bewährten Methoden oder, wie bei der justiziellen Zusammenarbeit, zur unterschiedlichen Behandlung universeller Rechtsfragen. Aufsichtsbeamten, Richtern oder Parlamentariern aus Entwicklungs- und Schwellenländern vermitteln sie technische Kompetenz und berufliche Kontakte.

Die Vernetzung der Exekutiven und Jurisdiktionen führt, wie Kal Raustiala formuliert hat, zum »Export« von Normen und Verfahren. Daraus kann sich eine so starke politische Konvergenz entwickeln, dass es mittelfristig möglich wird, durch formale internationale Abkommen globale Regelwerke zu beschließen. Von überstaatlichen Aufsichtsgremien herausgegebene Verhaltenskodizes tragen ebenso zur Konvergenz bei wie die Verbreitung glaubwürdiger Informationen aus berufenem Munde. Fortschreitende Konvergenz kann allerdings auch Anlass zu fundierter Divergenz bieten, wenn beispielsweise eine staatliche Stelle oder die Regierung eines Landes den globalen Standard oder Trend zwar anerkennt, aus historischen, kulturellen oder innenpolitischen Gründen aber bewusst davon abweicht.

Globale Regierungsnetze sorgen ferner für eine strengere Einhaltung internationaler Abkommen sowie des Völkergewohnheitsrechts. Der Forcierung von Normen dienende vertikale Netze agieren dabei ganz offen und direkt, indem sie etwa einen supranationalen Gerichtshof oder eine Aufsichtsbehörde einrichten, die ihre Weisungen von den nachgelagerten staatlichen Stellen durchsetzen lassen können. Nicht minder bedeutend ist die in horizontalen Netzwerken bereitgestellte technische Unterstützung, befähigt sie doch selbst Staaten, in denen der Wille zur Einhaltung völkerrechtlicher Verpflichtungen stärker entwickelt ist als die Infrastruktur, zum Ausbau ihres Kontroll- und Justizsystems.

Und schließlich erweitert die Vernetzung der Exekutiven die Möglichkeiten der internationalen Zusammenarbeit, weil sie Mechanismen zur Übertragung innenpolitisch erfolgreicher Verfahren auf globale Zusammenhänge schafft. An erster Stelle ist hier die Steuerung durch Information zu nennen, bei der die Aufsichtsbehörden ihr bisherige Weisungs- und Kontrollpraxis zugunsten einer aktiven Informationspolitik aufgeben. Ziel ist, Privatleute und Unternehmen mit Referenzwerten, Vergleichsdaten und Anregungen zu versorgen, anhand derer sie ihr Verhalten selbst korrigieren und ihre Leistung verbessern können. Dieser Ansatz erfreut sich in den USA zunehmender Beliebtheit; in der EU wird er immer mehr zum Regelfall, und selbst die Vereinten Nationen experimentieren damit. Dabei dienen Netzwerke als regionale, ja sogar weltweite Informationskanäle, an die sich alle anschließen können, die einen sinnvollen Beitrag zu leisten haben. Sie bilden überdies das ideale Forum zur Bewältigung globaler Probleme mit nationalen Wurzeln, weil sie von der Mitarbeit und der Glaubwürdigkeit derer profitieren, die letztlich dafür zuständig sind.

Die angesprochenen Funktionen sind auf ihren Beitrag zur Lösung politischer Aufgaben zu untersuchen und zu bewerten. Eine solche Analyse gäbe über die Beschaffenheit heutiger Probleme und den Wandel gesellschaftlicher Strukturen in vielen Teilen der Welt vermutlich ebenso Aufschluss wie über das Wirken der Regierungsnetze. Bedenkt man zum einen die ungeheure Komplexität und die Unwägbarkeit zahlreicher Gegenwartsfragen, zum anderen das Tempo, mit dem wir heute regional und global kommunizieren können, so sind die Kernkompetenzen der Netzwerke – Informationsaustausch, länderübergreifendes Brainstorming, Experimente unter wechselnden Bedingungen – womöglich genau das, was die Welt braucht. Was nicht heißt, globale Regierungsnetze stellten das Patentrezept zur Bewältigung aller nur erdenklichen weltpolitischen Aufgaben dar. Wahrscheinlicher ist, dass sie dann die größte Wirkung erzielen, wenn sie sich mit der Arbeit traditioneller internationaler und staatlicher Institutionen verbinden. Zumindest sollten nach der Auswertung entsprechender Forschungsprojekte differenziertere Aussagen darüber möglich sein, welche institutionellen Mechanismen sich für welche Aufgaben am besten eignen.

Sind Regierungsnetze legitim?

Die Legitimität globaler Regierungsnetze ist an deren Effektivität geknüpft. Je zufriedener die Bürger mit der Arbeit der Netze sind, desto höher deren Legitimation (Legitimität kraft

Nutzen). Enttäuschende Ergebnisse hingegen rufen schnell Forderungen nach Rechenschaft und Transparenz auf den Plan (Legitimität der Prozesse). In der Tat werden solche Bedenken bereits diskutiert.

Kritischen Beobachtern zufolge begünstigen globale Regierungsnetze das Entstehen einer globalen Technokratie, einer Geheimregierung aus nicht gewählten Funktionären und Richtern. Andere halten den informellen Charakter und die Flexibilität der Netzwerke für eine Taktik zur Umgehung formaler Hürden, welche die etablierten supranationalen Organisationen in Form von Vertretungs- und Stimmregeln sowie komplizierten Verhandlungswegen setzen. Ohne diese Schranken, so die Kritiker, könnten sich die Großmächte leicht über schwächere Staaten hinwegsetzen. Andere gehen davon aus, dass die Schwachen ohnehin aus der Kooperation der Mächtigen ausgeschlossen würden. Überstaatlichen Harmonisierungsinitiativen wirft man Verzerrung innenpolitischer Prozesse vor, den Richternetzen die Kontamination oder Verwässerung nationaler Rechtstraditionen. Wieder anderen gelten die Regierungsnetze als Vehikel zur Beförderung von Sonderinteressen, als im Verborgenen tagende Entscheidungsgremien, zu denen nur Eingeweihte und Menschen mit »Beziehungen« Zutritt haben. Um diese Vorbehalte auszuräumen, schlage ich fünf Maßnahmen vor:

Erstens die Ergänzung der Stellenbeschreibungen von Staatsbeamten um deren internationale Aufgaben. Die Amtsträger hätten dadurch sowohl über ihr innenpolitisches als auch über ihr grenzüberschreitendes Handeln vor nationalen Gremien Rechenschaft abzulegen.

Zweitens das Bemühen um größtmögliche Öffentlichkeit. Mit einem Internetauftritt für das gesamte Netzwerk einschließlich Verweisen auf die und zwischen den Webseiten der Beteiligten ließe sich der paradoxe Effekt erzielen, dass das Netz gerade durch seine Virtualisierung greifbarer würde.

Drittens die Einrichtung zusätzlicher Netzwerke der Legislativen, in denen Parlamentarier die Arbeit von Regierungsnetzen überwachen und eigene Initiativen starten können.

Viertens die Einbettung der Regierungsnetze in umfassendere globale Politiknetze, die internationale Organisationen, Unternehmen, Nicht-Regierungsorganisationen und andere interessierte Akteure einbinden. Dies ermöglicht eine breitere Partizipation, aufbauend auf einem inhaltlich verantwortlichen und rechenschaftspflichtigen Kern aus Regierungsvertretern.

Fünftens eine Verschärfung der innenpolitischen Rechenschaftspflicht globaler Regierungsnetze. Gegenstand, Umfang und Form entsprechender Maßnahmen lägen im Ermessen des jeweiligen Nationalstaats.

Potenziale nutzen

Daneben dürfte die endgültige Legitimität der Regierungsnetze weniger von deren derzeitiger Gestalt abhängen als von ihrer Weiterentwicklung und Nutzung durch die mutmaßlichen Bauherren der neuen Weltordnung – ein gewaltiges Kollektiv aus Politikern, Praktikern, Lobbyisten, Theoretikern und Aktivisten. Den potenziellen Nutzen dieser Netze haben wir erst ansatzweise erschlossen. Höchstwahrscheinlich wird eine erweiterte Anwendung neue Probleme aufwerfen. Doch wenn Kooperationsnetze ein tragendes Element der Infrastruktur globalen Regierens werden sollen, müssen wir auf der Suche nach möglichen Anwendungsgebieten kreativ sein.

So ließen sich nach dem Beispiel privatwirtschaftlicher Vereinigungen, die ihre Mitglieder mit eigenen Spielregeln von Betrug und anderen unerwünschten Verhaltensweisen abhalten, auch die vernetzten Staatsapparate als Instrumente der Selbstregulierung einsetzen. Würden Regierungsnetze nicht nur zur Bearbeitung konkreter Aufsichts-, Justiz- und Gesetzgebungsfragen geknüpft, sondern auch als selbstkritische

37

Berufsverbände von Behördenvertretern, Richtern und Abgeordneten, dann wären sie zweifellos in der Lage, für alle Funktionen der Exekutive globale Normen der Redlichkeit, Integrität, Sachkompetenz und Unabhängigkeit zu formulieren und weltweit durchzusetzen.

Regierungsnetze könnten ihre Mitglieder so »sozialisieren«, dass der Preis eines Abweichens vom Verhaltenskodex erheblich wäre. Erwirbt sich ein Netzwerk ein hohes Ansehen, das sich auf seine Mitglieder überträgt, stärkt es diesen damit bei der Verteidigung der Standards gegenüber innenpolitischen Widerständen den Rücken. Nach dem Vorbild internationaler Organisationen von der Europäischen Union bis zur »Community of Democracies« könnten die Regierungsnetze ihren Beitrittskandidaten die Erfüllung von Kriterien auferlegen, die eine Einhaltung des Normenbestands wahrscheinlicher machen. Ein Vorzug der dadurch möglichen selektiven Anerkennung einzelner Regierungsinstitutionen ist, dass sich so die politische Klippe der Einstufung eines ganzen Landes als gut oder böse, liberal oder repressiv, diktatorisch oder demokratisch umschiffen lässt. Stattdessen wird der Blick auf die Mikroebene gelenkt und dem Umstand Rechnung getragen, dass in jedem Staat und jeder Regierung gegenläufige Kräfte um Macht und Privilegien ringen. Daher gilt es denen beizustehen, die sich sowohl in ihren Gesetzen als auch bei ihren völkerrechtlichen Verpflichtungen an die eigenen Bekenntnisse halten. Auch könnte man die Netze dazu einsetzen, in weit größerem Umfang als bisher technische Hilfe zu leisten, wie sie in vielen Ländern der Welt zum Aufbau der Regierungsfähigkeit benötigt wird. Von der Ausarbeitung von Verhaltensregeln bis zur Lösung politischer Sachfragen könnten sie alle erdenklichen Aufgaben übernehmen. Den zahlreichen zivilgesellschaftlichen Akteuren, die in das globale Regieren ebenso einbezogen werden müssen wie in die Innenpolitik ihrer Länder, könnten sie als Anlaufstellen dienen. Parallel dazu könnten vertikale Netze internationalen Normen Geltung verschaffen und inländische Institutionen auf vielfältige Weise unterstützen. Wenn wir wissen wollen, wie gut sie sich dabei schlagen, müssen wir den Versuch wagen.

Und schließlich könnten reflektierende, selbstkritische Regierungsnetze demonstrieren, dass es des Dialogs und der Argumente bedarf, um komplexe Probleme vernünftig zu lösen. Es gibt Aufgaben, bei denen eine engagierte Diskussion am ehesten kreative und legitime Alternativen aufzeigt. In so verfassten Netzen würde eine positiv verstandene Konfliktfähigkeit zur Grundlage dauerhafter politischer und sozialer Beziehungen. Dieser Konfliktbegriff hat in demokratischen Gesellschaften Tradition. Allein auf dem Parkett der Diplomatie, auf dem sie schnell zur Katastrophe eskalieren, sind Konflikte per se eine Gefahr und daher unerwünscht. Zwischen disaggregierten nationalen oder überstaatlichen Regierungsinstitutionen dagegen sollten sie lieber gelöst statt um jeden Preis umgangen werden. Auf lange Sicht steigen dadurch die Chancen, Vertrauen zu bilden.

Robert O. Keohane zufolge eröffnet die Globalisierung neue Möglichkeiten, aus Kooperation Vorteile zu ziehen – vorausgesetzt, es werden dazu geeignete Institutionen geschaffen. Allerdings bestehe bei Institutionen immer die Gefahr, dass sie sich repressiv verhielten. Am Beginn des 21. Jahrhunderts, so Keohane, müssten Politikwissenschaftler und Politiker deshalb herausfinden, wie sich mit Hilfe wohl durchdachter Institutionen eine »Wiedergeburt der Freiheit« einleiten lasse. In diesem Sinne halte ich eine Weltordnung, in der Regierungsnetze neben traditionellen internationalen Organisationen arbeiten, sie vielleicht sogar ersetzen, für äußerst vielversprechend. Es liegt an uns, für ihre Effektivität und Legitimität zu sorgen.

Zum gleichen Thema: Anne-Marie Slaughter,
A New World Order, *Princeton 2004.*

Thorsten Benner und
Jan Martin Witte

Das Prinzip Verantwort-
lichkeit: Partnerschaften und
die Zukunft des globalen
Regierens

Vom Umweltschutz über die Bekämpfung von Krankheiten wie Malaria und Aids bis hin zu Arbeits- und Sozialstandards und der Eindämmung von Korruption: Viele Probleme dieser Welt werden längst nicht mehr von der traditionellen Politik gelöst. Staaten und internationale Organisationen kooperieren zunehmend mit Unternehmen und Nicht-Regierungsorganisationen. Globale Politiknetzwerke und sektorenübergreifende Partnerschaften sind zentrale Neuerungen im Instrumentarium globalen Regierens. Diese Zweckbündnisse aus Zivilgesellschaft, Unternehmen und öffentlichem Sektor demonstrieren, dass »Regieren« in einer komplexen und interdependenten Welt mehr heißen kann und muss als »Regierung«, »Staat« und starre Hierarchien. Flexible und kreative institutionelle Innovationen sind nötig, um die Vielzahl grenzüberschreitender Probleme erfolgreich anzugehen. Auch die Vertreter der mächtigsten Staaten haben dies – zumindest rhetorisch – erkannt. US-Außenminister Colin Powell etwa verkündete im Rahmen des Weltwirtschaftsforums 2003 in Davos: »In einer globalisierten Welt sehen sich Staaten Problemen von derartiger Komplexität und Reichweite gegenüber, die anzugehen sie ohne die Unterstützung von nicht-staatlichen Akteuren nicht hoffen können.« Die Erwartungen an die neuen Formen des Regierens sind hoch. Nicht nur werden Fragen nach der Effektivität von Partnerschaften, sondern verstärkt auch nach ihrer Legitimität laut.

Im Zuge der Debatte um das Demokratiedefizit globalen Regierens sind auch zahlreiche Partnerschaften ins Kreuzfeuer der Kritik geraten. So wird der 1999 von UN-Generalsekretär Kofi Annan initiierte Global Compact nicht nur regelmäßig von einigen Nicht-Regierungsorganisationen angegriffen, sondern auch von Regierungen, speziell in Entwicklungsländern, die ihm vorwerfen, er verfüge über keine wirksamen Kontroll- und Rechenschaftsmechanismen. Nach Meinung von Kritikern erfüllt der Global Compact für die Wirtschaft lediglich eine Alibifunktion. Auch die zahlreichen öffentlich-privaten Partnerschaften, entstanden im Anschluss an den Johannesburger Weltgipfel für nachhaltige Entwicklung, sind für ihren Mangel an Kontrollmechanismen und klaren Regeln kritisiert worden. Solche Initiativen, sagen Kritiker, verschaffen Unternehmen zwar die Anerkennung der Vereinten Nationen, verpflichten sie aber nicht zur Verantwortlichkeit. Skeptiker bezweifeln, dass Partnerschaften aus nicht demokratisch rechenschaftspflichtigen Akteuren – internationale Organisationen, Zivilgesellschaft, multinationale Unternehmen – einen Beitrag zur Entwicklung effektiver und legitimer Formen globalen Regierens leisten können.

Eines ist klar: Partnerschaften sind zum Scheitern verurteilt, wenn sie keine Mittel und Wege finden, das dringende Problem ihrer Legitimität und Verantwortlichkeit zu lösen. Doch in dieser Herausforderung liegt auch eine Chance. In Partnerschaften lassen sich im Kleinen viele der komplexen Probleme der Verantwortlichkeit globalen Regierens analysieren. So zeigt sich, dass nicht nur die Verantwortlichkeit der Akteure zu klären ist. Auch die Prozesse selbst müssen auf den Prüfstand gestellt werden. Ein effektives System der Verantwortlichkeit erfordert die Entwicklung neuer Ansätze der Akteurs- und Prozessverantwortlichkeit im globalen Regieren.

Ein pluralistisches System der Verantwortlichkeit

Standardrezepte sind für die Durchsetzung des Prinzips Verantwortlichkeit ungeeignet. *Traditionalisten* vertreten die Ansicht, es gebe gar kein prinzipielles Verantwortlichkeitsproblem beim globalen Regieren. Die eigentliche Entscheidungsgewalt liege nach wie vor bei offiziell ernannten Vertretern nationaler Regierungen. Die »Legitimationskette«, wie sie sich ausdrücken, sei möglicherweise gedehnt, aber nicht durchtrennt.

Kosmopoliten hingegen argumentieren, die derzeitige Praxis des globalen Regierens führe dazu, dass den Bürgern demokratische Rechte entzogen würden, weil demokratisch nicht legitimierte internationale Foren praktische Entscheidungsgewalt erhielten. Für die Kosmopoliten besteht der alleinige Ausweg aus diesem Dilemma in der Demokratisierung globaler politischer Prozesse, und zwar entweder durch Einrichtung eines Weltparlaments, vermutlich eingegliedert in die Struktur der UNO, oder durch Ausweitung neuer Formen der direkten Demokratie, die dem einzelnen Bürger in der neuen Weltdemokratie eine Stimme verschaffen.

Die *neuen Souveränisten* sehen im globalen Regieren eine Bedrohung traditioneller Vorstellungen von Souveränität und Demokratie. Sie plädieren dafür, die Globalisierung »herunterzufahren« und internationale Verflechtungen auf ein Minimum zu beschränken.

Alle drei Positionen sind kurzsichtig und verkennen die Realität. Traditionalisten versteifen sich auf ihre Behauptung, alles sei beim Alten geblieben, wo doch die Realität der globalen Politik tagtäglich das Gegenteil beweist. Der kosmopolitischen Antwort auf das Legitimitäts- und Verantwortlichkeitsproblem mangelt es an politischer Durchsetzbarkeit, und die neuen Souveränisten haben wenig mehr zu bieten als ein Plädoyer für uneingeschränkte nationale Souveränität.

42 Es besteht, wie Robert O. Keohane und Joseph Nye es aus-

drücken, Bedarf an einer kreativeren Konzipierung und entschlosseneren Operationalisierung unterschiedlicher Arten von Verantwortlichkeit. Was bedeutet dies für die Umsetzung des Konzepts der Verantwortlichkeit auf globaler Ebene? Partnerschaften entziehen sich in vielerlei Hinsicht den traditionellen Mechanismen und Vorstellungen von Verantwortlichkeit. Sie sind diffuse, vielschichtige und schwach institutionalisierte Zweckbündnisse, die weder einer Wählerschaft verantwortlich sind noch sonst einem direkten Auftraggeber. Ein pluralistisches System der Verantwortlichkeit für eine Vielzahl oft konkurrierender Akteure, Beziehungen und Prozesse zu entwerfen ist weit schwieriger, als sich auf die hierarchischen Kommandostrukturen zu verlassen, über die in einem einfachen staatszentrierten Modell Politik gemacht wird.

Ein pluralistisches Verantwortlichkeitssystem erfordert eine Vielzahl komplementärer Mechanismen und eine wechselseitige Kontrolle zwischen den unterschiedlichen Akteuren. Mechanismen der kollektiven Verantwortlichkeit müssen die Verantwortlichkeit individueller Akteure ergänzen. Dies ist eine umso schwierigere Aufgabe aufgrund der Neigung der Partner, Verantwortung, besonders nach Fehlschlägen, auf das Kollektiv abzuwälzen.

Verantwortlichkeit der Akteure

Mit welchen Mechanismen lässt sich Verantwortlichkeit in Partnerschaften erzielen? Eines ist klar: Verantwortliche Partnerschaften setzen zunächst einmal verantwortliche Partner voraus. Partnerschaften können immer nur so verantwortlich sein, wie es ihre Mitglieder sind. Es müssen daher Mechanismen gefunden werden, mit denen die einzelnen Akteure globalen Regierens – Regierungen, internationale Organisationen, Unternehmen und Nicht-Regierungsorganisationen – zur Rechenschaft gezogen werden können.

Das *Bestreben um einen guten Ruf* trägt erheblich zum verantwortlichen Handeln innerhalb und außerhalb von Partnerschaften bei. Öffentliches Anprangern ist in diesem Kontext ein beliebtes Druckmittel. Steht die Glaubwürdigkeit
eines Unternehmens, einer Marke, eines Individuums oder einer Nicht-Regierungsorganisation auf dem Spiel, sind die Betroffenen in der Regel schnell zur Überprüfung ihres Verhaltens bereit. Verantwortlichkeit darf sich nämlich nicht auf die
bloße Veröffentlichung von Informationen beschränken,
auch Sanktionen müssen möglich sein. Kaum ein Mechanismus ist so gut geeignet, die Akteure im Innen- und Außenverhältnis von Partnerschaften zur Verantwortlichkeit anzuhalten, wie drohender Verlust von Glaubwürdigkeit.

Auch über die Verwendung ihrer Geldmittel haben Partnerschaften und ihre Mitglieder Rechenschaft abzulegen. Die
Offenlegung der Finanzen spielt daher eine zentrale Rolle.

Wie lassen sich diese Mechanismen wirksam implementieren? Transparenz steht hier an erster Stelle. Behörden, internationale Organisationen, Unternehmen und Stiftungen wie
auch Umweltgruppen und humanitäre Organisationen haben
ihre internen Strukturen und Verfahrensweisen offen zu legen. Entscheidend in diesem Kontext sind Informationen
über die interne Verantwortungsteilung, über Wahlverfahren
und insbesondere über die Herkunft und Verwendung der
Mittel. Über das Internet lassen sich diese Informationen auf
effektive Weise einem großen Interessentenkreis verfügbar
machen, so dass etwaiges Fehlverhalten leichter aufgedeckt
werden kann.

Zivilgesellschaftliche Organisationen schließen sich oft zu
Koalitionen und Netzen zusammen, die sich wiederum an
Partnerschaften beteiligen. Einige dieser Netze stellen regelmäßig die Legitimität globaler politischer Entscheidungsprozesse und der daran beteiligten Akteure in Frage, können sich
aber auch selbst der Frage nach Verantwortlichkeit nicht entziehen. Inzwischen wird in den Reihen der Nicht-Regierungsorganisationen der Ruf nach mehr Transparenz und

Verantwortlichkeit laut. Noch vehementer wird diese Forderung von ihren Kritikern gestellt. Immer noch informieren viele Nicht-Regierungsorganisationen nicht ausreichend über ihre Aktivitäten und die Herkunft und Verwendung ihrer Gelder. Letzteres ist besonders brisant angesichts der Zunahme von Nicht-Regierungsorganisationen, die von Staaten oder von Unternehmen lediglich zu Tarnzwecken gegründet werden.

Zertifizierungsprogramme, Maßnahmen zur Selbstregulierung und Verhaltenskodizes werden ebenfalls zu erhöhter Transparenz führen. In den vergangenen Jahren ist eine Vielzahl von Verhaltenskodizes und Verfahren zur Nachhaltigkeitsberichterstattung entstanden. Es handelt sich um Versuche, Referenzwerte für verantwortungsvolles unternehmerisches Handeln zu setzen und Unternehmen dazu anzuhalten, nicht nur gegenüber ihren Kunden, sondern auch gegenüber der breiten Öffentlichkeit Verantwortlichkeit zu entwickeln. Richtlinien zur Berichterstattung und freiwillige Verhaltenskodizes tragen ganz erheblich zur Stärkung der Verantwortlichkeit von Unternehmen bei. Ob die angestrebte Konsolidierung der Reporting-Richtlinien und Verhaltenskodizes zu ausgeglicheneren Rahmenbedingungen und einer besseren Berichterstattung führt, wird sich zeigen. Ein guter Ansatz könnte darin bestehen, das vor allem für Unternehmen entwickelte Modell der *Global Reporting Initiative* (GRI) auf Nicht-Regierungsorganisationen zu erweitern.

Bei alledem ist es wichtig, Verantwortlichkeit nicht nur von internationalen Organisationen, Unternehmen und Nicht-Regierungsorganisationen zu verlangen, sondern auch von Staaten selbst. Allzu häufig erweisen sich ineffiziente, intransparente und korrupte staatliche Akteure und Institutionen als größte Hindernisse für erfolgreiche Partnerschaften.

Verantwortlichkeit der Prozesse

Wenn sektorenübergreifende Partnerschaften von Außenstehenden als legitim anerkannt werden wollen, müssen nicht nur die einzelnen Akteure Rechenschaft über ihr Tun ablegen. Auch die Geschäfts- und Entscheidungsprozesse sind transparent zu gestalten.

Erfahrungen mit der Anwendung verschiedener Mechanismen der Prozessverantwortlichkeit in solchen Partnerschaften gibt es bereits. Folgende Qualitäten des Prozesses haben sich dabei bislang als bedeutsam im Sinne der Verantwortlichkeit herauskristallisiert.

Transparente Strukturen

Partnerschaften müssen ihre internen Management- und Entscheidungsstrukturen sorgfältig gestalten, um interne und externe Verantwortlichkeit zu gewährleisten. So hat beispielsweise die Weltkommission für Staudämme (WCD, *World Commission on Dams*) ein Forum für verschiedene Interessengruppen geschaffen, die nicht direkt in den Entscheidungsprozess eingebunden waren. Auf diese Weise konnte die Kommission zusätzliches Feedback und weitere Anregungen gewinnen und vermied gleichzeitig, dass sich die Betroffenen ausgeschlossen fühlten. Selbstverständlich müssen die Beiträge, die in einem solchen Meinungsforum erbracht werden, auch ausgewertet und umgesetzt werden. Die WCD schien damit zumindest in der frühen Phase ihres Bestehens Probleme zu haben.

Auswahl der Akteure

Viele Initiativen freuen sich zunächst über jeden, der Interesse an ihrem Anliegen zum Ausdruck bringt. Wenngleich derlei Offenheit zu begrüßen ist, lässt sich doch nur eine begrenzte Anzahl von Akteuren an einen Tisch bringen. Es muss daher eine Auswahl getroffen werden. Wichtig ist, dass der Auswahlprozess transparent ist. Kriterien für die Identifizierung und Ernennung der Diskussionsteilnehmer wie Fachkompetenz und Repräsentativität sollten offen kommuniziert und immer gleich angewandt werden. Die *World Commission on Dams* beispielsweise hat ein sehr komplexes System zur Auswahl der Diskussionspartner eingerichtet, das eine Vorauswahl innerhalb der einzelnen Sektoren umfasste, die in Foren verhandelten, wer als formelles Mitglied einen Platz am Tisch der WCD bekam.

Klare Arbeitsgrundsätze

Gemeinsame Ziele und Richtlinien für die Zusammenarbeit sowie eindeutige Zeitpläne und Entscheidungsprozeduren ermöglichen nicht nur ein effektives Arbeiten in den neuen Institutionen des kooperativen Regierens. Sie sind auch absolute Voraussetzung für ihre Verantwortlichkeit. In der Gründungsphase öffentlich-privater Partnerschaften wird dieser Aspekt gern vernachlässigt. Der Einsatz von »Partnerschaftsmediatoren« hat sich in diesem Zusammenhang als hilfreich erwiesen. Sie leisten Unterstützung bei der Definition der Zielsetzungen und Spielregeln und bringen so die gemeinsame Unternehmung auf den richtigen Weg.

Stimmenvielfalt

Im harten Kern einer Initiative oder Organisation sind der Zahl der Akteure zwangsläufig Grenzen gesetzt. Die frühzeitige zusätzliche Konsultation möglichst breit gefächerter Interessengruppen erhöht jedoch die Chance eines offenen und konstruktiven Dialogs bei der späteren Projektzusammenarbeit. Die *Global Reporting Initiative* etwa, deren Ziel die Entwicklung und Verbreitung allgemein anerkannter Richtlinien zur Nachhaltigkeitsberichterstattung ist, hat sich von Anbeginn die Einbindung möglichst vieler unterschiedlicher Anspruchsgruppen zum Grundsatz gemacht und während der Konzeptionsphase ihres Leitfadens allen interessierten Gruppen die Möglichkeit gegeben, Kommentare abzugeben und Vorschläge zu machen.

Offenlegung der Herkunft und Verwendung von Geldern

Herkunft und Verwendung der Finanzmittel einer Partnerschaft sind klar zu dokumentieren und der Öffentlichkeit darzulegen. Die Waldschutzorganisation *Forest Stewardship Council* etwa dokumentiert ihre Arbeitsprogramme und internen Entscheidungsstrukturen detailliert im Internet. Sie nennt jedoch keine Einzelheiten über ihre Finanzen. Wenn staatliche Gelder in eine Organisation fließen, hat die Öffentlichkeit ein besonderes Anrecht auf solche Informationen.

Evaluierung

Ein wichtiger Mechanismus der Verantwortlichkeit für Resultate sind Leistungsevaluierungen für sektorenübergreifende Partnerschaften. Gegenwärtig fehlt uns oft eine grundlegende Dokumentation über die einzelnen Aktivitäten von Partnerschaften, von einer elaborierten Bewertung ganz zu schweigen. Die jüngst entwickelten Evaluierungsinstrumente sollten auch auf Partnerschaften angewandt werden, um zu überprüfen, ob und wie Partnerschaften ihren selbst gesteckten Zielen gerecht werden.

Die Forderung nach mehr Verantwortlichkeit wird oft mit einem gewissen Unbehagen aufgenommen, und zwar von allen Betroffenen. So fürchtet sich etwa die Privatwirtschaft vor Überregulierung und zwangsverordneter Bürokratie. Björn Stigson, Direktor des *World Business Council for Sustainable Development* (WBSCD), betont den freiwilligen Charakter der Partnerschaften. Man arbeite zusammen, weil man bestimmte Ziele erreichen wolle; auf einen bürokratischen Überbau und die Überwachung durch die Vereinten Nationen oder andere Institutionen könne man verzichten.

Die Verbesserung der Verantwortlichkeit ist ein schwieriges Unterfangen, das Kompromisse erfordert. Viele Partnerschaften können das Thema nur mit Mühe in ihrem ohnehin umfangreichen Arbeitsprogramm unterbringen. Einzelne Organisationen sind bereits damit ausgelastet, allein den Prozess in Gang zu bringen und dafür zu sorgen, dass er überhaupt messbare Ergebnisse produziert. Verantwortlichkeit ist kostspielig – in ideeller wie in materieller Hinsicht. Sie ist im Übrigen kein Allheilmittel. Ein pluralistisches System von Verantwortlichkeit allein wird nicht das Demokratiedefizit in der Weltpolitik beheben. Es bedarf in jedem Fall einer angemessenen Kontrolle durch Entscheidungsträger auf nationaler Ebene. Dies erfordert unter anderem eine stärkere Einbeziehung der Parlamente, die oft von der Exekutive ausgebremst werden.

Perspektiven für Partnerschaften

Zum jetzigen Zeitpunkt scheint klar: Wenn die dringenden Fragen im Zusammenhang mit sektorenübergreifenden Partnerschaften nicht bald angegangen werden, kommt es unweigerlich zu einer nachhaltigen Verhärtung der politischen Fronten und einer politischen Gegenreaktion. Nicht-Regierungsorganisationen werden gegen die von ihnen empfundene missbräuchliche Nutzung der Partnerschaften vorgehen. Ihrer Ansicht nach geht es den Regierungen in erster Linie um ein Abwälzen von Verantwortung und den Unternehmen um Imageverbesserung. Regierungen werden unter Druck gesetzt werden, sich an keinen weiteren Partnerschaften zu beteiligen. Und Unternehmen werden sich zurückziehen und sich gegen jegliche Bestrebungen größerer Transparenz und Verantwortlichkeit zur Wehr setzen, die sie als Überregulierung und Bürokratisierung empfinden. Umso wichtiger ist es, zügig Spielregeln und Evaluierungsmechanismen für Partnerschaften zu entwickeln und durchzusetzen, die Regierungen und internationale Organisationen nicht aus der Verantwortung zu entlassen, Unternehmen vom »Trittbrettfahren« abzuhalten und auch von Nicht-Regierungsorganisationen Rechenschaft für ihr Tun zu verlangen. Ein Weg, um das Potenzial neuer Formen des Regierens zu

49

entfalten, besteht in der Einrichtung eines »Lernforums«, in dem sich die Mitglieder von Forschungsinstituten, Stiftungen, zivilgesellschaftlichen Organisationen, Unternehmen, internationalen Organisationen und Staaten über ihre Arbeit austauschen. Indem es den analytischen Blick der Forschung mit dem reichen Erfahrungsschatz der Praktiker vereint, kann ein solches Forum Partnerschaften helfen, neue Einsichten zu gewinnen, alternative Ansätze kennen zu lernen und ihre Arbeit besser zu bewerten. Auch ließen sich im Rahmen eines Lernforums Trainingsprogramme für Partnerschaften anbieten.

Soll man sich überhaupt auf Partnerschaften einlassen? Die richtige Frage wäre: Welche Alternativen gibt es? Traditionelle zwischenstaatliche Diplomatie allein kann die drängendsten Probleme dieser Welt nicht erfolgreich angehen. Partnerschaften sind sicherlich kein Allheilmittel, aber sie sind auch nicht nutzlos oder notwendigerweise gefährlich. Viele von ihnen zeigen innovative Lösungen für grenzüberschreitende Herausforderungen auf. Dennoch: Wir befinden uns erst am Anfang eines langen Lern- und Experimentierprozesses.

Die gegenwärtige Debatte um Partnerschaften präsentiert allzu oft ein Zerrbild, in dem sowohl Erwartungen als auch Kritik der Realität weit vorauseilen. Wir benötigen einen politisch scharfsinnigen und empirisch unterfütterten Blick auf Partnerschaften. Partnerschaften basieren auf wohlverstandenen Eigeninteressen, nicht Wohltätigkeit. Erfolgreiche Partnerschaften gründen auf der Unterschiedlichkeit der Fähigkeiten, Mittel, Ansichten und Expertise ihrer Mitglieder: Nicht-Regierungsorganisationen werden dabei nicht zu Profitzentren, und Unternehmen verwandeln sich nicht in Wohlfahrtsverbände.

Wir sollten vor allem darauf achten, dass Partnerschaften nicht zu bloßen Absichtserklärungen ohne greifbare Ergebnisse werden. Partnerschaften können ihre hehren Ziele nur erreichen, wenn sie über ausreichende finanzielle Mittel verfügen. Wir müssen die G8, die Weltbank, die UNO und die multinationalen Konzerne beim Wort ihrer vollmundigen Versprechungen nehmen, Partnerschaften voranzutreiben. Wenn wir die Absichtserklärung der G8-Staaten, »innovative Lösungen auf der Grundlage einer breit angelegten Partnerschaft mit der Zivilgesellschaft und dem Privatsektor [zu] fördern« ernst nehmen, bedeutet das: Um die dringendsten Probleme von der Sicherheit bis zum Gesundheits- und Umweltschutz in effizienter und verantwortlicher Weise in Angriff nehmen zu können, müssen zusätzliche Mittel in Partnerschaften fließen.

Vernünftig geführt, können öffentlich-private Partnerschaften zu einem wichtigen Baustein der zukünftigen Architektur globalen Regierens werden. Ziel muss es sein, partnerschaftliche Ansätze globalen Regierens nicht länger als notwendiges Übel, sondern als sinnvolle institutionelle Neuerung zu betrachten. Dies kann nur gelingen, wenn alle Seiten den politischen Willen dazu haben und auf dieses Ziel hinwirken. Es bedeutet auch, dass alle Beteiligten – Nicht-Regierungsorganisationen, Wirtschaftsunternehmen und Staatsvertreter – einen Beitrag zur Verantwortlichkeit globalen Regierens leisten müssen. Ebenso ist globales Regieren auf Unterstützung und Mitwirkung der Gesellschaft angewiesen. Grob vereinfachte und nicht vorausschauende Vorstellungen nationaler Interessen werden leider viel zu selten in Frage gestellt. Um die Kurzsichtigkeit politischer Diskussionen zu überwinden, benötigen wir eine Öffentlichkeit, die aktiv ist, sich einmischt und die Entscheidungsträger immer wieder zur Verantwortlichkeit anhält.

Der Beitrag basiert auf einem Forschungsprojekt des Global Public Policy Institute, Berlin.

Michael Ignatieff

Zu neuen Ufern: Partnerschaften im Wandel

Ein Gespräch

Welche Partner brauchen die USA beim Wiederaufbau des Irak?

Im Rahmen der Demokratisierung im Irak brauchen die USA als wichtigsten Partner nicht etwa Europa oder die UNO, sondern das irakische Volk. Und sie können dabei nicht auf handverlesene verwestlichte Exilanten zurückgreifen. Die Vereinigten Staaten müssen der schwierigen Tatsache ins Auge blicken, dass Saddam Hussein unter Einsatz von Terror selbst Nation-Building betrieben hat. Die Grundstruktur nationaler Identität, die er geschaffen hat, wurde von der Baath-Partei aufrechterhalten. Nach dem gewaltsamen Ende des baathistischen Nation-Building-Projekts ist der Irak restlos zerfallen, und die den USA jetzt zur Verfügung stehenden potenziellen Partner sind allesamt problematisch.

Da sind zunächst die Schiiten, problematisch nicht nur, weil sie Schiiten sind, sondern auch, weil ihre politische Organisation die Moscheen, Ajatollahs und Imame sind, dann die Kurden, gegen die unter Saddam mit Giftgas vorgegangen wurde; sie werden in jedem Fall auf substanzielle Kontrolle über ihre eigenen Angelegenheiten bestehen. Schließlich die Sunniten, die im Prozess des Nation-Building unter Saddam die tragende Rolle innehatten, jetzt zwischen den beiden anderen Gruppen stehen und um ihr politisches Überleben kämpfen. Die USA müssen alle drei Gruppen berücksichtigen, wobei es für diese extrem gefährlich ist, eine Partnerschaft einzugehen: Wer das amerikanische Nation-Building unterstützt, bezahlt das unter Umständen mit dem Leben. Was bedeutet, dass eine Partnerschaft erst dann zustande kommen wird, wenn allen Partnern Sicherheit garantiert werden kann.

Eine weitere Bedingung für eine Partnerschaft ist Legitimität. Die USA werden ihren Partnern wirkliche Macht übertragen müssen, und zwar relativ bald, wenn auch nicht zu bald, damit zum Zeitpunkt der Machtübergabe eine stabile Sicherheitslage gewährleistet ist. Für einen erfolgreichen Aufbau einer Nation bedarf es also der Partnerschaft zwischen externen und internen Akteuren.

Die Europäer sehen die Dinge etwas anderes. Ihrer Ansicht nach ist die Grundvoraussetzung für erfolgreiches Nation-Building, dass die externen Partner durch die Vereinten Nationen legitimiert sind, und da ist natürlich etwas dran. Aber wir müssen unsere Lehren aus dem Tod von Sergio De Mello ziehen. Die UNO wurde mehr als zehn Jahre lang mit einem Sanktionenregime assoziiert, das unter Saddams Herrschaft von vielen Irakern als Machtinstrument der Amerikaner betrachtet wurde, die sich der Unterstützung der Europäer sicher sein konnten. Die Sanktionen hatten viel schlimmere Auswirkungen, als wir damals ahnten. Sie untergruben die Legitimität der UNO. Sie führten dazu, dass es nicht genügend Iraker gab, die empört waren und zu verhindern suchten, dass ein paar Leute einen Lastwagen mit Bomben bestückten und ihn in ein Symbol der UNO, das UNO-Hauptquartier, rasen ließen. Dieser Anschlag hätte niemals verübt werden können, wenn nicht die Legitimität der UNO durch die Sanktionen ohnehin schon kompromittiert gewesen wäre.

Insofern bin ich bezüglich der Frage, ob die Partnerschaft, die wir brauchen, von der UNO autorisiert sein muss, um sowohl intern als auch extern legitim zu sein, etwas skeptischer als die meisten Europäer. Ich glaube, die entscheidende Dynamik liegt in der konkreten Politik innerhalb der »grü-

53

nen Zone« in Bagdad, der Politik zwischen den amerikanischen Besatzern und den Irakis. Auf diese Dynamik kommt es an.

Welche Rolle spielen dabei die Europäer als Partner? Meiner Ansicht nach neigen die Europäer immer noch sehr dazu, ihre Politik im Irak auf das Prinzip der Schadenfreude – nach dem Motto »Wir haben's euch gleich gesagt« – oder aber des Ressentiments gegen die USA zu gründen. Doch auf solchen Prinzipien darf Politik nicht fußen, sie muss auf langfristigen Interessen aufbauen, und diese müssen in einem stabilen, friedlichen und selbstverwalteten Irak liegen, der frei von amerikanischer Vorherrschaft ist, einem wirklich freien Staat. Wenn der Irak irgendwann im Jahr 2005 die Selbstbestimmung wiedererlangt haben wird, kann Europa alle möglichen Partnerschaften eingehen: Im Bereich der Energieversorgung, der Sicherheit, der Durchsetzung der Rechtsstaatlichkeit – die üblichen fachlichen, bilateralen Partnerschaften eben. Was ich dagegen nicht vor mir sehe, ist eine Partnerschaft, in der die Schimäre »internationale Gemeinschaft« dem Irak vorsteht und Frankreich und Deutschland ein wesentliches Mitspracherecht haben.

Das bringt mich zum Allgemeineren: Wenn von Partnerschaft in internationalen Angelegenheiten gesprochen wird, geschieht das vorwiegend in der Sprache der »internationalen Gemeinschaft«, und dieser Sprache stehe ich mit großer Skepsis gegenüber. Das Normative und das Deskriptive gehen darin wild durcheinander. Jeder hätte gern eine internationale Gemeinschaft. Ich wünsche sie mir nicht weniger als jeder Europäer, aber ich bezweifle stark, dass es etwas Derartiges wirklich gibt. Es gibt sie von Fall zu Fall, von Problem zu Problem, aber sie geht auch von Problem zu Problem wieder in die Brüche.

Das europäische Modell von Partnerschaft sieht folgendermaßen aus: Es gibt das so genannte Völkerrecht, das erkennen wir alle an, und somit bewegen wir uns alle in demselben normativen Rahmen. Aber diese Sicht der Dinge entspricht nicht der Welt, in der wir leben. Tatsächlich leben wir in einer Welt, in der Bismarck sich noch gut zurechtfinden würde, einer Welt, in der Nationalstaaten ihre Interessen verfolgen – zwar durch das Völkerrecht eingeschränkt, und dies in einem größeren Ausmaß als zu Bismarcks Zeiten, zugleich aber in weit geringerem Maß, als es die Ideologen der »internationalen Gemeinschaft« meinen. Darüber hinaus gibt es internationale Institutionen wie die Vereinten Nationen, die unsere Bemühungen koordinieren. Ja, Bismarck hätte bei uns keine Probleme, denn wir reden hier von einer Welt, in der Nationalstaaten ihre Interessen auf eine Weise verfolgen, die rational nachvollziehbar ist. Die Sprache der Partnerschaft dagegen gibt vor, eine so genannte »internationale Gemeinschaft« zu schaffen, die aber gleich erst mal den Süden ausklammert.

Man muss es doch einmal klar sagen: Die treibende Kraft im internationalen Multilateralismus sind größtenteils die USA gewesen, und wenn multilaterale Partnerschaften nicht von den USA betrieben werden, dann funktionieren sie im Allgemeinen nicht. Ich wünschte, dem wäre nicht so. Ich wünschte, die Realität sähe anders aus. Tut sie aber nicht. Ich verteidige hier nicht den Status quo, es gefällt mir nicht, dass die Welt von einer einzigen Macht dominiert wird, aber genauso wenig gefällt mir eine Welt, in der das Normative und das Deskriptive durcheinander geworfen werden. Es gefällt mir nicht, dass von einer internationalen Gemeinschaft die Rede ist, wenn doch letztlich eine Interessenkoalition von Großmächten gemeint ist.

Welche Rolle kommt dem Privatsektor zu – den Unternehmen, der Zivilgesellschaft?

Ich habe eben Bismarck bemüht, aber es gibt etwas, was unsere Welt von der Bismarcks fundamental unterscheidet: Gewisse universelle moralische Grundsätze sind aufgekommen, die zum Beispiel in den Menschenrechten Ausdruck finden oder in Prinzipien wie dem der sozialen Verantwortung; sie haben

Eingang in die Geschäftswelt gefunden und hängen mit dem Aufkommen zivilgesellschaftlicher Organisationen zusammen, der Entstehung nicht etwa einer globalen Zivilgesellschaft – übrigens ein genauso schwammiger Begriff wie der der internationalen Gemeinschaft –, sondern einer Reihe sehr mächtiger, finanzstarker zivilgesellschaftlicher Organisationen, die auf der internationalen Bühne großen Einfluss haben. Ihre Macht speist sich aus zwei Quellen: Sie finanzieren sich aus dem absolut beispiellosen Wohlstand der Mittelklassen in der nordatlantischen Welt; Gruppen wie Amnesty International und Human Rights Watch sind millionenschwere Organisationen. Hochprofessionell, konsequent anders denkend, sehr effektiv, sehr gut gemanagt. Es sind wichtige Akteure, und sie sind mittlerweile fest etabliert. Umweltschutz, Menschenrechte, humanitäre Hilfe – es gibt eine große Bandbreite solcher Organisationen in der Zivilgesellschaft, und sie erlegen den Staaten nie da gewesene Beschränkungen auf.

Doch sie gehen auch Partnerschaften mit Staaten ein. So zum Beispiel im Falle des Landminenvertrags, des Kioto-Protokolls oder des Internationalen Strafgerichtshofs. Keine dieser Initiativen würde ohne den organisierten moralischen Einsatz dieser Akteure existieren. Zu Bismarcks Zeiten gab es weder diese Form von institutionalisierter Zivilgesellschaft, noch gab es verbindlich niedergelegte universelle moralische Grundsätze wie die Menschenrechte.

Wie wirkt sich das auf die Geschäftswelt aus? Es verändert den Rahmen der Weltwirtschaft von Grund auf, denn wenn man die Staaten als den ersten Akteur betrachtet, dann ist die Zivilgesellschaft der zweite und die Privatwirtschaft der dritte, und die Unternehmen stehen genau wie die Staaten unter dem Druck der zivilgesellschaftlichen Organisationen einerseits und der verbindlichen universellen moralischen Grundsätze andererseits. In der Geschäftswelt sind diese Grundsätze etwas weniger verbindlich und weniger klar definiert. Die Internationale Arbeitsorganisation, arbeitsrechtliche Standards, das internationale Abkommen über die Rechte der Gewerkschaften – die moralischen Grundsätze haben weniger Struktur und Bodenhaftung, aber dennoch großen Einfluss. Kein Großunternehmen kann heutzutage noch Arbeitskräfte einstellen oder Rohstoffe ausbeuten, ohne damit rechnen zu müssen, dass sein Vorgehen kritisch beobachtet wird. Dass es einer Art von kritischer Beobachtung unterzogen wird, wie sie vor 60 Jahren noch gar nicht existierte. Wobei das natürlich relativ ist – sicher können sich manche Unternehmen noch einiges erlauben.

Am Beispiel von Unocal in Birma lässt sich gut illustrieren, was ich meine. Unocal versucht eine Pipeline zu bauen und tut sich dazu mit einem repressiven Regime zusammen. Es ist die Rede von Zwangsarbeit, Umweltzerstörung, von geheimen Absprachen und der Unterstützung eines Regimes, das die Menschenrechte verletzt. Das Projekt war für Unocal unhaltbar. Und warum? Wegen des Aktivismus von Aktionären und NGOs sowie der modernen Allianz zwischen den Nicht-Regierungsorganisationen und der Presse. Es kommt darauf an, eine internationale Staatsbürgerschaft zu schaffen, die kritische Beobachtung auf eine internationale Ebene zu heben, um auf diese Weise dafür zu sorgen, dass die Unternehmen, die im nationalen Rahmen strengen Vorschriften unterliegen, im internationalen Rahmen ihr Verhalten dementsprechend gestalten.

Die wirklich spannende Entwicklung etwa im Bereich der Menschenrechte ist die wachsende Bedeutung komplexer neuer Partnerschaften, die teils antagonistisch, teils kooperativ sind, Partnerschaften zwischen den großen Unternehmen, den zivilgesellschaftlichen Organisationen, die ihnen auf die Finger schauen, und den Staaten, die wiederum ein Interesse an der wirtschaftlichen Aktivität der Unternehmen haben. Ein klassisches Beispiel ist der Kimberley-Prozess, die Überwachung des weltweiten Diamantenhandels mit dem Ziel, die so genannten Konfliktdiamanten vom Markt zu verbannen. Das internationale Unternehmen De Beers hat mehr oder weniger das Monopol über die Handelsware Diamant – eine

Handelsware, die stark von ihrem Image abhängig ist: Man muss keine Diamanten kaufen, man kann auch auf Gold oder Platin umsteigen. Das bedeutet, wenn der Ruf eines Unternehmens in Frage gestellt wird, wenn die Diamanten, mit denen es handelt, als blutig bezeichnet werden, dann kann sein ganzer Markt zusammenbrechen. Das gibt den zivilgesellschaftlichen Organisationen eine Macht, die ihre Position im Laufe der Jahre sehr gestärkt hat.

Die Unternehmen erkennen, dass es unklug ist, eine antagonistische Beziehung zu den NGOs einzugehen, unter deren kritischer Beobachtung sie stehen, dass eine kooperative Beziehung weitaus sinnvoller ist und mit höherer Wahrscheinlichkeit in eine Win-Win-Situation münden wird. Im Falle von De Beers erwies es sich als die beste Lösung, die Kimberley-Zertifizierung zu akzeptieren und sich den freiwilligen Regulierungsmaßnahmen zu unterwerfen, die den Handel mit Konfliktdiamanten verhindern sollen. Eine gewisse Divergenz bleibt meist bestehen – die neue Form der Partnerschaft ist teils antagonistisch, teils kooperativ. Die zivilgesellschaftlichen Organisationen werden hier zu loyalen Gegnern – loyal in dem Sinne, dass sie sich an gewisse Spielregeln halten, zugleich aber oppositionell, da sie diese Unternehmen nie aus der Verantwortung entlassen.

Ein anderes Beispiel ist Angola. Zehn Prozent der US-amerikanischen Ölversorgung werden bereits heute und auch zukünftig von Angola gedeckt. Dieses Öl stammt aus Offshorebohrungen in einem der mit Abstand ärmsten und am schlechtesten regierten Länder Afrikas. Schlecht regiert nicht zuletzt deshalb, weil die Einnahmen aus der Ölförderung sofort auf Schweizer Bankkonten weitergeleitet werden – der eigenen Bevölkerung lässt die angolanische Regierung nichts zugute kommen. Eine kleine NGO aus London, Global Witness, schaut sich nun die Geschäfte zwischen den Ölgesellschaften und der angolanischen Regierung etwas genauer an und stellt fest, dass es jede Menge Korruption gibt und kaum jemand einen Überblick hat. Sie bringt die Weltbank ins Spiel, wendet sich an die internationale Presse, und plötzlich stehen alle Ölgesellschaften des Konsortiums zur Entwicklung Angolas unter dem Druck, zumindest für Transparenz zu sorgen, offen zu legen, wohin das Geld fließt, um so zu erreichen, dass die Einnahmen aus der Ölförderung auch wirklich ins Land gelangen.

Hier haben wir also eine antagonistische Beziehung, Global Witness gegen die Ölgesellschaften. Doch die beiden Parteien haben wirkungsvoll ihre Kräfte gebündelt, um auf die angolanische Regierung Druck auszuüben, haben die Weltbank und andere internationale Organisationen herangezogen, um die Machthaber in Luanda in ihre Schranken zu weisen. Größere Transparenz, bessere Regierung, Investitionen für die Armen im Land – darauf zielen solche antagonistischen Partnerschaften zwischen NGOs, Unternehmen und Staaten ab.

Im klassischen zwischenstaatlichen Zusammenhang würde es dazu nicht kommen. Staaten neigen dazu, sich bei ihren großen Unternehmen lieb Kind zu machen – die französische Regierung bei Total, die italienische Regierung bei ENI/AGIP, die amerikanische Regierung bei ExxonMobil. Aber sobald eine NGO im Spiel ist, eine, die gegen die anderen Beteiligten etwas in der Hand hat, entsteht eine ganz andere Dynamik.

Diese Partnerschaften der Zukunft sind extrem produktiv, und es sind die im Bereich der Menschenrechte und der Entwicklung derzeit interessantesten und vielversprechendsten Partnerschaften, denn wenn sie aufrechterhalten werden, wenn sie institutionalisiert werden, wird die Gefahr geheimer Absprachen weitaus geringer. Um geheime Absprachen in diesen Partnerschaften zwischen Unternehmen, Regierungen und zivilgesellschaftlichen Organisationen zu vermeiden, sind loyale Gegner erforderlich. Wenn die NGO loyal ist, verbreitet sie keine Halbwahrheiten über das Unternehmen, und das Unternehmen tut das umgekehrt genauso wenig. Sie führen einen Dialog und lösen ihre Probleme. **59**

Allerdings muss man sich der Schwierigkeit bewusst sein, dass viele Unternehmen Beziehungen zu loyalen Gegnern nur zögerlich und mit einigem Misstrauen eingehen, weil die NGOs die Latte für Reformen immer wieder höher legen. Was die Unternehmen auch tun mögen, es ist nie genug. Die Deutsche Bank legt ihren Umgang mit jüdischen Vermögenswerten offen. Sie wird der Anforderung gerecht, doch dann muss sie feststellen, dass die Latte plötzlich höher liegt. Ölgesellschaften sind in der gleichen Lage, auch ihnen wird die Latte immer wieder höher gelegt. Wenn man will, dass eine Partnerschaft funktioniert, sollte man für beide Seiten ein klares Leistungsniveau festlegen, man sollte einen Kontext schaffen, in dem eine bestimmte Leistung gefordert wird, und wenn diese erbracht ist, sollte die Forderung als erfüllt gelten. Und sobald man den neuen Standard konsolidiert hat, kann man gemeinsam die Latte höher legen. Aber wenn ein Unternehmen glaubt, mit einer zivilgesellschaftlichen Organisation einen vertraulichen Dialog geführt zu haben, und diese Organisation dann nichts Besseres zu tun hat, als zu den Medien zu rennen und sich über das Unternehmen zu beschweren, entsteht eine ungute Stimmung. Das Unternehmen hat das Gefühl, dass es nicht etwa durch richtiges Verhalten sein Ansehen steigert, sondern im Gegenteil nur weitere Kritik erfährt. Beide am Dialog Beteiligten müssen ehrlich und transparent agieren und bereit sein, eine vertrauliche Beziehung ohne geheime Absprachen einzugehen.

Das ist natürlich nicht einfach, aber ich glaube, hier verläuft die neue Grenze. Denn wenn sich heute die Führung eines Unternehmens denkt, warum sollten wir mit einer winzigen NGO reden, zwei Leuten mit einem Computer in einem Zimmerchen in Nord-London, dann ist sie sich einfach nicht darüber im Klaren, was unter Umständen auf sie zukommt. Die Schweiz musste genau diese Erfahrung in der Frage der jüdischen Vermögenswerte machen... Solche Skandale können extrem rufschädigend sein, so dass die zivilgesellschaftlichen Organisationen in Verbindung mit den neuen univer-

sellen moralischen Grundsätzen eine enorme Macht haben.
Diese Macht kann natürlich missbraucht werden. Aber wenn
man so tut, als würde sie wieder verschwinden, wenn man
meint, eine Partnerschaft vermeiden zu können, dann setzt
man unter Umständen seinen Ruf und sein ganzes Unternehmen aufs Spiel. Wir haben es hier mit einer neuen Grenzbeziehung zu tun – beide Seiten haben Macht, und die Unternehmen tun sich ziemlich schwer damit, zu begreifen, dass
die Machtverteilung sich verschoben hat. Für sie geht es um
enorme Vermögenswerte, 50 000 Angestellte in 26 Ländern...
sie begreifen einfach noch nicht, in welchem Ausmaß zivilgesellschaftliche Organisationen in Kombination mit diesem
neuen System moralischer Grundsätze rufschädigend wirken
können.

Was wir brauchen, ist Verantwortlichkeit sowohl auf Seiten
der zivilgesellschaftlichen Organisationen als auch auf Seiten
der Unternehmen. Viele Unternehmen sind gebrannte Kinder, was Beziehungen zu NGOs betrifft, die sich für Menschenrechte, Umweltschutz, humanitäre Belange einsetzen.
Sie mussten lernen, professionell damit umzugehen; aber es
ist durchaus möglich, eine dauerhafte antagonistische Partnerschaft zu führen, die frei von geheimen Absprachen und
durch Vereinbarungen strukturiert ist, an die sich beide Seiten
halten. So sorgt jeweils der eine dafür, dass der andere ehrlich
bleibt. Das ist die entscheidende Dynamik in der Partnerschaft. Und wenn es funktioniert, ist dies die produktivste
Konstellation im Bereich der Menschenrechte, der internationalen Entwicklung und des Umweltschutzes. Sie ist bedeutend wichtiger als die zwischenstaatlichen Beziehungen.

Noch ein letztes Beispiel für Partnerschaft: Das Pipeline-
Projekt im Tschad. Hier haben sich ein Bankenkonsortium
und mehrere Ölgesellschaften zusammengetan, um eine
3,7 Milliarden Dollar teure Pipeline zu bauen, mittels derer
Rohöl 650 Kilometer weit durch das benachbarte Kamerun
bis zum Atlantik geleitet werden kann. Die Ölgesellschaften
haben die Weltbank als moralischen Garanten eingebracht.

61

Die Weltbank wiederum hat sowohl den Ölgesellschaften als auch der Regierung des Tschad gewisse Auflagen gemacht. Und die Partner haben gemeinsam eine neue Finanzgesetzgebung erarbeitet, mittels derer die tschadische Regierung verpflichtet wird, einen Teil der Einkünfte für die Entwicklung des Landes zu verwenden anstatt für Waffenkäufe oder den Bau von Palästen. Wie lässt sich das überwachen? Hier sind sechs oder sieben Global Players an einem einzigen Entwicklungsprojekt beteiligt. Aber es geht um nicht weniger als das Leben der Menschen im Tschad. Wenn die Partner ihre Sache gut machen, werden die Menschen im Tschad ein besseres Leben haben, wenn nicht, dann geht der altbekannte Albtraum weiter.

Das Gespräch führte Susan Stern

Benjamin R. Barber

Interdependenz: Fluch oder Segen?

Die Schaffung einer einvernehmlichen Weltordnungspolitik bleibt die dringlichste und zugleich schwierigste Aufgabe der Völkergemeinschaft. Obwohl die Länder Europas seit fast 60 Jahren produktiv zusammenarbeiten, haben sie sich bis heute keine gemeinsame demokratische Regierung gegeben. Die Nahtstellen ihrer zusammengeschusterten Union sind unübersehbar: im Nein der Schweden zum Euro, in der fortdauernden Skepsis der Dänen und Briten, als Komplikationen bei der Integration Osteuropas und der Türkei. Die Vereinten Nationen, nach dem Zweiten Weltkrieg der Hoffnungsträger der Menschheit, bleiben ein schwerfälliger Verein zerstrittener Parteien und verfeindeter Blöcke, in dem sich weder die Erste noch die Dritte Welt angemessen vertreten fühlt. Und Amerika, der Architekt des internationalen Systems der Nachkriegszeit, hat sich offenbar von seiner eigenen Schöpfung abgewandt und setzt heute bei der Verfolgung seiner Sicherheitsinteressen auf Unilateralismus und Krieg statt auf Multilateralismus und Rechtsnormen. Fazit: Während der Bedarf an einer regionalen und globalen Ordnungspolitik zunimmt, scheinen die Chancen ihrer Verwirklichung zu sinken.

Doch wehe! Die Anschläge des 11. September 2001 haben nicht nur gezeigt, dass der Weltfrieden noch in weiter Ferne liegt, sondern den Staaten auch drastisch deren zunehmende Interdependenz vor Augen geführt, die eine einvernehmliche globale Ordnungspolitik immer wichtiger, ja geradezu überlebenswichtig werden lässt. Der 11. September lehrt uns vor allem eines: Eine globalisierte Welt geht einem gemeinsamen Schicksal entgegen.

63

Was Interdependenz bedeutet, hat Europa spätestens im Zweiten Weltkrieg gelernt. Die Dritte Welt, in höchstem Maße von der Ersten abhängig, hat sich bezüglich ihrer Eigenständigkeit ohnehin nie Illusionen gemacht. Einzig Amerika, ohne das eine globale Ordnungspolitik kaum denkbar ist, tritt nach wie vor als glühender Verfechter des Unabhängigkeitsideals auf.

Seine Unabhängigkeit hat das Land vor 228 Jahren feierlich erklärt – aus der Überzeugung heraus, dass die Freiheit der Person und die Souveränität der Nation einander bedingen. Seit über zwei Jahrhunderten gilt den USA ihre Staatshoheit als Garant der Rechte und der sozialen Gerechtigkeit, in deren Namen sie sich ihre Freiheit und Demokratie erkämpft haben. Dabei sprechen sie nicht nur für sich, sondern auch für andere Völker, wenn sie – wie jüngst Präsident Bush vor den Vereinten Nationen – darauf beharren, Demokratie setze nationale Befreiung voraus, und Freiheit des Einzelnen sei nur in einem unabhängigen Staat gewährleistet.

Als sich die Menschen in Budapest und Prag, in Warschau und Moskau vor knapp 15 Jahren der Herrschaft des Sowjetkommunismus für ledig erklärten, bestätigten sie damit die feste Verbindung zwischen Freiheit und Unabhängigkeit. Sie reklamierten ihre Freiheit, indem sie auf ihr Selbstverwaltungsrecht pochten. Und während diese Völker heute in die Europäische Union drängen, kämpfen andere in so unterschiedlichen Ländern wie Afghanistan, Liberia, dem Kosovo oder Brasilien weiterhin für ihre Unabhängigkeit von heimischer Tyrannei und fremdem Imperialismus, weil sie darin die Voraussetzung ihrer Freiheit erblicken.

Aus der jüngsten Geschichte müssen jedoch sowohl diejenigen Nationen, die sich seit langem ihrer Autonomie erfreuen, als auch jene, die diese erst kürzlich errungen haben, auf schmerzliche Weise lernen, dass Unabhängigkeit allein weder Freiheit noch Gleichheit, noch Sicherheit vor Gewalt und Terror garantiert. Dass in einer Welt, in der alle gleichermaßen der Ökologie, gesundheitlichen Risiken, den Märkten, der Technik, dem Krieg unterworfen sind, die Interdependenz eine nackte Tatsache ist, von der das Überleben der Menschheit abhängt. Dass dort, wo die Furcht regiert und man dem Terrorismus nur mit einer Strategie von »Schock und Einschüchterung« (»shock and awe«) begegnet, sich weder Frieden noch Demokratie einstellen werden. Dass wir die globalen Institutionen, die uns am Segen der Interdependenz teilhaben lassen, erst noch schaffen müssen, während wir doch längst von globalen Unbilden heimgesucht werden, die uns mit dem Fluch einer bösartigen, häufig chaotischen Interdependenz belegen. Und schließlich, dass wir die Früchte der langen Entwicklung hin zur demokratischen Unabhängigkeit aufs Spiel setzen, wenn wir uns nicht auf den Weg zur Demokratisierung unserer neuen Interdependenz begeben.

Bedurften die Staaten früher nur der Souveränität, um ihres Glückes Schmied zu sein, so sind sie heute aufeinander angewiesen. In einer Zeit, in der die Armut der einen den Wohlstand der anderen bedroht, in der niemand sicherer sein kann als diejenigen, die in größter Unsicherheit leben, ist Multilateralismus keine Taktik unverbesserlicher Idealisten, sondern nüchterner Sachzwang. Die Lehre des 11. September lautet nicht etwa, dass ein souveränes, unilateral agierendes Amerika den »Schurkenstaaten« zuvorkommen und diese bezwingen könne, sondern dass Souveränität ein Hirngespinst ist. HIV, Treibhauseffekt, Welthandel, Verbreitung von Atomwaffen, internationales Verbrechen und Raubtierkapitalismus hatten die oft beschworene Souveränität der USA schon längst ausgehöhlt, als sich die Flugzeugentführer an jenem Schicksalstag mit mörderischer Verachtung darüber hinwegsetzten.

Das Paradoxe daran: Die amerikanische Außenpolitik orientiert sich noch immer primär am Souveränitätsprinzip, obwohl die faktische Interdependenz dieses als lebensgefährliches Wunschdenken entlarvt hat. Während sich die USA weigern, ihre Truppen einem internationalen Kommando zu unterstellen, und eine Präventivkriegsdoktrin verkünden, die

65

ihnen die alleinige Entscheidungsbefugnis über Zeitpunkt, Schlachtfeld und Gegner vorbehält, schwindet ihre Souveränität auf anderen wichtigen Gebieten zusehends. Trotz seiner globalen Wirtschaftshegemonie ist Amerika nicht mehr imstande, die Verlegung auch nur eines Arbeitsplatzes, nur einer Fabrik, nur eines Unternehmens an einen lukrativeren Standort zu verhindern, Krankheitserreger an seinen Grenzen aufzuhalten, Kapitalströme zu kontrollieren oder den Datenraub im Internet zu unterbinden. Souveränität bleibt ein hochtrabendes Wort, das nach wie vor vielfach zur Rechtfertigung staatlichen Handelns herhalten muss. Doch in der Praxis hat sie ihre Macht weitgehend eingebüßt. Der Terrorismus und andere Formen des globalen Verbrechens zeigen, wie löchrig die Souveränität geworden ist. Die USA haben weder das am World Trade Center konzentrierte Finanzkapital noch den Leitstand ihrer gepriesenen Kriegsmaschinerie im Pentagon schützen können, obschon die »Invasionstruppen« mit nicht mehr bewaffnet waren als mit Teppichmessern und Fanatismus. Streng genommen kamen die Attentäter von innerhalb der USA, nicht von außen. Die Staaten, die ihnen vor dem Anschlag Unterschlupf gewährten, hießen nicht Afghanistan und Irak, sondern New Jersey und Florida. So viel zum Thema Souveränität.

Trotzdem scheint sich Amerika weiterhin in der Rolle des einsamen Helden zu gefallen – wie Gary Cooper als Sheriff in *12 Uhr mittags,* der sich ganz alleine vier Banditen stellen muss. Die jüngsten Ereignisse legen indessen nahe, dass im Zeitalter der Globalisierung nur internationale Aufgebote und globale Gemeinschaften bestehen können. Die Interdependenz ist unsere heutige Wirklichkeit, ihre Anerkennung die Bedingung einer klugen Außenpolitik. Terrorgruppen sind keine Nationen. Ob sie von Schurkenstaaten unterstützt werden oder nicht: Im Endeffekt handelt es sich um »gemeinschädliche Vereine«, die in den Nischen des internationalen Systems operieren. Sie bedienen sich der modernen weltumspannenden Finanz-, Telekommunikations-, Verkehrs- und

Handelsnetze, um ihrem grenzüberschreitenden Geschäft nachzugehen. Wenn die Länder, die sich ihnen entgegenstellen, beim Einsatz dieses globalen Arsenals nicht mindestens ebenso viel Geschick beweisen wie die Terroristen selbst, besteht kaum Hoffnung, der Plage jemals Herr zu werden.

Doch so wünschenswert und erforderlich eine internationale Zusammenarbeit auch ist, so erweisen sich die Hindernisse, die sich den Befürwortern neuer Institutionen einer Weltordnungspolitik in den Weg stellen, als ebenso zahlreich wie unbeweglich. Ein Beispiel ist die Weigerung der USA unter der Regierung Bush, über ein Abkommen zu verhandeln, das ihnen den Beitritt zum Minensperrvertrag gestatten würde. Mehr als 140 Länder haben diesen Vertrag mittlerweile unterzeichnet. Amerika kann von den Signatarstaaten mit Recht die Anerkennung seiner Sonderrolle als Weltpolizist sowie der Notwendigkeit von Minen zur Sicherung kleiner Truppenkontingente erwarten. Doch im Gegenzug sind die Amerikaner gefordert, engagiert an einem für sie akzeptablen Vertragsentwurf mitzuarbeiten. Ähnliches gilt beim Internationalen Strafgerichtshof. Die USA haben durchaus Grund zu der Annahme, dieser könne als Femegericht zur Aburteilung amerikanischer Soldaten missbraucht werden, die an UNO-Missionen oder anderweitigen Einsätzen zur Friedenssicherung teilnehmen. Die Sachzwänge der Interdependenz verlangen in dieser Frage Gespräche, die den USA eine Kooperation unter zumutbaren Bedingungen ermöglichen. Dabei hilft weder halsstarriger amerikanischer Unilateralismus noch sturer internationaler Idealismus, der die Sonderrolle Washingtons vorsätzlich und scheinheilig ignoriert.

Mit anderen Worten: Ob es um den Minensperrvertrag geht, um den Strafgerichtshof oder um andere Verpflichtungen wie das Kioto-Protokoll zum Treibhauseffekt oder den ABM-Vertrag – die gereizte Atmosphäre veranlasst Amerika, sich als starrköpfiger Einzelgänger zu gebärden, und nimmt zugleich den Forderungen seiner internationalen Gesprächspartner auf Zusammenarbeit jegliche Erfolgsaussicht. In schon typischer Manier zeigten die Auseinandersetzungen innerhalb der UNO im Vorfeld des Irakkriegs ein Amerika, das geradezu versessen war, auch ohne multilaterales Einvernehmen zu handeln, sowie eine Staatengemeinschaft, die sich überhaupt nicht zum Handeln durchringen konnte. Ursache ist unter anderem das Festhalten der Vereinten Nationen an der Souveränität als Grundprinzip. Die UNO ist ein Kongress der Staaten und vertritt daher ungeachtet des Amtes des Generalsekretärs eher die Interessen dieser Staaten als die Belange der Weltbevölkerung. Die Formel ihres Selbstverständnisses lautet nicht »Wir, das Volk«, sondern »Wir, die Nationen, die ihre Völker repräsentieren«. Ebenso wie die USA spielen andere UNO-Mitglieder voreilig die Souveränitätskarte aus, sobald sie vitale Interessen in Gefahr sehen oder der Meinung sind, ihre Ziele besser außerhalb als in der Generalversammlung verfolgen zu können.

Auch jene Länder, die der amerikanische Verteidigungsminister Donald Rumsfeld abfällig als das »alte« Europa bezeichnet hat, sind an der Blockade der internationalen Zusammenarbeit zumindest mitschuldig: Trotz aller Lippenbekenntnisse zum Freihandel und ungeachtet des Drucks, den sie auf die Länder der Dritten Welt ausüben, damit diese etwaige Handelsbarrieren abbauen, halten sie selbst an Subventionen zugunsten notleidendender Wirtschaftszweige, etwa ihrer Agrar- und Kulturindustrie, fest. Hier wird eine Heuchelei offenbar, die unter anderem die Handelsgespräche in Cancun im Herbst 2003 scheitern ließ.

Freilich braucht die Weltgesellschaft nicht darauf zu warten, dass sich ihre Staatsoberhäupter und Regierungen auf die Interdependenz einlassen und eine neue Zivilarchitektur der weltweiten Zusammenarbeit ersinnen. Sie kann es sich gar nicht leisten zu warten, denn es geht schließlich darum, dass die »souveräne« Staatspolitik wieder den Anschluss an die globale Wirklichkeit findet. Wie die genannte Veranstaltung offenbart hat, kann eine globale Ordnungspolitik nicht von oben verordnet werden, sondern muss von der Basis ausgehen. Wahrscheinlich wird sie sich eher aus länderübergreifenden Bürgerprojekten sowie der Arbeit von Privatorganisationen und Wirtschaftsverbänden entwickeln als aus staatlichem Handeln. Dies entspräche überdies dem demokratischen Ideal: Bildung, freie Institutionen und Bürgersinn schaffen das Fundament, auf dem das politische Gebäude errichtet werden kann. Anders ausgedrückt: Der fortgesetzte Unwille der Regierungen, sich in der Praxis für die Idee einer globalen Ordnungspolitik zu engagieren, der sie theoretisch verpflichtet sind, darf die Zivilgesellschaft nicht daran hindern, die internationale Zusammenarbeit zu intensivieren.

Eine globale Ordnungspolitik bedarf zunächst eines Weltbürgertums, das sich seinerseits auf eine noch zu schaffende globale Zivilgesellschaft und die sie flankierende bürgerliche Erziehung stützen müsste. Der Mensch wird weder als Staats- noch als Weltbürger geboren, sondern zu solchen gemacht. Er beherrscht diese Rollen nicht von Natur aus; vielmehr werden sie ihm anerzogen und ansozialisiert. Dies lehrten uns auch die amerikanischen Staatsgründer Thomas Jefferson und John Adams, als sie darauf hinwiesen, dass das damalige Verfassungsexperiment nur mit gebildeten Bürgern gelingen konnte. Oder, wie James Madison es ausdrückte: Der Katalog der Grundrechte und die Verfassung sind ihr Papier nicht wert, wenn es an gebildeten Bürgern fehlt, die diese Dokumente auf den Alltag anwenden.

Bevor wir also versuchen, die UNO und das System von Bretton Woods in eine institutionelle Weltregierung umzuwandeln, müssen wir das Fundament der globalen Ordnungspolitik legen. Als Werkzeuge dafür bieten sich zum Beispiel das Internet (das gemeinschädliche Vereine wie Al Kaida und international aufgestellte Rechtsextreme wie die Neonazi-Bewegung längst zu nutzen wissen), die Zusammenarbeit nichtstaatlicher Organisationen (nach dem Modell der Demokratiegemeinschaft) sowie die Kampagne »Erlassjahr

69

2000« an. Im Geiste dieser Initiativen wurde am 12. September 2003 in Philadelphia und Budapest eine »Abhängigkeitserklärung« vorgelegt. Für das Jahr 2004 sind in Rom und anderen Metropolen bereits Veranstaltungen zur erneuten Feier des »Abhängigkeitstags« geplant. Die Abhängigkeitserklärung verleiht einem Geist des bürgerlichen Globalismus Ausdruck:

Abhängigkeitserklärung

Wir, die Weltbevölkerung, erklären hiermit unsere wechselseitige Abhängigkeit als natürliche und juristische Personen, als Völker sowie als Angehörige von Gemeinschaften und Staaten. Wir berufen uns darauf, Bürger einer gemeinsamen Welt zu sein, kosmopolitisch, zivil und zivilisiert. Unbeschadet der Werte und Interessen unserer jeweiligen National- und Regionalidentität erkennen wir unsere Verantwortung gegenüber den Grundwerten und Grundfreiheiten der Menschheit als Ganzer an. Wir verpflichten uns daher, sowohl unmittelbar als auch über die Staaten und Gemeinschaften, denen wir angehören, auf die folgenden Ziele hinzuarbeiten:

- *eine demokratische, globale Gesellschafts- und Rechtsordnung, in der sich unsere gemeinsamen Rechte schützen und unsere Anliegen verwirklichen lassen;*
- *Gerechtigkeit und Gleichheit für alle durch eine verbindliche Verankerung der Grundrechte der Menschen unseres Planeten – auf dass selbst der Geringste unter uns dieselben Freiheiten genieße wie die Berühmten und Mächtigen;*
- *eine sichere, nachhaltige globale Umwelt für alle als Voraussetzung des Überlebens der Menschheit – zu einem Preis, der den Anteil eines jeden Volkes am Wohlstand der Welt in Rechnung stellt;*

■ *besondere Berücksichtigung und besonderer Schutz der Kinder, der Zukunft der Menschheit, bei der Verteilung unserer gemeinschaftlichen Güter, namentlich derjenigen Ressourcen, von denen Gesundheit und Bildung abhängen;*

■ *Förderung einer demokratischen Politik und demokratischer Institutionen, die das Verbindende unter den Menschen betonen und schützen, bei gleichzeitiger*

■ *Erhaltung von Freiräumen, in denen identitätsstiftende religiöse, ethnische und kulturelle Eigenheiten gedeihen und die Menschen ihren gleichberechtigten Lebenswegen in Würde sowie geschützt vor politischer, wirtschaftlicher und kultureller Hegemonie nachgehen können.*

Mit der Abhängigkeitserklärung und dem zu ihrer Feier begangenen Abhängigkeitstag unterstreichen die neuen Weltbürger das kreative Potenzial einer bislang ausschließlich düsteren Realität: Kein amerikanisches Kind ist in seinem Bett sicher, solange für seine Altersgenossen in Bagdad, Karatschi oder Nairobi nicht dasselbe gilt; kein Europäer darf sich seiner Freiheit rühmen, solange Menschen anderswo den Demütigungen der Knechtschaft ausgesetzt sind. Nicht etwa, weil Amerika für alles, was andernorts geschieht, verantwortlich wäre; auch nicht, weil die Europäer früher andere Länder kolonisiert haben – sondern weil in einer interdependenten Welt das Elend und das Unrecht, das einige wenige trifft, Konsequenzen für alle hat.

Insofern ist die geforderte Weltordnungspolitik mehr als eine Utopie. Sie ist die unausweichliche Folge der Interdependenz. Eine Alternative gibt es nicht. Damit diese Politik heranreifen kann, brauchen wir eine globale Zivilgesellschaft und ein echtes Weltbürgertum. Beides von der Basis her zu entwickeln ist unsere Herausforderung.

Ernst Ligteringen und Paul Hohnen

Ein neues Partnerschaftsmodell für mehr Nachhaltigkeit

Von den zahlreichen partnerschaftlich orientierten Ansätzen, die auf dem UN-Gipfel für nachhaltige Entwicklung 2002 in Johannesburg vorgestellt wurden, hat einer besondere Beachtung gefunden: der Leitfaden zur Nachhaltigkeitsberichterstattung der *Global Reporting Initiative*, kurz GRI, der in Artikel 17 des Johannesburger Umsetzungsplans ausdrücklich erwähnt wird.

Zehn Jahre zuvor – 1992 auf dem Umweltgipfel in Rio – hatte der Begriff Nachhaltigkeitsberichterstattung noch gar nicht existiert. 1997, also fünf Jahre nach Rio, gab es die GRI noch nicht. Wie konnte die *Global Reporting Initiative* die Akzeptanz der in Johannesburg versammelten Staatengemeinschaft erlangen? Wie arbeitet diese Institution, welchen Aufgaben und Problemen muss sich dieses besondere Partnermodell in den kommenden Jahren stellen?

Entwicklung der GRI

Auslöser für die GRI war eine Erkenntnis führender Denker in den USA: Mit einem nennenswerten und dauerhaften Fortschritt in Sachen nachhaltiger Entwicklung wird erst dann zu rechnen sein, wenn erstens bei allen Organisationen Klarheit herrscht, welche Bedeutung der Begriff Nachhaltigkeit im Zusammenhang mit ihrem eigenen Handeln hat, und zweitens ein Rahmen geschaffen wird zur Messung der Nachhaltigkeitsleistung und der Berichterstattung darüber.

Die GRI wurde Ende 1997 von CERES, einem Bündnis ökologisch, sozial und religiös motivierter Organisationen und Anlegerverbände in den USA, in Zusammenarbeit mit UNEP, dem Umweltprogramm der Vereinten Nationen, gegründet. Die Initiative setzte es sich zum Ziel, ein Konzept für Nachhaltigkeitsberichte zu entwickeln und zu verbreiten. Nachhaltigkeitsberichte, so die Definition, legen Rechenschaft über die Leistung von Unternehmen in drei Bereichen ab: Ökonomie, Ökologie und Soziales. Man spricht daher auch von dreidimensionaler Ergebnismessung. Dabei sollen Glaubwürdigkeit, Vergleichbarkeit und Routine gewährleistet sein, ganz wie bei der finanziellen Berichterstattung auch.

Da es an einem globalen institutionellen Rahmen zur Entwicklung eines solchen dreidimensionalen Berichterstattungskonzepts fehlte, musste die GRI ihren eigenen Modus Operandi finden. Im Bewusstsein des Potenzials von Partnerschaften und der vertrauensbildenden Wirkung kooperativer und partizipativer Verfahren wie der alternativen Streitbeilegung und des so genannten *Participatory Rural Appraisal* (PRA) entschied man sich für die Einbindung möglichst vieler Anspruchs- und Interessengruppen – im Partizipationsdiskurs auch Stakeholder genannt. Der Hintergedanke war simpel: Damit Berichterstattungskriterien von Berichterstattern wie Berichtsnutzern gleichermaßen anerkannt würden, sollten sie von allen Beteiligten gemeinsam erarbeitet werden. Diese hätten somit Gelegenheit, sich vorab über die aufzunehmenden Nachhaltigkeitsaspekte, über die Begründung dieser Auswahl sowie über die Form der Darstellung zu verständigen.

Von 1998 bis Ende 2001 arbeitete die GRI zweigleisig. Ein Lenkungsausschuss, bestehend aus Vertretern eines Querschnitts der Interessengruppen, plante die Führungs- und Organisationsstruktur. Parallel dazu befassten sich weltweit Arbeitsgruppen mit der Entwicklung des ersten allgemein gültigen Leitfadens zur Nachhaltigkeitsberichterstattung. Ein

Entwurf dieses Leitfadens erschien im März 1999. Nach einer Test- und Kommentierungsphase wurde im Juni 2000 eine überarbeitete Fassung veröffentlicht.

2002 wurde die GRI formal als neue internationale Organisation etabliert. Mehrere Meilensteine wurden in diesem Jahr genommen: die Veröffentlichung einer erneut überarbeiteten Version des Leitfadens, die formale Anerkennung auf dem Umweltgipfel in Johannesburg, die Ernennung eines Vorstands, die Einrichtung eines ständigen Sekretariats in Amsterdam sowie das erste Treffen des Stakeholder Council, des Rats der GRI. Inzwischen hatten rund 150 Unternehmen begonnen, den Leitfaden einzusetzen – die zentrale Errungenschaft der nicht einmal fünf Jahre währenden Arbeit der GRI. Vielleicht war es die rapide Entwicklung einer innovativen Idee zu einem global anerkannten Regelwerk, die die Johannesburger Gipfelteilnehmer zu ihrer Anerkennung und UN-Generalsekretär Kofi Annan zu folgendem Urteil veranlasste: »[Die GRI] bringt Gleichgesinnte aller gesellschaftlichen Sektoren zusammen, die sich gemeinsam um Fortschritt in Sachen Nachhaltigkeit, Menschenrechte und Arbeitsbedingungen bemühen. Ihr neuer Leitfaden zur Unternehmensberichterstattung fördert in besonderer Weise die Transparenz und Überprüfbarkeit von Unternehmenspraktiken auch über finanzielle Belange hinaus.«

GRI: Prozess und Produkt

Ziel der GRI ist die Entwicklung von Produkten. Der Leitfaden zur Nachhaltigkeitsberichterstattung ist hier an erster Stelle zu nennen. Damit diese Produkte universell gültig und von allen Stakeholdern verwendbar sind, bindet die GRI eine Vielzahl von Gruppen gleichberechtigt in den Produktentwicklungsprozess ein. Da sie sich zudem als Lernforum versteht, betrachtet sie auch Diskussionen, die nicht zu einem Konsens führen, als Beitrag zur Produktentwicklung. Was die

GRI demnach maßgeblich ausmacht, ist ihr *Prozess-* und ihr *Produktcharakter.*

Prozess

Die GRI erklärte von Anfang an sieben Prinzipien zum integralen Bestandteil des Stakeholder-Prozesses:

1. Überprüfbarkeit – durch eine klare Führungsstruktur
2. Anpassungsfähigkeit – durch ständige Verbesserung
3. Ausgewogenheit – durch Konsultation aller wichtigen Interessenvertreter
4. Offenheit – durch Einbeziehung von Beiträgen sämtlicher interessierter Stakeholder
5. Neutralität – durch Unabhängigkeit von einzelnen Interessengruppen
6. Marktführerschaft – durch Innovation in der Nachhaltigkeitsberichterstattung
7. Transparenz – durch die Möglichkeit zur öffentlichen Einsichtnahme in die Arbeit der GRI

Diese Prinzipien sind auf allen Ebenen eng mit dem Führungsstil, der Struktur und den Praktiken der GRI verwoben. In allen Organen der Organisation sitzen Repräsentanten der fünf wichtigsten Interessengruppen: Unternehmen, Wirtschaftsprüfer, Vermittler (zum Beispiel akademische Institutionen), Gewerkschaften und Zivilorganisationen. Renommierte Vertreter unterschiedlichster Fachgebiete aus allen Teilen der Welt bringen sich persönlich in die Arbeit der GRI ein.

Höchstes Gremium der GRI ist ihr Vorstand. Strategisch beraten und zu Teilen ernannt wird er vom 60-köpfigen Rat der GRI, der seinerseits von den Stakeholdern gewählt wird, dem offenen Verband derjenigen Akteure, die die Ziele der GRI unterstützen möchten. Zur Beratung des Vorstands in technischen Fragen wird außerdem demnächst ein technischer Beirat eingerichtet. Aus unterschiedlichen Interessenvertretern zusammengesetzte Ad-hoc-Arbeitsgruppen beschäftigen sich mit der Entwicklung spezieller Instrumente.

Alle hier genannten Organe haben klare Funktionen und entsenden eine genau definierte Vertreterzahl in die Diskussionsrunde. Das wahrt ihre funktionale Effektivität. Die Mitglieder werden in einem breiten Beratungsprozess mit den Interessengruppen ausgewählt. Ermittelt werden sollen dabei diejenigen Akteure, die zu konstruktivem Engagement im Stakeholder-Dialog in der Lage sind, wobei die Vertreterschaft ausgewogen nach Interessengruppen, geographischen Räumen, Geschlecht und Kulturzugehörigkeit zusammengestellt wird.

Produkt

Auf der Produktebene liegt das Hauptaugenmerk der GRI auf der zügigen Weiterentwicklung und Verbreitung des Leitfadens. Derzeit nutzen dieses Regelwerk 380 Organisationen – größtenteils privatwirtschaftliche Unternehmen – zur Erstellung ihrer Nachhaltigkeitsberichte. Die Zahl hat sich seit der Veröffentlichung der heute aktuellen Fassung des Leitfadens im Jahre 2002 mehr als verdoppelt.

Zur Ergänzung des Leitfadens hat die GRI vier weitere Instrumente entwickelt: branchenspezifische Supplemente mit Indikatoren für bestimmte Industrie- und Dienstleistungszweige, technische Protokolle mit Kennzahlen für Einzelkriterien wie Wasserverbrauch, Energieverbrauch und Kinderarbeit, Handreichungen zu Themen von wiederkehrendem Interesse wie Aids sowie Analysen und Empfehlungen zu den Reporting-Ansätzen von Initiativen und Organisationen wie dem Global Compact und der OECD.

Dass es der GRI weitgehend gelungen ist, das Engagement eines großen Kreises von Interessengruppen zu gewinnen und aufrechtzuerhalten, zeigt das starke Interesse an einer weiteren Verbesserung des Leitfadens und der Entwicklung branchenspezifischer Supplemente. Inzwischen nehmen weit über tausend Einzelpersonen aus allen Regionen der Welt an

Arbeitsgruppen zur Weiterentwicklung eines oder mehrerer GRI-Instrumente teil. Sie kommen aus der Wirtschafts- und Finanzwelt, aus akademischen Institutionen, Unternehmensberatungen, Gewerkschaften und Privatorganisationen. Eine Partnerschaft zwischen unterschiedlichen Interessenträgern muss diverse funktionale Anforderungen erfüllen. Auf breiter Ebene kann ein solches Konstrukt nur effektiv arbeiten, wenn alle Partner ihren Teil zum Gelingen des Prozesses beitragen und erkennen, dass das kollektive Ergebnis auch den Interessen der Einzelnen dient. Warum ist die Anziehungskraft der GRI für engagierte Interessengruppen ungebrochen, warum greifen immer mehr Organisationen auf den Leitfaden und andere Instrumente der GRI zurück? Welche Aspekte muss die GRI bei ihrer Arbeit beachten, welche Probleme muss sie bewältigen, um weiterhin erfolgreich zu sein?

Prozessaspekte

Gespür für den richtigen Zeitpunkt
Der Stakeholder-Ansatz steht und fällt mit dem Vertrauen der teilnehmenden Parteien darauf, dass der Dialog zum anvisierten Ziel führen kann. Entscheidend für jede Initiative ist daher die Wahl des richtigen Zeitpunkts. Eine Pharmaindustrie, die gerade in aufreibende Diskussionen über die Preisgestaltung für lebensrettende Medikamente verwickelt war, wird kaum bereit sein, sich sofort danach auf einen Stakeholder-Dialog zur Nachhaltigkeitsberichterstattung einzulassen. Das Vertrauen in die Konstruktivität des Dialogs dürfte zu diesem Zeitpunkt äußerst schwach sein. Auf der anderen Seite kann es sein, dass eine bestimmte Branche bei einzelnen Interessengruppen einfach nicht die nötige Priorität hat. In diesem Fall wäre es schwierig, die relevanten Branchenvertreter überhaupt an einen Tisch zu bringen. Grundlage für einen erfolgreichen Verhandlungsprozess sind das Gespür für den richtigen Augenblick und die Bereitschaft zum Dialog.

77

Zielorientiertes Arbeiten

Die Diskussionspartner müssen darauf vertrauen können, dass die Partnerschaft ihnen Raum gibt für ein effektives Arbeiten hin zum gemeinsamen Ziel. Bei der GRI treffen sich Akteure, um zu definieren, welche Informationen für die Messung von Nachhaltigkeitswirkungen und die Berichterstattung darüber entscheidend sind. Das Beziehungsgeflecht zwischen Wirtschaft, Gewerkschaften und den Vertretern sozialer Interessen besteht natürlich schon länger als die GRI und kann durchaus in den Dialog hineinwirken. So mag ein bestimmter Streitpunkt zwischen Unternehmen und Gewerkschaften vielleicht für die GRI nicht direkt von Belang sein. Trotzdem kann er das Vertrauen in die Funktionsfähigkeit des Prozesses und den zukünftigen Nutzen des zu entwickelnden Instruments unterhöhlen.

Die Interessenträger müssen sich darüber im Klaren sein, dass sie nie in allen Belangen miteinander konform sein werden. Erkannt werden muss vielmehr, dass man das eine oder andere Anliegen durchaus dezentral angehen kann, ohne dadurch die Arbeit auf gemeinsamen Feldern auszubremsen.

Ein öffentliches Gut – und wer bezahlt?

Viele der über tausend ehrenamtlichen GRI-Mitarbeiter (und ihre Arbeitgeber, die sie für diese Arbeit freistellen) dürfen den Leitfaden mit Fug und Recht als ihr eigenes Produkt empfinden. Bis heute versteht er sich als öffentliches Gut, das jeder Organisation kostenlos zur Verfügung steht, die ihren Beitrag zur nachhaltigen Entwicklung messen und darüber berichten möchte. Die Einkünfte der GRI sind also nicht an die Nutzung ihrer Produkte gekoppelt. Eine freiwillige Partnerschaft ist, von einer Anfangsphase abgesehen, auf die finanzielle Unterstützung derjenigen angewiesen, die von ihrer Arbeit profitieren. Nicht anders die GRI, deren Einkünfte die Nutzung ihrer Produkte allerdings bislang nur unzureichend widerspiegeln. Dies liegt zum einen daran, dass die Rendite aus einer solchen Investition für die

Nutzer nicht sofort sichtbar ist, und zum anderen an der mangelnden Erfahrung mit derartigen Partizipationsmodellen.

Soll die GRI langfristig Erfolg haben, muss bei den beteiligten Gruppen die Einsicht wachsen, dass sie auf dreierlei Weise zum Gelingen beitragen: durch den Einsatz der Produkte, durch die Mitwirkung am Prozess und durch die finanzielle Unterstützung dieser freiwilligen Partnerschaft.

Produktaspekte

Globale Fragen – global oder lokal antworten?
Regionale Konzepte und Maßnahmen zum sozial verantwortlichen Handeln von Unternehmen drohen entsprechende globale Vorstöße zu unterminieren. Internationale Organisationen, Abkommen und Standards für nachhaltige Entwicklung gibt es reichlich: neben der GRI zum Beispiel die Internationale Arbeitsorganisation, das Kioto-Protokoll, den Global Compact der Vereinten Nationen, die OECD-Leitsätze für multinationale Unternehmen und den Berichterstattungsstandard AA 1000. Sie können jedoch nur dann erfolgreich sein, wenn lokale Initiativen bei der Umsetzung behilflich sind und ihnen nicht durch eigene Ansätze entgegenwirken. Auf dem Johannesburger Gipfel wurde die Bedeutung einer global koordinierten Vorgehensweise betont. Ungeachtet dessen werden national wie regional immer noch Maßnahmen ergriffen, die nicht auf den vorhandenen globalen Instrumenten aufsetzen.

Die Akteure vor Ort müssen sich entscheiden: Entweder sie ordnen ihre Maßnahmen den globalen Initiativen unter, oder sie agieren losgelöst auf lokaler Ebene und nehmen in Kauf, dass die internationale Harmonisierung der Maßnahmen dann zwischen Regionen und Nationen verhandelt werden muss. Richten sich die lokalen Gruppen nach internationalen Standards, fördern sie naturgemäß die weltweite Vereinheitlichung und Koordination, während sie mit isolierten Regionalmaßnahmen geplante oder schon umgesetzte globale Initiativen eher behindern.

Für die GRI und andere globale Initiativen im Sinne der unternehmerischen sozialen Verantwortung wird ein regional oder national isoliertes Vorgehen immer ein Risiko bleiben. In einer zunehmend enger verflochtenen Welt stiftet die Fragmentarisierung politischer Regelwerke nur Verwirrung, sie schwächt deren Wirkungskraft, behindert ihre Akzeptanz und kostet Geld.

Trittbrettfahrer
Durch den Umstand, dass der GRI-Leitfaden öffentlich ist, mithin beliebigen Organisationen zum Gebrauch zur Verfügung steht, ergibt sich ein gewisses Trittbrettfahrer-Problem. Dazu gehört, dass Elemente des GRI-Leitfadens ohne Erwähnung ihrer Urheberin verwendet werden. Entsprechendes lässt sich aus den Berichten und den selbst entwickelten Leitlinien verschiedener Organisationen schließen. Die Nachhaltigkeitsberichterstattung ist noch relativ jung, und die Erprobung und Bewertung eines entsprechenden Instruments nimmt Zeit in Anspruch. Daher akzeptiert die GRI dieses Vorgehen als langfristig der Verbreitung des Ansatzes förderlich.

Kür oder Pflicht?
Die GRI ist eine freiwillige Initiative derjenigen, die ihre Berichterstattung auf globalem Niveau um allgemein akzeptierte Verfahren und Leitlinien bereichern wollen. Ob in Zukunft allein der freie Wille oder eine mehr oder weniger verbindliche Regulierung beziehungsweise Gesetzgebung die Gangart bestimmen, wird in aller Regel bereichsweise und situationsabhängig zu entscheiden sein. Bei solider Vertrauensbasis, hoher ethischer Selbstverpflichtung und Fortschritten im Berichtswesen ist der Regulierungsbedarf wohl eher gering. Das Fehlen dieser Grundlagen indes ist ein guter Nährboden für den Ruf nach einem klaren Regelwerk.

Beobachten lässt sich derzeit, dass das Freiwilligkeitsprinzip sich niederschlägt in einer starken Zunahme selbst auferlegter Berichterstattung nach GRI-Standard. Sollte diese Entwicklung jedoch stagnieren oder die Qualität der freiwilligen Berichterstattung sich als nicht mehr adäquat erweisen, würde der Wunsch nach Regulierung voraussichtlich wieder neue Nahrung erhalten.

Lehren für globale Partnerschaften

Das Potenzial der GRI lässt sich auf mehreren Ebenen ermessen. Auch in dieser Organisation gilt: Sollen Stakeholder-Prozesse langfristig Erfolg haben, müssen sie ihr Ziel mit einer vernünftigen Kostengestaltung erreichen. Dieses Ziel heißt bei der GRI, die Urheberin eines allgemein anerkannten Standards zur Nachhaltigkeitsberichterstattung zu sein. Ersten Anzeichen zufolge wird das GRI-Modell als erfolgreich eingestuft. Ob durch Anwendung oder Mitgestaltung, die Bereitschaft der Interessengruppen zur Weiterentwicklung und Verbreitung der Nachhaltigkeitsberichterstattung ist deutlich. Dies wiederum stärkt die Einsicht, dass Transparenz und Überprüfbarkeit Aspekte sind, welche die Nachhaltigkeit ganz konkret fördern.

Wenn sich die Zahl der nach GRI-Standard berichtenden Organisationen weiterhin jedes Jahr verdoppelt, wird der Zeitpunkt nicht mehr fern sein, an dem ein Großteil, wenn nicht alle Organisationen – Wirtschaftsunternehmen, Behörden und Privatorganisationen – zur Messung ihrer Nachhaltigkeitsleistung routinemäßig auf dieses Regelwerk zurückgreifen. Auf diese Weise trägt die GRI maßgeblich dazu bei, das Bewusstsein für das Thema Nachhaltigkeit zu fördern.

Internationales Recht, freiwillige Verhaltensnormen und Standards für nachhaltige Entwicklung lassen sich nur dann implementieren, wenn sie in einen Alltagsbezug gebracht werden. Die GRI ist ein äußerst wirksames Instrument zur

Beförderung des Verständnisses und der Anwendung dieser Normen und Prinzipien und von Richtlinien wie den OECD-Leitsätzen für multinationale Unternehmen oder dem Global Compact der Vereinten Nationen.

Was man nicht messen kann, kann man nicht beherrschen, heißt es. Die GRI hilft bei der Beleuchtung der Risiken und Chancen nachhaltiger Entwicklung. Von daher überrascht es nicht, dass GRI-konform berichtende Organisationen den Nutzen der Methode intern durchgängig als hoch einstufen. Mit Hilfe der GRI erschließen sich die Organisationen ihr eigenes Potenzial, die Anforderungen des Nachhaltigkeitsprozesses zu erkennen und anzugehen.

Der GRI-Ansatz setzt auf Lernprozesse und Erfahrungswerte. Dadurch stößt er einen Kreislauf stetiger Optimierung an, ohne den Nachhaltigkeit wohl schwerlich zu erreichen ist. Ein wirkungsvolles Zusammenspiel der ökologischen, wirtschaftlichen und sozialen Dimension wird es erst dann geben, wenn alle gesellschaftlichen Akteure Transparenz und Überprüfbarkeit wahren. Das Thema Nachhaltigkeit wirft zusehends komplexe politische Fragen auf, die mit herkömmlichen Führungsmodellen nicht angemessen zu beantworten sind. Die Einbindung von Interessengruppen, wie bei der GRI der Fall, leistet einen entscheidenden Beitrag zur Formulierung und Umsetzung kostenverträglicher politischer Antworten.

Das Partnerschaftsprinzip der GRI hat Akteure zusammengebracht, die es unter den institutionellen und politischen Gegebenheiten zuweilen schwierig finden, zueinander zu kommen. Die Stakeholder-Dialoge bieten Raum für Vertrauen und auch für den Stolz der Beteiligten auf das gemeinsam Erarbeitete. Dadurch verdichtet sich der Nachhaltigkeitsdialog weiter und steigert seine Qualität.

Fazit: Das kollektive und zielgerichtete Engagement vieler Akteure birgt die Kraft zum Schaffen neuer Instrumente und innovativer Partnerschaften. Die politische Lücke, die im Hinblick auf Nachhaltigkeit durch althergebrachte Ansätze offenbar geworden ist, lässt sich damit schließen. In letzter Instanz wird der Erfolg von Stakeholder-Dialogen immer von folgenden Faktoren abhängen: dem exakten Gespür für Thema und Zeitpunkt, dem aktiven Engagement einer ausgewogenen Vertreterschaft der wichtigsten Interessengruppen sowie der staatlichen Unterstützung ihres so wichtigen Beitrags.

Betty Sue Flowers

Erst der Mensch –
dann der Staat

Denkaufgabe

Gegen Ende des Ersten Weltkriegs wurde der Völkerbund gegründet. Dieser konnte zwar den neuerlichen Kriegsausbruch nicht verhindern, bildete aber zumindest die Grundlage einer stabileren Folgeinstitution. Noch in der Endphase des Zweiten Weltkriegs entstanden die Vereinten Nationen. Doch obwohl diese zur Verhütung einer dritten globalen Völkerschlacht beigetragen haben dürften, scheinen sie außerstande, die dringendsten Probleme der Gegenwart zu lösen. Die Welt nach dem Kalten Krieg verlangt nach einer Ordnungspolitik neuen Zuschnitts, die der Tatsache Rechnung trägt, dass globale Probleme nicht von Einzelstaaten im Alleingang zu bewältigen sind.

Was ist bei der Gestaltung eines künftigen Systems der Weltordnungspolitik zu berücksichtigen? Die folgenden praktischen Überlegungen, die sich auf mögliche erste Schritte beschränken, gehen dabei allerdings von einer gänzlich unüblichen Grundannahme aus: Die Strukturen einer Global Governance für das 21. Jahrhundert haben sich nach dem Vorrang des Menschen vor staatlichen Machtinteressen zu richten.

Weltordnungspolitik vs. Weltregierung

Sich mit Weltordnungspolitik zu beschäftigen ist ebenso entmutigend wie beunruhigend. Entmutigend, weil ein politisches Projekt, bei dem sich ungleich starke Nationalstaaten auf eine gemeinsame Machtarchitektur einigen müssten, undurchführbar erscheint. Und beunruhigend, weil sich ordnungspolitische Ideen in der Praxis oft zur Tyrannei auswachsen. Zur Entwicklung einer Global Governance an den Verhandlungstisch gerufen, würden sich wohl die meisten Menschen sträuben und fordern, mit derlei Ansinnen nicht behelligt zu werden.

Genau dies aber ist erstmals in unserer Geschichte nicht mehr möglich. Welthandel, Massenmedien und der Zustand unserer Umwelt ketten uns so eng aneinander, dass die geografischen und kulturellen Grenzen, an denen die Länder früher ihre Hoheit festmachen konnten, sich verwischen. Gewalt, Geldwährungen, die genetische Beschaffenheit von Agrarerzeugnissen, die auf den Bürger einstürzende Informationsflut und viele andere Materien, die einst der Regelungskompetenz der Nationalstaaten unterlagen, haben sich längst deren Kontrolle entzogen.[1] Und die Organisation dieser Staaten – die UNO – ist in eine Struktur eingezwängt, die sich nicht am Gemeininteresse orientiert, sondern am Eigennutz einzelner Mitglieder. Die von der Globalisierung und zunehmender Interdependenz verursachten Probleme lassen sich aber weder auf nationalstaatlicher Ebene noch von einem Länderkollektiv lösen.

Rund um den Erdball empfinden die Menschen diese Kontinentalverschiebung nicht bloß als Gefährdung der Staatshoheit, sondern vor allem als unmittelbare Bedrohung ihrer persönlichen Lebensumstände. Arbeitsplätze werden dahin verlegt, wo Gewerkschaften sie nicht verteidigen können. Kinder stehen unter dem Einfluss eines kulturfremden Wertesystems importierter Popkultur. Selbst ihre Atemluft wird von Ländern verschmutzt, deren Politik sie nicht mitbestimmen können.

Nachdenkliche Beobachter sehen ein, dass die Unfähigkeit der Nationalstaaten, dieser Probleme innerhalb der eigenen Grenzen Herr zu werden, ein Handeln im Weltmaßstab er-

85

fordert. So zahlreich sind die globalen Aufgaben, dass eine einvernehmliche Weltordnungspolitik – im Unterschied zu einer Weltregierung – zu einer notwendigen Bedingung zu werden scheint.

Wo sich Bedarf an einer besseren Ordnung abzeichnet, gerät man leicht in Versuchung, ein neues System zu ersinnen. Platos Staat ist nicht die einzige Utopie, die in Vollendung dem Geist eines Denkers entspringt. Doch wenn wir auf dem dornigen Weg zu einer Weltordnungspolitik vorankommen wollen, dürfen wir nicht der Verlockung der Systematisierung erliegen, sondern müssen uns auf Grundsätze und Verfahren konzentrieren. Unsere Aufmerksamkeit sollte also weniger der Architektur dieser Weltordnungspolitik gelten als den Prinzipien und Prozessen, mit denen wir das Aufkommen von Gemeinschaftssinn und Partnerschaftlichkeit fördern können.

Grundsätze und Verfahren

Die technischen Neuerungen, welche die gegenwärtige Krise der Macht mitverursacht haben, eignen sich auch zu deren Bewältigung. Erstmalig in der Geschichte kann ein nicht unerheblicher Teil der Menschheit via Internet direkt interagieren und sich nach Bedarf aus den Massenmedien informieren, statt sich auf die vom Staat vermittelten Machtstrukturen verlassen zu müssen. Noch sind die technischen Möglichkeiten unserer Kreativität voraus. Zwar organisieren wir schon heute per Internet und Mobiltelefon Widerstand gegen multinationale Unternehmen und setzen Fälle nationalen Machtmissbrauchs einer breiten Öffentlichkeit aus. Wie man diese Ad-hoc-Macht aber darüber hinaus zur Lösung ordnungspolitischer Aufgaben heranziehen könnte, beginnen wir erst zu erahnen. Klar ist indessen, dass in dieser Technik eine revolutionäre Möglichkeit steckt: die Strukturierung globaler Komplexität bis auf die Ebene des Individuums.

Das stärkste Bindemittel zur Organisation komplexer gesellschaftlicher Systeme sind gemeinsame Grundwerte, die später in Gesetzen und Sitten verankert werden. Gerade in der Anfangsphase eines ordnungspolitischen Projekts spielen Wertmaßstäbe eine wichtige Rolle, weil sie im Gegensatz zu Gesetzen und politischen Programmen Gemeingut sind und sich dadurch einerseits als Diskussionsgrundlage eignen, andererseits die Menschen auf diffuse Weise miteinander verbinden. Beginnen die Dialogpartner, auf der Basis solcher Wertvorstellungen Regeln und Gesetze zu formulieren, stellt sich meist heraus, dass weniger Übereinstimmung herrscht als erwartet. Doch das grundsätzliche Einvernehmen wirkt wie ein Magnet, der die Parteien auch dann zusammenhält, wenn sie ihre Differenzen ausloten.

Der Dialog über gemeinsame Grundwerte muss verbindliche ordnungspolitische Verfahren erarbeiten und mit Strafen für Nichteinhaltung bewehren. Die Ohnmacht der UNO ist dadurch mitbedingt, dass die Staaten, nachdem sie sich beispielsweise auf eine Sanktion geeinigt haben, offenbar außerstande sind zu regeln, wie bei Missachtung dieser Sanktion oder eines Mandats, etwa eines Inspektionsregimes, vorzugehen sei. Die Unfähigkeit, den eigenen Regeln Geltung zu verschaffen, hat mit mangelndem Einvernehmen über die Wertmaßstäbe zu tun, die diesen Regeln zugrunde liegen. Der »entwaffnete« Irak konnte weiterhin Waffen oder Produktionsanlagen dafür kaufen – von Ländern, die sich offiziell für die Sanktionen ausgesprochen hatten. Ob in Rhetorik oder Praxis: Die Entwaffnung eines Diktators ist keine so überzeugende Wertvorstellung, dass sich eine Allianz auf ihr gründen ließe.

Welcher Wertmaßstab könnte also als Ausgangspunkt eines weltweiten, den Konsens ermöglichenden Dialogs dienen? Wie müsste man Letzteren pflegen, damit daraus ein globales Einvernehmen erwächst, dem Taten folgen? Und wie stehen die Chancen, dass ein solches Projekt zu brauchbaren Ergebnissen führt?

Grundregel

Das entscheidende Prinzip der Weltordnungspolitik ist deren Ausrichtung am Menschen. Weder der Monarch noch die Priester oder Ajatollahs, noch der Nationalstaat, nicht einmal die Vereinten Nationen sollten im Mittelpunkt stehen, sondern das einzelne menschliche Wesen. Vielleicht wird es Jahre dauern, sich darüber zu verständigen, welche universellen Rechte das Individuum einfordern kann. Eins aber scheint mittlerweile anerkannt: das Recht auf ein Leben in Würde. Insbesondere kann man nicht mehr zulassen, dass Regierungen einzelne Bevölkerungsgruppen systematisch ermorden.

Als sich der Westen Ende der 90er Jahre unter der Federführung der NATO zur Intervention in Serbien durchrang, verstieß er damit gegen seine eigenen Regeln – schließlich handelte es sich um eine Reaktion auf innere Angelegenheiten eines souveränen Staates. In Serbien (nicht etwa in Ländern außerhalb Europas) erhielten die Menschenrechte Vorrang vor der Staatshoheit, womit ein Präzedenzfall der Unterwerfung eines Souveräns unter ein moralisches Prinzip geschaffen wurde. Mehr noch: Das Oberhaupt dieses Staates, Slobodan Milosevic, wurde vor ein internationales Strafgericht gestellt.

Dieses Ereignis markiert den vielversprechenden Anfang einer Weltordnungspolitik, die eher die Menschen im Blick hat als den Staat. Seine allgemein bejahte Legitimität wird allerdings in drei wichtigen Punkten geschmälert. Erstens sind viele der Meinung, dass die Menschenrechte hier nur ausnahmsweise gegen die nationale Souveränität durchgesetzt wurden, weil es sich bei Serbien um einen außenpolitisch schwachen Staat handelte. Wäre das Land mächtiger gewesen, das heißt, hätte es Massenvernichtungswaffen besessen, hätte man sich kaum in dieser Form über seine Souveränität hinweggesetzt. Diese Doppelmoral zeigt: Die Probleme aus dem Machtgefälle zwischen den Besitzern entsprechender Arsenale und denjenigen Staaten, die solche Waffen noch nicht erworben oder entwickelt haben, müssen gelöst werden. Verhandlungen über die Menschenrechte müssen von einer regelmäßigen Kontrolle staatlicher Bestände an Massenvernichtungswaffen begleitet werden.

Der zweite Makel, der diesem Fall der Durchsetzung übergeordneter Menschenrechte anhaftet, liegt in seiner Beschränkung auf Europa. Als dasselbe Prinzip auf vergleichbare, wenn nicht schlimmere Weise in Afrika verletzt wurde, schaute die Völkergemeinschaft demonstrativ weg. Sollen Menschenrechte ernst genommen werden, muss man ihnen auch dort Geltung verschaffen, wo Interessen des eigenen Landes nicht berührt sind.

Und drittens ist der abträgliche Eindruck entstanden, das Ergebnis der Intervention sei im Wesentlichen vom Eigennutz der USA bestimmt gewesen. Die Überlegungen zur Global Governance des 21. Jahrhunderts werden nur zum Ziel führen, wenn die Welt zu einem Konsens über die Rolle Amerikas gelangt. Bei der Gründung des Völkerbunds und der UNO gab es eine Reihe von Staaten, die einander an Macht und Einfluss ebenbürtig waren. Mittlerweile haben sich die Machtverhältnisse jedoch dermaßen zugunsten der USA verschoben, dass die Welt diesem Land eine Sonderrolle mit speziellen Rechten, aber auch besonderen Pflichten zubilligen muss. Dies kann in der Praxis nicht auf eine Beschneidung seiner Macht hinauslaufen. Ebenso wenig wird man von Amerika erwarten können, dass es finanzielle Risiken eingeht oder das Leben seiner Bürger gefährdet, ohne dass nationale Interessen dies rechtfertigen. Sinnvoller wäre es, zu analysieren, wie sich der langfristige Eigennutz der USA mit den langfristigen Interessen der übrigen Völker in Einklang bringen lässt.

Institutionen und langfristiger Eigennutz

So, wie die Vereinten Nationen aus dem Völkerbund hervorgegangen sind, besteht der aussichtsreichste Ansatz zur Schaffung neuer Organe der Weltordnungspolitik in einer Bestandsaufnahme des Potenzials der heutigen Institutionen. Dabei ist die UNO nicht das einzige Vorbild. Insgesamt gibt es vier Organisationsformen, auf denen die neuen Gremien aufbauen könnten – auch wenn das Miteinander dieser Kräfte Probleme aufwirft.

Zunächst gilt unser Augenmerk UNO-Organen wie der Weltgesundheitsorganisation, deren Ansehen durch strengere Kontrolle und mehr Transparenz verbessert werden könnte; zweitens denken wir an internationale Zivilorganisationen, die ihrerseits ihre Legitimität durch ein Mehr an Transparenz und Öffentlichkeit erhöhen könnten; drittens könnten Vereine wie die Welthandelsorganisation (WTO) und die Europäische Union als Muster dienen, bei denen davon ausgegangen werden kann, dass das Gemeininteresse und der langfristige Eigennutz der Beitrittskandidaten zusammenfallen; und viertens kann die im Entstehen begriffene Zivilkultur multinationaler Unternehmen ein Vorbild sein. Diese letzte Anspruchsgruppe mag zunächst problematisch erscheinen. Doch sind weltweit tätige Großkonzerne, wie der Vorstandsvorsitzende von Canon, Ryuzaburo Kaku, schon vor Jahren betonte, die einzigen Akteure, deren langfristiger Eigennutz sich mit den Interessen der Welt als Ganzer deckt.

Selbstbestimmung

Gemeinsam ist diesen vier Vorbildern der globalen Zusammenarbeit, dass es sich nicht um Zwangsbündnisse, sondern um freiwillige Allianzen handelt. So haben der Dialog mit Nicht-Regierungsorganisationen und eine verbesserte Transparenz unter multinationalen Konzernen einen gewissen Gruppendruck erzeugt, sich gegenüber der Gesellschaft verantwortlicher zu verhalten. Ansätze, die sich bewähren, könnten schließlich zu Standardverfahren erhoben werden. Dadurch ließen sich sowohl für die Menschen als auch für die Umwelt enorme Verbesserungen erzielen, vor allem in Regionen, in denen die Konzerne eine Gegenmacht zur Regierung bilden.

Mit der Weiterentwicklung dieser Strukturen zu einer virtuellen Architektur der Weltgemeinschaft vermögen die Menschen zunehmend, sich die Quellen der Macht zu erschließen und durch konzertiertes Handeln Veränderungen einzufordern. Während viele heute das Gefühl haben, Politik und Wirtschaft als Ganze immer weniger beeinflussen zu können, stellen sie zugleich fest, dass ihre Gestaltungsmacht im persönlichen Umfeld zugenommen hat.

Hoffnung wecken

Infolge der Allgegenwart der Medien und der Informationstechnik sind die Menschen selbst in entlegenen Regionen meist über aktuelle Filme, Fernsehsendungen oder Sportidole im Bilde. Zudem leben wir den ersten globalen Mythos, die erste globale Erfolgsgeschichte – den Mythos der Ökonomie. In ihm manifestiert sich ein weltweiter Konsens über das Wunschziel, den materiellen Wohlstand zu steigern. Die durchaus erheblichen Ausnahmen davon, zum Beispiel der Antimodernismus mancher Religionsfanatiker, zeigen einerseits, wie weit das Einvernehmen über diesen Mythos schon gediehen ist, und lassen andererseits erahnen, wie wenig er von dem enthält, was frühere, etwa religiöse Mythen ihren Ursprungskulturen gegeben haben.

Vermutlich könnte sich jede noch so heterogene Gruppe von Erdenbürgern am Verhandlungstisch über die wichtigsten Grundbedürfnisse einigen – über Sicherheit, Gesundheit, das Wohlergehen der Kinder und die Freiheit, die dem Leben seine Würde verleiht. Uneinigkeit besteht hingegen bei der Wahl der Mittel zur Überzeugung oder Nötigung von Staaten, die ihren Bürgern die Befriedigung dieser Bedürfnisse verwehren.

Der nächste kleine Schritt könnte – bei aller Bescheidenheit – wie folgt aussehen: Weltweit werden einschlägige Interessengruppen zu einer Dialogreihe eingeladen. Die Gesprächspartner setzen sich jeweils mit alternativen Szenarien und den Wegen dorthin auseinander. Publiziert werden diese Dialoge im Rahmen einer globalen Werbekampagne. Menschen jeden Alters und aller Bildungsstufen könnten dadurch die Optionen vom Grundsatz her erfassen, bevor die Technokraten die Details ausarbeiten. Ziel wäre nicht, eine Marschrichtung festzulegen, sondern eine Diskussion in Gang zu setzen, die in einen Konsens über gangbare Wege in die Zukunft mündet. Im Szenario lassen sich neue ordnungspolitische Strukturen in groben Zügen durchspielen – beispielsweise die Idee, die globale Gesetzesinitiative einer Bürgervertretung zu übertragen, die Entscheidung über Annahme oder Ablehnung der Gesetzentwürfe aber den Staaten zu überlassen.[2]

Bei globalen Umweltproblemen hat der internationale Diskurs in den letzten 30 Jahren bereits Ansätze eines Konsens und Handlungswillens herbeigeführt. Angesichts der Erfolge der Basis dieser Bewegung kann man sich vorstellen, dass unter deren Einfluss Institutionen, die wie die WTO und diverse Umweltabkommen schon heute zur Beherrschung unserer Interdependenz beitragen, zu Plattformen der Entwicklung einer Weltordnungspolitik für das 21. Jahrhundert werden.

Im Vorfeld der Gründung des Völkerbunds erklärte der amerikanische Präsident Woodrow Wilson: »Wir erstreben eine Herrschaft des Rechts, die auf der Zustimmung der Regierten gründet und von der organisierten Meinung der Menschheit getragen wird.« Bis sich Rechtsherrschaft als Basis der Anwendung allgemeiner Prinzipien durchgesetzt hat, werden wir den nächsten Schritt hin zur Weltordnungspolitik wohl am ehesten meistern, wenn wir uns auf den letzten Teil des Zitats konzentrieren: die Organisation der Menschheitsmeinung.

Anmerkungen

1 Mehr dazu bei Philip Bobbitt: *The Shield of Achilles.* New York 2003.

2 Aus einem Gespräch mit Georges Berthoin, dem ehemaligen Europavorsitzenden der Trilateralen Kommission.

Amr Hamzawy

Gutes Regieren und Partnerschaften im arabischen Raum

Krise oder Verschwörung?

Wenn im Westen über die arabische Welt diskutiert oder geschrieben wird, so stets unter dem unmittelbaren Eindruck einer Krise. Waren es in den 70er und 80er Jahren die schleppende Modernisierung und die Gefahr einer islamistischen Machtübernahme nach iranischem Vorbild, so sind es seit den 90er Jahren die ins Stocken geratenen Prozesse der Demokratisierung und Liberalisierung sowie die unaufhaltsame Ausbreitung radikaler Terrornetzwerke. Immer wieder wird dieses ohnehin düstere Bild einer ewigen Konfliktregion noch von zusätzlichen Schattierungen aufgrund neuer Gewaltwellen des seit 1948 ungelösten arabisch-israelischen Konflikts verdunkelt. Die Ereignisse der vergangenen drei Jahre, die Anschläge des 11. September und der Sturz des Diktators Saddam Hussein haben ein Schlaglicht auf diese Realität geworfen und die arabische Welt nach einem Jahrzehnt der relativen Marginalisierung in den Mittelpunkt der Weltpolitik zurückgeholt.

Freie Wahlen, politische Verantwortung der Staatsorgane gegenüber ihren Bürgern, Achtung der Menschenrechte, Korruptionsbekämpfung und Transparenz stellen in diesem Wahrnehmungshorizont lediglich die wichtigsten Posten einer scheinbar unendlichen Mängelliste dar. Nordamerikanische und europäische Ursachenforscher, obgleich unterschiedlich sensibilisiert für die Probleme der Region, sind bei den Bemühungen, effektive Lösungsansätze zu formulieren, mit ihrem Latein am Ende. Entwicklungshilfe, deren Konditionen, angebotene wirtschaftliche Partnerschaft, Dialog der Kulturen sowie der Religionen, Demokratisierungsprogramme, politischer Druck auf die herrschenden Eliten oder gar militärische Intervention – alles fruchtet scheinbar wenig in diesen Gesellschaften grenzenloser sozialer Ungerechtigkeit und brutaler Repression.

Indessen krankt die arabische Welt seit längerem daran, dass Politiker und Intellektuelle mittels diverser Verschwörungsformeln und prophetisch anmutender »Wir sind die Opfer«-Szenarien permanent dem Westen die Schuld an der anhaltenden Misere zuschieben. Zwar ist die Thematisierung der Rolle externer Akteure sowie ihrer Interessen im Nahen Osten keinesfalls unbedeutend, aber es ist erschreckend, wie kurzlebig und marginal Momente der Selbstkritik in der arabischen Öffentlichkeit sind. Selbst nach dem Sturz Saddams und den zahlreichen Enthüllungen über sein Terrorregime, zu dessen bedrückendem Symbol die Massengräber im Süden und im Norden des Irak geworden sind, erschöpfen sich die innerarabischen Auseinandersetzungen nach einer kurzen Debattierwelle über die Notwendigkeit umfassender demokratischer Reformen darin, entweder die fehlgeleitete amerikanische Politik in der Region anzuprangern oder vor den Gefahren erneuter militärischer Interventionen zu warnen. Alternative Antworten auf die Frage »Was tun?« stehen trotz des Ernstes der Lage nicht im Mittelpunkt des öffentlichen Interesses. Zweifelsohne müssen sich auch einige westliche Regierungen eine ganze Reihe von Vorwürfen gefallen lassen, angefangen von der heimlichen Unterstützung arabischer Diktatoren bis hin zur Verfolgung brutaler Interessenpolitik. Doch dient die Kritik am Westen in der Öffentlichkeit lediglich dazu, die Araber im Kollektiv von der Eigenverantwortung für den Mangel an Demokratie und Entwicklung zu entlasten. Zuweilen erwecken lokale Diskussionen den Eindruck einer von ihren handelnden Subjekten befreiten Region, die, in ihrem Leid befangen, der nächsten Schritte des feindlichen Auslands harrt.

Beide Wahrnehmungsmuster, Krise und Verschwörung, basieren auf ganzheitlichen Deutungsparadigmen, die graduelle Wandlungsprozesse und partielle, vor allem nichtstaatliche Reformansätze im arabischen Raum strukturell marginalisieren beziehungsweise totschweigen. An dieser einseitigen Ausrichtung ändert auch die Tatsache nichts, dass im westlichen politischen Diskurs über die Region hin und wieder von *best practices* gesprochen wird, während in der arabischen Öffentlichkeit permanent »Transformationen« bejubelt werden. Denn jene Begriffe beziehen sich nahezu ausschließlich auf groß angelegte, von Nationalstaaten verordnete Modernisierungsvorhaben, deren Schicksal in den letzten drei Jahrzehnten lediglich mit einem Wort beschrieben werden kann: gescheitert. Eine Verschiebung des Blickwinkels hin zur systematischen Beachtung der erbrachten Leistungen von nichtstaatlichen Akteuren sowie der allmählich vollzogenen Veränderungen in den Lebenswelten arabischer Gesellschaften kann hingegen ein differenziertes Bild der Region entwerfen, vor allem im Hinblick auf Fragen der Demokratie und des guten Regierens.

Arabische Herrschaftsformen und nichtstaatliche Verantwortungspartnerschaften

Um dieses Ziel analytisch zu verwirklichen, lässt sich der arabische Raum in einem ersten Schritt in drei Kategorien unterteilen: sich demokratisierende, semiautoritäre und autoritäre Herrschaftsformen. In Marokko, Bahrain und Katar haben sich in den vergangenen Jahren funktionierende zivile Gesellschaften etabliert, deren Spielräume trotz einiger staatlich verordneter Rückschläge stetig ausgeweitet werden. Religiöse und säkulare, traditionelle wie moderne nichtstaatliche Organisationen erfüllen in den Bereichen Bildung, finanzielle Unterstützung ärmerer Familien, Gesundheitswesen, Überwachung staatlicher Organe, Korruptionsbekämpfung sowie

Rechtsbeistand für verbleibende politische Gefangene bedeutende Aufgaben und ziehen mittels ihrer Aktivitäten die Entstehung einer pluralistischen, konsensorientierten Öffentlichkeit nach sich. Zunehmend korrespondiert die Strukturierung der Politiksphäre mit der pulsierenden gesellschaftlichen Vielfalt. Die herrschenden Eliten begreifen ihre Funktion nun weniger als eine den anderen gesellschaftlichen Akteuren normativ übergeordnete, für die Gesellschaft richtungsweisende Rolle. Vielmehr deuten zahlreiche Entwicklungen darauf hin, dass sie sich im demokratischen Sinne als gestaltende Kräfte wahrnehmen, die Konsens mit anderen Akteuren suchen. Die Beteiligung oppositioneller Parteien an regierenden Koalitionen in Marokko, die jüngsten freien Wahlen in Bahrain und die laufende Verfassungsdebatte in Katar geben eindringliche Beispiele hierfür ab. In diesen Ländern stellen die Begriffe politische Verantwortung und gutes Regieren strukturierende Themen der Öffentlichkeit dar, entlang derer der demokratische Gesellschaftsvertrag akzentuiert wird.

Mit anderen Worten handelt es sich hierbei um laufende Demokratisierungsprozesse, welche seit den 80er Jahren in Marokko beziehungsweise den 90er Jahren in Bahrain und Katar erfolgreich und, im Gegensatz etwa zu Osteuropa, unter Beteiligung der herrschenden, ehemals autoritären Eliten vollzogen wurden. Zwar offenbart die Entwicklung der drei »Musterknaben« der arabischen Welt im Hinblick auf die Themenkomplexe Stellung der Frau, Personenrecht sowie Religionsfreiheit gewisse Negativsymptome. Dennoch darf das Graduelle, das Prozesshafte ihrer Versuche nicht unbeachtet bleiben. Auch nordamerikanische und westeuropäische Länder demokratisierten sich nicht zeitgleich in allen Gesellschaftsbereichen.

Hingegen deutet die gegenwärtige politische Lage in Algerien, Tunesien, Ägypten, Jordanien, dem Libanon und Jemen vor allem auf ernst zu nehmende Hindernisse für die Entstehung eines demokratischen Verhältnisses zwischen Staat und Gesellschaft hin. In diesen Ländern wurden spätestens in der zweiten Hälfte der 80er Jahre ökonomische Liberalisierungsprozesse eingeleitet. In politischen und intellektuellen Kreisen herrschte noch lange die Erwartung vor, dass dies eine allmählich einsetzende Demokratisierung mit sich führen würde. Dahinter stand die in der politikwissenschaftlichen Transformationsforschung populäre Annahme, wirtschaftliche Öffnung bedeute mittelfristig politischen Pluralismus und langfristig demokratische Verhältnisse. Die Tatsache, dass zivilgesellschaftliche Akteure zugelassen wurden und sich florierende Medienlandschaften entwickelten, bestärkte jene Erwartungshaltung bei vielen Menschen in und außerhalb der Region. Die Hoffnungen wurden jedoch enttäuscht. Auch im Jahre 2004 lässt sich die Herrschaftsform in den oben genannten Ländern als semiautoritär charakterisieren. Die Ursachen dafür sind zahlreich.

Zum einen haben es die herrschenden Eliten immer wieder in erstaunlicher Geschwindigkeit verstanden, jegliche Ansätze eines gesellschaftlichen Demokratisierungsdrucks im Keim zu ersticken. In diesem Zusammenhang werden unterschiedliche Strategien angewandt. Während in Algerien Anfang der 90er Jahre das Militär eingreifen musste, um die aus parlamentarischen Wahlen als Sieger hervorgegangenen Islamisten an der Regierungsbildung zu hindern, vermochte der tunesische Präsident Bin Ali Ende der 80er Jahre per Dekret oppositionelle Bewegungen zu verbieten und ihre Anführer von seinem effektiven Geheimdienst bis ins europäische Ausland verfolgen zu lassen. In Ägypten, Jordanien, dem Libanon und Jemen wiederum sind zwei Methoden traditionell erfolgreich: restriktive Gesetzgebung und Kooptation. Ausnahmegesetze, staatliche Ausschüsse für die Parteienzulassung, bürokratische Kontrollinstanzen bezüglich der Finanzierung von nichtstaatlichen Organisationen und Manipulation von Wahlbezirken stellen wirksame Beispiele für die erste Methode dar. Zusätzlich vernichten staatliche Organe durch die Vereinnahmung zivilgesellschaftlicher Akteure wie zum Beispiel Gewerkschaften und Menschenrechtsorganisationen den verbleibenden Rest an Freiheitspotenzial in der Gesellschaft. Was bleibt, sind übermächtige Staatsapparate und politisch unwirksame Oppositionen.

Zum anderen wird seit längerem ein »Theater der Demokratisierung« inszeniert, primär, um die Geldgeber unter den westlichen Regierungen nicht vor den Kopf zu stoßen. In allen semiautoritären Ländern ist eine pluralistische Fassade der Politiksphäre auszumachen, welche den Anschein von Mehrparteiensystemen und moderner Gewaltenteilung erweckt. Der offizielle Diskurs jongliert mit politisch korrekten und sich modern anhörenden Begriffen wie Bürgerrechte, Transparenz, Minderheitenschutz und Entmilitarisierung der Öffentlichkeit. Gleichzeitig entwerfen politische und intellektuelle Vertreter des jeweiligen Regimes komplexe Erklärungsmuster, um dem »Fußvolk« zu vermitteln, dass es sich hierbei um langjährige Transformationsprozesse handele, deren Erfolg von seiner Geduld und Gehorsamkeit abhänge. Die Bedeutung guten Regierens reduziert sich in diesem politischen Kontext lediglich auf die effiziente Modernisierung staatlicher Strukturen und Optimierung technisch-bürokratischer Abläufe der Machtapparate. Normative Komponenten wie Legitimität und Repräsentativität, beides substanzielle Bestandteile des guten Regierens, werden unter den Teppich gekehrt.

Dennoch kristallisieren sich innerhalb der semiautoritären Herrschaftsformen funktionierende demokratische Partnerschaften in der Sphäre der Zivilgesellschaft heraus, die gegen die autokratischen Regime ankämpfen. Trotz staatlicher Repressalien agiert eine zunehmende Zahl von Organisationen und Vereinen in den Bereichen Achtung der Menschenrechte und Korruptionsbekämpfung. In den vergangenen Jahren mehrten sich die von jenen Akteuren öffentlich aufgedeckten Fälle staatlicher Gewalt und Missachtung von gesetzlichen Bestimmungen. Auch wenn die herrschenden Eliten durch diese partiellen Ansätze heute noch nicht zur ernsthaften Demokratisierung gezwungen werden können, so führen sie unverkennbar zur Sensibilisierung beziehungsweise Überzeugung breiterer Bevölkerungssegmente von der Notwendigkeit umfassender Reformen. Hinzu kommt die Tatsache, dass die Regime in den oben genannten Ländern in den vitalen Bereichen der Armutsbekämpfung und der Chancengleichheit versagt haben. Trotz massiver öffentlicher Machtdemonstration schwindet ihre Glaubwürdigkeit unaufhaltsam. Es fehlt nicht mehr viel, und die Demokratiekosmetik wird gänzlich vom hässlichen Antlitz der allein herrschenden Präsidenten und Monarchen abfallen. Sie und ihre Machtapparate sind unfähig, die jeweilige Gesellschaft auf den Weg zur Demokratisierung zu bringen. Die Bezeichnung »blockierte Reformen« stellt das Fazit dieser zweiten Kategorie dar.

Letztlich stehen Länder wie Saudi-Arabien und Syrien idealtypisch für die dritte Kategorie arabischer Herrschaftsformen. Sie offenbaren alle Charakteristika autoritärer Regime, wie sie in den Lexika der Politikwissenschaft aufgelistet sind. Regieren ist die Domäne der traditionellen und/oder militärischen Eliten, welche die Ressourcen der Gesellschaft sowie deren Verteilung vollständig kontrollieren und dadurch ihre Macht über die gesellschaftlichen Akteure zementieren. Freier Informationszugang, zivile Rechte, politische Freiheiten und Gewaltenteilung: allesamt Fehlanzeige. Dennoch entsteht dort seit dem 11. September, vor allem aufgrund amerikanischen Drucks, allmählich eine Reformdiskussion, deren rhetorische Inhalte um die Begriffe Demokratie und gutes Regieren kreisen. Die herrschenden Eliten in beiden Ländern organisieren regelmäßig Debattierforen und Konferenzen, auf denen Zukunftsstrategien für »graduell eingeleitete Transformationen« entworfen werden sollen. Sie wollen den Anschein von Liberalität und Großzügigkeit erwecken, indem sie intellektuelle und politische Vertreter verschiedener Gruppen und Prägungen einladen und verbal dazu aufmuntern, frei zu denken. Die aus diesen Treffen hervorgegangenen Dokumente sind zweifelsohne spannend, wie zum Beispiel das Ende 2003 angekündigte saudi-arabische Reformprogramm. Jedoch haben jene Zusammenkünfte lediglich eine beratende Funktion inne. Die Perspektiven der Demokratie verkommen in diesem Zusammenhang zur reinen Vernunftentscheidung der Herrscher. Gesellschaftliche Kräfte sind nur vereinzelt, demokratische Partnerschaften kaum vorhanden.

Agenten des demokratischen Wandels

Nach der Typologisierung arabischer Herrschaftsformen lässt sich nun nach den gesellschaftlichen Agenten des demokratischen Wandels fragen. Aufgrund blockierter beziehungsweise fehlender Reformen nimmt diese Frage vor allem in Ländern der zweiten und dritten Kategorie enorme Bedeutung ein. Woraus bestehen demokratische Partnerschaften in der ägyptischen oder jordanischen Zivilgesellschaft? Welche Akteure könnten beispielsweise in Saudi-Arabien und Syrien die gegenwärtig vorhandene Reformstimmung in einen Reformdruck verwandeln? Die Antwort ist verbal einfach, ideologisch hingegen explosiv: moderate Islamisten.

Es ist unabdingbar, zwischen gemäßigten und radikalen Strömungen unter den Islamisten zu differenzieren. Westliche Regierungen tun das ebenso wenig wie die meisten arabischen Regime. Der ägyptische Informationsminister Safawat al-Schirif antwortete kürzlich auf die Frage, ob die ägyptische Muslimbruderschaft (die älteste islamistische Bewegung der Region) in den »demokratischen nationalen Dialog« einbezogen würde: »Gibt es in Ägypten eine Bewegung namens Muslimbruderschaft?« Dann stellte er klar, dass in Ägypten keine religiösen Parteien zugelassen seien und religiöse Kräfte nicht am Dialog zwischen der Regierung und der Opposition teilnehmen dürften. Religion, meinte al-Schirif in seinem Zeitungsinterview, sei kein Bestandteil der Politik, sondern Privatangelegenheit. Diese Äußerungen sind typisch für viele arabische Regierungen und ihr Verhältnis zu den religiösen Kräften: die politische Relevanz des Massenphänomens Islamismus wird wider besseren Wissens abgestritten oder lediglich als Sicherheitsproblem bezeichnet. Algerien, Tunesien, Ägypten und Saudi-Arabien verfahren derart. Marokko und zum Teil Jordanien hingegen ist es gelungen, mit islamistischen Bewegungen politisch umzugehen. Seit einigen Jahren wird dort versucht, die Islamisten zu integrieren. In beiden Ländern beteiligen sie sich, obgleich auf unterschiedliche Weise, an der Regierung und an der parlamentarischen Arbeit.

Angefangen hatte alles mit der Iranischen Revolution von 1979 und der Ermordung des ägyptischen Präsidenten Anwar as-Sadat durch radikale Islamisten. Beide Ereignisse ließen weltweit Ängste über die politische Zukunft des arabisch-islamischen Raums aufkommen. Die Formel »Der Islam ist Religion und Staat« entwickelte sich länderübergreifend zur Maxime religiöser Bewegungen und stellte die säkular orientierten politischen Systeme vor zunehmende Herausforderungen. Um gegen Verwestlichung und Werteverfall auf gesellschaftlicher sowie politischer Ebene anzukämpfen, forderten Islamisten vielerorts, die Rechtsordnung nach islamischen Prinzipien auszurichten, also die *Scharia* einzuführen. Die Ursachen dieser besorgniserregenden Entwicklungen konnten zunächst im innen- und regionalpolitischen Kontext gesucht werden. So hatte sich die ägyptische Regierung unter as-Sadat einem stark prowestlichen Kurs verschrieben. Die wirtschaftliche Entwicklung in der Region schritt zwar voran, jedoch sah sich eine Mehrheit der arabisch-islamischen Bevölkerungen vom einsetzenden Wohlstand ausgeschlossen. Den einzelnen Regierungen wurde fortan nicht mehr zugetraut, Lösungen zu finden, die den Erwartungen der Bevölkerung gerecht werden könnten.

Auf der Suche nach eigenen Wegen, die zunehmend außerhalb staatlicher Strukturen stattfand, wurde in religiösen Kreisen der allgemein anwendbare Protestruf »Der Islam ist die Lösung!« geprägt. In den 80er und frühen 90er Jahren verhärteten sich die Fronten zunehmend. Die Aktivitäten gewaltbereiter islamistischer Gruppierungen zogen seitens der Regierungen harte Reaktionen nach sich. Tausende aus dem Untergrund oder der versteckten Opposition heraus agierende Islamisten wurden inhaftiert, viele zum Tode oder zu langjährigen Gefängnisstrafen verurteilt. Während sich der Spielraum ihrer Aktivitäten somit beständig verengte, kam inzwischen – nicht zuletzt aufgrund ihrer sichtbaren Brutalität – auch innerhalb der Bevölkerung starke Kritik auf. Die Anschläge in Ägypten etwa führten dazu, dass die Touristenströme ausblieben, was wiederum einem großen Teil der darauf angewiesenen Bevölkerung die Lebensgrundlage entzog.

Ab Mitte der 90er Jahre kristallisierten sich neue Tendenzen heraus: Aus der Erfahrung im Umgang mit der autoritären Staatsmacht waren innerhalb einiger islamistischer Gruppierungen allmählich »parlamentarische Demokratie« und »Menschenrechte« zu wichtigen politischen Zielvorstellungen geworden. Diese Gruppierungen konnten sich in den vorhandenen Räumen der Zivilgesellschaft engagieren. Dort, wo den religiösen Kräften die Politiksphäre vorenthalten blieb, betätigten sich ihre moderaten Vertreter als Begründer islamischer Banken oder moderner Wohlfahrtseinrichtungen. Einige radikale Bewegungen wie die ägyptische Jihad-Gruppe und mehrere saudi-arabische Untergrundzellen schworen der Gewalt ab. Die Reformbereitschaft der moderaten Islamisten sowie ihr soziales Engagement brachten ihnen in den vergangenen Jahren große gesellschaftliche Anerkennung.

Die moderaten islamistischen Bewegungen sind für Demokratie und gutes Regieren in der arabischen Welt immens wichtig. Oft stellen sie die einzig wirksame, gesellschaftlich eingebettete Opposition zu den semiautoritären und autoritären arabischen Regimen dar. Hingegen stehen säkulare Akteure der Zivilgesellschaft, wie zum Beispiel Berufsverbände, Menschenrechtsorganisationen und Frauenvereine, häufig isoliert da und beschränken sich auf einen spezialisierten Expertendiskurs. Über Demokratie wird geredet, erreicht wird aber niemand. Zwar ist die Existenz beziehungsweise Tätig-

103

keit jener Akteure für die Entstehung pluralistischer Öffentlichkeiten unabdingbar, einen ernst zu nehmenden Reformdruck auf die herrschenden Eliten können sie jedoch nicht erzeugen. Nur die moderaten islamistischen Gruppen, traditionell wie modern, sind gesellschaftlich verankert und politisch in der Lage, weite Teile arabischer Gesellschaften zu mobilisieren. Sie sind die wahren Agenten demokratischer Transformationen, wenn sie nicht ausgeschlossen, sondern ihre Mäßigungstendenzen gefördert werden. Die immer wiederkehrenden Gegensätze von Islam und Demokratie, religiösen Bewegungen und Normen offener Gesellschaften basieren lediglich auf veralteten Feindbildern, welche die diversen Nuancierungen der Wirklichkeit verkennen.

Es ist an der Zeit, dass sich der Westen auf einen ernsthaften Dialog mit moderaten islamistischen Gruppierungen einlässt. Die meisten Regierungen in der arabischen Welt werden eine solche Neuorientierung kritisieren und auch im Westen werden säkulare Moralprediger sowie Realpolitiker ihre warnende Stimme erheben. Sie werden derartige Ansätze als irrational abtun oder die Destabilisierung der Region herbeireden. Dennoch ist der Dialog mit den moderaten Islamisten der einzige Weg, ein Momentum der Demokratie in der Region zu entfalten.

Charles Handy

Partnerschaft und Vertrauen

Das 21. Jahrhundert hat mit einer Katastrophenserie begonnen. Der Anschlag auf die Zwillingstürme des World Trade Center, der Bankrott des Energiekonzerns Enron, gefolgt vom Untergang des mitverantwortlichen Wirtschaftsprüfungsunternehmens Arthur Andersen, sowie zuletzt der Einmarsch im Irak sind nur die prominentesten Beispiele. Für die unmittelbar Betroffenen ein Trauma, vermitteln diese Ereignisse überdies manche Einsicht über den Zustand unserer Welt.

Mit Entsetzen musste Amerika an jenem sonnigen Septembermorgen im Jahr 2001 zur Kenntnis nehmen, dass es nicht mehr bedurfte als eines neunzehnköpfigen Teams wild entschlossener Angehöriger eines weltweit verankerten Netzwerks, das vermutlich nicht einmal über eine Kommandozentrale verfügt, um die Macht einer ganzen Armee, die Raffinesse elektronischer Informationssysteme und die Finanzkraft der in den beiden Türmen angesiedelten Firmen auszuhebeln. Dergleichen könnte, bildlich gesprochen, jedem Großunternehmen passieren. Größe und Differenzierung hindern weder einen unerwarteten Gegner am Eindringen noch erhöhen sie per se die Sicherheit. Wie der Kollaps des Doppelwolkenkratzers zeigt, kann akkumulierte Größe sogar zum Verhängnis werden: Einmal angeschlagen, bricht sie unter ihrem eigenen Gewicht zusammen. Womöglich müssen wir von unseren Feinden lernen und unsere Konzerne stärker entflechten, damit ein strauchelndes Unternehmen nicht alle anderen mitreißt.

Ansatzweise geschieht dies schon. Kleine Konzernzentralen vernetzen sich informatisch mit autonomen Betriebseinheiten zu einer multinationalen »Unternehmensföderation«

und können dadurch zugleich lokal und global agieren. Mit Informationssystemen allein lassen sich solche entflochtenen Konzerne allerdings nicht führen. Es muss eine Überzeugung oder ein Anliegen hinzukommen, das die Partner eint. Fehlt dies, wird kaum jemand einem solchen immateriellen, virtuellen Unternehmen, von dem vielleicht nur die Initialen bekannt sind, Vertrauen oder Loyalität schenken. Vertrauen erwerben sich Personen heute leichter als Organisationen, weil sich Letztere zu selten als glaubwürdig und ihre Anliegen meist als zu selbstsüchtig erwiesen haben, um unser Engagement zu verdienen.

Der Enron-Skandal und dessen Folgen zeigen eindringlich, was ein solcher Vertrauensverlust alles nach sich ziehen kann. Nicht nur die Angestellten von Enron bereuen heute ihren Glauben an das einst gepriesene amerikanische Vorzeigeunternehmen. Auch die bis dahin so einflussreiche Arthur-Andersen-Sozietät löste sich buchstäblich in nichts auf, als sich abzeichnete, dass kein Kunde und keine Behörde sich je wieder auf sie verlassen würde. Nachdem bei weiteren Konzernen Unregelmäßigkeiten aufgeflogen waren, sah sich die US-Regierung schließlich gedrängt, zur Ehrenrettung des kapitalistischen Systems energisch einzuschreiten. Doch das Vertrauen ist nach wie vor brüchig. Die kapitalistische Tradition der beiderseits vorteilhaften Zusammenarbeit zwischen Gesellschaft und Wirtschaft kann nicht mehr als ausgemacht gelten, wenn Unternehmen ihr Eigeninteresse so unverblümt über das Gemeinwohl stellen.

Zwei Jahre später: Noch immer voller Vertrauen auf die eigene Stärke fühlt sich die amerikanische Regierung bemüßigt, im Irak einzumarschieren, um einen berüchtigten Diktator zu stürzen und sich damit über den politischen Instinkt und den Protest eines Großteils der Welt hinwegzusetzen. Mächtige Armeen können Widerstand einfach niedertrampeln und erreichen ihr Ziel oft am besten im Alleingang. Frieden zu stiften erfordert hingegen Partnerschaft und Vertrauen – eine Erkenntnis, für die Siegerheere im Laufe der Jahrhunderte immer wieder einen hohen Preis gezahlt haben. Wie Konzerne und Staaten allmählich begreifen, ist globaler Erfolg nicht ohne das Vertrauen lokaler Partner möglich. Partnerschaften zu knüpfen und eine Vertrauensgrundlage zu schaffen ist die dringendste Aufgabe, der sich alle Unternehmen und Regierungen sowohl im eigenen Land als auch auf internationaler Ebene stellen müssen.

Zu Beginn des 21. Jahrhunderts wird deutlich, dass sich das Gleichgewicht der Kräfte verschoben hat. Die traditionellen Quellen institutioneller Macht – Wissen und Amtsautorität – sind versiegt. Wenn sich Informationen infolge der unaufhaltsamen Ausbreitung technischer Neuerungen, namentlich des Internet, kaum noch unter Verschluss halten lassen, wird jedes Vorhaben transparenter. Wissen Untergebene ebenso viel wie ihre Vorgesetzten, so können diese ihre Befugnisse nur noch mit Einwilligung Ersterer ausüben. Verfügen beide Seiten über denselben Kenntnisstand, lassen sich Entscheidungen nicht mehr ohne weiteres durchsetzen. Die Menschen gehen nicht wie früher artig davon aus, dass ihre Ältesten und Vorgesetzten alles besser wissen und stets im Gemeininteresse handeln. Allerdings muss man diesen Autoritäten zugute halten, dass sie selbst ihre Fähigkeit, komplexe Situationen in einer vernetzten Welt ohne Hilfe anderer Betroffener zu meistern, inzwischen zurückhaltender beurteilen. Mangelndes Vertrauen in die Führung hat manches totalitäre Regime zu Fall gebracht – sei es in Politik oder Wirtschaft.

Auch auf anderen Gebieten hat die Fügsamkeit gegenüber den Mächtigen nachgelassen, weil der Einzelne sein Persönlichkeitsrecht geltend macht und darauf beharrt, dass seine Würde und seine Meinung respektiert werden. So verleiht Eigentum nicht mehr die Alleinherrschaft über Besitz oder Menschen; Aktionäre und deren Sachwalter in den Chefetagen müssen heute auf die Belange Dritter Rücksicht nehmen. Je selbstbewusster die Interessengruppen ihre Muskeln spielen lassen und das Individuum die Kontrolle über sein Leben von Wirtschaft und Staat zurückfordert, desto heftiger gera-

107

ten Hierarchien ins Wanken und desto mehr ist partnerschaftliches Miteinander gefragt. In der Geschäftswelt werden Angestellte zunehmend als Mitarbeiter bezeichnet, Käufer und Auftraggeber als Kunden, Auftragnehmer als Partner, die überbetriebliche Zusammenarbeit gar als »Allianz«. Und alle Parteien werden als Anspruchsträger anerkannt. Gesellschaftlicher Wandel kündigt sich in der Sprache an. Ändern sich die Begriffe, müssen wir dies beachten und uns anpassen.

Partnerschaft setzt Transparenz und Vertrauen voraus. Ein Sinnbild hierfür sind die alten Gemeinschaftsbüros britischer Anwaltskanzleien, Banken und Börsenmakler. Die Sozii arbeiteten im selben Raum und in Hörweite voneinander. An den besonders breiten Schreibtischen konnten jeweils zwei von ihnen einander gegenübersitzen. Da Entscheidungen eines Partners für die ganze Sozietät verbindlich waren, mussten alle über sämtliche Vorgänge im Bilde sein, mussten alles sehen und mithören können. Vertrauen stützt sich auf verlässliche, mit allen Sinnen aufgenommene Informationen sowie auf vielfach bewährte Zusammenarbeit. Heute ist es unüblich geworden, sich mit seinen Partnern Zimmer und Schreibtisch zu teilen, den Arbeitsalltag gemeinsam zu durchleben. Auch wenn wir stattdessen auf allerlei technische Hilfsmittel zurückgreifen müssen, bleiben die Grunderfordernisse dieselben: ein gemeinsames Ziel, Transparenz, Vertrauen.

Ein anders geartetes Vertrauen leitet uns, wenn wir im Auto unterwegs sind. Vor unübersichtlichen Kurven bremsen wir nicht etwa, sondern halten uns dicht am rechten Fahrbahnrand und verlassen uns darauf, dass der Gegenverkehr dasselbe tut. Uns interessieren weder der Name noch sonstige Eigenschaften des Fahrers auf der Gegenspur. Es genügt, dass wir die Verkehrsregeln kennen (wohl wissend, dass diese in manchen Ländern die Benutzung des linken statt des rechten Fahrstreifens vorschreiben) und überzeugt sind, dass diese Vorschriften konsequent durchgesetzt und allgemein befolgt werden. So etwas nennt man Systemvertrauen und meint damit die Bereitschaft, sich auf die Regeln einer Institution oder eines Systems einzulassen. Unser Alltag beruht zu einem großen Teil auf Systemvertrauen. Geht es verloren, weil sich die Menschen von ihrer Obrigkeit verraten fühlen, wird das Leben im betreffenden Land oder Unternehmen unberechenbar, ja sogar gefährlich.

In allen Beziehungen, ob zu Staaten, Institutionen oder Personen, müssen allseits anerkannte Regeln gelten, da sonst jeder Vorgang als Ausnahme zu behandeln wäre – eine unsinnige Zeit- und Energieverschwendung. Gesetz, Vertrag oder stillschweigende Praxis: Die Form der Vorschrift ist zweitrangig. Ohne sie aber nehmen die Unwägbarkeiten schnell überhand, was wiederum dem Misstrauen Vorschub leistet. Auch Verhaltenskodizes, Wertmaßstäbe und Standards können zum Regelsystem gehören. Von entscheidender Bedeutung ist dies für Expertengremien, deren Sachkompetenz und Erfahrung die Öffentlichkeit ja mehr oder weniger blind anerkennen soll. Partnerschaft funktioniert nur, wenn wenigstens ein implizites Einvernehmen über falsches und richtiges Vorgehen herrscht.

Paradoxerweise inspirieren Vorschriften eher Argwohn als Vertrauen, wenn sie suggerieren, dass ihre Urheber dem Adressaten korrektes und vernünftiges Handeln aus eigenem Antrieb nicht zutrauen. Die besten Regeln setzen sich von selbst durch, weil alle Betroffenen ihren Zweck erkennen und einsehen, dass sie das Miteinander vereinfachen. Schlechte Gesetze, die nicht die Zustimmung der Menschen finden, sind selten von Dauer, weil ihre Durchsetzung zu teuer wird. Gute Regeln sind meist das Ergebnis einer partnerschaftlichen Zusammenarbeit, die alle Interessengruppen einbindet. Deswegen bringen Demokratien bei aller Unzulänglichkeit bessere Gesetze hervor als Diktaturen: Weil das Volk beziehungsweise dessen Vertreter mitreden können.

Der erste Grundsatz des Vertrauens lautet daher: Vertrauen und Partnerschaft bedingen einander. Das eine kann ohne das andere nicht sein. Bricht die Partnerschaft auseinander, verfliegt das Vertrauen – und umgekehrt. Das Gefühl, vom Arbeitgeber enttäuscht worden zu sein, wirkt wie ein Freibrief für allerlei Betrügereien, was die Geschäftsleitung dazu nötigt, immer neue Kontrollmechanismen zu ersinnen, wodurch wiederum ein Klima des Misstrauens entsteht, das die Frustration der Mitarbeiter verstärkt. Einmal im Gang, lässt sich die Misstrauensspirale kaum noch stoppen. Da Vertrauen weder als gegeben erachtet noch eingefordert werden kann, muss jede Beziehung, ob zu einer Institution, zu einem Fachgremium oder einer Person, von partnerschaftlichem Umgang geprägt sein. Vertrauen will verdient werden und bedarf der Bestätigung durch die Gegenpartei. Jemandem, den man nie trifft, vertraut man daher ebenso ungern wie einem Unternehmen, das die Wünsche des Kunden ignoriert, einer Institution, die sich auf stumpfsinnige, ausgrenzende Verfahren und Dienstwege beruft, oder einer Regierung, die ihre Glaubwürdigkeit verspielt hat.

Der zweite Grundsatz stützt den ersten: Vertrauen und Partnerschaft erfordern Transparenz. Je mehr alle wissen, desto weniger Anlass besteht für Argwohn oder Sorge. Eine Firma bat einmal einen Querschnitt ihrer Belegschaft, die Höhe der Gehälter zu schätzen. Fast durchweg lag der bei den Kollegen vermutete Verdienst viel zu hoch. Der Unmut über die vermeintliche Ungerechtigkeit legte sich jedoch schlagartig, als die Gehälter und die Regeln ihrer Festsetzung veröffentlicht wurden. Größere Transparenz, die die Technik den Unternehmen aufzwingt, fördert nicht nur die Partnerschaft zu Lasten des Hierarchiedenkens, sondern räumt auch mit Argwohn und Misstrauen auf.

Der dritte Grundsatz besagt, dass Vertrauen ein Gefühl der Zusammengehörigkeit voraussetzt. Von der Zentrale abgetretene Kompetenzen können innerhalb der ermächtigten Abteilungen oder Einheiten starke Vertrauensbeziehungen gedeihen lassen – und im Gegenzug dazu führen, dass sich die Bindung dieser Einheiten an das größere Ganze lockert. Der Föderalismus, als Organisationsform seit neuestem auch bei

Konzernen in Mode, verlangt von seinen Subjekten das Bewusstsein einer Doppelbürgerschaft, ein Verständnis dafür, dass sie mehreren einander überschneidenden Körperschaften zugleich angehören – zum Beispiel als Texaner und US-Bürger, die sowohl ihrem Staat als auch dem Bund Treue schulden. Unentbehrlich ist dieses Verständnis insbesondere dann, wenn sich die Gebietskörperschaft den Interessen der übergeordneten Instanz unterordnen muss. Zu oft wird übersehen, wie wichtig es ist, die Identifikation mit der Dachorganisation zu stärken. Mangelt es den Mitgliedern oder Partnern an gemeinsamem Sendungsbewusstsein, könnte sich die Zentrale veranlasst sehen, der Peripherie zu misstrauen, sie zu kontrollieren oder ihr engere Grenzen zu setzen, womit sie nur noch mehr Zwietracht säen würde. Zusammengehörigkeit entsteht nicht aus der Ferne. So sind Jahrestreffen, zu denen Institutionen und Firmen ihr Personal einladen, weniger Informationsveranstaltungen als Gruppenrituale, die an die Treuepflicht gegenüber dem Arbeitgeber erinnern sollen. Rundschreiben per Hauspost oder E-Mail sind kein Ersatz für persönliche Begegnungen und Kollektiverlebnisse.

Der vierte Grundsatz erkennt die Grenzen des Vertrauens an. Die wenigsten wären bereit, anderen bedingungslose Freiheit einzuräumen. Unternehmen beschränken die Befugnisse der Personengruppen und Funktionsträger im Betrieb. Staaten schützen einerseits die Freiheit des Einzelnen, halten diesen aber andererseits mit Gesetzen und Verordnungen im Zaum. Selbst in der glücklichsten aller Ehen werden einzelne Angelegenheiten jeweils in der Obhut eines der beiden Partner liegen, so dass der andere hier nicht frei schalten und walten kann. Die neuen dezentralisierten Konzerne verzichten auf eine strenge Überwachung der Abläufe. Kontrolliert wird nur noch das Ergebnis. Wie die subsidiären Einheiten ihr Soll erfüllen, bleibt diesen selbst überlassen. Die Kontrolleure schlafen jedoch ruhiger und vertrauen bereitwilliger, wenn die Grenzen des Ermessensspielraums bekannt sind und beachtet werden.

Der fünfte Grundsatz weist darauf hin, dass Vertrauen sich manchmal mit Härte verbinden muss. Leider enttäuschen manche Menschen das ihnen entgegengebrachte Vertrauen. Eine Person oder Gruppe, die immer wieder gegen Regeln verstößt, Grenzen übertritt oder Ziele verfehlt, verliert nach und nach das Vertrauen ihres Umfelds und beeinträchtigt dadurch das Unternehmen in seinem Fortkommen. Lassen die Schuldigen keinerlei Lernwillen oder Zeichen der Besserung erkennen, müssen sie im Interesse des Ganzen geopfert werden. Die Kette reißt an ihrem schwächsten Glied. Es ist besser, Vertrauen vorzuschießen und sich bei dessen Bruch vom Täter zu trennen, als es unter denen aufzuteilen, derer man sich sicher ist. Denn in letzterem Fall bildet sich allzu leicht ein innerer Kreis der »Getreuen«, der den Rest der Mannschaft gegen sich aufbringt und Missgunst sowie Misstrauen hervorruft.

Der sechste Grundsatz lautet: Vertrauen und Partnerschaft müssen sich mit Lern- und Entwicklungsfähigkeit paaren. Sollen sich die Partner angesichts des Fortschritts und Wandels ihrer Umwelt langfristig aufeinander verlassen können, müssen alle Schritt halten. Wer das nicht schafft, bleibt auf der Strecke. Dauerhafte Partnerschaft kann sich nur in einer lernfreudigen Kultur entfalten, die Neuerungen fördert, zur Kreativität ermutigt und den Menschen zutraut, aus Fehlschlägen klüger zu werden. Eine der vornehmsten Tugenden dieser Lernkultur ist die Bereitschaft, Wissen und Informationen weiterzugeben. Wie in den alten Gemeinschaftsbüros sollte es weder Trennwände noch verschlossene Türen geben.

Der siebte Grundsatz schließlich stellt fest, dass Vertrauen und Partnerschaft der Führung bedürfen. Diese kommt unter Partnern freilich nicht hierarchisch daher. Eher wird es wie im Rudersport zugehen. Bis zu acht Ruderer müssen sich dabei gegen ihre Blickrichtung und ohne miteinander zu reden in die Riemen legen. Nur der für die Ruderbank zu kleine Steuermann sieht, wohin das Boot läuft. So muss vollendete Partnerschaft sein: Jeder konzentriert sich auf seine Aufgabe, bewegt sich aber stets im Einklang mit den anderen – im Vertrauen, dass alle ihr Bestes geben. »Wer ist im Achter eigentlich der Chef?«, habe ich einmal einen Olympia-Ruderer gefragt. Jedes Team habe doch einen Leiter, argumentierte ich. Die Antwort: »Wir verwenden diesen Titel nicht, obwohl es durchaus Anwärter darauf gäbe, allen voran den Kapitän. Er stellt die Besatzung zusammen und hat für Disziplin und Moral zu sorgen. An Bord aber ist er ein Ruderer wie die anderen. Auch der Steuermann übernimmt eine Führungsrolle. Dasselbe gilt für den Schlagmann, der uns das Tempo vorgibt. Nicht zu vergessen einer, der nie im Boot sitzt, als Lehrer und Betreuer aber vielleicht den wichtigsten Beitrag leistet: der Trainer. Entscheiden Sie selbst – jeder der Genannten ist zeitweise der Chef!«

Genau dies zeichnet gute Zusammenarbeit aus: Die Führungsrolle wechselt je nach Lage. Auch wenn es einen alten Hasen gibt, der die Mannschaft wie der Ruderkapitän nach außen vertritt, übernimmt jeweils der am besten qualifizierte Mitarbeiter die Projektleitung. Voraussetzung dafür ist gegenseitiges Vertrauen. Partnerschaft gleich welcher Art braucht daher ein Minimum an Kontinuität, um jene gemeinsame Erfahrung zu ermöglichen, aus der allein dieses Vertrauen erwachsen kann.

Was folgt aus all dem? Die Umverteilung der gesellschaftlichen Macht wirkt sich auf alle Institutionen und Beziehungsarten aus. Immer mehr Vorhaben werden nur noch funktionieren, wenn sich die Hauptakteure auf ein partnerschaftliches Kooperationsmodell einlassen. In einer vernetzten Welt ist prinzipiell jeder Mitspieler imstande, ein Projekt auszubremsen, ob es sich dabei um ein Geschäft handelt oder um eine zwischenmenschliche Beziehung. Niemand wird sich an ein Unternehmen binden wollen, der darin keinen Vorteil für sich selbst zu erkennen vermag, und fast immer ist es kontraproduktiv, den Menschen solche Verpflichtungen mit Gewalt oder wirtschaftlichem Druck aufzunötigen. Partnerschaft setzt Einvernehmen über Sinn und Zweck sowie über die Verteilung der Aufgaben und Erträge voraus. Dazu mögen zunächst längere Verhandlungen nötig sein, die sich jedoch lohnen, weil dabei eine Vertrauensbasis geschaffen und späteren Reibungsverlusten vorgebeugt wird.

Letztlich bleibt Vertrauen zerbrechlich. Wie Glas lässt es sich, einmal geborsten, nie wieder perfekt zusammenfügen. Die sieben Vertrauensgrundsätze erleichtern die Orientierung. Sie zu befolgen ist in einer Welt des raschen Wandels nicht einfach – einer Welt, in der man uns ständig zur Vorsicht mahnt; in der wir jede Entscheidung sorgsam abwägen sollen; in der viele fürchten, sich durch Engagement und Verpflichtung die Zukunft zu verbauen; in der Vertrauen als Leichtsinn und Partnerschaft als Wagnis gilt. Doch wenn diese Welt dem Totalitarismus mit all seinen Zwängen und Kontrollen widerstehen soll, gibt es zu Vertrauen und Partnerschaft keine Alternative.

Die Verantwortung der Wirtschaft

Jürgen E. Schrempp

Unternehmerische Verantwortung im weltweiten Kampf gegen HIV/Aids

Mit der weltumspannenden Verflechtung eines Unternehmens wächst zwangsläufig auch dessen gesellschaftliche Verantwortung. Ökonomischer Erfolg und wirtschaftliche Größe verpflichten uns, sozialverantwortlich zu handeln, und zwar in allen Märkten der Welt, in denen wir tätig sind. Unser Unternehmen hat sich diese Verpflichtung zu eigen gemacht, und ich stehe persönlich und mit großem Nachdruck hinter diesem Bekenntnis zur sozialen Verantwortung.

Wir sind von den Vorzügen der Globalisierung uneingeschränkt überzeugt: offene Märkte, freier Handel, Transfer von Wissen über Grenzen hinweg. Globalisierung führt zu enormen Fortschritten in Technologie und Wissenschaft, zu höheren medizinischen Standards und einem effizienteren Einsatz der Ressourcen. Nicht zuletzt steigert der internationale Dialog auch die Aufmerksamkeit für die Achtung der Menschenrechte. Globalisierung bedeutet also – anders als viele Kritiker glauben machen wollen – nicht Abbau sozialer Standards, sondern Aufbau von weltweitem Wohlstand.

Es gibt viele gute Gründe für diese These, doch zeigt der heftige Gegenwind der zahlreichen Globalisierungsgegner, dass es uns noch nicht gelungen ist, die Vorzüge der Globalisierung auch überzeugend zu kommunizieren. Dabei ist doch gerade der offene, kritisch-kreative, manchmal auch kontroverse Dialog zwischen den unterschiedlichsten Interessengruppen unverzichtbar – ein Dialog, der sicherstellt, dass Globalisierung niemanden ausschließt. Wir wissen, dass wir nur mit Transparenz Ängste und Vorurteile abbauen und Vertrauen aufbauen können.

Dieses Vertrauen brauchen wir schließlich, um weltweit noch stärker als bisher neue Partnerschaften bilden zu können. Denn Globalisierung braucht die Partnerschaft zwischen Politik und Wirtschaft, sie braucht die Partnerschaft zwischen Unternehmensleitung und Belegschaft, und sie braucht die Partnerschaft zwischen Unternehmen und Gesellschaft.

Als weltweit aufgestelltes Unternehmen – tätig in rund 200 Ländern dieser Erde – können wir auf viele Beispiele verweisen, in denen deutlich wird, wie wir das Prinzip sozialer Verantwortung eingangs des 21. Jahrhunderts bereits leben. Grundlage hierfür ist das klare Bekenntnis zu den Prinzipien des Global Compact, auf die wir uns als eines der ersten Unternehmen verpflichtet haben. Auf dieser Initiative der Vereinten Nationen und ihren Regeln bauen die »Grundsätze zur sozialen Verantwortung« auf, die wir gemeinsam mit unserer Weltarbeitnehmervertretung vereinbart haben. Diese Grundsätze gelten weltweit, sie berücksichtigen unterschiedliche Kulturen und die Vielfalt unterschiedlicher Wertvorstellungen – eine wichtige Basis, um dem unumkehrbaren Prozess der Globalisierung ein menschliches Antlitz zu geben.

Ich bin überzeugt, dass soziale Verantwortung ein entscheidender Faktor für den langfristigen Erfolg eines Unternehmens ist. Nur so können wir nachhaltig zu weltweitem Frieden und Wohlstand beitragen. Voraussetzung für die Wahrnehmung dieser Verantwortung ist allerdings, dass wir wettbewerbsfähig sind und dauerhaft bleiben. Insofern stehen sich wirtschaftliches Eigeninteresse des Unternehmens und *social responsibility* überhaupt nicht feindlich gegenüber, sondern sie sind zwei Seiten ein und derselben Medaille.

Dies lässt sich besonders deutlich zeigen an der schrecklichen Bedrohung durch die weltweite Entwicklung der HIV/Aids-Epidemie, und wie die Wirtschaft hiermit umgehen kann. Laut UNAIDS, dem gemeinsamen HIV/Aids-Hilfsprogramm der Vereinten Nationen, waren Ende 2003 weltweit 40 Millionen Menschen mit dem HIV-Virus infiziert und rund 3 Millionen – das ist mehr als etwa die Bevölkerung der Großräume Berlins oder Washingtons – starben im vergangenen Jahr an der Immunschwächekrankheit. Alle Experten stimmen überein, dass diese unheilvolle Entwicklung als eine der größten Bedrohungen der Menschheit gesehen werden muss.

Jenseits der individuellen Tragik eines jeden einzelnen Ansteckungsfalls zerstört HIV/Aids in vielen Ländern gewachsene Strukturen und Gesellschaften. Es behindert die wirtschaftliche Entwicklung gerade dort am meisten, wo zunehmender Wohlstand und soziale Sicherheit so dringend gebraucht werden. Nicht zuletzt ist HIV/Aids damit auch zu einem weiteren, großen Risiko für die internationale Sicherheit geworden. Die Millionen von Aids-Toten aber sind Lehrer, die ihr Wissen nicht mehr weitergeben können, Ärzte, die nicht mehr heilen können, Fachkräfte, die nicht mehr produzieren können und letztlich auch Kunden, die nicht mehr konsumieren.

Einer der schlimmsten Brennpunkte der Epidemie ist das südliche Afrika, wo – obwohl diese Region weniger als zwei Prozent der Weltbevölkerung ausmacht – ungefähr 30 Prozent der weltweit HIV-Infizierten leben. Allein in der Republik Südafrika sind heute rund 35 Prozent der 25- bis 34-Jährigen mit HIV infiziert. Die durchschnittliche Lebenserwartung hat in den letzten Jahren bereits abgenommen und wird im Jahre 2008 von einstmals 65 auf 45 Jahre, den Stand von 1950, zurückgeworfen werden.

DaimlerChrysler hat eine lange unternehmerische Tradition in Südafrika. In unseren Werken dort stellen wir mit einer Belegschaft von insgesamt etwa 4500 Menschen jährlich rund 55 000 Fahrzeuge her, die in alle Welt exportiert werden. Wir haben schon früh erkannt, dass HIV/Aids auch unser Unternehmen betreffen wird. Krankheitsbedingte Fehlzeiten, die Stigmatisierung Betroffener, der Verlust gut ausgebildeter Facharbeiter mit der Notwendigkeit zur Ersatzeinstellung samt wiederholten Ausbildungsaufwendungen, wachsende Kosten im Gesundheitswesen – alles das sind Faktoren, die unternehmerisches Handeln verlangen. Nachdem wir bereits 1991 eine strikte Richtlinie zur Nicht-Diskriminierung infizierter Mitarbeiter ausgegeben und seit 1996 als erstes großes Unternehmen in Südafrika mit der kostenfreien medizinischen Versorgung Aids-kranker Mitarbeiter begonnen hatten, haben wir dort in den Jahren 2000–2003 eine umfassende Strategie zur Bekämpfung von HIV/Aids an unseren Arbeitsplätzen entwickelt und eingeführt.

Das Programm konnten wir in einer engen und äußerst erfolgreichen Public-Private-Partnerschaft mit der Deutschen Gesellschaft für Technische Zusammenarbeit (GTZ) umsetzen. Dies sicherte dem Projekt in der Entwicklungs- und Aufbauphase entscheidende Kernkompetenzen. Als ebenso wichtig erwies sich die Kooperation mit der südafrikanischen Regierung, der nationalen Automobilgewerkschaft NUMSA sowie mit internationalen Organisationen wie UNAIDS oder der Internationalen Arbeitsorganisation ILO.

Unser Arbeitsplatzprogramm in Südafrika bietet allen Mitarbeiterinnen und Mitarbeitern sowie deren Familien umfassende Unterstützung im Kampf gegen HIV/Aids. Die wichtigsten programmatischen Ziele der *Workplace Initiative on HIV/Aids* bestehen darin, durch Aufklärung und Vorbeugung die Infektion zu verhindern und Stigmatisierung abzubauen, die Folgen der Krankheit durch Gesundheitsförderung und ein umfassendes Gesundheitskonzept zu mildern, eine angemessene Personal- und Unternehmensentwicklung sowie Planung und Management von Sozialleistungen zu gewährleisten und die praxisgerechte Sensibilisierung und aktive Einbindung der Bevölkerung außerhalb der Werkstore anzustreben.

Die Umsetzung des Programms stützt sich dabei stark auf eine aktive Rolle der Belegschaft: Speziell geschulte Mitarbeiterinnen und Mitarbeiter tragen in hohem Maße zur Akzeptanz des Programms bei und helfen mit, Tabus und die Stigmatisierung der Betroffenen zu überwinden. Diese Arbeitnehmer sind jedoch nicht nur im Betrieb aktiv, sondern sie agieren vielmehr auch an der Schnittstelle zwischen Belegschaft und Gesellschaft. Durch ihren vorbildlichen Einsatz wird eine breit angelegte Flächenwirkung im näheren Umfeld des Betriebes – also in den Familien der Werksangehörigen und in deren Gemeinden – erreicht. Zudem haben wir begonnen, das Arbeitsplatzprojekt auf Lieferanten, Vertragspartner und Händlernetze auszudehnen und andere HIV-Initiativen im Land zu unterstützten. Aufklärungskampagnen in Schulen und Kindertagesstätten, die Unterstützung nationaler Hilfsprogramme durch Bereitstellung der eigenen Expertise sowie die enge Kooperation mit regionalen NGOs sind nur einige Beispiele dafür, wie die Wirtschaft – über Arbeitsplatzprogramme hinaus – in die Gesellschaft hineinwirken kann.

Natürlich ist es kurz nach Ende der dreijährigen Aufbauphase – seit Januar 2004 führt DaimlerChrysler South Africa das Arbeitsplatzprogramm nun allein in eigener Regie fort – noch zu früh für eine umfassende quantitative Analyse. Doch verbuchen wir auf der Habenseite eine hohe Akzeptanz des Programms in der Belegschaft, und die Fehlzeiten infolge von HIV/Aids konnten bereits halbiert werden. Erste Schätzungen zeigen zudem, dass eine einzige vermiedene HIV-Infektion dem Unternehmen rund drei bis vier Jahresgehälter einsparen wird. Unbestrittener humanitärer Fortschritt und wirtschaftlicher Nutzen sind hier unmittelbar miteinander verbunden.

Die positiven Ergebnisse und die beachtliche Aufmerksamkeit, die unsere Aktivitäten erfahren haben, bestärken mich in meiner festen Überzeugung, die Wirtschaft weltweit zu noch größerem Engagement aufzurufen. Innerhalb des eigenen

Unternehmens wollen wir die in Südafrika entwickelten Maßnahmen – an den jeweiligen Bedarf und an die regionalen Besonderheiten angepasst – in weiteren Landesgesellschaften nutzen. Dabei verkennen wir nicht, dass auch in den so genannten entwickelten Ländern die Bedrohung durch HIV/Aids so groß ist, dass wir vermehrt Vorsorge treffen müssen. Deshalb widmen wir diesem Thema etwa im Rahmen der Berufsausbildung in Deutschland wieder vermehrt Aufmerksamkeit.

Wenn viele Unternehmer in aller Welt für und durch die eigene Belegschaft den Kampf gegen HIV/Aids mit der gebotenen Leidenschaft aufnehmen, dann entsteht eine enorme Flächenwirkung, mit der die Wirtschaft die oft noch zögerlichen Anstrengungen der internationalen Politik äußerst effektiv unterstützen kann. Die *Global Business Coalition on HIV/ Aids* (GBC), deren Vorsitz ich im Sommer 2002 übernommen habe, hat sich zum Ziel gesetzt, genau dieses Engagement einzufordern. Mit über 130 großen internationalen Unternehmen ist die schnell wachsende GBC nicht nur eine herausragende Quelle zur Verbreitung von »best practice«, sondern vor allem auch zum wichtigen Partner der Politik und der Gesellschaft geworden. Indem die Wirtschaft mit Leidenschaft und Engagement ihre innovative Kraft und Flexibilität der Gesellschaft im Kampf gegen HIV/Aids zur Verfügung stellt, kommen wir nicht nur unseren selbst auferlegten Pflichten als *Good Corporate Citizen* nach, sondern wir werden auch unserem eigenen wirtschaftlichen Interesse gerecht.

Die jüngst zwischen der GBC und dem *Global Fund to Fight Aids, Tuberculosis and Malaria* geschlossene Vereinbarung über ein Co-Investment, innerhalb dessen Unternehmen ihre eigenen Gesundheitseinrichtungen in Gemeinschaftsprojekte mit öffentlichen Institutionen vor Ort einbringen, ist ein weiterer großer Schritt in eine neue Ära von Partnerschaften. Mut und Bestätigung gibt zudem die große positive Resonanz, die die GBC für ihre Arbeit von Vertretern der Politik ebenso reichlich erfährt wie Zuspruch von Experten oder Interesse der Medien. Dabei akzeptieren alle ernsthaft Beteiligten, dass es seitens der Wirtschaft nicht darum geht, mit großherzigen Spenden hier und da einen Tropfen auf den heißen Stein zu geben, und schon gar nicht darum, Aufgaben der öffentlichen Hand zu übernehmen.

Nein, die effiziente und tragfähige Rolle der Wirtschaft ist die Wahrnehmung ihrer sozialen Verantwortung – partnerschaftlich, nachhaltig, global.

Henning Kagermann

Von Innen nach Außen: Unternehmen als Partner

Auf Unternehmen und mehr noch auf ihren Vorständen lastet heute ein enormer Erwartungsdruck: Erfolgreich sollen sie sein, Kosten senken, den Aktienwert und die Dividende erhöhen, mit Innovationen glänzen, sich flexibel und beweglich zeigen. Zudem sollen sie sich gesellschaftlich engagieren, ihre Macht und ihren Einfluss nicht nur im eigenen Interesse, sondern auch zum Wohl des Gemeinwesens verwenden. Dies beginnt freilich im eigenen Haus – mit solider Unternehmensführung. Da Unternehmen nicht im luftleeren Raum agieren, sind sie jenseits der eigenen Grenzen auf starke, verbindliche Partnerschaften mit anderen Firmen, dem Staat und der Zivilgesellschaft angewiesen. Worauf kommt es bei diesen Partnerschaften an? Und wie setzt die Konzernleitung all diese Anforderungen ins rechte Verhältnis, ohne ihre finanziellen und anderweitigen Ressourcen über Gebühr zu beanspruchen?

Aufgaben der Unternehmensführung

Dreh- und Angelpunkt dieses Balanceakts ist eine integre Unternehmensführung. Diese gibt die Leitlinien einer verantwortungsvollen, wertschöpfenden Verwaltung und Kontrolle der Geschäftstätigkeit vor. Der Erfolg des Unternehmens steht und fällt mit dem Willen und den Führungsqualitäten seiner leitenden Repräsentanten. Langjähriges Engagement an der Konzernspitze muss sich mit unbedingter Gesetzestreue verbinden. Dieses Engagement kann sich nicht darin erschöpfen, Weisungen ein für alle Mal in Stein zu meißeln, noch reift es über Nacht heran. Das Unternehmen, seine Führungsmannschaft und die Mitarbeiter müssen sich dauerhaft auf Transparenz und einen offenen Kommunikationsstil verpflichten.

In jüngster Zeit wurden in vielen Ländern Gesetze und Verordnungen erlassen, die der Flut der Wirtschaftsskandale Einhalt gebieten, das Vertrauen der Anleger und der Öffentlichkeit wiederherstellen und die Unternehmen dazu bewegen sollen, sich ihren Anspruchsgruppen gegenüber berechenbar und redlich zu verhalten. Bedauerlicherweise hat die Wirtschaft hier so wenig Initiative gezeigt, dass es des Einschreitens des Gesetzgebers bedurfte, um eine Wende zum Besseren zu bewirken.

Die in diesem Zusammenhang am häufigsten zitierte Vorschrift ist das 2002 in den USA verabschiedete Buchhaltungsreform- und Aktionärsschutzgesetz, besser bekannt als *Sarbanes-Oxley Act*. Durch Verschärfung der Offenlegungspflichten soll dieses Gesetz einerseits eine einwandfreie Unternehmensführung und transparente Geschäftsprozesse schaffen, andererseits dafür sorgen, dass den Aufsichtsbehörden korrekte Finanzdaten zugehen. Darüber hinaus enthält es Regelungen zu Risikosteuerung, Controlling, Innenrevision, Aktionärspflege, Fachbeiräten und EDV-Einsatz. Ein anderes Beispiel ist der *Deutsche Corporate-Governance-Kodex*, der Empfehlungen zur ordnungsgemäßen Unternehmensführung ausspricht. Der Unternehmenskodex wurde in der Absicht formuliert, Geschäftsleitungen deutscher Aktiengesellschaften zu mehr Transparenz und Klarheit anzuhalten. Er verdeutlicht die Rechte der Aktionäre und beschreibt das gesetzlich vorgeschriebene duale Führungssystem aus Vorstand und Aufsichtsrat. Weitere Richtlinien sind in Deutschland, auf europäischer Ebene sowie in außereuropäischen Ländern in Vorbereitung.

Dabei drängt sich die Frage auf, ob Gesetze unternehmerisches Fehlverhalten auf Dauer verhindern können. Eine aus-

123

gewogene Antwort erfordert ein Miteinander von Wirtschaft, öffentlicher Verwaltung und sonstigen Interessengruppen. Nur so kann die Rentabilität der Unternehmen gesichert und ihr Wert für die Anspruchsträger gesteigert werden.

Unternehmensführung bei der SAP: Aufgaben, Einsichten, EDV-Einsatz

Mit Unternehmensführung befasse ich mich aus drei Blickwinkeln: als Vorstandssprecher eines global tätigen Unternehmens; als Anbieter von Software, der seine Kunden und Partner dabei zu unterstützen hat, mit Hilfe dieser Programme gesetzliche Auflagen zu erfüllen; sowie aus der Perspektive einer in Deutschland beheimateten Aktiengesellschaft, die an der amerikanischen Börse notiert ist und deren Hauptkonkurrenten in den USA sitzen. In meiner Rolle als Vorstandssprecher frage ich mich: Tun wir unser Bestes, um Transparenz zu gewährleisten? Sind unsere Führungsstrukturen nachvollziehbar? Gelingt es uns, überall Vertrauen zu wecken – bei Mitarbeitern, Kunden, Investoren, Aufsichtsbehörden und der Öffentlichkeit?

Bei der Behandlung dieser Fragen gilt es, geschäftliche, staatliche und gesellschaftliche Belange umfassend zu berücksichtigen. Allerdings muss der Preis dafür angemessen und bezahlbar bleiben. Unternehmensvorstände sind daher gefordert, auf alle im eigenen Geschäftsumfeld angesiedelten Gruppen zuzugehen, um ihnen zu verdeutlichen, wofür die Firma steht und wie sich die Integrität ihrer Führung äußert. Zudem wacht der Vorstand darüber, dass das Unternehmen seine Ressourcen weder vergeudet noch zu stark bindet, sondern möglichst flexibel einteilt. Die Mitteldisposition muss ein relativ einfacher, leicht umzusetzender, allgemein verständlicher Prozess sein.

Richtlinien wie Sarbanes-Oxley und der deutsche Unternehmenskodex können sich dabei als hilfreich erweisen. Der

Grat zwischen sinnvoller Regulierung und Überregulierung ist jedoch schmal. Regulierung und ökonomische Flexibilität müssen einander die Waage halten. Die SAP begrüßt und unterstützt Maßnahmen des Gesetzgebers zur Förderung einer integren Unternehmensführung. Daher sind wir bereit, zur Erfüllung der uns daraus erwachsenden Obliegenheiten besondere Anstrengungen zu unternehmen. So haben wir bereits im vierten Quartal des Jahres 2002 ein umfangreiches Projekt aufgesetzt, um die Vorgabe von Sarbanes-Oxley umzusetzen. Das größte Hindernis auf dem Weg zur Vereinfachung ist die Vielzahl der länderspezifischen Normen. Im Zeitalter der Globalisierung, in dem Großkonzerne praktisch überall auf der Welt vertreten sind, müssen wir mit unseren Partnern mittelfristig auf die gegenseitige Anerkennung nationaler Standards und langfristig auf deren weltweite Harmonisierung hinarbeiten. International nicht abgestimmte Vorstöße einzelner Länder betrachten wir mit Vorsicht. Wir gehen davon aus, dass die USA und die Europäische Union dasselbe Ziel verfolgen: solide geführte Unternehmen. Auch erkennen wir das Bemühen der amerikanischen Börsenaufsicht an, in den USA niedergelassenen Auslandsfirmen einen ausgewogenen Sarbanes-Oxley-Katalog an die Hand zu geben. Für die Konzerne bedeuten solche nationalen Alleingänge indessen eine unverhältnismäßige Belastung.

Um hier gegenzusteuern und einen Prozess der Entlastung einzuleiten, müssten Unternehmen und Behörden gemeinsam feststellen, dass genau das erforderlich ist, um das Geschäft florieren zu lassen und die Wirtschaft anzukurbeln. Nationale Vorschriften einzuhalten kann sehr kostspielig sein. Die Ausgaben hierfür wären besser dort angelegt, wo sie Neuerungen voranbringen und den Unternehmenswert steigern. Wir müssen darauf achten, dass wir nicht mit hochkomplexen Regeln die Wirtschaft gängeln und Ressourcen blockieren. Mit »wir« meine ich Unternehmen und Staat als Partner, die gemeinsam für ein günstiges Geschäfts- und Wirtschaftsklima sorgen. Ist der Bedarf an internationalen Standards erst anerkannt, können wir mit deren Ausarbeitung beginnen. Der Weg dorthin wird steinig und nur in kleinen Schritten zu bewältigen sein. In der Zwischenzeit sollten wir uns zumindest auf die gegenseitige Anerkennung der Revisionsverfahren verständigen. Dies wäre ein Nahziel. Die Anerkennung würde sowohl die Wirtschaft als auch die Behörden entlasten.

Besser heute als morgen sollten sich Unternehmen darüber Gedanken machen, wie sie ihrerseits mit weniger Aufwand die gesetzlichen Auflagen erfüllen und solide wirtschaften können. Oft werden hier die Möglichkeiten der elektronischen Datenverarbeitung übersehen. Zwar verwenden die meisten Firmen seit Jahren EDV-Systeme, die eine ordnungsgemäße Buchhaltung gewährleisten und der Geschäftsleitung aussagekräftige, nachvollziehbare Überblicksdaten liefern. Laut jüngeren Umfragen unter CIOs wird das Potenzial dieser Systeme aber selten ausgeschöpft. Auch wenn es in manchen Unternehmen schwierig ist, alle Datenbestände in einem Gesamtsystem zu integrieren, lohnt sich die Mühe, weil sich dadurch technische Strukturen vereinfachen lassen, Geschäftsprozesse überschaubarer und die Daten transparenter werden.

Wie ein Unternehmen die gesetzlichen Bestimmungen erfüllt, bleibt ihm letztlich selbst überlassen. Mit angemessener informationstechnischer Unterstützung ist dies jedoch effektiver und effizienter zu leisten. Mit Hilfe eines konzernweit integrierten EDV-Systems verschafft sich das Unternehmen die Klarheit und Transparenz, ohne die eine kompetente Führung nicht möglich ist. Die Entscheidungsträger erhalten dadurch eine leicht zugängliche Gesamtübersicht über das Geschäft. Auch bei der SAP haben wir in einem übergeordneten System den ganzen Konzern abgebildet und so dessen Steuerung erheblich vereinfacht. IT ist ein vielseitiges Hilfsmittel – bei der Bewältigung der betriebswirtschaftlichen Anforderungen von heute ebenso wie zur Vorbereitung auf die Aufgaben von morgen. Die Rede von der fehlenden strategischen

Relevanz von IT ist eine Übertreibung. IT ist von strategischer Relevanz und wird dies auch in Zukunft sein.

Partnerschaften hegen und pflegen

Der Einsatz von Software garantiert natürlich noch kein moralisch einwandfreies Verhalten. Dieses muss vielmehr in der Belegschaft verankert sein. Eine gelebte Unternehmensethik ist daher unentbehrlich. Als überzeugter Anhänger größtmöglicher Transparenz und solider Unternehmensführung bin ich der Überzeugung, dass ethische Richtlinien nicht nur, wie in Sarbanes-Oxley vorgesehen, für die Geschäftsleitung gelten, sondern vom gesamten Konzern übernommen werden müssen. Der SAP-Vorstand hat daher im Januar 2003 einen für alle Mitarbeiter verbindlichen Verhaltenskodex verabschiedet, der bis Jahresende weltweit in allen Niederlassungen und Geschäftsstellen in Kraft gesetzt wurde.

Eine weitere wichtige Aufgabe der Unternehmensführung ist die Risikobeherrschung. Bei der SAP haben wir frühzeitig erkannt, dass diesem Aspekt in der heutigen Wirtschaft eine Schlüsselbedeutung zukommt. Deshalb haben wir unser internes Risikomanagement um Funktionen zur konzernweiten Risikosteuerung erweitert. Wir harmonisieren damit die zahlreichen, bislang aber weitgehend isolierten Maßnahmen individueller Konzerneinheiten.

Außer im eigenen Haus müssen Unternehmen auch durch Partnerschaft mit der Zivilgesellschaft Führungskompetenz beweisen. Als Forum zur Aufnahme des Dialogs zwischen Wirtschaft und Bürgern bietet sich der Global Compact der Vereinten Nationen an. Von einer solchen interdisziplinären Zusammenarbeit profitieren alle Beteiligten: Unternehmen können von den Erfahrungen der UNO und der mitwirkenden Zivilorganisationen lernen; im Gegenzug stehen sie ihnen als Wirtschaftexperten zur Seite. Zentrale Verwaltungs- und Kommunikationsplattform des Global Compact ist das von

127

SAP gebaute Internetportal »www.unglobalcompact.org«. Mit konsolidierten Informationen aus einer Vielzahl von Quellen, darunter Programme, Datenbanken und das Internet, fördert das Portal das Entstehen eines weltweiten Kooperationsnetzes sowie den Austausch von Verfahren und Prozessen.

Eine harte Prüfung sowohl für die Unternehmens- als auch für die Staatsführung ist die Korruption, die – etwa im Falle Nigerias – eine ganze Volkswirtschaft lähmen kann. In vielen Ländern steht Bestechlichkeit gesellschaftlichem Fortschritt und Wirtschaftswachstum im Wege. So werden Schulen nicht gebaut oder modernisiert, weil die dafür vorgesehenen Mittel in illegale Kanäle geflossen sind. Korruption nützt den wenigsten, schadet aber vielen. Die Software der SAP sorgt in den Unternehmen für mehr Transparenz, weil sich Geschäftsprozesse mit ihrer Hilfe besser verfolgen und überwachen lassen. Gemeinsam mit Organisationen wie Transparency International beteiligen wir uns an der gesellschaftlichen Diskussion über korrekte Geschäftspraktiken. »Integrity«, eines unserer ersten Förderprojekte, wurde von Soji Apampa, heute Managing Director SAP Nigeria, ins Leben gerufen. Ziel des Projekts ist, ein Netz aus Firmen, Behörden und Privatpersonen zu knüpfen, die sich ehrenamtlich im Kampf gegen die Korruption engagieren. Hier zeigt sich, wie viel die Initiative eines Einzelnen bewirken kann.

Die Zukunft

Unsere Prognose lautet, dass sich in absehbarer Zeit weltweit anerkannte Normen und Richtlinien durchsetzen werden, die für alle Unternehmen gelten. Darüber hinaus erwarten wir den Durchbruch einer neuen Unternehmensphilosophie, die der Virtualisierung unserer Welt stärker Rechnung trägt. Die heutigen Firmenstrukturen und der ungebremste Trend zur Ausgliederung erfordern neue Fiskal-, Buchhaltungs- und

Geschäftsmodelle. Diese werden unter anderem die Frage zu beantworten haben, wie Unternehmen, die zunehmend zur steuerrechtlichen Fiktion werden, künftig über ihre Finanzen Rechenschaft ablegen sollen. Wo beginnt ein Unternehmen, wo hört es auf? In 20 Jahren dürften wir auch einer weltweit einheitlichen Besteuerung näher gekommen sein. Der Staat muss seine Vorschriften an die globalisierte Wirtschaftsrealität anpassen.

Konzerne wiederum dürfen es nicht bei der Modernisierung ihrer Buchhaltungs- und internen Führungsmethoden belassen, sondern müssen sich überdies durch partnerschaftliche Zusammenarbeit mit ihren Anspruchsgruppen ständig erneuern. Da ein Unternehmen nur in einem intakten gesellschaftlichen Umfeld erfolgreich sein kann, muss es auf allen Gebieten vorausschauend agieren.

Alle genannten Faktoren fließen in die Entstehung eines vorbildlichen Unternehmens ein – eines Unternehmens, das sich in sein gesellschaftliches Umfeld integriert, dessen Vertrauen genießt und sich der Bedeutung einer soliden Unternehmensführung bewusst ist. Für mich ist dies doppelt wichtig: als Mitarbeiter eines Softwareunternehmens und als dessen Vorstandssprecher.

Paolo Scaroni

Mit der Gesellschaft vernetzt

Als größter Energiekonzern Italiens versorgt Enel den Heimatmarkt seit 1962 mit Strom. Auch wenn das Unternehmen kein staatlicher Monopolbetrieb mehr ist, nimmt es in der italienischen Wirtschaft nach wie vor eine dominante Stellung ein. Bis zu 50 Prozent des im Inland erzeugten Stroms stammen von Enel; beliefert werden rund 30 Millionen Abnehmer. Im Laufe der Zeit haben wir uns vom reinen Industrieunternehmen zu einem Dienstleister entwickelt, der eng mit seinen Kunden zusammenarbeitet.

Die fortschreitende Liberalisierung des Energiesektors setzt Enel zunehmend dem Wettbewerb mit anderen Anbietern aus – eine beachtliche Umstellung für einen Konzern, der 40 Jahre lang das Branchenmonopol innehatte. Der Anspruch, den wir an uns selbst richten, lautet indessen unmissverständlich: Wir wollen Marktführer in der Erzeugung, in der Verteilung und im Vertrieb von Strom in Italien bleiben. Dies setzt nicht nur wirtschaftlichen Erfolg, sondern auch Transparenz und Zugänglichkeit gegenüber allen Anspruchsträgern voraus. Der Akzent liegt dabei auf Fragen der Ethik und des Umweltschutzes. Es entspricht unserer Überzeugung, dass wir durch Beachtung dieser Erfordernisse sowohl unsere Konkurrenzfähigkeit als auch das Ansehen unserer Marke verbessern. Um die Vertrauensbeziehung zu unseren Kunden langfristig zu erhalten, achten wir besonders auf die vier Kernaspekte Unternehmensethik, Umweltfreundlichkeit, soziale Verantwortung und Nachhaltigkeit.

Unternehmensethik

Der Betrieb bei Enel unterliegt einem konzernweiten Verhaltenskodex und Organigramm, die an alle Mitarbeiter – derzeit 67 000 – ausgegeben werden. Führungskräfte müssen den Kodex unterschreiben; die Angestellten werden aufgefordert, an einer Online-Einführung in das Regelwerk teilzunehmen. Anhand von Fallbeispielen mit Fragen und Antworten können sie ihre persönlichen Wertmaßstäbe überprüfen. Zulieferer und Handelspartner beziehen wir in das Engagement für korrekte, ethisch einwandfreie Geschäftsprozesse ein. Allen wird der Kodex ausgehändigt und dessen Befolgung nahe gelegt. Unsere Lieferverträge enthalten sogar Auflösungsklauseln für den Fall, dass die Verhaltensregeln nicht beachtet werden. Diese Praxis gilt für den gesamten italienischen Markt.

Seit zwei Jahren sind wir auch außerhalb Italiens tätig – in Spanien über den Viesgo-Konzern. In Mittel- und Nordamerika erzeugen wir Energie aus erneuerbaren Quellen; in Bulgarien modernisieren wir ein von uns betriebenes Wärmekraftwerk, um es effizienter und umweltfreundlicher zu machen. In mehreren mittel- und osteuropäischen Ländern wirken wir an der Privatisierung der Stromerzeugung und -verteilung mit; dabei profitieren wir von der Erfahrung aus unserer eigenen Umwandlung vom staatlichen Monopolkonzern in ein börsennotiertes Unternehmen mit zweieinhalb Millionen Aktionären.

Expansion ins Ausland funktioniert dann am besten, wenn sie mit der Übernahme gesellschaftlicher Verantwortung einhergeht. In unseren internationalen Unternehmungen gelten dieselben Normen wie im Inlandsgeschäft. Über alle Landesgrenzen hinweg erwarten wir von unserem Personal und von sonstigen Anspruchsgruppen gleichermaßen ethisches, langfristig tragbares Verhalten. Für unsere Tochtergesellschaften in Krisenländern haben wir eine Reihe von Ethikklauseln formuliert, die sukzessive in die Lieferverträge eingearbeitet

131

werden. Diese Klauseln verbieten unseren Lieferanten unter anderem die direkte oder indirekte Beschäftigung von Personen, die noch nicht das im betreffenden Land gesetzlich vorgeschriebene Mindestalter erreicht haben. Dessen ungeachtet dürfen Personen unter 18 Jahren keine Arbeiten verrichten, die ihre Gesundheit, Sicherheit oder Moral beeinträchtigen könnten. Überdies müssen sich die Zulieferer verpflichten, Enel auf Verlangen Akten oder sonstige Dokumente vorzulegen, aus denen die Personaldaten der jugendlichen Mitarbeiter hervorgehen. Daneben behandeln die Klauseln allgemeine Aspekte der Personalführung, so das Recht auf Bildung von Gewerkschaften, Rechtsverstöße wie Diskriminierung, Missbrauch, Belästigung und Zwangsarbeit sowie die Themen Sicherheit und Gesundheitsschutz.

Die Reaktionen der Investoren sind ermutigend. So genannte Ethikfonds halten derzeit 8,4 Prozent unseres Konzernkapitals. Allein im letzten halben Jahr stieg die Anzahl der Aktien im Besitz solcher Fonds von 76 Millionen auf 93 Millionen (Stand: Ende 2003). Dass wir in mehreren Ethikindizes aufgelistet sind, ist für Fondsmanager, die dem Anleger eine Investition in Unternehmen mit vorbildlicher Geschäftsethik garantieren, ein entscheidender Faktor. Schon heute legen Ethikfonds jährlich zweistellige Euro-Milliardenbeträge an. Ihre zunehmende Beliebtheit ist leicht zu erklären: Um die Achtung ethischer Normen konzernweit durchsetzen zu können, müssen Firmen, die sich zu ihrer sozialen Verantwortung bekennen, zunächst entsprechende Prozesse schaffen, ein Kontrollregime einrichten und die Führungskräfte zu persönlichem Engagement motivieren. Dadurch minimieren sie das Risiko, dass unangemessenes oder rücksichtsloses Verhalten ihrer Glaubwürdigkeit und damit dem Aktienkurs schadet.

Zur weiteren Verbesserung der Geschäftsführung bei Enel und als Beleg unseres Eintretens für ethisches Verhalten haben wir als erster italienischer Konzern das gesetzlich vorgeschriebene Management- und Organisationsmodell umgesetzt. Danach haften Firmen für Straftaten gegenüber Behörden wie Bestechung oder Wucher ebenso wie für Wirtschaftsverbrechen, etwa Bilanzfälschung, die ihr Fach- oder Führungspersonal zugunsten des Arbeitgebers begeht. Das bei Enel angewandte Modell wurde im Juli 2002 vom Vorstand verabschiedet. Es ist mit der Praxis in den USA vergleichbar und bedeutet einen weiteren Schritt hin zu Gesetzestreue, Transparenz und Verantwortung im Innen- wie im Außenverhältnis. Zugleich stellt es die beste Garantie einer effizienten, fairen Unternehmensführung dar, die wir unseren Aktionären bieten können.

Umweltfreundlichkeit

Seit 1996 legt Enel über Umweltfragen Rechenschaft ab. Mit einem umfangreichen Investitionsprogramm verbessern wir die Umweltfreundlichkeit unserer Kraftwerke und tragen so zur Verminderung der Treibhausgase bei, zu der sich Italien mit der Ratifizierung des Kioto-Protokolls verpflichtet hat. Bei der Stromerzeugung sind betriebswirtschaftliche und ökologische Nachhaltigkeit fest aneinander gekoppelt.

In unserem detaillierten Umweltbericht gehen wir Werk für Werk auf den Erfolg unserer ökologischen Maßnahmen und die Fortschritte bei der Vermeidung von Umweltbelastungen ein. Diese Transparenz mündete in eine enge Zusammenarbeit mit zahlreichen italienischen Umweltorganisationen, von denen heute einige zu unseren wichtigsten Partnern gehören. Gemeinsam haben wir viel für den Schutz und die Attraktivität der unmittelbaren Umgebung unserer Kraftwerke getan, haben Wanderpfade angelegt, in Flora und Fauna investiert und einem breiten Publikum die Besichtigung unserer Anlagen ermöglicht.

Ergänzend zu unseren Bestrebungen, sowohl den Schadstoffausstoß als auch den Ressourcenverbrauch zu drosseln, lassen wir alle Kraftwerke auf Umweltverträglichkeit prüfen. Die Wechselwirkungen zwischen Ökonomie und Ökologie

133

verlangen nach einer Strategie, die für die Vertreter der wirtschaftlichen Belange des Konzerns ebenso akzeptabel ist wie für Umweltschützer. Dass wir alle Anspruchsgruppen in unsere Umweltpolitik einbinden, ist ein entscheidender Schritt in diese Richtung. Auch im Arbeitsschutz und in der Sicherung von Arbeitsplätzen haben wir unsere Anstrengungen verstärkt und liegen damit deutlich über den gesetzlichen Anforderungen.

Soziale Verantwortung

Enel orientiert sich am Modell der *London Benchmarking Group* (LBG), das die Haupttypen gesellschaftlichen Wirkens der Wirtschaft beschreibt – von Formen des Engagements, die nur wenig mit der Führung des Unternehmens zu tun haben, sondern eher dessen Gemeinsinn entspringen, bis zur sozialen Relevanz des Tagesgeschäfts. Das LBG-Modell unterscheidet vier Projektklassen: karitative Programme, Investitionen in Interessengruppen, kommerzielle Projekte mit gesellschaftlichem Bezug sowie sozialverträgliche strategische Entscheidungen.

Im Einklang mit den Prinzipien unseres Verhaltenskodexes und Organigramms haben wir mit mehreren Konzerntöchtern die gemeinnützige Organisation »Enel Cuore« gegründet. Dieser dem Solidaritätsgedanken und Gemeinwohl verpflichtete Verein unterstützt karitative Zwecke, fördert den Behindertensport und setzt sich für benachteiligte Gruppen ein, insbesondere für Kranke, Kinder und Senioren.

Nachhaltigkeit

Im Jahr 2003 hat Enel erstmals einen Nachhaltigkeitsbericht vorgelegt. Damit wollen wir für mehr Transparenz sorgen und unsere Beziehungen zu den Standortgemeinden festigen.

Neben Wirtschafts- und Finanzdaten enthält der Bericht Zahlen und Fakten zum Fortschritt unseres Unternehmens in der Kundenbetreuung, zur Leistungsqualität, zum Arbeitsschutz sowie zur beruflichen Entwicklung und Produktivität des Personals. Ebenfalls aufgeführt werden Maßnahmen zur Verbesserung der Unternehmensführung und deren Nachvollziehbarkeit.

Gesellschaftliche Verantwortung, Umweltbewusstsein und Finanzergebnis hängen zusammen; insofern ist der Nachhaltigkeitsreport eine ökonomisch-ökologisch-soziale Dreifachbilanz. Der Wechselwirkung dieser drei Dimensionen trägt auch die Strategie der Stromerzeugung bei Enel Rechnung. Vorgesehen sind eine weitreichende Umrüstung der Produktionsanlagen, eine bessere Mischung der Brennstoffe in unseren Wärmekraftwerken sowie eine durchgängige Rationalisierung der Primärstofflogistik. Um diese bedeutenden Neuerungen reibungslos über die Bühne zu bringen, haben wir uns der Rückendeckung aller betroffenen Interessengruppen (Aktionäre, Investoren, Lieferanten, Belegschaft) versichert. Auch unsere interne Organisation und das Konzernberichtswesen haben wir reformiert – durch Einrichtung eines Büros für Fragen der sozialen Verantwortung sowie durch Ernennung eines Nachhaltigkeitsbeauftragten.

Im Rahmen der Recherchen zum Nachhaltigkeitsbericht, der vom Prüfungsausschuss des Vorstands kontrolliert wird, untersuchten wir mehr als 700 einschlägige Kennzahlen auf deren Tauglichkeit zur Messung der Nachhaltigkeit unseres Konzerns. Wir entschieden uns für eine Auswahl von 180 dieser Indikatoren, die am besten zu Enel passen. Innerhalb der Sparten, Geschäftseinheiten und Ressorts haben wir über 50 Datenverantwortliche ausfindig gemacht und als Förderer, Berichterstatter und Redakteure des Nachhaltigkeitsreports gewonnen. Auf einem eigenen Server stehen ihnen persönliche Arbeitsbereiche zur Verfügung, in denen sie die Kennzahldaten aus ihren Fachbereichen in elektronischen Tabellen erfassen und kommentieren. Die Daten sollen nach Möglichkeit monatlich, ansonsten viertel- oder halbjährlich aktualisiert werden. Eine Überprüfung der Angaben durch den Sozialbeauftragten und den Leiter des Rechnungswesens stellt die Verlässlichkeit der Quartalsberichte zur operativen Nachhaltigkeit sicher. Ein vollständiger Nachhaltigkeitsreport wird alle sechs Monate herausgegeben. Anhand dieser Daten lässt sich auch der Geschäftserfolg genau beobachten. Von den Kennzahlen dienen 76 zur Messung beziehungsweise als Vorgabewerte unserer Nachhaltigkeitsziele. Diese sind Teil eines Sozialverträglichkeitsplans, der in den betriebswirtschaftlichen Fünfjahresplan des Konzerns integriert wurde. Auch in den Vergütungsprogrammen der Spitzenkräfte spielen Sozialziele eine Rolle. Der langfristige Geschäftsplan schreibt allen Sparten und Einheiten ökonomische, ökologische sowie soziale Auf- und Vorgaben ins Pflichtenheft.

Unser Engagement ist nicht ohne Echo geblieben: Enel hat den italienischen »Oscar« des Jahres 2003 für den besten Nachhaltigkeitsreport gewonnen – eine traditionsreiche Auszeichnung, die im Inland höchstes Ansehen genießt. Im Vorjahr erhielten wir für unsere Leistungen und Führungsposition bei erneuerbaren Energien einen der renommiertesten internationalen Branchenpreise, den »Global Energy Award«. Erst kürzlich wurde Enel in den Börsenindex »FTSE4 Good Global 100« aufgenommen, eine Rangliste der 100 umwelt- und sozialverträglichsten Konzerne.

Digitaler Stromzähler

Die wohl wichtigste Schnittstelle zwischen Enel und dem Kunden ist der neue digitale Stromzähler. Eingeführt im Jahr 2001, wurde er bis Ende 2003 fast dreizehn Millionen Mal installiert. Der Zähler gestattet die Vertragsabwicklung aus der Ferne und passt den Stromtarif an die Tageszeit an. Dass der Abnehmer damit seine Stromrechnung drücken kann, liegt auf der Hand. Weniger offenkundig dürfte dagegen der potenzielle Nutzen für die Gesamtversorgung des Landes sein. Im Sommer 2003 stand das italienische Stromnetz bei Verbrauchsspitzen oft kurz vor der Überlastung. Da der digitale Zähler das Ausweichen auf Nebenzeiten belohnt, treten für das Netz kritische Zustände deutlich seltener auf. Zur Förderung eines rationelleren Stromverbrauchs kooperiert Enel zudem mit mehreren Einzelhandelsketten in der Vermarktung sparsamer Elektrogeräte. Überdies erhalten unsere Kunden Rabatte auf Energiesparlampen.

Zwischen der Übernahme sozialer Verantwortung und einer hohen Wirtschaftsleistung besteht aus unserer Sicht kein Widerspruch. Wir sind daher fest entschlossen, den selbst gewählten Weg weiterzuverfolgen, um uns angesichts des immer härteren Wettbewerbs, der forcierten Globalisierung und zunehmender Offenheit einen entscheidenden Vorsprung zu verschaffen.

J. T. Battenberg III

Die DNA des Unternehmens

Wir sind das, was wir wiederholt tun; Vorzüglichkeit ist daher keine Handlung, sondern eine Gewohnheit.

Aristoteles

Delphi Corporation, ein weltweit operierender, führender Hersteller von Automobil- und Mobilelektronik-Komponenten sowie Systemtechnologien mit einem Jahresumsatz von 28 Milliarden Dollar, wurde 1999 aus der Muttergesellschaft General Motors ausgegründet. Die Unternehmenskultur von Delphi basiert auf dem Prinzip der Vorzüglichkeit im Sinne Aristoteles'. Wer allerdings annimmt, dass wir dieses Prinzip nur bei Firmenveranstaltungen oder Medienereignissen auf unsere Fahne schreiben, geht fehl. Wir haben uns auf ganzer Linie zu Vorzüglichkeit verpflichtet, gegenüber uns selbst, unseren Kollegen, unseren Kunden, unseren Aktionären und dem jeweiligen Umfeld, in dem wir tätig sind. Für Delphi ist Vorzüglichkeit weltweit zur Gewohnheit geworden.

Viele Beispiele ließen sich dafür anführen, wie sich Vorzüglichkeit in Leistung und Qualität auf die erfolgreiche Realisierung der Grundprinzipien von Delphis Geschäftsstrategie auswirkt. Und die Anwendung dieser Strategie ist immerhin eine der treibenden Kräfte bei der Steigerung des Unternehmenswerts, an dem sich wiederum der Erfolg einer Aktiengesellschaft bemisst. Entscheidend jedoch ist vielmehr die Frage: Wie können wir unsere Ressourcen weltweit optimal nutzen? Wie setzen wir die Begriffe, die uns bei unserer täglichen Arbeit leiten – »schlanke Produktion«, »Spitzentechnologie«, »ISO-Zertifizierung«, »gute und verantwortungsvolle Unternehmensführung« – so um, dass wir mit unseren 4000 Zulieferbetrieben, den ausländischen Regierungen und unseren weltweit fast 186000 Angestellten noch größere Erfolge erzielen? Wir tun es mittels globaler Partnerschaften.

Beginnen wir mit der Unternehmensführung. Als wir 1999 Delphis Ablösung von General Motors vorbereiteten, legten der inzwischen verstorbene Tom Wyman, unser erster Generaldirektor, und ich spezielle Richtlinien bezüglich der Erfahrungen und Fähigkeiten fest, die potenzielle Mitglieder des Verwaltungsrats mitbringen sollten. Wir suchten Menschen mit konkreten Erfahrungen in den Bereichen Finanz- und Bankwesen, Marketing, Herstellung, Elektronik, Computertechnologie und Arbeitnehmer-Arbeitgeber-Beziehungen, die Einblick in die Führung eines weltweit operierenden Unternehmens würden geben können.

Die heutige Zusammensetzung des 13-köpfigen Verwaltungsrats (10 externe und 3 interne Mitglieder) entspricht unserer auf Wachstum und Erfolg ausgerichteten Geschäftsstrategie. Im Verwaltungsrat sitzen Vertreter Europas, Asiens und Südamerikas; wir haben Führungskräfte aus der Herstellung, dem Konsumartikel- und Automobilverkauf wie auch aus den Bereichen Marketing und Arbeitnehmer-Arbeitgeber-Beziehungen gewinnen können. Der Verwaltungsrat von Delphi setzt sich aktiv für eine offene und ehrliche Unternehmensführung ein, die unmittelbar den Aktionären zugute kommt. Die engagierte Zusammenarbeit mit dem Management bedeutet einen gewissen zusätzlichen Zeitaufwand für den Verwaltungsrat, doch letzten Endes wirkt eben dieses Bewusstsein der Partnerschaft mit Delphis Management als Katalysator bei der Erreichung der Unternehmensziele.

Diese Partnerschaft hat auch Außenstehende auf Delphis vorzügliche Unternehmensführung aufmerksam gemacht. Jay Lorsch, Professor für Human Relations in Harvard: »Wir verwenden die Entstehung der Delphi Corporation und ihres Verwaltungsrats unter anderem deshalb als Fallstudie, weil der Konzern bei der Bildung des Verwaltungsrats neuen Boden betreten hat. Es wurden nur die besten Prinzipien der Corporate Governance zugrunde gelegt – das, was unter Managern heute als Delphi-DNA bezeichnet wird.« Für Delphi ist Vorzüglichkeit bei der Gestaltung von Partnerschaften ein Garant für den Erfolg.

Im Bereich des Einkaufs hat für Delphi die weltweite optimale Nutzung von Ressourcen vorderste Priorität. Um dies zu gewährleisten, sind Partnerschaften unerlässlich. Jährlich fließen fast 15 Milliarden Dollar an Delphis Zulieferer, damit wir den Wünschen unserer Kunden auf der ganzen Welt entsprechen können. Das vorzügliche Funktionieren der Versorgungskette lässt sich nicht in einem Vakuum erzielen, und wir können angesichts der technischen Komplexität im Bereich der Automobil- und Mobilelektronik-Komponenten auch nicht von unseren Zulieferern erwarten, dass sie all unsere Anforderungen verstehen. Daher hat Delphi 1999 die Gelegenheit genutzt und die weltweite Zusammenarbeit mit seinen Zulieferbetrieben durch die Entwicklung leicht verständlicher, einheitlicher Verfahren ausgestaltet, die die Kommunikation erleichtern und die Produkte für unsere Kunden verbessert haben.

Darüber hinaus werden heute regelmäßig Fortbildungsseminare angeboten, die früher nur stattfanden, wenn Probleme auftauchten. Indem wir unser Fachwissen hinsichtlich schlanker Produktion, Fertigungskontrolle und Materialwirtschaft einer große Bandbreite von Zulieferern zugänglich gemacht haben, konnten wir die Preise, Auslieferung und Qualität fast all unserer Komponenten verbessern.

Ein gutes Beispiel hierzu ist eine kürzlich erfolgte Kooperation mit einem unserer Zulieferer, bei der es darum ging, eine Preiserhöhung um drei Millionen Dollar zu vermeiden. Der Zulieferbetrieb teilte uns mit, dass er bei der Produktion zweier Komponenten Verlust mache und eine massive Preiserhöhung sich daher nicht werde vermeiden lassen. Das interdisziplinäre Team von Delphi, das sich aus den Bereichen Maschinenbau, Materialwirtschaft, Finanzen und Logistik rekrutiert, veranstaltete zusammen mit dem Zulieferer eine Reihe von Workshops, um die tatsächlichen Kosten zu ermitteln. Wir haben den Ingenieuren geholfen, das Herstellungs-verfahren zu verbessern, die Abfallentstehung zu reduzieren und die Auslieferung zu verschlanken, und dabei wurden noch die Arbeitskosten gesenkt. Das Resultat: Eine Reduzie-rung der angekündigten Preissteigerung um 96 Prozent, opti-mierte Qualität und eine verbesserte Beziehung zu einem ge-schätzten Partner.

Wir haben diesen Prozess bei fast hundert unserer großen Zulieferbetriebe in Nordamerika, Europa und im pazifischen Asien initiiert und erleben durchweg Kostensenkungen. Auf diese Weise die Initiative zu ergreifen und bestehende wie auch neue Partnerschaften mit Zulieferern auf der Basis be-währter Kostensenkungs- und Kostenvermeidungsstrategien auszugestalten wird entscheidend dazu beitragen, dass wir unserer Rentabilitätsziele erreichen und das Wachstum maxi-mieren.

Ein anderer Bereich, in dem Delphi auf Vorzüglichkeit setzt, ist die Sicherheit. Hier zeigt sich, wie man durch die Partnerschaft mit Angestellten, Gewerkschaften und Zulie-ferern, verbunden mit ständiger, offener Kommunikation, Weltklasse erlangen kann. Viele Beispiele ließen sich dafür an-führen, wie Delphi in den vergangenen fünf Jahren im Be-reich der Betriebssicherheit ganz nach oben gerückt ist, und den Rückgang der Ausfalltage sowie die Einsparungen zu be-ziffern, die schrittweise mit diesen Verbesserungen einherge-gangen sind. Doch die entscheidende Botschaft ist die, dass wir bei Delphi unsere Betrachtungsweise der Arbeitsvor-gänge in unserem Unternehmen verändert haben. Wir haben unseren Umgang mit Angestellten und Gewerkschaften neu gestaltet und diesen Prozess durch erweiterte Fortbildung und zeitlich abgestimmte Verfahrensverbesserungen unter-mauert.

All das ist keine Zauberei ... sondern gelebte Partnerschaft. Wir haben unsere Angestellten auf der ganzen Welt – ein-schließlich der Gewerkschaften, die sie vertreten – gebeten, an diesem Prozess dauerhaft mitzuwirken und hinsichtlich jeglicher von ihnen angeregter Verbesserung Rechenschaft von uns zu verlangen. Manch einer mag einwerfen, dass wir das schon die ganze Zeit so hätten handhaben sollen, und das ist völlig richtig. Obwohl Delphi auch früher bereits Schulungen zu Arbeitsschutzmaßnahmen durchgeführt hat, waren nur zögernde Fortschritte zu verzeichnen, bis die Organisation den Arbeitsschutz zur eindeutigen Priorität erklärt hat und seine Durchführung überwacht, die Resultate gemessen sowie diejenigen, die mit der Durchsetzung der Veränderungen betraut waren, für rechenschaftspflichtig erklärt hat.

Für Delphi ist und bleibt die Sicherheit eine unserer vordersten Prioritäten, nicht nur aufgrund des bereits erwähnten Nutzens, sondern auch, weil hohe Sicherheitsstandards die Arbeitnehmer mit Stolz auf ihren Arbeitsplatz erfüllen, die Arbeitseffizienz erhöhen und vor allem eine stärkere Identifikation mit dem Unternehmen zur Folge haben, was sich wiederum in der Wahrung eines dauerhaft hohen Niveaus niederschlägt. So haben beispielsweise im Laufe der letzten zehn Jahre verbesserte Sicherheitsvorkehrungen und ein geschärftes Bewusstsein seitens der Angestellten an all unseren Standorten dazu beigetragen, die Ausfalltage pro Kopf um den Faktor 20 zu reduzieren. Das sind 5000 gewonnene Arbeitstage pro Jahr, was eine Kostenersparnis in Millionenhöhe bedeutet und mit einer messbaren Produktivitätssteigerung einhergeht. Letzten Endes kann kein Unternehmen von seinen Angestellten erwarten, dass sie bei jedem beliebigen Thema denselben Grundsätzen folgen – dass bei Delphi alle Seiten im Rahmen einer funktionierenden, vertrauensvollen Partnerschaft zur verbesserten Betriebssicherheit beitragen, ist schlichtweg ein Zeichen von Vorzüglichkeit am Arbeitsplatz.

Als Global Player muss Delphi Corporation im Zusammenhang mit Programmen, die sich auf ihre Angestellten in deren jeweiligem Lebens- und Arbeitsumfeld auswirken, auch mit einer großen Bandbreite an gesellschaftlichen Gruppen und Regierungsorganen partnerschaftlich zusammenarbeiten. Man könnte von örtlicher Einbindung sprechen, von der Pflege der Geschäftsbeziehungen oder der Beziehungen zur jeweiligen Regierung – für uns ist es das alles. Es ist Teil von Delphis Unternehmensphilosophie, in den Ländern, in denen wir Geschäfte machen, gute Bürger zu sein. Dass wir die Initiative ergreifen und vor Ort mit den verantwortlichen Organisationen Partnerschaften eingehen, kann für alle Beteiligten nur von Vorteil sein, und zwar sowohl unter dem Aspekt der Investitionen wie auch der Arbeitsplätze wie auch der Rentabilität.

70 000 der 186 000 Angestellten von Delphi arbeiten in Mexiko. Wir sind dort seit 1978 (damals noch als Tochtergesellschaft von General Motors) als Corporate Citizen vertreten und betreiben derzeit 57 Werke und technische Anlagen sowie 14 Jointventure-Betriebe. Insgesamt fließen über Delphi jährlich 1,6 Milliarden Dollar direkt in die mexikanische Wirtschaft. Während der letzten zehn Jahre hat Delphi in Partnerschaft mit einer mexikanischen Regierungsstelle und einer privaten Baufirma, einem mexikanisch-US-amerikanischen Jointventure, ein spezielles Wohnungsbauprogramm für Angestellte in sieben Städten durchgeführt. Durch dieses Vorhaben sind nicht nur einfache, ordentliche Unterkünfte für 6000 Angestellte geschaffen worden, sondern auch – im Rahmen der Bautätigkeit und Materialbeschaffung – 40 000 Arbeitsplätze. Zudem zog das Vorhaben weitere, der Verbesserung der Lebensqualität dienende Investitionen nach sich: die Kommunalverwaltung stellte Gelder für neue Schulen und Spielplätze zu Verfügung, private Investoren ließen Einkaufszentren bauen.

Die Partnerschaft hat messbare, sowohl für die Angestellten als auch für das Unternehmen vorteilhafte Auswirkungen gezeitigt. Statistiken belegen, dass die Fluktuation unter den Angestellten, die an dem Programm teilnahmen, bei etwa einem Zehntel Prozent pro Monat lag und damit erheblich niedriger war als der althergebrachte mexikanische Durchschnitt von monatlich zehn Prozent. Dieses Programm,

143

ergänzt durch Fortbildungsinitiativen, umweltfreundlich arbeitende Werke, vorbildliche Sicherheitsstandards und die Tatsache, dass Delphi von Angestellten als der »beste Arbeitgeber in ganz Mexiko« bezeichnet wird, bestätigt uns in unserem Unternehmensgrundsatz der partnerschaftlichen Zusammenarbeit mit den verschiedenen Gruppen und Instanzen in den Ländern und Gemeinden, in denen wir tätig sind.

Ein erfolgreicher Partner zu sein bedeutet auch, dass das Management sich an die örtlichen kulturellen Gepflogenheiten und Geschäftspraktiken anpassen sollte. 1997 hat Delphi unilaterale Maßnahmen ergriffen, um die Rechte und Chancen der Frauen in Mexiko zu verbessern. Nach mexikanischem Recht durften Arbeitgeber die Einstellung einer Frau, deren Schwangerschaftstest positiv war, unabhängig von ihren Qualifikationen aufschieben. Nicht nur gab es diesbezüglich einschlägige Gerichtsentscheidungen, es war auch landesübliche Praxis. Die Arbeitgeber waren verpflichtet, anstelle der staatlichen Gesundheitsfürsorge bestimmte Kosten für die medizinische Versorgung der Frauen zu übernehmen.

Nach Beratungen mit verschiedenen Interessengruppen beschloss man bei Delphi, dass eine Schwangerschaft kein Grund sein dürfe, die Einstellung einer qualifizierten Frau aufzuschieben oder abzulehnen, und machte sich zum Motto: »Die oder der Beste wird eingestellt. Basta.« Darüber hinaus wird schwangeren Angestellten betriebsintern zusätzliche medizinische Versorgung und Beratung geboten. In einigen ausgewählten Städten, in denen ein besonders hoher Anteil an weiblichen Angestellten für uns tätig ist, hat Delphi eine weitere beispiellose Maßnahme ergriffen und in seinen Betrieben eine *sala de lactancia* eingerichtet, einen Stillraum, in dem junge Mütter ihre mitgebrachten Säuglinge stillen oder aber ihre Milch unter hygienischen Bedingungen abpumpen und lagern können, um sie nach der Arbeit mit nach Hause zu nehmen. Die Reaktionen auf diese Initiative waren ausgesprochen positiv – die weiblichen Angestellten begrüßen sie sehr, und die Medien haben ausführlich darüber berichtet.

Ironischerweise war die Berichterstattung in Mexiko zunächst allerdings eher kritisch, man sah die Gefahr eines Verstoßes gegen Sitte und Tradition. Doch ungeachtet dieser anfänglichen Kritik erklärte der mexikanische Präsident Vicente Fox kürzlich ein Delphi-Werk zum Modellbetrieb hinsichtlich der Schaffung von Chancengleichheit und frauenfreundlichen Arbeitsbedingungen.

Seit 1999 haben sieben Delphi-Betriebe in Mexiko den hochangesehenen *Shingo Prize for Excellence in Manufacturing* erhalten, eine Auszeichnung, die oft der »Herstellungs-Nobelpreis« genannt wird. Fast alle Betriebe von Delphi-Mexico sind mehrfach vom Staat für ihre Umweltfreundlichkeit ausgezeichnet worden, als *industria limpia* (saubere Industrie). Delphi-Mexico hat an Standorten, wo kommunale Anlagen zu wünschen übrig ließen, eigene Kläranlagen gebaut, und befindet sich bezüglich strittiger Punkte in einem ständigen, offenen und von gegenseitigem Respekt gekennzeichneten Dialog mit allen mexikanischen Regierungsebenen.

In China, einem unserer am schnellsten wachsenden Märkte, sind Partnerschaften mit der Regierung und örtlichen Herstellern unverzichtbar. Indem wir fähige strategische Partner vor Ort auftun, mit denen wir bei der Deckung der wachsenden Nachfrage zusammenarbeiten, tragen wir dazu bei, eine Infrastruktur aufzubauen, die nicht nur der Automobilindustrie, sondern dem ganzen Land nützt. Zwar birgt jeder Standort gewisse Herausforderungen für die Geschäftsführung, doch haben wir in China starke Produktionspartner gefunden, die uns nicht nur helfen, den Erwartungen unserer Kunden gerecht zu werden, sondern auch dazu beitragen, dass diese Geschäftsvorhaben im Zuge von Absatzsteigerungen bei unseren Kunden und der Entstehung neuer Investitionsmöglichkeiten ausgebaut werden können.

Im Sinne der Förderung dieses Wachstums unterhält Delphi Beziehungen zu mehreren chinesischen Universitäten, um die Aus- und Weiterbildung der wachsenden Zahl seiner Angestellten zu gewährleisten. Diese Beziehungen haben sich

145

auch insofern als nützlich erwiesen, als die Absolventen dieser Ausbildungsgänge inzwischen in ganz China in den Bereichen Ingenieurswesen, Finanzwesen, Verkauf und Produktion eingestellt werden – eine Win-Win-Situation für das Unternehmen wie für das Land. Darüber hinaus unterstützt Delphi auch die Gemeinden, in denen wir geschäftlich tätig sind. In Guang'an in der Provinz Sichuan half Delphi 1999 der Kommunalverwaltung, ein neues Krankenhaus zu bauen. Dank der Zuwendung von Delphi konnte das Krankenhaus zudem medizinische Geräte wie etwa Röntgenapparate kaufen, die Tausenden von Anwohnern zugute kommen.

Delphi hat eine klare und unerschütterliche Vision: Wir wollen die besten Lieferanten unserer Kunden sein. Um diese Vision zu realisieren, setzen wir auf die gleichen Mittel wie andere Unternehmen: Führungskraft, Verantwortlichkeit, Innovation, Technologie, Strategie. Das Bindeglied zwischen all diesen Mitteln ist die Vorzüglichkeit. Sie untermauert, wer wir sind und wie wir arbeiten. Das Teilen von Verantwortung als Grundprinzip geschäftlicher Partnerschaft ist seit jeher ein Schlüssel zum Erfolg und wird es auch bleiben. Doch im Rahmen dieses Erfolges wird dasjenige Unternehmen, das beim Einsatz seiner Mittel auf Vorzüglichkeit setzt, den größten allgemeinen Nutzen zeitigen. Und wenn ein Unternehmen auf die Fähigkeiten seiner Angestellten zurückgreift, um der Vorzüglichkeit in allen Bereichen Vorschub zu leisten, wird es feststellen, dass der Erfolg nicht nur den Angestellten zugute kommt, sondern sich auch messbar auf das Wachstum des Unternehmens auswirkt.

Delphi ist ein Unternehmen mit aktivem Führungsstil. Unsere Führungskräfte stehen täglich vor der Herausforderung, unseren Angestellten beizubringen, wie sie bei ihrer Arbeit durch Vorzüglichkeit in Leistung und Qualität etwas verändern können. Wir pflegen eine Kultur der Offenheit und der klaren ethischen Normen. Wir sind ein Unternehmen mit hohem Technik- und Wissensstand und einer werteorientierten Führung, das sich seit vielen Jahren durch Kontinuität und konsequentes Handeln auszeichnet, was sowohl unseren Kunden als auch unseren Angestellten viel bedeutet. Unsere Vision, unsere Werte, unsere langfristigen finanziellen Ziele und unsere grundlegenden Geschäftsstrategien sind unverändert geblieben. Zusammengenommen ergeben all diese Aspekte des Delphi-Teams unsere Unternehmens-DNA. Wir bei Delphi haben eine gemeinsame Philosophie: »Es kommt nicht nur darauf an, was wir tun, es kommt auch darauf an, wie wir es tun.«

Unternehmensführung im 21. Jahrhundert bedeutet – und hier hebt sich Delphi von anderen Unternehmen ab –, Partnerschaften umfassend zu realisieren und zu nutzen, um geschäftlich erfolgreich zu sein. Für uns heißt das einfach, von Anfang an vernünftige Geschäftspraktiken zu verfolgen, jede Gelegenheit zu nutzen, um mit wichtigen Parteien Partnerschaften einzugehen, und Strategien anzuwenden, die dem Unternehmen zugute kommen. Wir bei Delphi arbeiten jeden Tag daran, messbare Resultate zu erzielen und allen Beteiligten zum Erfolg zu verhelfen, immer gemäß Aristoteles' Maxime: »Wir sind das, was wir wiederholt tun; Vorzüglichkeit ist daher keine Handlung, sondern eine Gewohnheit.«

Claus Leggewie

Gutmenschen und Big Business: Neue Zweckbündnisse

Die 90er Jahre gelten als das Jahrzehnt der Nicht-Regierungs-organisationen (NROs). Hinter der Abkürzung verbirgt sich ein breites und vielfältiges Spektrum privater Vereine mit öffentlichen Zielen. NROs haben sich zwischen Staat und Markt gedrängt, also neben jenen Akteuren etabliert, die im internationalen System bislang vorherrschten. Provisorisch lassen sich NROs dadurch definieren, was sie *nicht* tun: Sie üben keine Regierungsgewalt aus und sie verfolgen keine Gewinninteressen. Bei genauerem Hinsehen ist jedoch annäherungsweise zu bestimmen, was sie sind und tun: Sie setzen sich für alle möglichen kollektiven Güter ein, vom gesunden Trinkwasser für alle über die Rechte verfolgter kultureller Minderheiten bis zur ungehinderten Ausübung der Bürgerrechte. Und so lokal diese Güter wirken mögen und so räumlich begrenzt der Radius mancher NROs ist, handelt es sich dabei um globale Kollektivgüter. In der vergangenen Dekade waren NROs das am raschesten wachsende Phänomen in der vernetzten Welt. Dadurch gelang ihnen, was bis dahin schwer denkbar schien: Kollektive Interessen zu organisieren, die im kurzfristigen Denken der meisten Wirtschaftsakteure ignoriert und vom überlasteten Wohlfahrtsstaat gern abgewälzt werden. Noch erstaunlicher ist, dass sie dies über die Gren-

148

zen von Volkswirtschaften und Nationalstaaten hinaus vermochten, womit sie auch zur Erneuerung des alten Traums vom Weltbürger beigetragen haben.

Zigtausende NROs sind mittlerweile von den Vereinten Nationen akkreditiert und damit in einem Maße offizialisiert worden, dass man bei einigen bereits von Mitregierungsorganisationen reden muss. Andere NROs mochten diesen offiziösen Weg in den Konferenzraum und die Parlamentslobby nicht beschreiten; sie setzen weiter auf Selbsthilfe oder mobilisieren sozialen Protest und politische Opposition. Nicht wenige NROs sind aber sowohl auf der Straße als auch am runden Tisch präsent. Jüngste Studien wie die der britischen Beratungsfirma SustainAbility erhoben sie in den Rang der einflussreichsten Organisationen des 21. Jahrhunderts.

Relativ neu ist, dass die NROs nicht nur mit Staatsapparaten verhandeln, sondern auch mit global tätigen Unternehmen. Sie sind der zweite Akteur, der in den vergangenen Jahrzehnten mächtig in den Vordergrund gerückt ist, vor allem nach einer Periode gigantischer *mergers & acquisitions,* Unternehmensfusionen bisher ungekannten Ausmaßes. Das Resultat sind Weltkonzerne (oder Transnationale Konzerne, TNK), deren Umsatz das Bruttoinlandsprodukt selbst von Schwellenländern übersteigt. Nachdem zwischen NROs und TNKs lange Jahre Berührungsängste und Feindbilder vorgeherrscht haben, entwickeln sich nun Informations- und Arbeitskontakte. Die verbindende Grundidee lautet, dass eine angestrebte Verbesserung nicht allein durch Regierungshandeln erreicht werden kann – hier ist im Gegenteil große Enttäuschung sowohl über nationale Staaten wie über internationale Organisationen eingetreten –, sondern dass auch transnationale Unternehmen in der Verantwortung stehen und von ihnen flexiblere Problemlösungen erwartet werden dürfen.

Unternehmer und Manager haben die Erfahrung gemacht, dass man mit Gruppen, die gut in einer Gesellschaft verankert sind, oft besser klar- und vorankommt als mit Verwaltungen

149

und Superbürokratien. Sie nutzen die Kontakte zu lokalen NROs nicht zuletzt, um den Weg für Investitionen auf schwierigem Terrain auszuloten. Aus der zweiseitigen »antagonistischen Kooperation«, dem konfliktgeladenen Miteinander von Regierungen und NROs, ist somit ein Dreieck geworden, in dem sich neben Staat und Markt die viel berufene »Zivilgesellschaft« als dritter Pfeiler etabliert hat. Für global tätige Unternehmen ist dies nur ein konsequenter Ausdruck der allseitigen Entstaatlichung, hier also: der Privatisierung der Weltpolitik.

Dies bedeutet natürlich nicht, dass zwischen NROs und transnationalen Unternehmen hehre Harmonie herrscht. Viele einfache NRO-Mitglieder bleiben zutiefst misstrauisch; antikapitalistisch gesonnen, erwartet man von der »unsichtbaren Hand des Marktes« vornehmlich Umweltsünden, Kinderarbeit und politische Korruption. Zudem ist die NRO-Basis Welten vom Managementmilieu entfernt. Auf der anderen Seite haben Unternehmer und Manager noch die Bilder der Gewalt aus Seattle, Genua oder Göteborg im Kopf, wo vermummte Militante Scharmützel mit der Staatsmacht suchten und dabei auch Banken und Markenfirmen demolierten. Was soll »aus dieser Ecke« schon Positives kommen?

Bei solchen suggestiven Bildern ist Vorsicht geboten. Sie können das Anliegen von zigtausenden friedlicher Demonstranten für »eine andere Welt« nicht überdecken. Es handelt sich bei den Protestierern um meist junge Menschen, die anzuhören sich auf jeden Fall lohnt – mancher Manager hat im Übrigen die (heilsame!) Erfahrung gemacht, dass die eigenen Kinder (und nicht zuletzt die Ehefrau) mit den Zielen der Umweltschützer, der Markenskeptiker (»No logo!«), der Menschen- und Frauenrechtlerinnen sympathisieren und dafür Geld spenden. Wie auch immer man die transnationale Protestbewegung gegen die Wirtschaftsgipfel von WTO, G8 und EU beurteilen mag: Hier liegen Betätigungsfelder des viel gesuchten bürgerschaftlichen Engagements, dessen Horizont nicht am eigenen Kirchturm endet;

hier liegen auch Chancen für die so arg vermisste politische
Beteiligung junger Menschen, die sich heute weniger an Parteien und Wahlen ausrichten als an dem breiten Kranz von
NROs und ihren oftmals unkonventionellen Aktionsfor-
men. Und nur ein Bruchteil der Protestierer ist zu gewaltsamen Aktionen bereit, das Gros ist durchgängig pazifis-
tisch eingestellt.

Können demnach, jenseits gelegentlicher Wohltätigkeit,
»Big Business« und »Gutmenschen« zusammenkommen? Ja,
aber nur auf dem Weg über Konflikt und Kompromiss. Den
Anfang machten spektakuläre Auseinandersetzungen, etwa
mit Shell um die Bohrinsel Brent Spa und mit Nike um Kinderarbeit in südostasiatischen Zulieferfirmen des Turnschuh-
fabrikanten. Derartige Konflikte sind auch heute noch die
Regel. Doch anders als früher werden jetzt häufiger Kompromisse erzielt. Weltweit agierende Unternehmen sind vorsich-
tiger geworden, seit sich NROs ihrerseits ein professionelles
Kampagnen-Management und findige Rechtsabteilungen zugelegt haben: Boykottaufrufe greifen rasch und umfassend,
und mehr als den wirtschaftlichen Schaden fürchten Unternehmen Imagedefekte – für eine Weltmarke ist ein schlechter
Ruf tödlich. So manche Verhandlung zwischen Unternehmen
und Abgesandten von NROs ähnelt heute weniger dem hitzi-
gen Streit früherer Tage als Waffenstillstandsverhandlungen
unter dem Vorsitz kühler Juristen.

Dies bedeutet aber keineswegs idyllische Verhältnisse.
Manche Unternehmensvorstände fühlen sich von den NROs
regelrecht düpiert: Gerade haben sie sich widerstrebend auf
strengere Maßstäbe im Umweltschutz oder bei der Arbeitssi-
cherheit eingelassen, da fordert die andere Seite schon wieder
mehr – und das ausgerechnet von den Unternehmen, die sich
am meisten bewegt haben! Auch verstören der bisweilen laxe
Umgang beispielsweise mit Messdaten über schädliche Emis-
sionen, die an die Öffentlichkeit lanciert werden, wie auch
die Einäugigkeit vieler NRO-Vertreter, die einem westlichen
Konzern in Afrika nichts durchgehen lassen würden, den

151

korrupten Staatsklassen dort aber alles. Die andere Seite hat allerdings nicht minder zu klagen – über gebrochene Versprechen, über ebenso manipulierte Daten und häufig über Doppelzüngigkeit. Wie oft wurden NROs benutzt – um dann unsanft fallen gelassen zu werden!

Schließen sich Weltrettungsehrgeiz und Gewinnmaximierung nicht prinzipiell aus? Kurzfristig sicherlich, und wahrscheinlich auch im Hinblick auf langfristige Zielsetzungen. Dies wird noch für reichlich Konfliktstoff zwischen Konzernen und NROs sorgen. Mittelfristig jedoch zahlt sich mehr Gemeinsamkeit für beide Seiten offensichtlich aus. Waren Unternehmen früher oft unempfindlich autoritären Systemen gegenüber, die ihnen (scheinbare!) Investitionssicherheit garantierten, ignorierten sie allzu oft die Folgen ihrer Investitionen für die Ökobilanz in dem betreffenden Land und letztlich auch für die Situation der Beschäftigten, so fließen heute Zielsetzungen der NROs wie ökologische Nachhaltigkeit, Demokratie und soziale Mindeststandards auch in Investitionsentscheidungen ein. Die Katastrophe des afrikanischen Kontinents macht noch dem Letzten klar, in welche Situation gerade Unternehmen und Freihandel geraten, wenn außerwirtschaftliche Aspekte derart missachtet werden. Und eine historische Grunderfahrung besagt, dass politische Demokratisierung und wirtschaftliche Liberalisierung meist Hand in Hand gehen, dass also freie Märkte ohne Demokratie schlecht funktionieren und Demokratie wiederum nicht ohne ein Mindestmaß an sozialer Sicherheit und ökologischer Nachhaltigkeit.

Dieses demokratiepolitische Axiom verbindet sich heute mit dem sanften Zwang globaler Netzwerke in der Weltgesellschaft, aus denen sich eine Instanz nicht heraushalten kann. Vernetztes Denken diszipliniert die wirtschaftlichen Betreiber der Globalisierung ebenso wie deren Kritiker. Erleichtert wird ihre Kooperation dadurch, dass die von den Medien voreilig als »Globalisierungsgegner« Etikettierten im Grunde eine »alternative Globalisierung« anstreben, sich der

Entgrenzung der Welt also nicht prinzipiell entgegenstemmen. Unter dieser Prämisse hat kürzlich beispielsweise die für fairen Welthandel eintretende NRO Global Exchange ein Abkommen mit der Café-Kette Starbucks geschlossen; diese wird von jetzt an »Fair trade«-Kaffee im Angebot führen, der den Produzenten in der Dritten Welt mehr einbringt als Produkte konventioneller Anbieter.

Starbucks als Partner von NROs, die für fairen Welthandel und gegen Freihandelsideologie und Markenwahn kämpfen? Der Vorwurf des »Ausverkaufs« an eine bei vielen Globalisierungskritikern verhasste Marke und generell die Bezichtigung des »Verrats« blieb nicht aus. Soziale Bewegungen stehen historisch immer wieder vor einem ähnlichen Dilemma: Entweder »fundamentalistisch« bei ihren Maximalforderungen zu bleiben (und damit zu scheitern) oder »realpolitisch« Konzessionen zu machen und dadurch einen Teil der eigenen Ziele erreichen zu können – und gleichzeitig ihrer unbefleckten Identität verlustig zu gehen. Auch aus »Realokreisen« werden Bedenken laut, NROs könnten auf diese Weise von selbst erklärten »Wachhunden« zu harmlosen »Schoßhunden« gezähmt werden.

Jenseits solcher strategischer Überlegungen haben in wirtschaftsnahen Denkfabriken Überlegungen zur künftigen Gestalt der NROs eingesetzt, auch darüber, wie sie als marktfreundliche und selber auf dem Markt agierende Netzwerke agieren können. Die bereits erwähnte Agentur SustainAbility sieht folgende Tendenzen für die NROs im 21. Jahrhundert voraus: Zunächst werden NROs von Außenseitern zu Insidern, die nicht nur mehr Probleme offen legen, sondern sich auch um Lösungen bemühen. Sie akquirieren Geld und andere Ressourcen weniger über moralische Appelle, sondern als Investitionen in eine gute Zukunft. Schließlich werden NROs von Single-Issue-Kampagnen zu mehrdimensionalen Strategien übergehen. Dabei bleiben sie Non-Profit-Organizations, wenden aber »beste Praktiken« im Hinblick auf ihre Transparenz, Rechenschaftslegung und Führung an. **153**

Beschreiten die NROs diesen Weg, nähern sie sich deutlich der Identität und Praxis von Unternehmen an, womit sie für Wirtschaftsakteure per se attraktiver werden. Mit solchen provokanten Thesen hat sich SustainAbility 2003 »in die Höhle des Löwen« begeben, zum Weltsozialforum der Globalisierungskritiker in Porto Alegre (Brasilien). Ganz ähnliche Überlegungen leiten übrigens die Veranstalter des jährlichen Weltwirtschaftsforums in Davos, wo Themen und Vertreter der NROs mittlerweile zu Hause sind.

NROs als Teil der »Davos-Kultur«? Für die meisten ihrer Vertreter und Sprecher ist das keine schöne Aussicht, aber das Selbstbewusstsein gegenüber den TNKs ist allemal gewachsen, genau wie die Zahl derjenigen, die sich ein Zweckbündnis mit ausgewählten Konzernen und aufgeklärten Vertretern der Weltbank und des Internationalen Währungsfonds, vielleicht sogar mit der Welthandelsorganisation WTO und der G8-Bürokratie vorstellen können. Ermuntert werden sie dabei durch das ausgesprochen unternehmensfreundliche Konzept des UN-Generalsekretärs Kofi Annan, der 1999 in Davos den Global Compact ins Leben rief, eine Werteplattform von Vereinten Nationen und Unternehmen, der mittlerweile über 1000 Mitglieder angehören. Er tat dies, weil er die Wirtschaftsführer in die Pflicht nehmen wollte, was Achtung der Menschenrechte, Umweltschutz und Arbeitnehmerrechte betrifft, aber auch, weil die UN nicht allein auf die Ressourcen und Zustimmung ihrer Mitgliedsstaaten angewiesen sein möchte, die sich – allen voran die USA – ihren Zahlungsverpflichtungen entziehen und politischen Druck ausüben.

Dieser Vorstoß ist bei den NROs überwiegend auf Skepsis gestoßen. Sie verlangen klare Regeln und Sanktionen für Unternehmen, die sich falsch verhalten, statt unverbindlicher Absichtserklärungen und freiwilliger Leistungen, die jederzeit storniert werden können. Kritiker mutmaßen, dass der Global Compact eher eine PR-Maßnahme zur Imageaufbesserung sei, womit die Politik Verantwortung auf die Wirtschaft abwälze. Sie mahnen damit an, dass es zwischen Markt und Staat weiterhin Unterschiede geben muss. Keinesfalls soll ihrer Meinung nach die Annäherung von NROs und Wirtschaft die ohnehin geschwächten Kräfte der Politik unterminieren. In der Tat können weder unternehmerisches Handeln noch Nachhaltigkeit und Menschenrechte ohne einen »Commonwealth der Demokratien«, also demokratisch regierte Nationen vorankommen. Einer »Weltzivilgesellschaft«, die sich allein auf die unsichtbare Hand des Marktes und das moralische Kapital der NROs stützt, mangelt es an politischem Rückgrat.

Schließlich gilt es, eine Gemeinsamkeit zu beleuchten, die den meisten NROs und Unternehmen nicht bewusst ist oder wenig problematisch erscheint: Beide zeichnen sich durch einen eklatanten Mangel an Rechenschaftspflicht aus. Unternehmen verfolgen primär Gewinninteressen ihrer Eigentümer und Anteilseigner, faktisch jedoch übernehmen große Konzerne häufig öffentliche Funktionen an der Seite und im Wettbewerb mit Nationalstaaten, deren politische Eliten sie massiv unter Druck setzen können. Dadurch haben sie eine politische Macht gewonnen, die bislang ohne jegliche Kontrolle und ohne Gegengewicht geblieben ist. Ausgerechnet das neokonservative American Enterprise Institute hat jüngst eine Webseite aufgesetzt, die NROs einen Mangel an Repräsentativität und Rechenschaft ankreidete, ohne dabei im Mindesten vor der eigenen Tür zu kehren.

Doch im Kern trifft der Vorwurf gegenüber den NROs zu, selbst wenn diese zu Recht darauf pochen, eine demokratisierende Rolle zu spielen, indem sie Themen in die Öffentlichkeit tragen, die Regierungen, Parteien und Parlamente ignoriert oder verharmlost haben. Gleichwohl stellt sich ihnen selbst ein Legitimationsproblem, sobald sie nicht nur die globale Öffentlichkeit aufklären und mobilisieren, sondern faktisch oder formal bei politischen Entscheidungen mitwirken. Man kann dies das »Demokratisierungsparadox« der NROs nennen. Wer hat sie beauftragt, wer kontrolliert sie? Demokratische Regierungen und internationale Organisationen haben ein direktes oder indirektes Mandat durch ihre Wähler erhalten, NROs besitzen dergleichen ebenso wenig wie Großunternehmen, obwohl beide in der heutigen Weltgesellschaft zunehmend politische Aufgaben wahrnehmen. Transparenz und Sozialverantwortlichkeit im Sinne von *corporate citizenship* sind geeignete Mittel, dieses Manko wenigstens ein Stück weit zu beheben. Es zeigt aber erneut, dass politische Akteure mit demokratischem Mandat keinesfalls überflüssig geworden sind. In der vernetzten Welt kommt es mehr denn je auf das »Feintuning« von unternehmerischem Handeln, politischen Rahmensetzungen und bürgergesellschaftlicher Eigeninitiative an. Aus diesem Netzwerk sind NROs nicht mehr wegzudenken.

Die Konsequenzen für Staatlichkeit und Diplomatie zu Beginn des 21. Jahrhunderts liegen auf der Hand: Sicherlich werden künftig mehr staatliche und zwischenstaatliche Aufgaben in *private public partnership* ausgeführt, bestimmt auch wird Außenpolitik faktisch oftmals Außenwirtschaftspolitik sein und eine enge Abstimmung mit weltweit tätigen Unternehmen erfordern – übrigens nicht nur mit denen des eigenen Landes. Gewiss werden Diplomaten stärker als bisher den Kontakt zu NRO-Vertretern suchen und sich dazu der *public diplomacy,* also großer Transparenz und Offenheit, befleißigen müssen. Aber der politische Charakter der Diplomatie muss dabei erhalten bleiben und vor exzessiver Entstaatlichung bewahrt werden. Und es ist letztlich im wohlverstandenen Eigeninteresse der Wirtschaftsunternehmen wie des »Dritten Sektors«, wenn ökonomische und bürgerschaftliche Vorhaben der Zivilgesellschaft politisch eingerahmt und demokratisch kontrolliert bleiben. Nicht alle politischen Aufgaben lassen sich »privatisieren« oder »outsourcen«. Eher steht zu Beginn des 21. Jahrhunderts eine Renaissance des Politischen auf der Tagesordnung, wobei hier nicht allein und auch nicht mehr vornehmlich an Staatlichkeit und Staatlichkeit in nationaler Form gedacht ist. Auf diesem Wege, mit Versuch und Irrtum, wird sich Global Governance, ein Regieren jenseits des Nationalstaats, herauskristallisieren.

Patricia Wolf

Die Würde der Geschöpfe wahren: Ethisches Investment

1971 gründeten Vertreter evangelischer Glaubensgemeinschaften in den USA das *Interfaith Center for Corporate Responsibility*, kurz ICCR. Sie taten dies aus der beunruhigenden Erkenntnis heraus, dass auch sie zu den Profiteuren von Apartheid und Vietnamkrieg gehörten. Was sie damals noch nicht wussten: Ihre Initiative sollte zum Auslöser einer ganzen Bewegung werden. Noch im selben Jahr startete die Gruppe ihre erste Aktionärskampagne. Man wollte General Motors dazu bewegen, sich aus dem Südafrikageschäft zurückzuziehen.

1975 gehörten ICCR bereits 12 evangelische und 28 römisch-katholische Organisationen an. Das wachsende Engagement der Katholiken hing mit zwei Entwicklungen in ihrer Kirche zusammen: Zum einen wuchs dort immer mehr die Überzeugung, dass Glaube und Handeln eng zusammenhängen, zum anderen verinnerlichte man zunehmend die Sichtweise der Römischen Bischofssynode von 1971. In deren Positionspapier *Die Gerechtigkeit in der Welt* heißt es:

»Der Einsatz für Gerechtigkeit und die Beteiligung an der Umgestaltung der Welt erscheinen deutlich als eine Grunddimension der Verkündigung des Evangeliums oder anders gesagt der kirchlichen Aufgabe, die Menschheit zu erlösen und von jeglicher Unterdrückung zu befreien.«

Heute hat ICCR 275 institutionelle Anleger evangelischen, katholischen und jüdischen Glaubens, darunter Kirchen, Orden, Diözesen, Pensionsfonds, Gesundheitseinrichtungen und Wohltätigkeitsorganisationen. Alle haben eines gemeinsam: Maßstab für ihre Investitionsentscheidungen ist ihre ethische

Überzeugung. Die Wahrung der Menschenwürde, die Verantwortung für die Umwelt und die Schaffung von Weltfrieden sind für sie Wertprinzipien von allgemeiner Gültigkeit. Kontakt und Vernetzung unter den religiösen Organisationen wurden im Laufe der Jahre immer enger, bis 1995 schließlich drei religiöse Aktionärsvereinigungen ihre Kooperation beschlossen: das ICCR in den USA, der britische *Ecumenical Council for Corporate Responsibility* (ECCR) und die kanadische *Taskforce on the Churches and Corporate Responsibility*, heute »Kairos«. Gemeinsam begann man, Richtlinien für verantwortungsvolles unternehmerisches Handeln zu entwickeln – die *Principles for Global Corporate Responsibility: Bench Marks for Measuring Business Performance,* im Folgenden kurz *Bench Marks* genannt.

Die Fragen, die die Initiative aufgriff, führten damals in der öffentlichen Debatte noch ein Schattendasein. Das hat sich inzwischen geändert. Heute sind Themen wie internationale Arbeitsstandards und Zugang zu lebensrettenden Medikamenten zentrale Diskussionsanliegen. Der Diskurs insgesamt sowie seine politische Kraft sind ganz wesentlich religiös und sozial engagierten Investoren zu verdanken.

2002 entstand die dritte Fassung der *Bench Marks*. Sie läutete eine neue Ära der Kooperation von Gruppen mit kirchlich-gesellschaftlichen Idealen und Privatorganisationen ein, und zwar in Entwicklungs- wie Industrieländern. Die Richtlinien sind das beachtliche Ergebnis einer weltumspannenden intensiven Zusammenarbeit. Neben den Autoren der Erstausgabe haben an ihrer Ausarbeitung folgende Institutionen mitgewirkt: *Christian Centre for Socially Responsible Investment* (Australien), *Christian Industrial Committee* (Hongkong), *Bench Marks Foundation of Southern Africa for Corporate Responsibility* (Südafrika) und *Censat Agua Viva, Friends of the Earth* (Kolumbien).

Richtlinien für verantwortungsvolles unternehmerisches Handeln

Das Ziel der Richtlinien, der *Bench Marks*, ist eine langfristig veränderte Beziehung von Wirtschaftsunternehmen zu Menschen, Gemeinschaften und der Umwelt. Im Zentrum steht dabei eine positive Verantwortungshaltung. Die *Bench Marks* sind kein Berichterstattungsstandard wie der Leitfaden der *Global Reporting Initiative* (GRI). Sie enthalten auch keine Empfehlungen, wie Unternehmen glaubwürdig erscheinen und sich gegenüber der Öffentlichkeit legitimieren können. Vielmehr definiert dieses Dokument Erwartungen an das Verhalten der Unternehmen und gründet diese auf internationale Standards und Normen sowie die Erfahrungen von Organisationen und Einzelpersonen aus zahlreichen Regionen der Welt. Ausgehend von einem religiösen Weltbild fordern die *Bench Marks* dazu auf, die Beziehungen zwischen Unternehmen, Gemeinschaften und Ökosystemen fair zu gestalten mit Blick auf diejenigen, die vom Wirken eines Unternehmens besonders betroffen sind. Aus Glaubensperspektive ist der Kontext allen menschlichen Handelns die Gesamtheit der Schöpfung. Mit der Schöpfung soll der Mensch im Einklang leben, die Ganzheitlichkeit der Welt soll er erhalten und die Würde aller Geschöpfe wahren.

Die *Bench Marks* sind in drei Kategorien gegliedert: *Prinzipien*, *Kriterien* und *Referenzwerte*.

Die *Prinzipien* beschreiben eine Unternehmensphilosophie verantwortungsvollen Handelns; die *Kriterien* erfassen einzelne Unternehmensstrategien und -praktiken, die mit den *Prinzipien* konsistent sind. Anhand der *Referenzwerte* wird schließlich die Leistung des Unternehmens bezüglich der *Kriterien* gemessen.

Illustriert werden soll dieser Ansatz am Beispiel der Lohnfertigung, jenem strukturellen Element der Globalisierung, das Unternehmen dazu verleitet, Produktionsstätten ausschließlich nach dem Preis der Arbeit auszuwählen.

Prinzip: Das Unternehmen übernimmt die Verantwortung für alle, die direkt oder indirekt – durch Subunternehmer oder Lieferanten – bei ihm beschäftigt sind.

Kriterien: Das Unternehmen verfügt über einen strengen Verhaltenskodex für seine Lieferanten, der folgende Kriterien enthält: keine Kinderarbeit, keine Zwangsarbeit, keine Belästigung und Misshandlung, keine Diskriminierung, existenzsichernder Lohn und Zulagen, geregelte Arbeitszeit, Gesundheits- und Arbeitsschutz, Vereinigungs- und Kollektivverhandlungsrecht, Umweltschutz, Aufbau kommunaler Sozial- und Versorgungsstrukturen, Mechanismen zur Kontrolle der Kriterieneinhaltung.

Referenzwerte: Das Unternehmen informiert seine Lieferanten und Lizenznehmer über seinen Verhaltenskodex und die dazugehörigen Umsetzungsregeln. Verstöße gegen den Kodex werden wirkungsvoll geahndet. Als letztes Mittel wird auch die Vertragsauflösung in Betracht gezogen.

Ethik versus Rendite?

Bevor man als Aktionär aktiv Einfluss auf die Geschäftspolitik von Unternehmen ausübt und mit ihnen die Anwendung der *Bench Marks* diskutiert, sollte man sich die Vielzahl der Haltungen zum Thema Unternehmensverantwortung bewusst machen und prüfen, ob eine sozialverträgliche Anlagestrategie mit der treuhänderischen Verantwortung eines Anlageverwalters vereinbar ist. Oft wird angenommen, dass ethisches Investment zu Lasten des Ertrags geht. Diese Ansicht teilt das ICCR nicht. Es ist auch kein karitatives Investitionsunternehmen, sondern seine Mitglieder sind allesamt langfristige Investoren, die zur Unterstützung von Pensionsfonds, Stiftungen und ähnlichen Organisationen angemessene Erträge erzielen möchten. Die *Bench Marks* beschreiben die Anlagephilosophie des ICCR. Wir glauben, dass sich soziale und ökologische Faktoren sehr wohl auf das Risiko und die

161

langfristige finanzielle Entwicklung einer Investition auswirken.

Die Anlageforschung untermauert diese Position zusehends. So räumt etwa die gemeinsame Studie der Morgan Stanley Dean Witter Bank und der unabhängigen Bewertungsagentur Oekom Research mit dem Vorurteil auf, das Ergebnis nachhaltiger Kapitalanlagen würde dem Markt hinterherhinken. Im Zeitraum von Ende Dezember 1999 bis Ende Oktober 2003 jedenfalls ließ es sich am globalen Aktienindex MSCI World ablesen: Die Vorreiter in puncto Nachhaltigkeit überflügeln diesbezügliche Nachzügler. Die Studie analysierte die Kursentwicklung von 602 Unternehmen, die zusammen etwa 80 Prozent der Marktkapitalisierung des MSCI-World-Index ausmachen. 186 dieser Unternehmen wurden in ihren Branchen als Nachhaltigkeitsführer eingestuft. Im Jahresvergleich lag das Portfolio dieser Branchenbesten 3,76 Prozent über dem MSCI World.

Innovest Strategic Value Advisors, eine Anlageforschungs- und Beratungsorganisation mit Schwerpunkt Finanzen und Umwelt, untersuchte im Auftrag eines großen öffentlichen Pensionsfonds in den USA die folgende Frage: Können wir bei unserer Anlagestrategie ökologisch-soziale Kriterien berücksichtigen, ohne dass dies negative Auswirkungen auf die Rendite unseres Wertpapierbestands hat? Das Ergebnis der Studie: Fünf der sechs untersuchten Portfolios entwickelten sich bei Anwendung der Innovest-Bewertungskriterien positiv.

Die Berater von Innovest gehen in ihren Schlussfolgerungen sogar noch weiter: Alles deute darauf hin, dass Anlageverwalter und Treuhänder das Thema Nachhaltigkeit bei Geldanlagen immer stärker berücksichtigen werden. Folgende globale Megatrends werden ethischen Investitionsprinzipien in Zukunft voraussichtlich mehr finanzielles Gewicht verleihen: Globalisierung und zunehmender Wettbewerb, speziell in Entwicklungsmärkten, steigern das ökologische und soziale Risiko für größere Unternehmen und Investoren

exponentiell. Der Druck durch internationale Naturschutz-
und Menschenrechtsorganisationen nimmt zu. Sie genießen
hohe Glaubwürdigkeit, sind inzwischen hervorragend mit
Ressourcen ausgestattet und arbeiten global vernetzt. Der de-
mografische Wandel schließlich schlägt auf die Märkte durch.
Verbraucher und Anleger interessieren sich zunehmend für
die Öko- und Sozialbilanz der Unternehmen. Damit gehen
höhere finanzielle Risiken einher.

Aktionäre nehmen Einfluss

Mit seiner Zielsetzung – Unternehmen in die Verantwortung
zu nehmen und Gerechtigkeit zu schaffen, insbesondere für
die Unterdrückten, Armen und Ausgebeuteten – knüpft das
ICCR an die Vision der Zivilgesellschaft an. Mittel zur Umsetzung ist die Einflussnahme als Aktionär. Sie eröffnet Möglichkeiten zum Dialog mit Managern, zu Kampagnen und zur
Kooperation mit anderen Privatorganisationen. Sie dient der
gezielten Beeinflussung unternehmerischen Handelns und ist
die Antwort des ICCR auf Probleme, die mit globalen Wirtschaftsstrukturen einhergehen. Die *Bench Marks* dienen dabei als Richtschnur.

Ein solcher Problembereich ist das System der Lohnfertigung. Aus Sicht des ICCR haben die Unternehmen geradezu-
stehen für die sozialen und ökologischen Bedingungen, unter
denen ihre Produkte und Dienstleistungen entstehen. Sie
müssen dazu gebracht werden, ihre vorgeschalteten Produktionsstätten und Lieferanten dahingehend zu beeinflussen,
dass man dort respektvoll mit Arbeitskräften umgeht und sichere, gesunde sowie rechtlich einwandfreie Arbeitsbedingungen einführt. Die Einsicht muss wachsen, dass solches
Handeln zur guten Unternehmenspraxis gehört. Das ICCR
möchte erreichen, dass die Unternehmen konsequente Verhaltenskodizes mit umfassenden Arbeitsnormen einführen,
öffentlich berichten – und zwar ausführlich und nachvoll- **163**

ziehbar – und bei der Ausbildung und Kontrolle mit privaten Organisationen zusammenarbeiten. Drei Beispiele aus der Arbeit des ICCR sind Gap, Walt Disney und Coca-Cola, alle führende Unternehmen ihrer jeweiligen Branche.

Den Dialog mit dem Bekleidungsunternehmen Gap suchten ICCR-Aktionäre bereits im Jahr 1995. Diskussionsgrundlage waren die *Bench Marks*. Sie haben – wie sich zeigen sollte – im Hinblick auf die Umsetzung und Kontrolle von Verhaltenskodizes entscheidende Durchbrüche bei mehreren Textilproduzenten in Mittelamerika bewirkt. Sechs Monate lang schrieben religiös und sozial motivierte Gruppen an Gap und diskutierten direkt mit Unternehmensvertretern. Noch im selben Jahr willigte das Unternehmen in unabhängige Kontrollen bei Mandarin International ein, einem Gap-Zulieferer in El Salvador, der durch arbeitsrechtliche Verstöße aufgefallen war. Das ICCR, Gap und der ethisch orientierte Unternehmensverband *Business for Social Responsibility* richteten als Kontrollinstanz die *Independent Monitoring Working Group* (IMWG) ein. Diese Organisation half Gap bei der Festlegung unabhängiger Überwachungsmechanismen, vermittelte den Kontakt zu wichtigen religiösen Organisationen und Menschenrechtsgruppen in El Salvador und sorgte für die Wiedereinstellung von Arbeitern, die der Textilhersteller entlassen hatte, weil sie sich gewerkschaftlich organisieren wollten. Vier lokale Privatorganisationen gründeten schließlich die unabhängige Kontrollinstanz *Grupo de Monitoreo Independiente El Salvador* (GMIES). Diese nahm ihre Arbeit bei Mandarin 1996 auf und kontrolliert inzwischen weitere Gap-Zulieferer in El Salvador. Öffentlich dokumentierte GMIES-Kontrollen gab es seitdem auch bei anderen Unternehmen.

Der Fall hat Geschichte geschrieben: Gap ist das erste Unternehmen, das seine Zulieferer unabhängig kontrollieren lässt. Andere Firmen haben Wirtschaftsprüfer mit der Kontrolle ihrer Verhaltenskodizes beauftragt. In der Textilbranche war GMIES die erste Gruppierung, die sich aus örtlichen

Privatorganisationen zusammensetzt, Menschen also, die Kultur, Sprache und Fabrikationsbedingungen der Region kennen und das Vertrauen der Arbeiter genießen.

Der Fortschritt bei Lieferantenkontrolle und Verantwortungsübernahme war möglich geworden, weil das ICCR das Unternehmen Gap eingebunden und ihm die Einflussnahme auf die Verbesserung der Arbeitsbedingungen ermöglicht hatte. Auf Druck der ethisch motivierten Aktionäre wurden lokale Gruppen involviert, die genug Wissen, Engagement und Gespür für die bestehenden Probleme mitbrachten. Unabhängige Kontrollgruppen gibt es in Mittelamerika heute auch in Guatemala, Honduras und Nicaragua.

1996 sprachen ICCR-Vertreter das Thema Verhaltenskodex bei Walt Disney an. Drei Jahre lang forderten die Aktionäre den Konzern auf, sich nach den Kernarbeitsnormen der Internationalen Arbeitsorganisation zu richten. Man drängte auf Einführung unabhängiger Kontrollen im Programm des Unternehmens zur ethischen Verträglichkeit sowie darauf, diesbezügliche Fortschritte öffentlich zu dokumentieren. Treffen mit der Unternehmensspitze gab es nur sporadisch, entsprechend zäh ging es voran. Ein Führungswechsel bei besagtem Programm im Jahr 2000 änderte die Lage. Die Beziehung der ICCR-Aktionäre zu Walt Disney entwickelte sich nun konstruktiver. Der Verhaltenskodex des Unternehmens wurde überarbeitet, die Mitarbeiter haben jetzt Gewerkschafts- und Kollektivverhandlungsfreiheit. Bei einem Zulieferer des Konzerns in der Dominikanischen Republik darf das ICCR den Kontrollprozess überwachen und kommentieren. Zudem hat Walt Disney sich zur Zusammenarbeit mit lokalen Privatorganisationen verpflichtet, um den Kontrollprozess und sein Weiterbildungsangebot auszubauen. Das Unternehmen ist transparenter geworden, über Fortschritte bei der Gestaltung der Arbeitsbedingungen wird nun öffentlich berichtet.

ICCR-Aktionäre mischen sich immer wieder ein. Ihre Ziele: dauerhafte Erfüllung von Arbeitsnormen, Mechanismen zur Umsetzung von Verhaltenskodizes im Produktionsbetrieb, Schulung von Arbeitern und Führungskräften im Hinblick auf die Verbesserung der Arbeitsbedingungen in den Zulieferbetrieben. Mit dem Coca-Cola-Konzern ist das ICCR derzeit in der Diskussion. Dabei geht es um zwei Dinge: erstens die Zulieferer und zweitens die Auswirkung von Aids auf den Betrieb sowie den Umgang des Konzerns – einem Großarbeitgeber der Subsahara-Region – mit dieser Krankheit. Ein zentraler Punkt in der Debatte ist die Beziehung zwischen Coca-Cola und den Abfüllbetrieben. Nach der Vorstellung des ICCR soll der Unternehmenskodex auch für sie gelten. Dem hält Coca-Cola entgegen, man habe keinen direkten Einfluss auf die Abfüllbetriebe.

Die *Bench Marks* fordern Unternehmen in Staaten mit mangelhaftem Gesundheitswesen dazu auf, diesbezüglich angemessen für Mitarbeiter und deren Angehörige aufzukommen. Hierzu gehört die Bereitstellung lebenswichtiger Medikamente, beispielsweise von Aids-Präparaten.

Aids ist für Coca-Cola in Afrika ein ernstes Problem. Zu Beginn des Dialogs mit dem ICCR willigte das Unternehmen daher sofort ein, für die Behandlung der direkten Angestellten zu sorgen. Die Möglichkeiten des Konzerns zur Einflussnahme auf die Abfüllbetriebe mögen strukturell begrenzt sein, doch solange Coca-Cola nicht auch Verantwortung für deren Angestellte übernimmt, wächst der Druck durch das ICCR und andere Privatorganisationen weiter. Zu loben bleibt nichtsdestotrotz die an den Tag gelegte Transparenz. Nach Schätzungen der firmeneigenen Afrika-Stiftung sind derzeit 5000 der 60 000 Angestellten bei den Abfüllbetrieben HIV-positiv, 909 sind positiv getestet, 25 werden medikamentös behandelt.

In Kolumbien wurde ein Coca-Cola-Abfüllbetrieb der Menschenrechtsverletzung beschuldigt. Der Fall wird vor einem Gericht in Florida auf der Grundlage des Ausländerentschädigungsgesetzes (*Alien Tort Claims Act*, ATCA) verhandelt. Außerdem gibt es internationale Boykottbestrebungen gegen Coca-Cola. Ansehensverlust birgt generell ein hohes finanzielles Risiko, und so wird es auch für Coca-Cola zusehends schwieriger, sich vom Verhalten der Abfüller zu distanzieren. Mit Unterstützung des ICCR ist der Konzern derzeit dabei, Strukturen im Sinne sozialethischer Verantwortung aufzubauen. Geschichte und Kultur des Unternehmens erschweren das Erreichen dieses Ziels jedoch erheblich.

Fazit

Vor 30 Jahren bezeichnete man das ICCR als naiv und leichtfertig, als seine ethisch engagierten Investoren die apartheidfreundliche Haltung von Unternehmen in Südafrika kritisierten. Heute steht der Name ICCR für sozialethische Anlegerforderungen, und die Entwicklung ethischer Unternehmensgrundsätze ist hauptsächlich das Verdienst von Gruppen mit religiösen und gesellschaftlichen Idealen. Das ICCR hat drängende soziale Probleme in Angriff genommen und Unternehmen zur Ancrkennung und Neubetrachtung ihrer ethischen Pflichten gebracht. Dieses Signal ist zur Zivilgesellschaft durchgedrungen. Das Prinzip der ethischen Kapitalanlage ist inzwischen global verankert, und die Glaubensgemeinschaften sind mit seine wichtigsten Vertreter.

Peter Eigen

Koalitionen als Erfolgsrezept

Bei der Frage, wie sie ihren Protest gegen die Auswüchse der Globalisierung gestalten will, darf die Zivilgesellschaft das Ziel nicht aus den Augen verlieren. Letztlich kann es nur darum gehen, Veränderungen herbeizuführen. Dazu gehört die Verbesserung der Lebensbedingungen der Schwächsten ebenso wie die Herstellung von Chancengleichheit für nationale und internationale Akteure, die sich integer verhalten. So, wie hinter Antikorruptionsgesetzen ein mit Macht und Mitteln ausgestatteter Staatsanwalt stehen muss, der diesen Normen Geltung verschafft, muss die zornige Menschenmenge lernen, wie man Wandel bewirkt – vorausgesetzt, sie möchten mehr tun als Sprechchöre skandieren oder Steine werfen.

Mit ihren Demonstrationen in Seattle, Prag, Göteborg und Genua, wo die Ereignisse einen tragischen Verlauf nahmen, richteten sich die Globalisierungsgegner an supranationale Finanz- und Regierungsinstitutionen. Solche Aktionen landen in den Schlagzeilen – doch was weiter? Wichtiger wäre, dass die Organisationen der Zivilgesellschaft sowohl miteinander als auch mit Behörden und Konzernen einen Dialog aufnehmen. Nur so verschaffen sie sich bei Entscheidungsträgern aller Ebenen Gehör und werden ernst genommen. Nach diesem Prinzip arbeitet Transparency International (TI) als internationale NGO, die sich dem Kampf gegen die Korruption verschrieben hat.

Pascal Lamy, der Handelskommissar der Europäischen Union, beschreibt unseren Ansatz wie folgt: »Im Gegensatz zu vielen anderen Organisationen macht TI nicht bloß Meinung. Gemeinsam mit Regierungen und der Wirtschaft haben Peter Eigen und sein Team ein internationales Instrumentarium zur Eindämmung der Korruption geschmiedet und dabei die OECD, den Europarat und die Vereinten Nationen in die Pflicht genommen.«[1]

In den letzten beiden Jahren hat Transparency unablässig Druck auf zahlreiche Staaten ausgeübt, um deren Zustimmung zur Antikorruptionskonvention der Vereinten Nationen zu erwirken. Im Dezember 2003 in Mexiko unterzeichnet, ist die Konvention ein bedeutender Beitrag zur Stärkung der internationalen Zusammenarbeit zur Vereitelung und strafrechtlichen Verfolgung der Korruption. Ein Durchbruch wurde insbesondere bei der internationalen Rechtshilfe zur Rückgabe veruntreuter Vermögenswerte erzielt.

Die Konvention ist nicht vollkommen, weist vielmehr bedauerliche Lücken auf. Bestechung und Bestechlichkeit bei der Finanzierung politischer Parteien oder in der freien Wirtschaft etwa können, müssen aber nicht geahndet werden. Dennoch markiert sie einen Wendepunkt: Erstmals wurde der Korruption im globalen Konsens der Kampf angesagt. Zudem hat die UNO-Generalversammlung den 9. Dezember, an dem die Staats- und Regierungschefs die Konvention unterzeichnet haben, zum weltweiten Antikorruptionstag erklärt. Damit besteht künftig eine exzellente, jährlich wiederkehrende Gelegenheit, die öffentliche Aufmerksamkeit auf das Thema Bestechung zu lenken und Behörden wie Unternehmen an die strengen Leitsätze des Abkommens zu erinnern. Immerhin haben 95 Staaten die Konvention unterschrieben.

Korruption lässt sich im weitesten Sinne als Missbrauch übertragener Befugnisse zur persönlichen Vorteilsnahme definieren. Ihre Folgen treffen in erster Linie die Bedürftigen und die Schwachen. NGOs haben daher die moralische Pflicht, etwas zu erreichen, was den einfachen Menschen das Dasein erleichtert. Laut dem Stadtkorruptionsindex für Kenia (*Kenya Urban Bribery Index*), den das dortige TI-Büro im Jahr 2002 vorgelegt hat, müssen kenianische Städter im Durchschnitt 16 Mal pro Monat bestechen. Dies entspricht

169

einer finanziellen Belastung von 8185 kenianischen Schilling (rund 85 Euro). Zum Vergleich: Das durchschnittliche Monatseinkommen der Umfrageteilnehmer lag bei gerade einmal 26000 Schilling (270 Euro). Der mit 99 Prozent höchste Anteil an den Schmiergeldern fließt an Beamte. Am häufigsten hält die Polizei die Hand auf: Sechs von zehn Stadtbewohnern gaben an, Polizisten bestochen zu haben.

Gemeinsam mit der neuen kenianischen Regierung geht Transparency gegen diese unhaltbaren Zustände vor. Mit John Githongo wurde ein früheres Vorstandsmitglied von TI Kenia zum Staatssekretär für Ethik in der Verwaltung (*Permanent Secretary for Governance and Ethics*) im Amt des Präsidenten Mwai Kibaki ernannt. TI Kenia wird die Arbeit der neuen Staatsführung aufmerksam verfolgen. Ebenso wichtig: Transparency achtet in enger Abstimmung mit der Weltbank darauf, dass deren erneutes Interesse an Kenia eine integre öffentliche Verwaltung fördert und Bestechung nicht duldet. Finanzhilfe darf nicht korrupten Politikern und Beamten, sondern muss dem Volk zugute kommen.

Außer für materielle Veränderungen setzt sich Transparency für ein Umdenken bei den wirtschaftlich und politisch Verantwortlichen ein. Im März 2003 führte eine Delegation aus Vertretern mehrerer TI-Landesgruppen unter meiner Leitung ausführliche Gespräche mit der Weltbank. Deren Vorsitzender James Wolfensohn nahm sich einen ganzen Tag lang für unsere Anliegen Zeit, und schon jetzt sind Fortschritte greifbar. So hat die Bank von ihren Vorbehalten gegen die Übernahme des von uns formulierten Integritätspakts Abstand genommen.

Mit diesem Pakt sichern Lieferanten von Waren und Dienstleistungen rechtsverbindlich zu, sich den Zuschlag bei der Auftragsvergabe nicht erkauft zu haben und dergleichen auch künftig zu unterlassen. Stellt sich diese Zusage als falsch heraus, treten zuvor vereinbarte Sanktionen in Kraft, darunter der Eintrag in eine schwarze Liste. Transparency muss nun darauf hinwirken, dass sich die Weltbank hundertprozentig hinter den Integritätspakt stellt und in ihren Länderbüros für dessen Anwendung sorgt.

Diese Verbindung aus kritischem Dialog und Überzeugungsarbeit bestimmt seit jeher unsere Arbeitsbeziehungen zu Behörden und internationalen Institutionen. Das Verhältnis zwischen Transparency und der Europäischen Kommission beispielsweise charakterisiert Pascal Lamy als »nicht immer harmonisch, aber stets konstruktiv«.

Wirtschaft, Staat und Zivilgesellschaft brauchen einander

Welche neuen Konfliktlinien die Globalisierung mit sich bringt, offenbart sich drastisch in den Krisenzonen, in denen der Handel mit Waffen, Edelsteinen oder Erdöl die Brutalität der Auseinandersetzungen und die notorischen Menschenrechtsverletzungen noch verschärft hat. In Angola, Sierra Leone und im Kongo zum Beispiel wurden solche Konflikte, die auch auf Nachbarstaaten übergriffen, durch Rangeleien unter Politikern, Generälen und ausländischen Konzernen um natürliche Ressourcen angefacht und in die Länge gezogen.

Korruption wirkt sich nicht nur auf die Makroökonomie aus, sondern auch auf die Entwicklung der Unternehmen, vor allem im Mittelstand. Wenn ein Gewerbeschein nur durch Bestechung des zuständigen Beamten erhältlich ist und man danach regelmäßig ein ganzes Rudel korrupter Inspekteure und Polizisten schmieren muss, bremst dies die gesamte Volkswirtschaft aus. Da fast überall auf der Welt die staatliche Entwicklungspolitik kläglich gescheitert ist, gilt privates Unternehmertum als Wachstumsmotor. Solange die Korruption das Ruder führt, bleiben solche Entwicklungspläne allerdings reines Wunschdenken.

Erstmalig kommen ernsthafte Gespräche zwischen renommierten Zivilorganisationen und prominenten Wirtschaftsakteuren in Gang. Deren plötzliche Rücksichtnahme auf die

171

Zivilgesellschaft ist größtenteils der Erkenntnis geschuldet, dass die Verbraucher durch ihr Konsumverhalten den Unternehmenserfolg beeinflussen können – speziell, wenn sie von unabhängigen Organisationen dazu mobilisiert werden. Die Wirtschaft kann nicht mehr nur den Staat bedienen; dazu ist sie heute zu exponiert und dieser zu schwach. Die Bereitschaft der Unternehmen, auf die Gesellschaft zuzugehen, zeigt sich am großen Zuwachs der Bewegung für soziale Verantwortung sowie an der Berücksichtigung sozialer Aspekte in der Konzernberichterstattung. Dieser Wandel ist kostspielig und schmerzhaft, aber ebenso nötig wie unausweichlich.

Transparency wirkt in Koalitionen wie *Publish What You Pay* (PWYP) mit, an der sich neben vielen anderen NGOs auch *Global Witness* und *Oxfam* engagieren. PWYP verlangt von den Rohstoffmultis die Offenlegung ihrer Überweisungen an die Behörden und staatlichen Ölgesellschaften der Förderländer. Die Finanzaufsichtsbehörden in London, New York und anderswo bedrängen wir, börsennotierten Unternehmen die Publikation solcher Daten zwingend vorzuschreiben. Im November 2003 brachte Transparency in Berlin den nigerianischen Staatspräsidenten Olusegun Obasanjo mit Vertretern der Ölindustrie an einen Tisch. Obasanjo verpflichtete sich, die Einnahmen seines Landes aus dem Ölgeschäft zu veröffentlichen. Im Gegenzug müssen ausländische Ölkonzerne darlegen, was sie an Nigeria zahlen.

In Großbritannien beteiligen sich sowohl die TI-Landesgruppe als auch die Regierung an der Transparenzinitiative der Rohstoffindustrie (*Extractive Industries Transparency Initiative*, EITI). Auch hier lautet das Ziel, die Veröffentlichung der von Erdöl-, Gas- und Bergbaugesellschaften an die Gastländer überwiesenen Steuern, Gebühren, Tantiemen und sonstigen Zahlungen zur Bedingung der Notierung an internationalen Wertpapiermärkten zu machen.

Im Unterschied zur PWYP-Kampagne, die eine gesetzliche Publikationspflicht anstrebt, prüft EITI die Option einer freiwilligen Offenlegung. Da bei EITI auch Regierungen vertreten sind, ergänzen die beiden Initiativen einander. Dadurch steigt der Druck – aber auch der Anreiz – auf die Branche, diesen Vorstoß ernst zu nehmen; denn andernfalls muss sie weiterhin vor Ländern auf der Hut sein, die die geforderte Publizität als Verletzung vertraglicher Vertraulichkeitsklauseln auslegen. Als beispielsweise der Ölkonzern BP seine Zahlungen an Angola offen legen wollte, drohte das Staatsunternehmen Sonangol mit dem Entzug der Förderkonzession.

Starthilfe für eine OECD-Konvention

Die OECD-Konvention zur Bekämpfung der Bestechung ausländischer Amtsträger im internationalen Geschäftsverkehr (*OECD Convention on Combating Bribery of Foreign Public Officials in International Business Transactions*) soll Exporteure aus OECD-Ländern davon abhalten, Beamte im Ausland zu schmieren, um Aufträge zu akquirieren oder Geschäftsbeziehungen zu verlängern. Seit Februar 1999 in Kraft, zeigt das Abkommen mustergültig, wie wichtig partnerschaftliches Miteinander ist. Aus den 35 Signatarstaaten stammen mehr als 90 Prozent der weltweiten Auslandsdirektinvestitionen. Schlüssel zur Verabschiedung der Konvention war deren Unterstützung durch die Wirtschaft. Transparency holte die Internationale Handelskammer (ICC) ins Boot und 20 europäische Konzerne unterschrieben einen von uns aufgesetzten Brief, in dem die zuständigen Ministerien zur Unterzeichnung der Konvention aufgefordert wurden.

Wir haben die Unternehmen auf unsere Seite gebracht, weil wir ihnen einen Ausweg aus dem »Dilemma des Gefangenen« aufzeigen können, in dem sie sich befinden. Dieselbe Wirkung hat der Integritätspakt. Kein Geschäftsmann lässt sich gerne auf Bestechung ein, schließlich ist sie ein Kostenfaktor. **173**

Doch wenn die Konkurrenz schmiert, spielen alle mit. Sich der Korruption zu verweigern bedeutete bislang einen Wettbewerbsnachteil. In Ländern wie China oder Indonesien standen dabei Vertragssummen in Milliardenhöhe auf dem Spiel. Die OECD-Konvention setzt den Hauptkonkurrenten auf dem Weltmarkt nun einen einheitlichen, rechtlich bindenden Zeitrahmen, ihre Bestechungspraxis einzustellen. Versucht zum Beispiel eine deutsche oder französische Firma, einen Amtsträger in Afrika, Asien oder Lateinamerika zu korrumpieren, kann sie dafür heute im Heimatland belangt werden.

Der kooperative Ansatz ist entscheidend, wenn man ein so vielschichtiges Problem wie die Korruption bewältigen will – zumal auf einem weltweiten Markt, wo sie beinahe als normal galt. Durch Bildung von Koalitionen können sich die drei großen Parteien Staat, Wirtschaft und Zivilgesellschaft gemeinsamer Interessengebiete annehmen, auf denen sonst keine Regierung und kein Unternehmen bereit wäre, dem Rest der Welt ein verantwortlicheres Verhalten vorzuleben.

Umso mehr kommt es darauf an, den Signatarstaaten die Gewissheit zu verschaffen, dass ihre Mitunterzeichner nicht nur die OECD-Konvention in nationales Recht umsetzen, sondern dieses auch konsequent anwenden. Ein entsprechender Folgeprozess ist bereits angestoßen. NGOs, allen voran Transparency International, sind dabei als Berater und Beobachter zugeschaltet. Im November 2002 haben sich die TI-Landesgruppen bei ihren Regierungen für die Schließung von Lücken in der Finanzierung von Partnergutachten *(peer reviews)* stark gemacht, mit denen die Umsetzung der Konvention beurteilt werden soll. Trotz anfänglicher Erfolge muss Transparency den Druck aufrechterhalten, um eine angemessene Budgetierung des Kontrollprozesses zu gewährleisten.

Von Dezember 2001 bis März 2002 führte das Gallup-Institut im Auftrag von Transparency eine »Bestecherumfrage« *(Bribe Payers Survey)* durch. Ergebnis: Nur jedem fünften der 835 befragten Spitzenmanager aus 15 Schwellenländern war die Konvention ein Begriff. Diese Führungskräfte kämpfen an der Bestechungsfront in vorderster Linie. Insofern ist die Studie ein vernichtender Beweis des Versäumnisses der OECD-Staaten, die Wirtschaft über die neue Rechtslage aufzuklären.

Langsam, gewiss zu langsam, aber sicher spricht sich herum: Korruption wird erst aufhören, wenn faire Spielregeln gelten. Der Schmiergeldfluss wird nur versiegen, wenn Firmen damit rechnen müssen, für Bestechung zu Geldstrafen verurteilt und auf schwarze Listen gesetzt zu werden, und davon ausgehen können, dass ihr Führungspersonal hinter Gittern landet.

Früher war es ein mühsames Unterfangen, die Wirtschaft und gerade den Mittelstand davon zu überzeugen, dass der Nutzen einer integren Geschäftsführung schwerer wiegt als der Verlust von Aufträgen an Konkurrenten, die sich den Zuschlag erkaufen. Selbst Ökonomen neigten der Auffassung zu, das Streben nach Gewinn werde auf korruptionsgesteuerten Märkten alle Akteure zum gleichen Verhalten veranlassen.

Doch mittlerweile ist die Stimmung umgeschlagen. Auf der UNO-Konferenz zur Entwicklungsfinanzierung im mexikanischen Monterrey waren sich im März 2002 viele Minister aus Geberländern mit Vertretern der Weltbank und des Internationalen Währungsfonds einig: Wo Korruption herrscht, werden Entwicklungschancen im großen Stil vertan.

Bestechung verzerrt den Wettbewerb

Die Skandale bei Enron, Global Crossing, Worldcom und Parmalat haben Aktionäre und Rentenfondsmanager wachgerüttelt. Die Öffentlichkeit kann nicht mehr darauf vertrauen, dass die Bücher der Unternehmen deren Finanzen wahrheitsgemäß und angemessen wiedergeben. Dies hat weitreichende Konsequenzen für den Handel auf den Kapitalmärkten.

Die Wirtschaft muss Verhaltenskodizes mit detaillierten Weisungen zum Kampf gegen Bestechung im Inlands- wie im Auslandsgeschäft einführen. Zu diesem Zweck hat Transparency zusammen mit Konzernen wie BP, Shell, Tata und General Electric einen Katalog betrieblicher Prinzipien und Maßnahmen (*Business Principles for Countering Bribery*) erarbeitet. Unter anderem sollen systematische Schulungen des gesamten Personals zur Beseitigung sowohl der direkten als auch der indirekten Bestechung beitragen. Bei einem weiteren Zivilprojekt, der globalen Berichtsinitiative GRI (*Global Reporting Initiative*), sind die Teilnehmer gehalten, ihre Programme und Prozesse zur Verhinderung von Korruption darzulegen und insbesondere zu erklären, wie sie die Auflagen der OECD-Konvention erfüllen.

FIDIC (*Federation Internationale des Ingenieurs-Conseils*), der internationale Dachverband beratender Ingenieure, hat eigene Richtlinien zur Gewährleistung der Integrität im Geschäftsverkehr herausgegeben, denen zufolge ein Unternehmen jederzeit in der Lage sein muss, seine Unbestechlichkeitsbeteuerungen zu belegen. Die im April 2000 ins Leben gerufene Nachhaltigkeitsinitiative *Mining, Minerals & Sustainable Development* (MMSD) der Rohstoffindustrie wirbt gemeinsam mit Transparency bei den Konzernen um die Veröffentlichung projektspezifischer Erlösdaten sowie von Überweisungen an staatliche Stellen.

Die Kosten-Nutzen-Analyse spricht eindeutig dafür, dass sich Staat und Wirtschaft im Kampf gegen die Korruption mit der Zivilgesellschaft zusammentun. Laut OECD vergeben die Regierungen der Welt jedes Jahr Beschaffungsaufträge im Gesamtwert von fünf Billionen Dollar. Der Spielraum, erhebliche Summen daraus als Schmiergelder abzuzweigen, ist beängstigend. Dasselbe gilt für die verpassten Entwicklungschancen infolge der Veruntreuung öffentlicher Mittel, die der Befriedigung von Grundbedürfnissen wie Bildung, Gesundheit und Wohnraum dienen sollten.

Die Zivilgesellschaft geht voraus

In Uganda standen NGOs an der Spitze der Bemühungen, den Staat zu mehr Transparenz bei der Auftragsvergabe zu zwingen. Im Jahr 2001 baten sie die Weltbank um Entsendung einer Untersuchungskommission, die unter anderem klären sollte, ob beim Abschluss des Stromabnahmevertrags mit dem amerikanischen Multi AES Schmiergelder geflossen waren. Uganda und AES hatten den Bau eines 550 Millionen Dollar teuren Wasserkraftwerks an den Bujagali-Stromschnellen vereinbart. Der Ermittlungsbericht enthielt zahlreiche Kritikpunkte, darunter die Geheimhaltung des Vertrags. Im Juni 2002 schließlich kündigte die Bank an, wegen der Korruptionsvorwürfe den Kredit für das Projekt einzufrieren.

Transparency International ist es gelungen, die Themen Transparenz, korrekte Amtsführung und Korruptionsbekämpfung auf der Tagesordnung der Weltgemeinschaft weit nach oben zu rücken. Jeder spricht heute über die verheerenden Folgen der Bestechung für die Entwicklung der Länder und über den daraus erwachsenden Handlungsbedarf – von James Wolfensohn bis zum Generalsekretär der UNO. Kofi Annan erwägt sogar, das Engagement gegen die Korruption zum zehnten Grundsatz des Global Compact zu erklären. Angesichts der Flut an dringenden Fragen, denen sich die Menschheit zuzuwenden hat, müssen wir dafür sorgen, dass der Öffentlichkeit das Bewusstsein für die katastrophalen Auswirkungen von Bestechung und Bestechlichkeit nicht abhanden kommt. Nur wenn die Korruption eingedämmt wird, sind nachhaltige Lösungen globaler Probleme möglich – ob es sich dabei um die Armut handelt, den Gesundheitsnotstand, den Mangel an Wohnraum oder die Bildungsmisere.

Doch dazu bedarf es der Partnerschaft. Diese mag nicht immer harmonisch sein; ihre Ergebnisse aber erweisen sich meist als äußerst konstruktiv.

177

Anmerkung

1 Pascal Lamy: »Curbing Corruption in a Globalised World«. Laudatio an Peter Eigen und Transparency International anlässlich der Auszeichnung mit dem Ehrentitel »Europäer des Jahres« durch die Zeitschrift *Reader's Digest* am 8. Januar 2004 in Berlin.

Manfred Güllner

Wege aus der Vertrauenskrise

Politikverdrossenheit oder schlicht Unmut?

Seit mehr als einem Jahrzehnt verwenden Kulturkritiker und
-pessimisten den Begriff »Politikverdrossenheit«, um das
Verhältnis zwischen Bürger und Politik zu charakterisieren.
Anfang der 90er Jahre machte sich sogar der damalige Bundes-
präsident Richard von Weizsäcker zum Sprachrohr der Skeptiker – mit der Folge, dass bei Wahlumfragen der Anteil der in-
differenten und unentschlossenen Befragten auf eine seither
trotz aller politischen Krisen nicht mehr erreichte Rekordhöhe
stieg.

»Politikverdrossenheit« würde bedeuten, dass die Bürger
sich von der Politik abkehren, ihrer »müde« sind und sich
daher für das politische Geschehen nicht mehr interessieren.
Diese pauschale Einschätzung trifft in Wirklichkeit aber
nicht zu. Die Deutschen sind am politischen Geschehen
unverändert interessiert. Die Zahl der Zuschauer von Nach-
richten- und Informationssendungen im Fernsehen ist in den
letzten Jahren nicht zurückgegangen, sondern eher noch
etwas gewachsen. Zeitungen haben nicht deshalb Leser verloren, weil das Interesse an Politik abgenommen hat, sondern weil vor allem bei jüngeren Menschen die Konkurrenz
mit anderen Medien, vor allem dem Internet, größer geworden ist.

Zwei Beispiele mögen verdeutlichen, wie intensiv sich die
Deutschen mit dem politischen Geschehen beschäftigen. Das
Interesse an der CDU-Spendenaffäre Anfang 2000 blieb mehrere Wochen lang hoch: Über zwei Drittel aller Bundesbürger – unabhängig vom Alter, von der beruflichen Stellung,
vom Grad der Schulbildung etc. – hielten diese Affäre auch

nach ausführlicher Medienberichterstattung für das wichtigste Thema in der Republik. Und über 80 Prozent der Bundesbürger wünschten sich damals trotz der Intensität der Berichterstattung weitere Informationen über die Spendenaffäre.

Dass die Menschen in Deutschland das politische Geschehen aufmerksam verfolgen, zeigt sich auch daran, dass auf die seit mehr als einem Jahrzehnt von forsa Tag für Tag offen, das heißt ohne jedwede Vorgaben, gestellte Frage nach den wichtigsten Themen, über welche die Medien berichtet haben, so gut wie alle Befragten ausführlich Antwort geben können.

Das große Interesse am politischen Geschehen dürfte damit zusammenhängen, dass die Deutschen seit Ende des Zweiten Weltkriegs in einem mitunter mühsamen Prozess von Untertanen zu Staatsbürgern geworden sind. Sie sehen heute zum demokratischen System keine Alternative. Auf dem Höhepunkt der CDU-Spendenaffäre mit all dem dadurch ausgelösten Unwillen sagten 71 Prozent aller Bundesbürger (74 Prozent in West- und 54 Prozent in Ostdeutschland), sie seien mit dem politischen System in Deutschland zufrieden. Und 70 Prozent (72 Prozent in West- und 67 Prozent in Ostdeutschland) meinten im Januar 2000, Parteien seien notwendig, damit das politische System in Deutschland funktioniert.

Die Deutschen sind zum ersten Mal in ihrer Geschichte zu überzeugten Demokraten geworden. Sie identifizieren sich mit dem politischen System und akzeptieren – anders als kulturkritische Stimmen es vermuten lassen – auch die politischen Parteien. Die Menschen in Deutschland sind mitnichten politikmüde; sie sind vielmehr politikmündig geworden.

Zur Politikmündigkeit gehört wiederum, dass man dem politischen Geschehen nicht kritiklos gegenübersteht, sondern die Vorgänge laufend bewertet. Und da zeigt sich – bei aller generellen Zufriedenheit mit dem politischen System an sich – deutliches Unbehagen über die Art und Weise, wie manche politische Akteure Politik gestalten. So zog sich zum Beispiel der frühere Bundeskanzler Helmut Kohl durch sein Verhalten in der Spendenaffäre den Unmut der Bürger zu. Von Kohl, der 1998 abgewählt worden war, weil man ihm nicht mehr zutraute, den Reformstau in Deutschland aufzulösen, der aber als »Vater der Wiedervereinigung« nach 16 Jahren Kanzlerschaft menschliche Sympathien genoss, waren im Jahr 2000 rund drei Viertel aller Bundesbürger enttäuscht oder empfanden schlicht Wut über sein Verhalten. Verständnis oder Mitleid brachten nur wenige auf (16 Prozent). Und dass ein »Ehrenwort« – wie von Kohl bis heute postuliert – wichtiger als das Gesetz sei, verneinten 71 Prozent aller Bürger. 62 Prozent forderten sogar, Kohl solle in Beugehaft genommen werden, um die Namen seiner Spender zu nennen.

Allerdings wurde Kohls Verhalten weniger als Einzelfall denn als Symptom für das ohnehin antizipierte Verhalten von politischen Akteuren und Parteien schlechthin bewertet: 72 Prozent aller Deutschen meinen, Unkorrektheiten bei der Finanzierung von Parteien seien gängige Praxis; 85 Prozent trauen Politikern Bestechlichkeit zu und 89 Prozent sagen, ähnliche Probleme mit der Finanzierung wie bei der CDU gäbe es auch bei den anderen Parteien. Dies alles sind klare Indikatoren für einen Entfremdungsprozess zwischen Bürger und Politik. Folgerichtig sind denn auch nur ganze 15 Prozent der Deutschen der Überzeugung, dass sich die Parteien darum kümmern, was »normale« Menschen denken.

Einen Vertrauensverlust haben aber nicht nur politische Akteure und Parteien zu verzeichnen, sondern auch andere Großorganisationen. Zwar genießen Institutionen wie Gerichte oder die Polizei ungebrochen hohes Vertrauen sowohl bei der Bevölkerung als auch bei Journalisten. Relativ großes Vertrauen besitzen – bis auf das Internet – auch die einzelnen Medien, wobei Tageszeitungen und Radio höher angesehen

181

sind als die Zunft der Journalisten insgesamt und das Fernsehen.

Über das geringste Vertrauen aber verfügen neben politischen Parteien Kirchen, Gewerkschaften, Manager und – nach der Hunzinger-Affäre – PR- und Werbefachleute. Bis auf die Kirchen ist das Vertrauen der Journalisten in diese Institutionen noch geringer als in der Bevölkerung insgesamt. Unser Überblick verdeutlicht diese Gewichtungen:

Es haben Vertrauen…	Bevölkerung insgesamt %	Journalisten %
zum Bundesverfassungsgericht	72	90
zur Polizei	71	59
zur Bundeswehr	39	22
zum Radio	56	42
zu Tageszeitungen	56	77
zu Journalisten	42	50
zum Fernsehen	41	24
zum Internet	29	17
zur Kirche	29	31
zu den Gewerkschaften	26	11
zu Managern	17	3
zu politischen Parteien	13	8
zu PR- und Werbefachleuten	12	2

Der Unmut über die Art und Weise, wie Politik gestaltet wird beziehungsweise welche inhaltlichen und personellen Angebote auf den verschiedenen Politikebenen vorgelegt werden, drückt sich sehr deutlich auch in der immer höheren Wahlenthaltung aus. Vor allem auf kommunaler Ebene sinkt die Wahlbeteiligung mitunter dramatisch. Bei den letzten Kommunalwahlen in Nordrhein-Westfalen, Baden-Württemberg, Hessen, Niedersachsen oder Schleswig-Holstein lag der Nichtwähleranteil im Landesdurchschnitt knapp unter oder über 45 Prozent. In städtischen Regionen überstieg die Zahl der Nichtwähler meist gar die Zahl der Wähler. Beispielhaft seien hier die Städte Duisburg (Nichtwähleranteil bei der letzten Kommunalwahl: 56 Prozent), Köln (54 Prozent), Frankfurt (54 Prozent) oder Flensburg (58 Prozent) genannt.

In ihrem Wahlverhalten äußern die politikmündigen deutschen Wahlbürger eindeutig ihren Unmut über politische Akteure und Parteien. Wie aber können Institutionen, die wie die Politik an Ansehen eingebüßt haben, verlorenes Vertrauen wieder zurückgewinnen?

Durch Partnerschaft aus der Vertrauenskrise

In der politischen Diskussion werden immer wieder zwei Optionen angeführt, die geeignet scheinen, die Entfremdungsprozesse zwischen Bürger und Politik abzumildern: Eine weitere Privatisierung bislang von der öffentlichen Hand wahrgenommener Aufgaben und die Ausweitung plebiszitärer Angebote für die Bürger.

Es steht allerdings zu bezweifeln, ob diese Optionen tatsächlich zum gewünschten Ziel führen können. Zunächst: Die bisherige Privatisierung hat nämlich keineswegs zu einer Stärkung des Vertrauens in die Politik und deren Institutionen oder in andere Großorganisationen geführt. Positive Auswirkungen hatten Privatisierungsmaßnahmen allenfalls im Hinblick auf eine Verbilligung der Angebote, wie zum Beispiel auf dem Telekommunikationsmarkt. Aber Privatisierung beziehungsweise Liberalisierung hat nicht in jedem Fall zu einer Preisreduzierung von Angeboten oder Produkten **183** geführt. Und mehr Servicefreundlichkeit oder größere Bürgernähe haben sie auch nur in begrenztem Rahmen gebracht. Im Gegenteil haben manche Privatisierungen, etwa die der Abfallwirtschaft, gerade auf kommunaler Ebene eher zu Leistungsverschlechterungen geführt und damit zu einem weiteren Vertrauensverlust der Politik beigetragen.

Statt des unbegrenzten und nur aus fiskalischen Erwägungen heraus nützlichen Verkaufs weiterer öffentlicher Aufgabenträger, sei es im Verkehrsbereich oder bei der Versorgung mit Wohnungen, Krankenhäusern und dergleichen mehr, sollte der Staat sorgfältig prüfen, welche Aufgaben er selbst weiterhin wahrnehmen muss und welche er ohne negative Folgen – oder sogar mit positiven Auswirkungen – für die Bürger privatisieren könnte.

Ein Ziel, das über eine bloße Privatisierung weit hinausgeht, sollte unbedingt angestrebt werden: die wirksame Verschlankung von Bürokratie und damit einhergehend eine Neuausrichtung der Ziele der öffentlichen Verwaltung. So könnte bei den Menschen der Eindruck abgebaut werden, von der staatlichen Bürokratie nur drangsaliert und »abgezockt« zu werden. Ein sich an den Bedürfnissen seiner Menschen und nicht an Kriterien der »Staatshaftung« orientierender Staat dürfte dazu beitragen, das Vertrauen der Bürger zurückzugewinnen.

Es ist ebenfalls fraglich, ob der zweite häufig diskutierte Vorschlag, nämlich die Ausweitung plebiszitärer Angebote, das Vertrauen in die Politik erhöhen könnte. Mehr Partizipation der Bürger ist sicherlich nützlich, für den Staat ebenso wie für die Menschen. Es muss aber sichergestellt sein, dass es bei Angeboten zur Beteiligung um wirkliche und nicht nur eine Schein-Partizipation geht. So haben zum Beispiel Anhörungen im Rahmen von Bebauungsplanverfahren mit tatsächlicher Partizipation wenig zu tun. Sie bieten vielmehr Interessen- oder Randgruppen Gelegenheit zur Artikulation ihrer Sondervorstellungen – häufig gegen die Wünsche der Mehrheit der von den Planungsmaßnahmen Betroffenen.

Hinzu kommt, dass sich die Bürger selbst zwar vordergründig für plebiszitäre Elemente aussprechen, so für die Direktwahl von Bürgermeistern, Oberbürgermeistern oder des Bundespräsidenten, in Wirklichkeit aber eine eher arbeitsteilige Vorstellung davon haben, wie Entscheidungsprozesse in einer komplexen Gesellschaft ablaufen sollen. Für schwer fassbare Lösungsansätze und Entschlussfindungen sind nach Ansicht der Bürger nämlich in erster Linie die vom Souverän gewählten Politiker verantwortlich. Und Lösungen vielschichtiger Probleme, etwa im Verkehrsbereich, lassen sich – das spüren die Bürger – nicht mit einfachen Ja-/Nein-Fragen im Rahmen eines Volksentscheides lösen.

Bemerkenswert ist in diesem Zusammenhang, dass die Wahlbeteiligung bei kommunalen Wahlen in Hessen (im Vergleich mit Landtags- oder Bundestagswahlen beziehungsweise mit anderen Bundesländern) so lange außergewöhnlich hoch war, wie die Stadtverordneten nach einem reinen Verhältniswahlrecht gewählt wurden. Nach der Einführung personalisierter Wahlverfahren sank diese Wahlbeteiligung auch in Hessen auf das oben beschriebene Maß.

Ihre Vertrauenskrise kann die Politik nur überwinden, wenn sie sich einerseits stärker als bislang an den Bedürfnissen der Menschen orientiert und andererseits Führungskraft und -stärke zeigt. Das bedeutet nicht kurzlebige Taktiken, um in der öffentlichen Berichterstattung für ein paar Tage im Vergleich mit dem politischen Gegner zu punkten. Führungskraft bedeutet, über eine ganze Legislaturperiode hin Projekte vorzubereiten und umzusetzen, unabhängig von deren jeweiligen momentanen Medienecho. Medien leben von der Berichterstattung über tagesaktuelle, singuläre Ereignisse. Politik aber darf sich nicht als kurzfristige Reaktion auf Medienberichte oder Medienschelte verstehen. Politik muss – wie sie auch die Fieberkurven der Wahl- und Meinungsforschung beobachten sollte – die Medienberichterstattung laufend verfolgen. Aber ebenso, wie sich die Politik nicht an den Pendelausschlägen der politischen Stimmungen oder Mehrheitsmeinungen ausrichten darf, darf sie auch nicht nach einem wie auch immer gearteten Medienecho handeln, sondern muss sich nachhaltig an den Bedürfnissen der Menschen orientieren. Nur wenn die politische Elite ihre Funktion wieder voll ausfüllt und die Nähe zu den Menschen – und nicht zu den Medien – sucht, wird sie verloren gegangenes Vertrauen wieder zurückgewinnen können.

Was die Welt weiterbringt: Durch vernetztes Wissen zum Handeln

Wenn das Dreigespann aus Staat, Wirtschaft und Zivilgesellschaft den Maßstäben guten Regierens gerecht werden will, muss es sich an seinem Umgang mit den Problemen und Krisen messen lassen, die längst nicht mehr vor Staatsgrenzen Halt machen. Die Agenda scheint endlos: Vom Wiederaufbau in einstigen Kriegsgebieten über den Kampf gegen Armut, Terrorismus, Korruption und Pandemien bis zum Schutz der Menschenrechte und der Förderung nachhaltiger Entwicklung. Allein durch eine partnerschaftliche Vernetzung ihres Wissens und ihrer Erfahrungen können die Akteure diese Anforderungen erfüllen.

Nachhaltigkeit

Stephan Schmidheiny

Lebensgrundlagen sichern

Die aus meiner Sicht revolutionärsten Partnerschaften sind diejenigen zwischen gemeinnützigen Organisationen und Unternehmen, die versuchen, in einer Weise Geschäfte mit den Armen dieser Welt zu machen, dass alle Beteiligten profitieren. Einige große Konzerne engagieren sich bereits in dieser Art von Partnerschaften, die den Armen nachhaltige Lebensgrundlagen sichern sollen. Sie tun dies aus verschiedenen Gründen: In vielen Unternehmen setzt sich die Einsicht durch, dass die Privatwirtschaft zur globalen Armutsbekämpfung beitragen kann und sollte. Auch haben wirtschafts- und globalisierungskritische Demonstrationen auf WTO-Gipfeln ihre Wirkung nicht verfehlt. Und während die Märkte Europas und Nordamerikas als stagnierend wahrgenommen werden, rücken die Entwicklungsländer als neues Absatzgebiet mit Milliarden potenzieller Kunden ins Blickfeld. In vielen Fällen spielen alle drei genannten Aspekte eine Rolle.

In einem kürzlich erschienenen Bericht unterteilt die Weltbank die Bevölkerung unserer Erde in drei Einkommensgruppen. Danach werden 11 Prozent als reich eingestuft. Weitere 11 Prozent gehören zur Gruppe mit mittleren Einkommen. Die restlichen 78 Prozent gelten als arm. Wer diese Gruppe nicht wahrnimmt, schaut an 4,8 Milliarden Menschen einfach vorbei – unternehmerisch betrachtet ein gravierender Fehler.

Was Rechtssystem, Infrastruktur, staatliche Transparenz und politische Aufrichtigkeit angeht, scheint es in den Entwicklungsländern, wenn auch langsam, voranzugehen. Nach einem Bericht des Risikoanalysten Political Risk Services haben Staaten mit niedrigen und mittleren Einkommen im Zeitraum von 1993 bis 2003 ihren durchschnittlichen Risikofaktor von 59 auf 64 Punkte verbessert. Ländern mit negativer Risikoentwicklung stehen heute nahezu drei Mal so viele mit einer positiven Entwicklung gegenüber. Der wirtschaftlich interessante Wirkungskreis multinationaler Unternehmen erweitert sich also zusehends.

Meine Ansicht zu fairen Geschäftsbeziehungen mit den Armen ist ganz wesentlich geprägt von meiner Arbeit im *World Business Council for Sustainable Development* (WBCSD), den ich 1991 im Vorfeld des Umwelt- und Entwicklungsgipfels in Rio de Janeiro (1992) gründete. Inzwischen zählen zu diesem Zusammenschluss gut 170 global bedeutende Unternehmen. Die Arbeitsgruppe »Nachhaltige Lebensgrundlagen« des Rats fördert Wirtschaftsbeziehungen mit den Armen. Kaum ein Unternehmen muss dazu sein Kerngeschäft vernachlässigen oder Abstriche bei der Qualität seiner Produkte und Dienstleistungen machen. Es muss lediglich die Art und Weise der wirtschaftlichen Transaktion so modifizieren, dass das Angebot für Einkommensschwache erreichbar und erschwinglich wird. Ich will dies an einigen Beispielen erläutern.

Der südafrikanische Energieversorger Eskom möchte – und soll im Auftrag des Staats – abgelegene Gebiete mit Elektrizität versorgen. Nun haben deren Einwohner in aller Regel kein Bankkonto, geschweige denn eine Adresse, an die man die Stromrechnung schicken könnte. Die Lösung besteht in Form von Wertmünzen, die man in den hauseigenen Stromzähler einwirft. So sinken die Transaktionskosten des Unternehmens, die Kunden beziehen ihren Strom in finanziell verkraftbaren Portionen, und der lokale Arbeitsmarkt profitiert durch Münzverkauf und Zählermontage.

Du Pont will Maisbauern in Kolumbien landwirtschaftliche Produktionsmittel verkaufen. Rücklagen aus der vorherigen Ernte sind zur Saatzeit jedoch meist aufgebraucht. Also können sich die Bauern weder Saatgut noch Pestizide oder Düngemittel leisten. Der Konzern schloss sich mit dem Landwirtschaftsministerium, der Agrarbank Finagro, der nationalen Landwirtschaftskammer, der staatlichen Ausgleichsbank und anderen Akteuren zusammen. Gemeinsam wurde ein Programm entwickelt, im dessen Rahmen Bauern und Agrarindustrie die Abnahme zukünftiger Ernten zu einem Festpreis vertraglich vereinbarten. Zum Kauf bei Du Pont sind die Bauern nicht verpflichtet, der Konzern erzielt seinen Marktvorteil über ein Schulungs- und Beratungsangebot. Von diesem Ansatz ist Du Pont inzwischen so angetan, dass man in Mexiko jüngst 75 armenfreundliche Geschäftsideen entwickelte, von denen nun sieben in die Tat umgesetzt werden.

Einen anderen Weg, Saatgut, Dünger und Pestizide bei Geschäftspartnern mit mangelnder Kaufkraft abzusetzen, ging Pioneer Hybrid in Kenia. Üblich sind dort Großgebinde von 50 Kilogramm aufwärts. Sie erfordern eine Investition, die für die meisten Bauern das Einkommen mehrerer Wochen bedeutet. Davon abgesehen ist es unmöglich, die Säcke ohne geeignete Transportmittel nach Hause zu bringen. Mit Unterstützung einer Hilfsorganisation und von Bauern im Siaya-Distrikt portionierte Pioneer die Produkte in Minipäckchen um. Ein Beutel mit 250 Samen einer regionalen Gemüsesorte ist nun für 5 Kenianische Schilling (5 Eurocent) zu haben. Ein Päckchen Dünger für 150 Pflanzlöcher kostet umgerechnet 10 Cent. Mit dieser Investitionsmethode bringen es erfolgreiche Bauern auf ein Einkommen von 2000 bis 4000 Schilling (20 bis 40 Euro), und den Absatz von Pioneer haben die Päckchen allemal gesteigert.

Grupo Nueva, eine lateinamerikanische Holding-Gesellschaft, zu deren Teilhabern ich einmal zählte, schrieb unter ihrer 15 000-köpfigen Belegschaft einen Wettbewerb zu Geschäftsideen für die Zielgruppe der Armen aus. Neun der

191

über 200 eingereichten Vorschläge werden nun zu Geschäftsplänen weiterentwickelt. Das Interesse des Unternehmens an diesem Ansatz keimte auf, als eine Tochtergesellschaft in Argentinien um ein Haar Opfer der jüngsten Wirtschaftskrise geworden wäre. Da entschied man sich, Lastwagen voller Klempnerbedarf in die Armenviertel von Buenos Aires zu schicken und die Waren dort an Kleinstunternehmer zu verkaufen. Mit dem so erzeugten Umsatz konnte sich die Gesellschaft über Wasser halten. Inzwischen ist die Talsohle durchschritten, der dezentrale Ansatz hat für steigende Verkaufszahlen gesorgt, und die Idee wurde auch in anderen Städten umgesetzt.

In allen Beispielen blieben die Unternehmen ihrem Kerngeschäft treu, verkauften sie doch an Arme wie Reiche dieselben Produkte. Viele der »pro poor«-Initiativen haben noch etwas anderes gemeinsam. Sie sind, wie die Beispiele von Du Pont in Kolumbien und Pioneer Hybrid in Kenia zeigen, auf Partnerschaften angewiesen. Solche Partnerschaften werden immer üblicher. Zum Teil liegt das an der mittlerweile sehr hohen Zahl zivilgesellschaftlicher Organisationen, deren Begründer willens und in der Lage sind, mit Privatunternehmen zu kooperieren, um Ziele des Gemeinwohls durchzusetzen: den besseren Zugang unterprivilegierter Bevölkerungsgruppen zu Wasser, Nahrung, Krediten, Wohnraum, Verkehrs- und Kommunikationssystemen und insgesamt eine höhere wirtschaftliche Sicherheit. Ob Produktentwicklung oder Vertrieb, im Schulterschluss mit Zivilorganisationen fällt es den Unternehmen augenscheinlich leichter, in finanzschwachen Ländern oder Regionen zu agieren, zumal die Zielvorgabe, eigene Geschäftsinteressen mit den Anliegen der Armen zu verknüpfen, ebenfalls durch diese Institutionen gestützt wird. Mir fallen viele erfolgreiche Partnerschaften ein. Die folgenden sind nur eine kleine Auswahl.

Gemeinsam mit der UN-Kinderhilfsorganisation Unicef, der kanadischen Hilfsorganisation Micronutrient Initiative und der Cornell-Universität in Ithaca (New York) entwickelte Procter & Gamble ein Getränk für Kinder, das Jod und Eisen enthält, essentielle Spurenelemente, deren Fehlen die körperliche und geistige Entwicklung beeinträchtigt. Das Getränk sollte in armen Regionen verkauft werden, wo mit Mangelernährung von Kindern zu rechnen ist.

Im Jahr 2000 erhielt Aguas do Amazonas, die brasilianische Tochtergesellschaft des internationalen Wasserkonzerns Suez, eine 30-jährige Wasserkonzession für die Region Manaus. Mit dem Ziel, auch die armen Siedlungsgebiete zu erreichen, in denen 60 Prozent der Bevölkerung leben, schloss man sich mit der Hilfsorganisation Essor zusammen. Die beiden Akteure führten eine Umfrage in vier armen Gemeinden durch. Es sollten Bedürfnisse ermittelt und der Zuschnitt eines adäquaten Geschäftsmodells erleichtert werden. Essor fungierte als Vermittler zwischen dem Versorger und den Gemeinden und band die kommunale Führung sowie ehrenamtliche Helfer in die Arbeit ein. Man wollte den Menschen die Notwendigkeit sauberen Wassers vermitteln, eruieren, inwieweit sie fähig und willens waren, für die Dienstleistung zu bezahlen, und die Kommune zur Mitarbeit bei der Instandhaltung des Versorgungssystems gewinnen. Was die Vorteile eines Kundenvertrags mit Aguas do Amazonas anging, leistete Essor bei der Bevölkerung maßgebliche Überzeugungsarbeit.

Besonders interessiert an einer Kooperation mit den Armen sind die großen Öl- und Bergbaukonzerne, bohren und graben sie doch größtenteils in abgelegenen Regionen – den Siedlungsgebieten der Ärmsten der Erde. Sie sind sich dessen bewusst, dass sie für deren Lebensgrundlage Verantwortung tragen. Handel im engeren Sinne können sie indes nicht treiben. Viele von ihnen stellen aber ortsansässige Mitarbeiter ein, bilden sie aus und entwickeln lokale Kleingewerbetreibende zu effektiven Lieferanten.

Ein Partner ohne kommerzielle Absichten, der sich für solche Unternehmen besonders anbietet, ist der Staat. So engagierte sich BP Solar beispielsweise gemeinsam mit den Regierungen der Philippinen und Australiens in einem Groß-

193

vorhaben zur solartechnischen Versorgung philippinischer Siedlungen. In elf Provinzen des Inselstaats hat das im Mai 2001 abgeschlossene Projekt die Lebensumstände von 721 140 Armen im Hinblick auf Gesundheit, Bildung und Ordnungsstruktur verbessert. In 435 Dörfern wurden 1145 Solarkompaktanlagen installiert, die Krankenstationen, Wasserversorgungssysteme, Schulen und Gemeindezentren mit Strom versorgen. Die Finanzierung in Höhe von umgerechnet 30 Millionen Euro übernahm der australische Staat. Ein Drittel wurde als Zuschuss gewährt, den Rest deckten zinsgünstige Kredite ab. Nach eigener Aussage engagiert BP sich, weil solche Initiativen lohnend sind – nicht nur in finanzieller, sondern auch ökologischer und sozialer Hinsicht. Inzwischen stehen Projekte zur ländlichen Entwicklung im Mittelpunkt der Geschäftsstrategie von BP Solar. Eine Übertragung des philippinischen Solarenergiekonzepts auf andere Regionen ist anvisiert.

Es erhebt sich die Frage, ob diese Partnerschaften denn zusätzlich von außen reguliert werden sollten. Ich glaube nein, denn Ausbeutung unter dem Deckmantel der Armutsbekämpfung wäre für multinationale Großunternehmen äußerst schwierig. Nicht zuletzt sorgt der gemeinnützige Partner dafür, dass das *pro* in *pro-poor* nicht aus dem Blickfeld des Wirtschaftspartners gerät. Der Handel mit Geschäftspartnern niedrigen Einkommens befindet sich im Experimentierstadium. Da er sich finanziell noch nicht lohnt, vielmehr eine Tat des guten Glaubens ist, kommt Profitgier als Motiv eigentlich nicht in Frage. Der Du-Pont-Vorstandsvorsitzende Chad Holliday fasst dies in folgende Worte: »Es handelt sich hier um eine Zukunftsinvestition mit einem gewissen theoretischen Hintergrund und ein paar schönen Vorzeigeprojekten in den nächsten zwei, drei Jahren. Aber fünf bis zehn Jahre müssen wir schon rechnen, bis wir mit diesem Konzept Gewinne schreiben.«

Kontroversen wirft ein solches Unterfangen allemal auf, von Anfang an. Wo sind die Grenzen, inwiefern nutzen oder schaden solche Projekte? Coca-Cola bietet in Südafrika mehreren tausend Jungunternehmern eine einjährige Fördermaßnahme an, in deren Rahmen betriebswirtschaftliche Grundlagen wie Buchhaltung, Marketing und Vertrieb vermittelt werden. Mit diesen Kenntnissen gerüstet sollen die Programmteilnehmer Coca-Cola in abgelegenen Gebieten mit geringer Ladendichte verkaufen können. Brauchen die Armen denn nichts dringender als braunes Zuckerwasser, fragen Kritiker vielleicht. Dem könnte man entgegenhalten: Gesellschaftliche Entwicklung bedarf junger Leute mit geschäftlichem Know-how, auf das sie ihr Leben lang zurückgreifen können.

Weitaus mehr als eine externe Regulierung braucht die neue Kooperationsform zwischen Wirtschaft und gemeinnützigen Organisationen etwas ganz anderes: gute Regierungen. Mich erstaunt immer wieder, unter welchen Anstrengungen die meisten Staaten ihren armen Bürgern eine Existenzgründung und die sinnvolle Nutzung ihrer eigenen Ressourcen erschweren oder gar verweigern.

Zu dieser Problematik gibt es zwei lesenswerte Bücher des peruanischen Ökonoms Hernando de Soto. *Marktwirtschaft von unten. Die unsichtbare Revolution in Entwicklungsländern* dokumentiert die endlos lange Auseinandersetzung mit der Staatsbürokratie, die in Peru für eine einfache Existenzgründung durchgestanden werden muss. Die meisten Unternehmen bleiben »informell«, ein Euphemismus für »ungesetzlich«, treffender eigentlich »außergesetzlich«. Unternehmen dieser Art »sparen« zwar Steuern, doch das Gesparte, wenn nicht noch mehr, geben sie als Schmiergeld wieder aus. Da sie im außergesetzlichen Raum agieren, bleibt ihnen der Zugang zu Bankkrediten oder staatlichen Förderprogrammen verwehrt. Nach De Sotos These würden gesetzliche Änderungen solchen Unternehmern den Weg in die reguläre Wirtschaft, mithin auch zu staatlichen Partnerschaftsangeboten erleichtern und so kriminelle Strukturen schwächen. Diese Logik ist auf nahezu jedes Entwicklungsland übertragbar.

De Sotos neueres, besonders fundiertes Werk *Freiheit für das Kapital! Warum der Kapitalismus nicht weltweit funktioniert* überrascht mit der Aussage, dass es den Armen durchaus nicht an Möglichkeiten und Talent mangelt und sie lediglich deshalb keinen Gebrauch davon machen können, weil sie kein Besitzrecht an Immobilien oder Land haben. Aktenberge, Paragraphengewirr, Grundbuchsysteme, Kreditbestimmungen – das komplexe Geflecht, auf dessen Boden der Kapitalismus so wunderbar gedeiht – seien für Industrienationen eine Selbstverständlichkeit. Umgekehrt gilt das Fehlen dieser Strukturen in der Dritten Welt als Normalzustand. Doch nachhaltige wirtschaftliche Entwicklung braucht Folgendes: Demokratie und Rechtsstaatlichkeit, wirksamen Schutz geistigen und physischen Eigentums, einwandfreies Vertragswerk, Korruptionsfreiheit, faire Handelsbedingungen und Anerkennung komparativer Vorteile, geregelten Wettbewerb, angemessene und transparente Rechnungslegung, Kontrolle und Berechenbarkeit staatlicher Eingriffe, Investitionen in Bildung und Schlüsseltechnologie sowie Steuerreformen, die investitionsfördernd und weniger einkommensmindernd wirken.

Kein Land erfüllt diese Ansprüche perfekt, so manches vielleicht nicht einmal zufrieden stellend. Ohne einen derartigen Rahmen aber kann Wirtschaft keine Stütze der Entwicklung sein. Aus zwei Gründen erwähne ich diese Plattitüde. Erstens ist »Regieren« – »Governance« – derzeit in aller Munde, und über neue Formen des Regierens wird intensiv nachgedacht. Indes sollte man zuvor den Ländern helfen, eine altmodische »gute Regierung« zu errichten, die Gemeinwohl und Chancengleichheit schafft und wahrt. Zweitens leidet ohne eine gute Regierung und klare Rahmenbedingungen nicht nur die Wirtschaft. Auch die hier beschriebenen Partnerschaften funktionieren dann nicht.

Procter & Gamble entwickelte das oben erwähnte Getränk zuerst für Kinder auf den Philippinen. Zwar haperte es beim Vertrieb und der Einschätzung der Kaufkraft, aber letztlich gescheitert ist das Produkt deshalb, weil die Konkurrenz im Land ernährungstechnisch wertlose Produkte auf den Markt brachte und dabei behauptete, diese seien besser. Gesetze gegen unlauteren Wettbewerb gab es nun mal nicht. In Venezuela unternahm Procter & Gamble einen zweiten Versuch unter einem neuen Namen. Inzwischen entwickelt das Unternehmen weitere *pro-poor*-Produkte.

1950 brachte der US-Konzern SC Johnson das Insektenspray Raid auf den Markt, dessen Wirkstoff Pyrethrum aus Pflanzen stammt, die im kenianischen Hochland angebaut wurden. Gut 400 000 Bauernfamilien hatten dadurch ihr Auskommen – ein wichtiges Standbein für die Wirtschaft der Region. Eine Privatorganisation half dem Konzern, die Bauern entsprechend auszubilden. Die Beziehung überdauerte selbst die Einführung billigerer synthetischer Alternativen. In Zusammenarbeit mit dem quasistaatlichen Pyrethrum Board of Kenya sicherte SC Johnson 30 Jahre lang Qualität und Liefersicherheit kenianischen Pyrethrums. Die neue kenianische Regierung hat nun die Beziehung zu dem Konzern einseitig geändert, den Pyrethrumnachschub unterbunden und damit das Unternehmen gezwungen, sich anderweitig nach dem Rohstoff umzusehen.

Ausschlaggebend sind nicht allein die Rahmenbedingungen in den Entwicklungsländern. Vielmehr sind sich die reichen Nationen einig darin, die Armen arm zu halten, und zwar durch großzügige Subventionen an ihre eigenen Bauern, um diesen den Wettbewerb gegen die arme Konkurrenz des Südens zu erleichtern. Die Forderung, das Unternehmertum sollte die wirtschaftliche Entwicklung ankurbeln, ist reichlich unfair, wenn Regelungen industrialisierter Staaten eine solche Entwicklung ausbremsen.

Regierungen sollten sich berufen fühlen, durch entsprechende Rahmenbedingungen ein Klima zu schaffen, in dem diese neuen faszinierenden Partnerschaften sich entfalten können. »In einer Gesellschaft am Rande des Scheiterns kann kein Geschäft gedeihen« – beim WBCSD hat dieser Satz fast

Slogancharakter. Es sieht bedrohlich danach aus, als würde die Weltgesellschaft der nahezu fünf Milliarden Armen dieser Erde scheitern.

Kader Asmal

Aus dem Heute für das Morgen: Unser Erbe an kommende Generationen

*Nachhaltige Entwicklung ist eine Billigflagge,
unter der jedes Schiff seine eigene Theorie an Bord hat.*[1]

Wir können das vergangene Jahrhundert als eine Ära entwicklungspolitischen Versagens, misslungener Projekte und falscher Theorien betrachten. Wir können aber auch nach vorne schauen und Mut, vielleicht sogar Hoffnung, aus dem Umstand schöpfen, dass in jüngster Zeit ein »Prinzip der Partnerschaftlichkeit« an Bedeutung gewinnt, das nachhaltige Entwicklung mit ökologischer Verantwortung verknüpft. Ich will, bei allem gebotenen Respekt gegenüber der theoretischen Komplexität des Themas, versuchen zu skizzieren, welche praktischen Schritte meines Erachtens nötig sind, um einen substanziellen Fortschritt in nachhaltiger Entwicklung zu erzielen.

Nach kurzen Überlegungen zu Grundannahmen und Frustrationen nachhaltiger Entwicklung beleuchte ich die Bedeutung des »Prinzips der Partnerschaftlichkeit« in zwei Bereichen, in denen ich gearbeitet habe: Umweltrechte und multilaterale Kooperation. Mit der »Weltkommission für Staudämme«, deren Vorsitz ich während ihres Bestehens von 1998 bis 2000 innehatte, stelle ich ein bemerkenswertes Beispiel für eine derartige Kooperation vor. Indem die Kommission Staudammbefürworter und Staudammgegner zu konstruktiven Gesprächen an einen Tisch brachte, wurde sie in meinen Augen zu einem Muster für die Wahrnehmung von Umweltrechten.

Wir müssen zweifellos weiter an der Klärung unserer Begriffskonzepte und der Verfeinerung der Situationsanalyse arbeiten. Ich vertrete dennoch die Ansicht, dass nachhaltige Entwicklung befördert wird, wenn wir gewöhnliche Menschen an der Abwägung zwischen den Prinzipen des Umweltrechts und den praktischen Erfordernissen multilateraler Kooperation beteiligen.

Nachhaltige Entwicklung

Die von der damaligen norwegischen Ministerpräsidentin Gro Harlem Brundtland geleitete Weltkommission für Umwelt und Entwicklung der Vereinten Nationen erarbeitete 1987 eine Referenzdefinition für den Begriff nachhaltige Entwicklung. Die Kommission verstand darunter eine Entwicklung, »die den Bedürfnissen der heutigen Generation entspricht, ohne die Möglichkeiten künftiger Generationen zu gefährden, ihre eigenen Bedürfnisse zu befriedigen«. Seitdem wurden zahlreiche praxisorientierte Definitionen nachhaltiger Entwicklung entworfen. Meist handelt es sich dabei jedoch um Variationen der Definition von 1987.

Obwohl die Prinzipien der Brundtland-Kommission immer wieder aufgegriffen wurden, existiert keine wirklich unverrückbare, universelle und zeitlose Definition, auf die wir unser Verständnis von nachhaltiger Entwicklung gründen können. In den Augen mancher Kritiker ist die Brundtland-Definition eher geeignet, Konsens als Klarheit zu schaffen. Für andere orientiert sich der Brundtland-Bericht zu sehr am herkömmlichen Verständnis wirtschaftlicher Entwicklung, wenn er zwar Wachstum und Überkonsum als Wurzel des Problems benennt, aber gleichzeitig eine Steigerung der Produktion auf das Fünf- bis Zehnfache bis zum Jahr 2000 fordert. So hält sich die Legende, Entwicklung sei gleichbedeutend mit Wachstum, selbst in Kreisen, die sich die Nachhaltigkeit auf ihre Fahnen geschrieben haben.

Selbstverständlich ist die Weltwirtschaft seit der Veröffentlichung des Brundtland-Berichts gewachsen, doch in Relation zum Gesamtwachstum sind die armen Länder noch ärmer geworden. Je nach Berechnungsverfahren hat sich die Kluft zwischen Armen und Reichen um bis zu 60 Prozent vergrößert. Der Anteil der Weltbevölkerung in Ländern mit einem Pro-Kopf-BIP unter 500 US-Dollar beträgt heute wie damals rund 60 Prozent.

Wachsende Ungleichheit und anhaltende Armut lässt sich nicht dadurch lösen, dass die Reichen ihren Konsum noch weiter steigern, um dadurch die Weltwirtschaft anzukurbeln, wie die herrschenden Klassen dem Rest der Welt einzureden versuchen. Schätzungen zufolge verbrauchen die reichen Länder gegenwärtig drei Viertel aller Ressourcen und produzieren drei Viertel des Abfalls.

In der kurzen Zeit seit 1950 haben wir mehr natürliche Ressourcen verbraucht als in der gesamten Geschichte der Menschheit zuvor. Der Reichtum der Natur ist nicht unbegrenzt und sollte als natürliche Kapitalanlage betrachtet werden. Es gehört zum ökonomischen Grundverständnis, Kapital nicht als laufendes Einkommen zu betrachten. In den Worten von William E. Rees: »Der gesamte Ressourcenverbrauch durch die Wirtschaft ist bereits höher als das natürliche Einkommen. Mit der Vernichtung natürlichen Kapitals zerstört die Menschheit gleichzeitig ihr Potenzial zur Schaffung von Wohlstand. Vor diesem Hintergrund können Bemühungen, Nachhaltigkeit durch Deregulierung und Handel zu erzielen, nur zum weltweiten Niedergang führen.«

Kritiker argumentieren, dass umweltverantwortliches Verhalten und nachhaltige Entwicklung durchkreuzt werden, weil Regierungen eher dem internationalen Kapital verpflichtet sind, das die Konzerne, die Weltbank, der IWF und ähnliche Organisationen repräsentieren, als ihren Bürgern. Gleichzeitig breitet sich eine globale Monokultur aus, die, wie Vandana Shiva es ausdrückt, »auf der Annahme beruht, ein Kind, das nach sauberem Wasser dürstet, brauche eine Coca-

Cola und ein junges Mädchen, das davon träumt, zur Schule zu gehen, wolle eigentlich viel lieber ein Paar Nike-Turnschuhe«.

Überall in Entwicklungsländern stoßen Fabriken Unmengen dieser Nike-Turnschuhe und Coca-Cola-Flaschen aus. Sie beschäftigen Arbeiter, oft Frauen, die nicht gewerkschaftlich organisiert sind und für einen Tageslohn von ein paar Dollar 50 Stunden pro Woche arbeiten. Die 350 wohlhabendsten Menschen der Welt verfügen zusammen über einen größeren Reichtum als die 2,5 Milliarden ärmsten!

Noch immer tun wir so, als seien die vielartigen und komplexen Ökosysteme, von denen alles Leben abhängt und die die Grundlage unserer Wirtschaft bilden, unbegrenzt und zum größeren Teil kostenlos. Uns ist noch nicht einmal gelungen, vernünftige Verfahren zur Behandlung und Beseitigung unserer Abfälle – zum Teil giftige Chemikalien und Atommüll – zu entwickeln. Wir verhindern Nachhaltigkeit, indem wir in immer größerem Umfang nicht erneuerbare Ressourcen verwenden, statt die Entwicklung erneuerbarer Ressourcen zu fördern. Nachhaltig wäre es, wenn wir nur in dem Maß endliche Ressourcen ausbeuteten, wie wir durch erneuerbare Ressourcen Ersatz dafür schaffen würden.

Während die einen angesichts dieses Zustands der Welt den Untergang prophezeiten, entwickelten die anderen utopische Rettungsversprechen. Beide deklarierten den Jahrtausendwechsel zum Schicksalsjahr: 1972 prognostizierte der Club of Rome in seinem Bericht *Die Grenzen des Wachstums*, dass es im Jahr 2000 zum ökologischen Zusammenbruch kommen würde. Die Brundtland-Kommission sprach Empfehlungen aus, wie bis zum selben Jahr ein Zustand der Nachhaltigkeit zu erreichen sei. Wie wir wissen, hat sich weder die eine noch die andere Prophezeiung erfüllt, und wir stehen noch vor genau denselben Problemen wie zuvor. Was können wir dagegen tun? Welche Möglichkeiten zum Schutz der Umwelt und zum Erhalt der Lebensgrundlage zukünftiger Generationen haben wir? Unser Ansatz, grundlegende Umweltrechte als

Teil der Menschenrechte zu verankern, beinhaltet meines Erachtens eine Reihe praktikabler Optionen.

Umweltrechte

Ein Ergebnis des Umweltgipfels der Vereinten Nationen im Juni 1992 war die *Deklaration von Rio über Umwelt und Entwicklung*. Dieselbe Konferenz produzierte die *Agenda 21*, einen 40 Kapitel umfassenden Handlungsplan zur nachhaltigen Entwicklung. Die *Agenda 21* nennt Maßnahmen zur Veränderung der Konsumgewohnheiten in einigen Teilen der Welt und zur nachhaltigen Entwicklung in anderen. Sie enthält Strategien und Programme, mit denen sich ein Gleichgewicht zwischen Konsum, Bevölkerung und Ökosystem erzielen lässt. Ein zentrales Thema der *Agenda 21* ist die Armutsbekämpfung. Ziel ist es, armen Menschen besseren Zugang zu den Ressourcen zu gewähren, die sie zur nachhaltigen Sicherung ihrer Existenz benötigen. Seit dem Gipfel von Rio haben sich diverse UNO-Initiativen um die Umsetzung der *Agenda 21* bemüht. Auch wenn sie insgesamt nur langsam Fortschritte machen, tragen diese Initiativen doch dazu bei, Umweltschutz und nachhaltige Entwicklung als vordringliche Anliegen im internationalen Kampf um die Realisierung grundlegender Menschenrechte vorzubringen.

Während in Rio der Umweltgipfel tagte, war ich in Südafrika maßgeblich am Entwurf der neuen Verfassung des Landes beteiligt – eine einzigartige Gelegenheit, die Grundpfeiler zu gestalten, auf denen ein Gemeinwesen seine politische, soziale und ökonomische Zukunft aufbauen sollte.

Südafrika ist vermutlich eines der wenigen Ländern, in denen das Konzept der nachhaltigen Entwicklung in der Verfassung festgeschrieben ist. In Artikel 24(a)(iii) heißt es:

»Jeder hat ein Anrecht darauf, dass die Umwelt zum Nutzen gegenwärtiger und zukünftiger Generationen durch angemessene Gesetze und sonstige Maßnahmen geschützt wird, die eine umweltverträgliche Entwicklung und Nutzung natürlicher Ressourcen gewährleisten und einer vertretbaren wirtschaftlichen und sozialen Entwicklung förderlich sind.«

Im Grundrechtekatalog ist zudem (im Rahmen der Möglichkeiten) das Recht auf angemessene Behausung, Gesundheitsversorgung, Nahrung und Wasser sowie soziale Absicherung festgeschrieben.

Es versteht sich von selbst, dass die Regierung dafür Sorge zu tragen hat, dass diese Grundsätze wirksam und effizient umgesetzt werden und keine Lippenbekenntnisse bleiben, die hier und da zu feierlichen Anlässen hergebetet werden und dann wieder in Vergessenheit geraten.

Ein Beispiel für unsere Bemühungen, Menschenrechte und die Verbesserung des Lebensstandards miteinander in Einklang zu bringen, ist das Programm *Working for Water* unter der Federführung des Ministeriums für Wasser- und Forstwesen. Seine Spezialität – zum Entsetzen vieler Europäer und Nordamerikaner – ist das Fällen von Bäumen. Rund 40000 ehemalige Arbeitslose rotten eingeschleppte Pflanzen in Feuchtgebieten aus: eine wichtige Maßnahme gegen die Absenkung des Grundwasserspiegels und zum Erhalt der knappen Wasserressourcen Südafrikas. Das Programm leistet nicht nur einen Beitrag zum Umweltschutz und schafft Arbeitsplätze, auch bestimmte Gesundheits- und Sozialdienste werden von *Working for Water* erbracht.

Wassersparmaßnahmen tragen ebenfalls zum Erhalt unserer Wasserressourcen bei. Das Ministerium hat daher gründliche Verbrauchsstudien zur Vorbedingung für neue Staudammprojekte gemacht. So wartet etwa Kapstadt seit einigen Jahren auf die Genehmigung eines Staudamms, weil die entsprechenden Untersuchungsergebnisse noch nicht vorliegen.

Auch international sind Fortschritte zu verzeichnen. Anknüpfend an die Erklärung zum Recht auf Entwicklung der Vereinten Nationen von 1986 und den Umweltgipfel von Rio

1992 traf sich im Mai 1994 eine Gruppe von Umwelt- und Menschenrechtsexperten bei der UNO in Genf und entwarf die erste internationale Deklaration, die Umwelt- und Menschenrechte umfassend miteinander verknüpft. In Artikel 1 des Entwurfs heißt es:»Menschenrechte, eine intakte Umwelt, nachhaltige Entwicklung und Frieden sind interdependent und unveräußerlich.« Da die einzelnen Aspekte nicht voneinander getrennt werden können, haben sie zusammen den Charakter eines Gesamtrechts, das nur als Ganzes, also durch kollektive Anstrengung aller Beteiligten wahrgenommen werden kann. Ein gutes Beispiel für eine solche kollektive Anstrengung ist die Arbeit der »Weltkommission für Staudämme«.

Multilaterale Kooperation

Als Minister für Wasser- und Forstwesen in der ersten demokratischen Regierung Südafrikas erklärte ich mich bereit, den Vorsitz der »Weltkommission für Staudämme« (*World Commission on Dams*, WCD) zu übernehmen. Ich tat dies, weil ich der Überzeugung war, dass sich hier die außergewöhnliche Gelegenheit bot, eines der umstrittensten Themen nachhaltiger Entwicklung anzugehen: den Bau von Großstaudämmen. Und ich denke, der WCD ist es gelungen, zahlreiche Fragen zu beantworten und den Betroffenen Entscheidungs- und Planungshilfen für künftige Vorhaben zur Nutzung von Wasserressourcen an die Hand zu geben. Bei ihren Beratungen orientierte sich die Kommission stets am Prinzip der nachhaltigen Entwicklung. Ergebnis dieser Beratungen sind vernünftig durchdachte Kriterien und Leitlinien, die von allen akzeptiert werden können, die am Bau von Großstaudämmen und der Wassernutzung beteiligt oder davon betroffen sind.

Die Tatsache, dass die Kommission von Dammbefürwortern und Dammgegnern gleichermaßen getragen wurde, stellte einen großen Fortschritt dar und versprach, gute Ergebnisse zu bringen. In dieser Hinsicht war die WCD meines Erachtens einzigartig unter den internationalen Kommissionen. Ohne die offene und ehrliche Herausgehensweise aller Mitglieder wären wir sicherlich zu keinem Konsens über die Ziele der Kommission gekommen.

Nichtsdestotrotz hatte die WCD eine Reihe brisanter Fragen zu klären: zur Umsiedelung von Anrainern und deren Entschädigung, Alternativen zu Großstaudämmen, alternativen Energiequellen und den ökologischen Bedenken gegenüber zunehmender wirtschaftlicher Entwicklung. Es wurde heftig darüber diskutiert, inwieweit Wasserkraft tatsächlich als saubere Energie bezeichnet werden kann – eine Überlegung, die vor dem Hintergrund der Sorge um einen weltweiten Klimawandel angestellt wurde, hängt doch der Ausstoß des Treibhausgases CO_2 zu einem großen Teil von der Art der Stromerzeugung ab.

Die WCD war nicht nur ein bemerkenswertes Beispiel für internationale Kooperation. Sie war auch ein Modell für eine »Globalisierung von unten«, hing ihr Erfolg doch maßgeblich von der Mitwirkung derjenigen Menschen ab, die weltweit von Dammbauprojekten und anderen Entwicklungsvorhaben am unmittelbarsten betroffen sind.

In ihrem Abschlussbericht gab die Kommission Empfehlungen zur Verfahrensweise bei der Projektierung von Großstaudämmen. Sie kam zu dem Schluss, dass eine nachhaltige Entwicklung nur dann möglich ist, wenn Entscheidungen auf dem Ergebnis von Verhandlungen zwischen den Inhabern von Rechten und Ansprüchen und den Trägern der potenziellen Risiken beruhen. Wir nannten dies die Strategie der »Rights, Risks and Negotiated Outcomes«. Da ich kurz zuvor die positive Wirkung einer »verhandelten Revolution« in meinem eigenen Land miterlebt hatte, erschien mir dieser Aspekt besonders wichtig. Als Entscheidungsfindungsstrategie in groß angelegten Entwicklungsprojekten war der Ansatz der WCD wahrlich revolutionär. Anstatt sich nur an den ökonomischen

Kosten- und Nutzenaspekten zu orientieren, sollten Entscheidungen in einem ganzheitlichen Beratungsprozess herbeigeführt werden, der zwischen menschlichen Grundrechten und erwarteten menschlichen Risiken abwägt, mit besonderer Berücksichtigung der Risiken für diejenigen Menschen, die vom jeweiligen Bauprojekt am meisten betroffen sein würden.

Diese Abwägung zwischen Risiken und Rechten betrachte ich als wichtigen Fortschritt sowohl in der Theorie als auch in der Praxis nachhaltiger Entwicklung. Öffentliche und private Projektbetreiber tragen eine Vielzahl technischer, finanzieller und auch politischer Risiken. Sie tun dies jedoch freiwillig. Wir müssen uns klar machen, dass im Verlauf eines Staudammprojekts auch zahlreiche Menschen unfreiwillig Risiken ausgesetzt werden. Ihr Rechte müssen geschützt und ihre Stimmen während des Verhandlungsprozesses gehört werden. Die vom Bau eines Staudamms betroffenen Menschen sind keine Objekte, sondern Mitgestalter nachhaltiger Entwicklung. Indem die WCD einen Rahmen für Entscheidungsprozesse geschaffen hat, der die Rechte und Risiken aller Betroffenen berücksichtigt, hat sie ein neues Prinzip der Partnerschaftlichkeit etabliert, das Menschenrechte ebenso schützt wie es die Steigerung des Lebensstandards ermöglicht.

Im Prinzip lässt sich das Konzept der Rechte, Risiken und ausgehandelten Vereinbarungen auch auf andere Konfliktbereiche des Umweltschutzes und der nachhaltigen Entwicklung übertragen. Unabhängige Beobachter haben der WCD Vorbildcharakter in Sachen multilateraler Kooperation und Verhandlung mit dem Ziel nachhaltiger Lösungen attestiert. Beispiele wie das der WCD zeigen uns, was trotz der schwachen Position, in der sich internationale Koalitionen und Initiativen derzeit in unserer unipolaren Welt befinden, zu erreichen ist.

Globalisierungsgegnern, besonders den Fundamentalisten unter ihnen, mag es einem Ausverkauf von Idealen gleichgekommen sein, dass wir vorschlugen, über die finanziellen

207

Risiken der Staudammbauer im selben Kreis wie über die unfreiwilligen Risiken der armen Bevölkerung in den betroffenen Gebieten zu verhandeln – insbesondere angesichts der verheerenden und unverhältnismäßigen Risiken für Frauen und Kinder, Arbeitslose, Obdachlose und einheimische Bevölkerungsgruppen, für die Bauprojekte oft Vertreibung oder andere Benachteiligung bedeuten. Die Kommission war sich dieser Kritik bewusst. Ihr Abschlussbericht enthält daher ein Statement von Kommissionsmitglied Medha Patkar, in dem er kategorisch das »ungerechte und destruktive Entwicklungsmodell« ablehnt, das im globalen Kapitalismus vorherrscht – eine Aussage, die nicht zum Verhandeln anregt, sondern Opposition provoziert.

Aufgrund meiner langen Erfahrung in der Anti-Apartheid-Bewegung, die Grundrechte und Menschenwürde keineswegs als verhandelbar ansah, verstehe ich diese Position. Die »verhandelte Revolution« in Südafrika hat nicht alles geändert, aber sie hat uns gewiss gelehrt, dass sich ein hohes Maß an Gerechtigkeit durch Verhandlungen realisieren lässt. Mit ihrem Ansatz, alle betroffenen Anspruchsgruppen in die Verhandlung einzubeziehen, zeigen die von der WCD erarbeiteten Leitlinien relevante, weil realistische und praktikable Verfahrensweisen für eine nachhaltige Entwicklung auf.

Menschenrechte und Umweltrechte verknüpfen

Welche Rückschlüsse für Theorie und Praxis ergeben sich aus dieser kurzen Betrachtung von Umweltrechten und multilateraler Kooperation? Unsere Nachhaltigkeitstheorien mögen sich unterscheiden. Das hindert uns aber nicht daran, uns an einem Gerüst wie den Leitlinien der WCD zu orientieren und so die Brücke zur Praxis zu schlagen. Nur wenn wir die Rechte und Risiken einer größtmöglichen Zahl von Betroffenen berücksichtigen, werden wir der Sache gerecht. Mit dieser Realität müssen wir unsere Theorie verzahnen. Voraussetzung für eine nachhaltige Entwicklung ist ein andauernder Prozess der Verhandlung, der den Menschen Gelegenheit gibt, sich frei an der sozialen, politischen und ökonomischen Entscheidungsfindung zu beteiligen.

Grundannahme nachhaltiger Entwicklung muss der Gleichheitsgedanke sein, der Gedanke, dass alle Menschen heute und in Zukunft Anrecht auf ein Leben in Würde haben, dass sie ihre Grundbedürfnisse stillen und sich frei entfalten können. Dazu muss der Mensch vor den Profit gestellt werden. Grundrechte können zudem geschützt und gestärkt werden durch verantwortungsvolle Entwicklungsprogramme, die uns der Natur näher bringen und uns nicht von ihr entfremden. Ob die Zukunft eine nachhaltige sein wird, hängt davon ab, ob es uns gelingt, Menschenrechte mit Umweltrechten zu verknüpfen. Es hängt davon ab, ob wir die Verbesserung der Lebensqualität in Einklang mit dem Umweltschutz bringen können. Und es hängt davon ab, ob wir den Menschen heute neue Handlungsmöglichkeiten eröffnen können, ohne zukünftigen Generationen den Weg zu verbauen.

Anmerkung

1 Bill Adams, ›Sustainable Development and the Greening of Development Theory‹, in Frans J. Schuurman (ed.), *Beyond the Impasse: New Directions in Development Theory*, London 1993, S. 218.

Daniel Yergin

Neues Spiel, neues Glück: Globale Energiepolitik

Ein Gespräch

Was müssen Partnerschaften im 21. Jahrhundert Ihrer Meinung nach leisten, damit das Thema Energieversorgung die Welt nicht spaltet und keinem Land seine Erdöl- und Erdgasvorkommen zum Nachteil gereichen?

Wir leben im zweiten Zeitalter der Globalisierung. Die erste Globalisierungswelle hatte die Welt an der Wende zum 20. Jahrhundert erfasst. Was voller Optimismus begann, endete schließlich im Desaster. Gut sieben Jahrzehnte dauerte danach der Wiederaufbau globaler Wirtschaftsstrukturen. Der Fall der Mauer und der zweite Golfkrieg gehören zu den Ereignissen, die Ende der 80er und Anfang der 90er Jahre im Zentrum der Weltöffentlichkeit standen. Andere Ereignisse waren weniger spektakulär, etwa die Krise in Indien, die dortigen Reformbemühungen und der Anschluss des Landes an die globale Wirtschaft. Zur gleichen Zeit nahm in China der Reformprozess Gestalt an, und die internationalen Kapitalmärkte entwickelten sich rasant. Durchgängiger Hintergrund dieser Geschehnisse ist der technische Wandel, besonders in den Sektoren Kommunikation, Information und Verkehr.

Welche Spielregeln gelten nun im neuen Globalisierungszeitalter? An dieser Frage kommen wir nicht mehr vorbei. Wie kooperieren Regierungen miteinander, welche Rolle spielen die Wirtschaft, die zivilgesellschaftlichen und Hilfsorganisationen? Einfach ist die Antwort nicht. Egal, ob es um

Kapitalströme, Umwelt, Datenschutz oder Internet geht: Kein System kommt ohne explizite oder implizite Regeln aus. Nur: Wer stellt die Regeln auf, und wie? Das Prinzip staatlicher Souveränität wird dabei oft übergangen. Schließlich entwickelt jede Zivilgesellschaft auch ihre eigene Dynamik. Die NGOs dieser Welt werden zunehmend aktiver, und ihr Einfluss wächst. In immer mehr gesellschaftlichen Bereichen sind sie eine relevante Größe. Das wirft zentrale Fragen auf: Wen vertreten sie? Welche Rolle spielen sie? Besonders in Entwicklungsländern ist dies ein sensibles Thema, nicht zuletzt für die dortigen Regierungsvertreter, die etwa so argumentieren: »Schließlich hat das Volk *uns* beauftragt, seine Interessen zu vertreten und für bessere Lebensbedingungen zu sorgen. Warum sollten wir auf Handel und Investitionen verzichten?« Diese Aussage habe ich einmal vom Finanzminister Südafrikas gehört. Zeitgleich mit der Entwicklung globaler Wirtschaftsstrukturen und der rasanten Vermehrung privater Organisationen hat auch die Demokratisierung einen kräftigen Schub erfahren. Die Privatorganisationen sind allerdings nicht durch Wahlen legitimiert. Über diesen Punkt wäre einmal nachzudenken.

Privatorganisationen mag es an Legitimation mangeln, aber sie sprechen zumindest einige zentrale Probleme an. Nehmen wir als Beispiel die Korruption.

Das Problem der Korruption rückt tatsächlich immer mehr ins Blickfeld, zum einen aus moralischer Überzeugung, zum anderen, weil klar geworden ist, dass Korruption der Entwicklung und dem Wirtschaftswachstum massiv schadet. Sie verschreckt die Bevölkerung und verzerrt die Rahmenbedingungen. Laut Hernando de Soto, der sich seit langem intensiv mit dem Thema Wachstumsbarrieren auseinander setzt, ist einer der Hauptbremsklötze das Fehlen von Eigentumsrechten. Das Ergebnis: Die Armen haben keine Möglichkeit, ihren Quasibesitz in Kapital zu verwandeln, mit dem sie etwas Tragfähiges aufbauen könnten. Eine wichtige Rolle in dieser Diskussion spielt definitiv die Verflechtung der Faktoren Eigentumsrecht, Korruption, Mittelfluss und Verteilung. Korruption blüht besonders in Systemen, in denen das Eigentumsrecht unterentwickelt ist und man überall auf Kontroll- und Genehmigungsstrukturen stößt.

Wo in dem ganzen Gefüge hat die Wirtschaft ihren Platz?

Ich möchte das am Beispiel des Erdöls beantworten. Das internationale Ölgeschäft, was ist das überhaupt? Es vereint die Faktoren Rohstoffe, Technik, Wirtschaft und Politik. Es sorgt dafür, dass Konsumenten in industrialisierten Gesellschaften haben, was sie wünschen und brauchen. Und es birgt, wie wir spätestens seit den 70er Jahren wissen, erheblichen Sprengstoff, vor allem im Hinblick auf den Nord-Süd-Konflikt. Neuerdings ist jedoch ein Abflauen der Konfrontation spürbar. Die Entwicklung geht hin zu mehr Dialog und Interaktion zwischen Konsumenten und Produzenten. Die Beziehungen sind insgesamt kooperativer geworden. Das bedeutet natürlich nicht, dass die Erdölindustrie krisenfrei ist oder in Zukunft sein wird. So gab es 2003 drei Krisen größeren Ausmaßes: eine in Venezuela in Verbindung mit bürgerkriegsartigen Auseinandersetzungen, eine in Nigeria, verursacht durch regionale Konflikte, und schließlich die Unterbrechung der Förderung im Irak durch den dritten Golfkrieg. Das System ist anfällig gegen Störungen unterschiedlichster Art, sein Grad an Interdependenz ist hoch. Ähnliches lässt sich inzwischen vom Gasgeschäft sagen. Der Markt dafür, bislang eher starr und regional, wird flexibler und globaler, eine Folge der weltweit rapide ansteigenden Nachfrage nach dem Brennstoff Erdgas. Die gemeinsamen Basisinteressen sind also da: Konsumenten brauchen Lieferanten, Produzenten brauchen Märkte.

Die Energiewirtschaft steht im Kreuzfeuer der Kritik. Den Ölproduzenten wirft man die Ausbeutung diverser Entwicklungsländer vor. So gehört rücksichtsloses Verhalten zum Bild, das Ölkonzerne in der Öffentlichkeit abgeben.

Diese Sichtweise sitzt tief, ist aber seit Jahrzehnten schon nicht mehr angemessen. Was genau wirft man den Unternehmen eigentlich vor, wo sie doch für satte Staatseinnahmen sorgen? Zwischen 80 und 85 Prozent der Erträge aus dem Öl gehen in Form von Abgaben an das Gastland, nicht an die Ölgesellschaften. Die eigentlichen Gewinner bei der Erschließung von Erdölressourcen sind Länder, Staatsgebilde und – wenn die Gewinne vernünftig verteilt werden – deren Bevölkerung. Die Frage ist, wofür die Länder diese Abgaben verwenden. Was unternehmen sie zur Bekämpfung von Inflation und Korruption, wie sorgen sie für die Einebnung krasser Einkommensunterschiede? Wie vermeiden sie ihre Entwicklung zum typischen Erdölstaat, in dem der Rest der Wirtschaft zum Erliegen kommt, weil alles sich auf Öl konzentriert? Was genau stellen sie an mit diesen gigantischen Geldflüssen? Es ist ein völlig schiefes Bild, dass die Unternehmen dahermarschiert kommen und den Löwenanteil der Fördererträge einfach wegschleppen. Den nämlich streicht die jeweilige Regierung ein. Deshalb sind diese Unternehmen ja so begehrt. Sie investieren in Exploration und Entwicklung, tragen das Risiko, und wenn sie erfolgreich sind, fließen dem Staat die Einnahmen zu.

Ich habe eher auf die Ausbeutung der Bevölkerung angespielt. Genau das ist doch der Vorwurf vieler zivilgesellschaftlicher Organisationen...

Auch hier herrscht Verwirrung. Wir sprechen von »Ressourcenausbeutung«, das ist ein technischer Begriff. Der Begriff »Ausbeutung der Bevölkerung« hingegen ist politisch motiviert. Es fließen durchaus große Summen in die Länder, aber werden sie auch vernünftig eingesetzt? Für Gesundheit etwa, für Bildung oder soziale Entwicklung? Was die Bevölkerung anbelangt: Im Prinzip geht es doch darum, wie die Erträge sich auf die einzelnen Ebenen verteilen – den Staat, die Regionen sowie die Bürger selbst. Die Konflikte darum können allerdings heftig sein.

Gibt es denn ein positives Beispiel, ein Land, das die Fördererträge vernünftig einsetzt?

Angesichts der großen Unterschiede zwischen den Ländern lässt sich nur schwer ein allgemein gültiges Beispiel finden. Nigeria, Mexiko, Kuwait, Norwegen, Russland, Abu Dhabi, bald vielleicht auch São Tomé – von Riesen bis Zwergen ist alles vertreten. Einige der Erdöl fördernden Staaten haben nur wenige Einwohner, sind aber gleichzeitig enorm reich. Derzeit wird vielerorts auf die Einrichtung von Erdölfonds gesetzt. Sie sollen die Einnahmen aus dem Erdölgeschäft kanalisieren und etwas in ihrer Wirkung entschärfen. Man verspricht sich davon eine Eindämmung der Inflation, mehr Entwicklungsspielraum für andere Wirtschaftssektoren und eine bessere Kontrolle über die Verwendung der Erträge. In Norwegen, in Alaska und im kanadischen Alberta gibt es bereits solche Fonds. Einige Staaten in Zentralasien sind dabei, etwas Entsprechendes einzurichten. Speziell kleine Länder stellen die Erträge aus dem Erdölgeschäft in der Tat vor hohe Herausforderungen. Alles hängt eben davon ab, wie diese Gelder investiert und genutzt werden ...

... was wiederum davon abhängt, welche Führungsstrukturen im Land bestehen ...

Genau. Wie wichtig das Ölgeschäft in größeren Staaten auch sein mag, es ist dort lediglich eines der volkswirtschaftlichen Hauptaktionsfelder. In Mexiko ist der Anteil des Erdölexports im Laufe der letzten zehn bis fünfzehn Jahre stark zurückgegangen. Doch selbst heute stammen noch rund 35 Prozent der mexikanischen Staatseinnahmen aus dem Öl. Länder mit hohen Erträgen aus der Ölproduktion sind zumeist besser dran. Der Wettbewerb im Ölgeschäft ist dennoch für jeden hart. Regierungen gehen gerne davon aus, dass die Förderunternehmen unbegrenzt kapitalkräftig sind und stets und überall Geld ausgeben können. Dem ist mitnichten so. Die Unternehmen wählen den investorfreundlichsten Standort. Und attraktiv für Investoren sind ein verlässliches und transparentes Rechtssystem, eine unabhängige Schiedsgerichtsbarkeit, ein Vertragsrecht und stabiles Finanzwesen. Wer in die Erdölförderung investiert, zieht ein System mit klaren Spielregeln vor, eines, das nicht für Willkürakte anfällig ist.

Wird die Verlagerung des Schwerpunkts von Erdöl zu Erdgas daran etwas ändern?

Wir beobachten derzeit die Globalisierung eines weiteren Sektors der Energiewirtschaft. Bislang war Erdgas ein regionales Geschäft: Deutschland bezieht einen Großteil seines Gases aus Russland, Japan hat den südostasiatischen Raum, speziell Indonesien als Lieferanten. Ein starrer Markt, auf dem Vertragslaufzeiten von 25 Jahren keine Seltenheit waren, wird zunehmend mobil – und global. Der dabei entstehende Investitionsbedarf beträgt 200 Milliarden Dollar. Die Rede ist vom Flüssiggasgeschäft. Erdgas wird bei niedrigen Temperaturen verflüssigt, in Spezialbehältern transportiert und in den Zielländern wieder vergast. Das Angebots- und Nachfragemuster ändert sich. Gas lässt sich nun problemlos auch über weite Strecken transportieren. Das macht schnelle Reaktionen auf veränderte Marktbedingungen möglich. Hier entsteht also etwas ganz Neues: Wie man es bisher vom Erdöl kennt, so ist jetzt auch der Gastransport je nach Nachfrage, Preisentwicklung oder anderen Signalen in alle Richtungen steuerbar. Eine überraschende Kältewelle in Neuengland, und schon könnte ein Tanker auf dem Weg nach Europa an die Ostküste der USA beordert werden.

Diese Umorientierung des Energiemarkts wird von mehreren Faktoren beeinflusst. Erstens: Einige Länder haben abgelegene Erdgasvorkommen, für die der Bau einer Pipeline sich nicht lohnt, die sie aber doch gerne ausbeuten möchten. Zweitens: Gas wird als Primärenergieträger in der Stromerzeugung weltweit immer beliebter. Drittens: Gas ist wirtschaftlich, die Kosten sind gesunken. Und schließlich: Nordamerika, einst in diesem Punkt weitgehend autark, wird immer abhängiger von Energieimporten. Beim Erdöl ist das schon länger so: Die USA sind seit 30 Jahren Erdölimporteur. Heute ist es das Gas, das die nordamerikanischen Länder – also Kanada, die USA und Mexiko – nicht mehr in ausreichender Menge selbst herstellen können. Ein Viertel der Erdgasimporte der USA könnte im Jahr 2020 aus Flüssiggas bestehen. Voraussetzung sind jedoch Investitionen in Höhe mehrerer hundert Milliarden Dollar. Bleiben diese Investitionen aus, wird das ernste Folgen für Wirtschaftswachstum und Beschäftigung haben. Die Umwelt wird ebenfalls in Mitleidenschaft gezogen, denn Gas ist ein umweltfreundlicher Brennstoff. Sollen Investoren gewonnen werden, bedarf es solider Führungsstrukturen. Auch die Spielregeln für das Gasgeschäft müssen verlässlich sein. Produzenten legen Wert auf Marktsicherheit, Konsumenten wiederum auf unterbrechungsfreie, krisensichere Belieferung.

Das hört sich alles abgehoben und abstrakt an. Aber schließlich ist hier eine Art neues globales Netz am Entstehen, was einen klaren Kurs in puncto Technik, Politik und Umweltfragen erfordert. Auch die finanzielle Konstruktion muss stimmen. Sie entsteht durch Interaktion von staatlichen Institutionen, Finanzorganisationen und Unternehmen. All dies ist Teil des ordnungspolitischen Instrumentariums. Regeln werden nicht nur von Einzelstaaten aufgestellt. Die Regelabsprache ist heute komplizierter denn je, weil wesentlich mehr Akteure beteiligt sind und eine erheblich höhere Transparenz herrscht. »Regeln« beinhaltet dabei alles von internationalen Abkommen über Gesetze und Verordnungen bis hin zu Normen, Standards und Werten.

Es ist inzwischen eine Plattitüde, dass wir Raubbau an den Ressourcen unserer Erde betreiben und das nicht mehr lange so weitergehen kann. Wird sich dies mit Erdgas ändern?

Seit ich zurückdenken kann, ist drohende Ressourcenknappheit ein Thema, besonders beim Erdöl. Einer meiner Professoren erzählte immer, dass er schon in den 20er Jahren als Schüler eingeimpft bekam, dass es in zehn Jahren kein Öl mehr gäbe. Neuerdings hört man diese Aussage wieder verstärkt. Anscheinend belaufen die Hochrechnungen sich meistens auf 20 bis 30 Jahre. Tatsache ist, dass uns heute doppelt so große Erdölreserven bekannt sind wie in den 70er Jahren. Natürlich sind die Vorkommen irgendwann physikalisch ausgeschöpft, aber wann, das wissen wir nicht. Die Diskussion um die Zukunft des Erdöls ist eher politisch als geologisch zu führen. Mit dem Gas stocken wir unseren Brennstoffvorrat jetzt auch auf. Die Technik wird immer effizienter, und wir nutzen unsere Ressourcen rationeller. Im Grunde kann man die eingesparte Energie ja auch als Energiequelle betrachten – inzwischen eine äußerst wichtige Sichtweise. Erneuerbare Energien sind heute deutlich wettbewerbsfähiger als vor 20 Jahren. Windkraftförderung gibt es sowohl in der Europäischen Union als auch in den USA.

Vor einigen Jahren arbeitete ich beim US-Energieministerium als Leiter einer Arbeitsgruppe für Energieforschung. Jährlich werden Milliarden in dieses Thema investiert. Ich bin überzeugt, dass Forschung und Entwicklung auf diesem Gebiet uns weiterbringen, und sei es auf der Verbraucherseite, also in Form neuer Energiespartechniken. Japan und Amerika wenden heute pro BIP-Einheit nur noch halb so viel Energie auf wie in den 70er Jahren. In Europa liegt dieser Wert bei 40 Prozent. Ich denke, der Energiesparkurs, den wir vor 30 Jahren eingeschlagen haben, hat seine Wirkung nicht verfehlt. Die Befürchtung eines Klimawandels hat die technische Entwicklung zusätzlich beschleunigt. Im Vergleich zu 1973 stößt ein Neuwagen aus den USA heute nur noch unglaubliche fünf Prozent der damaligen Schadstoffmenge aus. Dem Thema Nachhaltigkeit kann man sich also von mehreren Seiten nähern.

Was die demographische Entwicklung betrifft: Die Weltbevölkerung wächst nicht so schnell wie erwartet. Allerdings sind die Werte stark gestreut. In Deutschland sind nur noch 17 Prozent der Bevölkerung unter 15 Jahre alt. In den USA macht diese Altersgruppe 21 Prozent, in China 22 Prozent aus. In Mexiko sind es 35 Prozent, in etlichen Ländern im Nahen und Mittleren Osten haben wir 45 bis 50 Prozent. Die Bevölkerungszahl speziell dieser Gesellschaften wird also stark zunehmen. Vom praktischen Standpunkt betrachtet entwickelt sich die weltwirtschaftliche Integration Chinas, und damit auch seine veränderte Rolle, zu einem entscheidenden Faktor. Seit dem Beginn der Reform haben dort gut 300 Millionen Menschen die Armutsgrenze hinter sich gelassen – eine ganz außergewöhnliche Leistung. Inzwischen gibt es im Land eine bedeutende Mittelschicht.

Armutsbekämpfung wird einer der großen »Globalisierungstests« überhaupt sein. Die Statistiken belegen es: Länder, die intelligente und vernünftige Wege zur eigenen Integration in die Weltwirtschaft finden – also solche, die die richtigen Institutionen fördern, die in Bildung investieren –, erreichen mehr Wohlstand als diejenigen, denen das nicht gelingt. Vier Jahrzehnte ist es her, da war Asien noch der ärmste Kontinent, nicht Afrika. Zu den größten Überraschungen unserer Zeit gehört die wirtschaftliche Öffnung Indiens. Angespornt wurden die Inder zum Teil durch das, was sie in Korea und Taiwan beobachteten. Sie fragten sich: »1960 lag das Pro-Kopf-Einkommen Südkoreas ähnlich hoch wie unser eigenes, warum ist es jetzt zehn Mal höher?« Derzeit liegt das Wachstum in Indien bei acht Prozent. Die Zukunft wird maßgeblich abhängen von den neuen Globalisierern – China, Indien, Brasilien –, und deren Einfluss bei der Gestaltung der Spielregeln wird wachsen. Einfach wird das alles sicher nicht angesichts der vielen Mitglieder unserer Weltgesellschaft. Ein gemeinsamer Bezugsrahmen, gemeinsame Vereinbarungen, eine gemeinsame Sprache tun jedoch Not.

Wie sieht die Zukunft der Globalisierung aus?

Wir haben unsere eigenen Zukunftsszenarien, eines davon nennen wir »Globalität«. Es beschreibt eine gut funktionierende Weltwirtschaft und -gemeinschaft mit einem entsprechenden Kooperationsrahmen. Ein anderes, genauso vorstellbares Szenario heißt »Fragmentarisierung«. Hier sind Kollision, Uneinigkeit, Disput an der Tagesordnung, da die Welt zwar immer mehr zum globalen Marktplatz wird, sich dabei aber nach wie vor aus Nationalstaaten zusammensetzt. Uns interessiert, wie die Weltwirtschaft unter Annahme der neuen, interdependenten Struktur funktionieren würde, inwieweit die Menschen den Wert einer solchen Welt zu schätzen wüssten oder sie ablehnen würden. Die Kernfragen dabei sind: Was bedeutet Globalisierung für die Wirtschaftsleistung, den Arbeitsmarkt und den Lebensstandard? Was bedeutet sie für die Umwelt? Was bedeutet sie für die nationalstaatliche Identität und Bevölkerungsentwicklung? An den Antworten wird sich entscheiden, ob die Globalisierung mit offenen Armen oder mit Widerstand empfangen wird. Ist sie denn fair, was das Einkommen anbetrifft? Maßstab für ihren Erfolg wird letzten Endes sein, dass die Regeln, nach denen das System funktioniert, in aller Augen als gerecht und moralisch gelten und auch funktionieren. Das System ist nicht perfekt, das ist uns klar, aber taugt es denn für die Aufgabe? Für das jetzt anstehende Globalisierungszeitalter müssen wir innerhalb der nächsten zehn bis fünfzehn Jahre einen Rahmen ausarbeiten. Dahinein muss in nächster Zeit viel Energie gesteckt werden.

Das Gespräch führte Susan Stern   **219**

Entwicklung und Armutsbekämpfung

Jeffrey D. Sachs

Prioritäten setzen

Ein Gespräch

Sie setzen sich leidenschaftlich für die weltweite Bekämpfung von Armut und Krankheit ein. Die nötigen Mechanismen, Resolutionen, Institutionen und Gelder sind vorhanden, aber es geschieht trotzdem nicht genug. Woran liegt das?

Wenn das alles vorhanden ist, sollte das vorrangige Ziel zumindest bei den armen Ländern darin bestehen, sicherzustellen, dass sie die nötigen Mittel zur Umsetzung ihrer Programme haben. Das Grundproblem, mit dem sich viele der Armen dieser Welt heute konfrontiert sehen, ist doch, dass sie womöglich wissen, was getan werden muss, wissen, wie sie es tun müssen, und es auch tun wollen, das aber nicht können, weil sie zu arm sind. So sind sich zum Beispiel die Regierungen und großen zivilgesellschaftlichen Organisationen auf der ganzen Welt einig, dass das Bildungswesen in den armen Ländern ausgebaut werden muss, damit alle Kinder in die Schule gehen können. Doch dann hört man aus diesen Ländern: »Wir haben getan, was die UNO uns gesagt hat, haben spezielle Programme entwickelt, die ›Education For All‹-Programme, bloß können wir sie jetzt nicht finanzieren, weil die Geberländer behaupten, sie hätten kein Geld.« Nach meiner Erfahrung liegt die Lösung für die Ärmsten dieser Welt, die

Verzweifelten dieser Erde, für Menschen, die verhungern, an Krankheiten sterben, keinen Zugang zu Trinkwasser und sanitärer Grundversorgung haben, deren Kinder nicht in die Schule gehen können, die Lösung für diese Menschen also liegt darin, klare Ziele, klare Strategien und eine adäquate Finanzierung zusammenzubringen.

Das Problem ist, dass sehr oft nicht alle drei Aspekte zugleich gegeben sind. Häufig liegt das Problem bei uns und nicht bei den armen Ländern. Die reichen Länder halten ihre Versprechen nicht ein, weil sie ihren eigenen Staatshaushalt im Blick haben oder andere Prioritäten setzen. Natürlich gibt es auch Gegenden auf der Welt, wo die Schwierigkeiten nicht uns anzulasten sind, sondern einer schlechten Regierung oder mangelndem Engagement. Ich meine nicht, dass wir alle Probleme dieser Welt selbst lösen können, aber wir sollten zumindest dafür sorgen, dass wir der Lösung nicht im Weg stehen. Wir sollten also mit jeder Regierung zusammenarbeiten, die zu sinnvollen Maßnahmen bereit ist, und wenn sie zu arm ist, um diese allein durchzuführen, müssen wir dafür sorgen, dass sie von uns ausreichend unterstützt wird. Das dürfte eigentlich nicht schwierig sein. Wir haben in den letzten Jahren viele sinnvolle neue Programme entwickelt: Die »Education For All«-Initiative von UNESCO und UNICEF, den Globalen Fonds zur Bekämpfung von Aids, Tuberkulose und Malaria oder das neue Programm der Weltgesundheitsorganisation, in dessen Rahmen bis Ende 2005 drei Millionen HIV-positive Menschen antiretrovirale Behandlung erhalten sollen, die so genannte »Three by Five«-Initiative. Wir haben also klare Ziele. Noch grundsätzlicher gefasst sind die Millennium-Entwicklungsziele, zu denen wir uns alle bekannt haben: klar definierte globale Zielvorgaben, die bis zum Jahr 2015 erfüllt werden sollen. Viele Länder haben bereits konkrete Pläne ausgearbeitet, um diese Ziele zu verwirklichen, und zu denen sollten die entwickelten Länder sagen: »Prima, legt los, ihr bekommt die nötige Unterstützung von uns. Ihr habt uns einen seriösen Haushaltsplan vorgelegt und wir leisten euch die Hilfe, die ihr braucht, um eure Vorhaben auszuführen.« So einfach ist das.

Ich halte das deshalb für machbar, weil die finanzielle Hilfe, die diese Länder benötigen, im Vergleich zu den Einkommen der reichen Länder relativ gering ist. Bisher haben wir es vorgezogen, diesen Ländern keine Priorität einzuräumen. Statt unsere Versprechen einzulösen, kommen wir mit Ausflüchten und Entschuldigungen. Deutschland und die USA zum Beispiel sind noch weit von dem international vereinbarten Ziel entfernt, 0,7 Prozent des Bruttosozialprodukts für Entwicklungshilfe aufzuwenden. Die Vereinigten Staaten bilden mit nur 0,1 Prozent davon das Schlusslicht unter den Geberländern, und auch Deutschland stellt nicht mehr als 0,27 Prozent zur Verfügung. Sowohl Deutschland als auch die USA behaupten, sie befänden sich in einer Haushaltskrise. Das ist Unfug. Wenn eine Regierung 40 Prozent des Bruttosozialprodukts für Staatsausgaben verbraucht, muss sie, um die Armen dieser Welt berücksichtigen zu können, schlichtweg andere Prioritäten setzen. Die USA verhalten sich wie ein Kind, das seine Eltern umbringt und dann vor Gericht um Gnade bittet, weil es doch eine Waise sei. Die Regierung Bush verzichtet für die kommenden zehn Jahre auf Steuereinnahmen in Höhe von über zwei Billionen Dollar – und dann klagt sie, es sei kein Geld da, um den Armen zu helfen.

Tatsache ist, dass der amerikanische Präsident multilateralen Initiativen nicht traut. Wir haben jetzt drei Jahre US-amerikanischen Unilateralismus erlebt, und die mangelnde Bereitschaft dieser Regierung, Partnerschaften einzugehen, ist eine Katastrophe für die USA ebenso wie für den Rest der Welt. Den Armen schadet das ganz massiv, denn ein US-amerikanisches Aids-Programm hat einfach einen deutlich geringeren Wert als ein internationales Aids-Projekt. Das Weiße Haus verfolgt einen solch aggressiven Unilateralismus, dass nicht nur der Irak, sondern sogar Aids davon betroffen ist. Aber ich glaube – um es mal optimistisch zu betrachten – , die USA werden irgendwann merken, wie extrem teuer und ineffektiv diese Vorgehensweise ist, so dass möglicherweise selbst von dieser Regierung noch ein Kurswechsel zu erwarten ist. Diese Sorte Unilateralismus ist nicht nur brüskierend, sondern auch unpraktisch.

Ich denke, der Grund, warum sich die USA unter Bush so ungern mit anderen Ländern zusammentun, ist schlichtweg mangelnde Kenntnis der Welt. Als die derzeitige amerikanische Regierung an die Macht kam, begriff sie überhaupt nichts – mit Sicherheit wusste dort niemand etwas über Aids. Diese Leute wollen die weltpolitische Agenda bestimmen, aber sie kennen weder die Welt noch ihre Institutionen. Sie wissen nichts über Fragen der wirtschaftlichen Entwicklung. Viele Fehler werden immer und immer wieder gemacht, einfach deshalb, weil die Regierung Bush sich in ihrem Handeln nicht von Wissen, sondern von Ideologie leiten lässt. Aber auch wenn man die Wahrheit nicht sehen will, ist sie da, und irgendwann muss man sich der Realität stellen. Genau das erlebt die Regierung jetzt bei einem Thema nach dem anderen. Drei Jahre hat es gedauert, aber den Kampf gegen Aids zum Beispiel haben sie jetzt aufgenommen.

Welche Rolle spielt die Privatwirtschaft bei diesem Kampf?

Der Privatwirtschaft geht es nicht darum, die Welt zu verbessern, sondern Geschäfte zu machen. Es gibt da eine Art Arbeitsteilung, und das finde ich auch völlig in Ordnung. Allerdings bedeutet dies zweierlei: Erstens müssen die Spielregeln stimmen, damit die Unternehmen, wenn sie ihre Privatinteressen verfolgen, keinen Schaden anrichten; zum Beispiel brauchen wir umfassende Vorschriften zum Umweltschutz. Den Unternehmen geht es ums Geschäft, aber wenn wir die entsprechenden Anreize schaffen, werden sie sich auch um die anderen Belange kümmern – nicht aus lauter Menschenliebe, sondern aus Geschäftssinn. Meiner Erfahrung nach beweisen Unternehmen am meisten soziale Verantwortlichkeit, wenn es einen klaren Handlungsrahmen gibt. Es ist nicht ihre

Aufgabe, sich auszudenken, was sie tun könnten. Aber wenn der UNO-Generalsekretär die Unternehmen auffordert, sich stärker für die Bekämpfung von Aids einzusetzen, und ihnen auch sagt, wie sie das tun können, dann erhalten wir ganz gute Resultate. Wir brauchen einfach mehr Klarheit: die Geschäftswelt muss wissen, dass wir internationale Ziele haben, die Millennium-Entwicklungsziele. Die meisten großen Unternehmen sind sowohl in sehr armen als auch in reichen Ländern tätig, sie haben gegenüber den armen Ländern die gleichen gesellschaftlichen Verpflichtungen wie gegenüber den reichen Ländern: Nicht wohltätig zu sein, sondern in dem Umfeld, in dem sie tätig sind, Produktivität und Stabilität zu fördern, damit sie selbst Gewinn machen und das Gemeinwesen gedeiht.

Auf heimischem Boden zeigen Großunternehmen intensive soziale Verantwortung. Sie sponsern kulturelle Veranstaltungen, leisten finanzielle Unterstützung für Universitäten und so weiter. Wenn sie dagegen in armen Ländern tätig sind, vergessen sie diese Prinzipien, kümmern sich sehr viel weniger um das gesellschaftliche und politische Umfeld und die wirtschaftlichen Notwendigkeiten. Auf der Basis gewisser Orientierungshilfen und konkreter Vorschläge jedoch können Großunternehmen eine wichtige Rolle bei der Armutsminderung spielen. Sie werden ein bisschen mehr Kreativität an den Tag legen müssen, aber wir, die wir im Sinne des Gemeinwohls und der öffentlichen Ordnung agieren, müssen auch klarer sagen, was wir wollen. Es hat keinen Sinn, ein Unternehmen zu guten Taten aufzufordern; es ist viel besser, zu sagen: Hier sind fünf konkrete Maßnahmen, die ihr an Ort und Stelle durchführen könnt, um zur Eindämmung von Aids beizutragen. Darauf werden sie eher reagieren.

Und welche Rolle kommt der Zivilgesellschaft zu?

Zwischen Zivilgesellschaft und Regierung besteht ein großer Unterschied. Die Regierung ist für die Schaffung des gesetzlichen Rahmens zuständig. Die Zivilgesellschaft kann versuchen, darauf Einfluss zu nehmen, aber bestimmte Verpflichtungen kann und muss letzten Endes allein die Regierung wahrnehmen. Die politische Legitimität liegt ausschließlich bei ihr. Trotzdem kommt der Zivilgesellschaft meiner Ansicht nach eine entscheidende Rolle zu, denn ich glaube an die offene Gesellschaft und daran, dass zivilgesellschaftliche Organisationen, auch wenn keiner von ihnen eine Mitsprache garantiert ist, Wähler repräsentieren, allerdings oft nur bestimmte Gruppen – diese Organisationen mögen behaupten, das Gemeinwohl zu vertreten, aber das gilt es zu belegen, eine unumstößliche Tatsache ist es nicht. Was hingegen sehr wohl eine unumstößliche Tatsache ist, ist ihr Recht, die eigenen Mitglieder zu vertreten, das Recht, ihre Meinung zu äußern und zu versuchen, auf die politische Agenda Einfluss zu nehmen. Da wir in einer freien Gesellschaft leben, haben diese Gruppen die Möglichkeit, sich ein Mitgestaltungsrecht zu erwerben, indem sie in der öffentlichen Diskussion ihre Standpunkte darstellen. Der Globale Fonds zur Bekämpfung von Aids, Tuberkulose und Malaria zum Beispiel, bei dessen Konzeption ich vor ein paar Jahren den UNO-Generalsekretär beraten habe, appelliert explizit an die einzelnen Länder, Institutionen aus Regierung wie auch Zivilgesellschaft zur Unterbreitung eigener Vorschläge aufzurufen; die Regierungen dürfen den großen zivilgesellschaftlichen Gruppen die Beteiligung nicht verwehren. In der Praxis bedeutet das, dass bei jedem Projektvorschlag acht oder neun Organisationen in den Projektkoordinationsplan einbezogen sind. Dass es gerade diese acht oder neun Organisationen sind und keine anderen, ist relativ willkürlich. Aber es ist heute nicht mehr möglich, dass nur eine einzige Organisation auf der Liste steht. Und wenn einer großen Gruppe aus politischen Gründen die Beteiligung verwehrt wird, kann sie sich beim Globalen Fonds beschweren. Das ist schon vorgekommen, und der Fonds hat sich mit der Sache befasst und bei der Regierung des betreffenden Landes Protest eingelegt.

225

Ein ähnlicher Prozess wurde im Bereich der Förderung nationaler Armutsbekämpfungsstrategien durch Weltbank und Weltwährungsfonds etabliert. In der Vergangenheit hat keine dieser beiden Institutionen partizipatorisch gearbeitet. Jetzt befassen sich Weltbank und Weltwährungsfonds nur dann mit den Vorschlägen und Programmen eines Landes, wenn diese aus nationalen Konsultationen hervorgegangen sind. Am Anfang bemängelten die NGOs, diese Konsultationen seien eine Farce. Ihre Beschwerde wurde gehört. Heute gibt es deutlich mehr echte Beteiligung, und die Regierungen wagen nicht, dagegen vorzugehen, denn sie wissen, dass einige dieser Gruppen genügend Einfluss in Washington, London oder Paris besitzen, um den ganzen Prozess zu stoppen, indem sie ihn als pseudopartizipatorisch darstellen. Und so wird dieser Prozess allmählich immer durchlässiger. Die Frage der Legitimität ist nicht eindeutig geklärt, aber meiner Meinung nach sollten wir diese Spannung einfach akzeptieren. Nicht jeder kann vertreten sein, und nicht jeder verdient es, vertreten zu sein; die Gruppen, die letztes Jahr dabei waren, sind es womöglich dieses oder nächstes Jahr nicht mehr. Bis zu einem gewissen Grad geht es schlichtweg darum, Wähler zu mobilisieren. Es ist Politik, aber das ist ganz in Ordnung.

Die USA sind eine Hegemonialmacht, die meistens ihren Willen durchsetzt und sich nicht viel um die UNO schert. Wie sehen Sie die Zukunft der UNO?

Zunächst einmal sind die USA keine Hegemonialmacht. Es handelt sich um ein Land mit einem unverhältnismäßig großen militärischen Apparat und einer unverhältnismäßigen Neigung zu militärischen Aktionen, das aber nur fünf Prozent der Weltbevölkerung stellt. Es ist reich, hat eine im Allgemeinen dynamische Ökonomie, aber es gibt viel zu viel Geld für seine Streitkräfte aus. Es hat grundlos einen Krieg angefangen – doch es ist keine Hegemonialmacht. Die anderen Länder dieser Welt müssen sich das klar machen und die USA als ein Land unter vielen behandeln. Europa sollte bei der Linie bleiben, die es in Bezug auf den Irak vertreten hat, und sagen:»Wir wollen an diesem Abenteuer nicht teilhaben.« Dass Deutschland und Frankreich das beim Irakkrieg gemacht haben, ist ihnen hoch anzurechnen. Die USA geben den Ton an, weil der Rest der Welt den Mund hält. Aber all die anderen Länder sollten sich zu Wort melden, sie sollten sagen:»Der Kampf gegen den Terror ist eins, aber er ist nicht alles, ist nicht die komplette weltpolitische Agenda. Wir dürfen nicht den Umweltschutz, den Kampf gegen Armut und Krankheit vergessen, nur weil das Weiße Haus über Terrorismus reden will. Es stehen noch andere Punkte auf der Tagesordnung, und die sind für manche Menschen sogar noch wichtiger. Außerdem kann der Terrorismus nicht besiegt werden, wenn wir nicht maßgebliche Fortschritte bei der Verminderung der Armut, dem Umweltschutz, der Eindämmung von Krankheiten etc. machen.« Der Rest der Welt muss den Mund aufmachen, dann werden wir eine weitaus ausgeglichenere Agenda haben. George Soros spricht von der »Vorherrschaft der USA« als »einer Seifenblase«, in Anlehnung an die (so genannte) Spekulationsblase des New-Economy-Booms, und ich finde, er hat Recht.

Was die UNO betrifft, so ist sie keineswegs vollkommen, aber sie ist die einzige internationale Instanz, die wir haben und auf geraume Zeit haben werden, die den Anforderungen einer Weltordnungspolitik gerecht werden kann. Daher glaube ich fest an sie und verwende einen beträchtlichen Teil meiner Zeit darauf, daran mitzuarbeiten, dass sie besser funktioniert. In vielen Bereichen arbeitet sie sehr gut, in anderen wiederum nicht so gut. Positiv zu verbuchen ist die enorme Fachkompetenz in den UN-Sonderorganisationen, etwa der Weltgesundheitsorganisation, der Ernährungs- und Landwirtschaftsorganisation, dem Umweltprogramm der Vereinten Nationen (UNEP) oder der Organisation für Industrielle Entwicklung (UNIDO). In den USA macht man sich über

227

diese Organisationen oft lustig oder, schlimmer noch, ignoriert sie. Doch sie verfügen über enormen Sachverstand und sind in der Lage, die Probleme in den armen Ländern wirklich zu verstehen und bei ihrer Lösung zu helfen. Das also funktioniert sehr gut. Außerdem haben wir den besten Generalsekretär, den man sich nur vorstellen kann, einen Mann, der diese Welt selbst unter den derzeitigen Bedingungen zusammenhalten kann.

Aber es gibt auch etwas, das schlecht funktioniert, nämlich die Implementierung. Die UNO ist nicht als implementierende Instanz angelegt. Nicht, weil ihr dazu die Kompetenz fehlte, sondern weil mächtige Länder wie die USA es bisher nicht wollten. Die USA schwächen die UNO ganz bewusst und ziehen dann über ihre Schwäche her. Es ist das reine Schmierentheater. Die USA wollen keine Konkurrenz durch eine globale Exekutive, wie die UNO sie sein könnte, aber es führt kein Weg daran vorbei, dass wir eine globale Exekutivgewalt brauchen. Wir müssen eine Möglichkeit finden, unsere Ziele gemeinsam zu implementieren. Und das geht nur mit einem multilateralen, nicht aber mit einem unilateralen Ansatz. Deshalb brauchen wir eine UNO, die nicht nur Ziele formuliert und ihre Verwirklichung überwacht, sondern diese Ziele auch tatsächlich durchsetzt.

Nun hat George W. Bush seltsamerweise in die gleiche Kerbe gehauen: Er hat gefragt, warum der Sicherheitsrat seine Resolutionen nicht implementiere. Da drängt sich natürlich die Frage auf, warum denn Bush einige der Resolutionen, denen die USA zugestimmt haben, nicht implementiert – zum Beispiel die Millennium-Entwicklungsziele. Die Vereinigten Staaten haben unterzeichnet, Deutschland hat unterzeichnet, die Regierungen von 191 Mitgliedsländern haben unterzeichnet, also sollten wir dafür sorgen, dass diese Ziele wirklich durchgesetzt werden. Aber das würde bedeuten, dass wir als Geberländer unser Vorgehen massiv verändern müssten. Dass auch Weltbank und Weltwährungsfonds ihre Strategie neu gestalten müssten und wir, anstatt die armen Länder unter

Druck zu setzen, damit sie ihre Schulden bezahlen und ihren Haushalt in den Griff kriegen, diesen Ländern helfen würden, Krankheiten zu bekämpfen, mehr in die Ausbildung der Kinder zu investieren und so weiter. In diesen Bereichen wäre eine effektive Implementierung ein großer Gewinn. Aber dazu müssten die USA und die EU und die übrigen mächtigen Länder sagen: »Ja, wir wollen, dass die UNO eine implementierende Instanz wird«, denn so könnten die Armen der Armut entkommen, so könnte die Umwelt geschützt werden. Wenn mehr Länder das wirklich wollten, dann könnte es gelingen.

Das Gespräch führte Susan Stern

Mark Malloch Brown

Die Privatwirtschaft als Entwicklungspartner

Erfordernisse der Entwicklungszusammenarbeit

Im Bereich der Entwicklungszusammenarbeit hat sich in den letzten Jahren eine tief greifende Umwälzung vollzogen. Sie spiegelt die Reaktion auf Ereignisse von globaler Bedeutung wie den 11. September und einen neuen Konsens hinsichtlich der großen weltpolitischen Aufgaben wider. Die weltweit anerkannten Millennium-Entwicklungsziele – ein ehrgeiziger Aktionsplan, der vorsieht, die Zahl der Menschen, die in äußerster Armut leben und Hunger leiden, bis 2015 zu halbieren – stellen eine beispiellose Absichtserklärung der Länder dieser Welt dar, die Armutsbekämpfung zum zentralen Thema der Agenda zur globalen Entwicklung zu machen.

Doch man täusche sich nicht: zwar sind diese Entwicklungsziele erreichbar, doch stellen sie eine ungeheure Herausforderung dar. Da wäre das Beispiel der sanitären Grundversorgung zu nennen: Derzeit haben über 1,5 Milliarden Menschen keinen Zugang hierzu. Eine der erfolgreichsten zivilgesellschaftlichen Organisationen, Sulabh in Indien, hat in den letzten 30 Jahren dafür gesorgt, dass zehn Millionen Menschen unter Bedingungen leben, die hygienischen Mindestanforderungen entsprechen. Wollen wir jedoch unser Ziel erreichen, so müssen alle 30 Tage weitere zehn Millionen Menschen Zugang zu sanitärer Grundversorgung erhalten – eine bedeutend höhere Rate, als sie in den Entwicklungsländern je erzielt worden ist. Die Größenordnung dieser Aufgabe führt uns noch einmal vor Augen, dass diese Ziele nicht vom öffentlichen Sektor allein erreicht werden können, sondern nur unter Hinzuziehung des Know-hows und der technisch-wirtschaftlichen Möglichkeiten der Privatwirtschaft.

Dass 2002 auf dem Weltgipfel für Nachhaltige Entwicklung in Johannesburg die führenden Staatschefs öffentlich-private Entwicklungspartnerschaften ausdrücklich befürwortet haben, war ein echter Durchbruch. Zugleich erkennen die Unternehmen mehr und mehr den Nutzen einer aktiven Rolle in der Entwicklungszusammenarbeit, denn sie sehen sich wachsendem Druck durch Konsumenten und Investoren ausgesetzt, soziale Verantwortung zu übernehmen. Zudem spüren sie die Auswirkungen globaler Epidemien und weltweiter Konflikte auf ihre Geschäfte. So ist beim Privatsektor ein wachsendes aufgeklärtes Eigeninteresse an der Erschließung neuer Märkte in den Entwicklungsländern zu verzeichnen; die Konzerne erkennen die mittelbaren Vorteile neuer unternehmerischer Modelle, die den armen Bevölkerungen am »Sockel der wirtschaftlichen Pyramide« dienlich sein können.

Multinationale Unternehmen sind jedoch nicht der einzige Teil des Privatsektors, den wir berücksichtigen sollten. Wollen wir auf breiter Basis Armutsminderung, wirtschaftliches Wachstum und nachhaltige Entwicklung erreichen, muss die Privatwirtschaft der Entwicklungsländer selbst dabei eine wesentliche Rolle spielen. Hier, bei den kleinen und mittleren Unternehmen, die in den ärmsten Ländern der Welt Hauptarbeitgeber sind und den Löwenanteil der wirtschaftlichen Aktivität bestreiten, gilt es das Wachstum zu fördern, Arbeitsplätze zu schaffen und neue Möglichkeiten zu eröffnen. Man ist sich inzwischen einig, dass die Entwicklungsagenda letzten Endes von den Entwicklungsländern selbst umgesetzt werden muss; nur über die Entwicklung der lokalen Wirtschaftstrukturen kann die ökonomische Eigenständigkeit dieser Länder erreicht werden. Wie Senegals Präsident Abdoulaye Wade bemerkt hat: »Wir kennen kein Land, das seine Unterentwicklung durch Entwicklungshilfe, Kredite oder beides zusammen überwinden konnte.« Zwar hat es im Laufe der letzten Jahrzehnte in einigen Entwicklungsbereichen durchaus Fortschritte gegeben, doch in weiten Teilen des Südens ist es uns bisher nicht gelungen, eine nennenswerte Privatwirtschaft in Gang zu bringen.

Was bedeutet das? Wie genau sollte nach Johannesburg die Rolle der Privatwirtschaft aussehen? Kann eine Zusammenarbeit zwischen dem öffentlichen und dem privaten Sektor helfen, die Millennium-Entwicklungsziele zu realisieren? Die Ereignisse seit dem Weltgipfel für Nachhaltige Entwicklung können uns bei unseren Überlegungen leiten, wie öffentlich-private Partnerschaften gestaltet werden müssen, damit beides gelingt: Die Mittel zu nutzen, die die internationale Privatwirtschaft zu bieten hat, und Rahmenbedingungen dafür zu schaffen, dass die Privatwirtschaft in den Entwicklungsländern floriert.

Privatwirtschaft als Motor in der Entwicklungszusammenarbeit

In der seit Johannesburg geführten Debatte über öffentlich-private Partnerschaften ist oft auf die Diskrepanz zwischen Wunsch und Wirklichkeit hingewiesen worden. Meiner Ansicht nach gibt es, alles Wünschen einmal dahingestellt, sehr konkrete Möglichkeiten für hochwirksame Entwicklungspartnerschaften mit der Privatwirtschaft. Dabei ist es von zentraler Bedeutung, sich klar zu machen, wo genau diese Möglichkeiten liegen und welche Anreize für privatwirtschaftliche Unternehmen bestehen, eine Entwicklungspartnerschaft einzugehen. Einige solcher Möglichkeiten führe ich im Folgenden auf. Die Aufzählung ist zwar keineswegs erschöpfend, doch wird sie, so hoffe ich, ein Schlaglicht auf verschiedene Maßnahmen werfen, mit deren Hilfe die entscheidenden Schritte getan werden können, um die Wirtschaft der Entwicklungsländer zu transformieren und das Leben von Millionen von Menschen zu verändern.

Infrastrukturelle Versorgungslücken schließen

Öffentlich-private Partnerschaften bieten enorme Möglichkeiten, wesentliche infrastrukturelle Versorgungslücken zu schließen und damit das Leben der Ärmsten dieser Welt grundlegend zu verändern. Da wäre zum Beispiel die Stromversorgung. Fast zwei Milliarden Menschen haben keinen Zugang zu Elektrizität, und noch einmal so viele können sie nur sehr sporadisch nutzen. Die Stromnetze werden nicht schnell genug zugunsten der ländlichen Bevölkerung beziehungsweise der armen Stadtbevölkerung ausgebaut, was von Gesundheitsproblemen bis hin zu Umweltschäden weit reichende Auswirkungen hat. Der fehlende Zugang zum Stromnetz ist auch eines der wesentlichen Hindernisse für wirtschaftliche Entwicklung und Produktivitätssteigerung. Es liegt auf der Hand, dass der öffentliche Sektor in den Entwicklungsländern nicht allein imstande sein wird, diesem Problem beizukommen. Der Lösungsansatz lokaler, dezentralisierter Stromerzeugung erfordert das Know-how sowie die technisch-wirtschaftlichen Mittel der Privatwirtschaft, kombiniert mit staatlichen Regulierungsmechanismen und staatlicher Förderung, damit die Projekte nachhaltig lebensfähig sind. Und die Zivilgesellschaft muss an der Verwaltung des Energiehaushalts und der lokalen Energieverteilung sowie an einer verbraucherfreundlichen Preisgestaltung beteiligt werden.

Für Wasser- und sanitäre Grundversorgung, Telekommunikation und andere kapitalintensive Dienstleistungen gilt Ähnliches. Der private Sektor muss sich beteiligen, damit die Millennium-Entwicklungsziele erreicht werden können. Und damit der private Sektor mitwirkt, muss der öffentliche Sektor dessen Bedürfnisse berücksichtigen: Privatwirtschaftliche Unternehmen wollen Gewinne schreiben.

Damit öffentlich-private Partnerschaften funktionieren, muss also verschiedenen Aspekten Rechnung getragen werden – und zwar von beiden Seiten. Unternehmen müssen mit ihren Investitionen risikoadäquaten Gewinn erzielen können. Dies ist ein wichtiger Faktor, von dem der Erfolg und die Bewertbarkeit dieser Partnerschaften abhängen. Öffentlich-private Partnerschaften können eine entscheidende Rolle spielen, indem sie das Risiko, das unternehmerischen Vorhaben in Entwicklungsländern innewohnt, reduzieren und die Regierung sowie lokale Gruppen des Partnerlandes mit einbeziehen; oft entsteht erst durch staatliche Förderung ein akzeptables Chance-Risiko-Verhältnis. Man mag fragen, wieso die öffentliche Hand Privatunternehmen dabei behilflich sein sollte, Profit zu machen. Die einfache Antwort lautet, dass die Märkte in den Entwicklungsländern schlichtweg nicht imstande sind, die Dienstleistungen bereitzustellen, die für ein menschenwürdiges Dasein unabdingbar sind. Die dort üblicherweise bestehenden Risiken – Kapitalrisiko, Währungsrisiko und Sicherheitsrisiko – haben sich einfach als zu hoch erwiesen. Daher müssen wir entweder das Risiko senken – indem wir staatliches Kapital und wichtige Interessengruppen einbringen – oder durch die Subventionierung höherer Preise einen Anreiz für privatwirtschaftliche Partner schaffen.

Zugleich müssen die öffentlichen Partner dafür sorgen, dass Regulierungsmechanismen vorhanden sind, dass sich die Partnerschaften wirklich den obersten Prioritäten im betreffenden Land widmen und den Bedürfnissen der jeweiligen Zielgruppe gerecht werden und dass Wissenstransfer und Kompetenzsteigerung vor Ort wesentliche Bestandteile des Arrangements sind. Einige Beispiele sollen zeigen, dass das Potenzial durchaus vorhanden ist.

Die e7, eine Gruppe von neun führenden weltweit operierenden Elektrizitätsgesellschaften, hat erfolgreich mehrere innovative Vorhaben zur Elektrifizierung ländlicher Regionen durchgeführt, die beweisen, dass auch in Entwicklungsländern moderne Technologie eingesetzt werden kann. Dabei wurde auf die Langfristigkeit und finanzielle Nachhaltigkeit der Projekte geachtet. In Indonesien werden in einem ländlichen Elektrifizierungsprojekt mit Hilfe von Sonnenenergie und Wasserkraft 4000 Menschen in acht Dörfern mit Strom versorgt. Das Projekt wurde mit einer Kombination aus staatlichem und privatem Kapital finanziert, und es wurden eine Reihe örtlicher »Mikro-Versorgungsbetriebe« geschaffen, die für Betrieb, Wartung und wirtschaftliche Tragfähigkeit der Anlagen verantwortlich sind. Zivilgesellschaftliche Organisationen und Verbrauchergruppen wurden herangezogen, um Unternehmer für diese Mikro-Versorgungsbetriebe auszubilden und die Verbraucher vor Ort aufzuklären. Die Strategie und eingesetzten technischen Mittel ermöglichten ein tragfähiges Finanzierungsmodell, das günstige Strompreise erlaubt, und vier Jahre nach Beginn des Projekts bezahlen 80 Prozent der Kunden weiterhin ihre Stromrechnungen.

Ein anderes interessantes Beispiel stammt aus dem Kongo. Das Projekt begann mit einem Gemeinschaftsunternehmen, an dem 185 Familien in Butembo beteiligt sind, die jeweils 10 Dollar pro Monat bezahlen, um eine Turbine zu finanzieren, die Strom für Privathäuser und kleine Geschäfte liefert. Auf dem Erfolg dieses Projekts aufbauend, investierten daraufhin 25 der Geschäftsleute von Butembo jeweils 15 000 Dollar und bildeten ein Jointventure mit einer südafrikanischen Maschinenbaufirma, um die Wasserkraft eines großen Flusses zu nutzen. Mit der so gewonnenen Energie sollen weitere Privathäuser und Geschäfte versorgt und der Flughafen sicherer gemacht werden.

Transparenz steigern

Die Privatwirtschaft kann noch in einem anderen Bereich der Entwicklung einen wichtigen Beitrag leisten, indem sie nämlich ihr eigenes Geschäftsgebaren in den Entwicklungsländern verändert und sich zu größerer Transparenz hinsichtlich ihrer Investitionen und Gewinnbeteiligungen verpflichtet. Dies ist von entscheidender Bedeutung, damit die Öffentlich-

keit im Partnerland nachvollziehen kann, wo Kapital hin-
fließt, und wiederum größere Transparenz von ihrer Regierung fordern kann, um so der Korruption einen Riegel vor-
zuschieben.

Dies ist zum Beispiel in Westafrika derzeit besonders wichtig, da hier in nächster Zeit enorme Gewinne aus vermehrter
Erdölbohrung zu erwarten sind. Man geht davon aus, dass in
den Ländern dieser Weltgegend in den nächsten 20 Jahren mit
Neuinvestitionen im Wert von 10 Milliarden Dollar jährlich
sowie zusätzlichen Einnahmen in Milliardenhöhe aus der ge-
steigerten Erdölproduktion zu rechnen ist. Im Tschad beispielsweise werden in den nächsten 25 Jahren Neuinvestitionen in der Höhe von 80 Millionen Dollar jährlich erwartet,
eine 50-prozentige Steigerung des derzeitigen Jahresetats. Das
ist eine enorme Summe, die sich sehr positiv, aber auch extrem destabilisierend auswirken kann.

Die Vision größerer Transparenz stellt ein zentrales Element in umfassenderen Initiativen der letzten Zeit dar, etwa
der *Extractive Industries Transparency Initiative* und der
»Publish What You Pay«-Bewegung. Dieser Weg ist am ehesten und effektivsten für Unternehmen gangbar, die in Partnerschaften mit öffentlichen Körperschaften wie etwa dem
United Nations Development Programme (UNDP) oder der
Weltbank zusammenarbeiten. Das im Zusammenhang mit der
Tschad-Kamerun-Pipeline praktizierte neue Modell der Er-
lösverwaltung kann in dieser Hinsicht als nützliches Beispiel
für künftige öffentlich-private Zusammenarbeit gelten.

Einsatz globaler Technologie zur Überwindung lokaler Probleme

Durch den Einsatz moderner Technologie lassen sich enorme
Fortschritte in der Entwicklung erzielen. Moderne Technologie erlaubt es Entwicklungsländern oft, sich über infrastrukturelle Defizite, die zu beseitigen Jahrzehnte in Anspruch
nehmen würde, schlicht hinwegzusetzen. Die Mobilfunk-

technologie ermöglicht Dörfern ohne Festnetzanschluss die Telekommunikation; über Telemedizin können Lücken in der medizinischen Versorgung geschlossen werden. In diesem Bereich besteht enormer Spielraum für innovative öffentlich-private Partnerschaften – Partnerschaften, die auf globales Know-how zurückgreifen und dieses auf lokale Probleme anwenden können. Das kann auf verschiedenen wichtigen entwicklungspolitischen Sektoren geschehen: Gesundheits-versorgung, Bildung, Landwirtschaft und finanzielle Dienst-leistungen etwa gehören zu den Bereichen, in denen moderne Technologie etwas verändern kann.

Es gibt ein paar herausragende Beispiele für den Einsatz globaler Technologie in Entwicklungsländern: Im Rahmen des *I-Communities-Program* von Hewlett Packard werden technische Produkte bereitgestellt und den jeweiligen Erfor-dernissen angepasst, um sowohl zu unternehmerischer Initia-tive anzuregen als auch der ländlichen Bevölkerung wichtige Dienste zu leisten, beides auf der Basis finanzieller Nachhal-tigkeit. Die indische Initiative *e-choupal* trägt zur Verbesse-rung des Einkommens von Bauern im Bereich des Sojaboh-nenanbaus bei, indem sie ihnen mit Hilfe von Internetkiosks den Zugang zu Informationen über die Weltmarktpreise ihres Produkts erleichtert. Ebenfalls in Indien nutzt die ICICI-Bank in Kleinstädten beziehungsweise ländlichen Gebieten durchweg moderne Technologie für ihre Bankdienste, um die Kreditvergabe an kleine und mittlere Betriebe sowie an klei-nere Kreditnehmer besser kontrollieren zu können und die eigenen Kosten zu reduzieren. In Chile sind über Lowtechlö-sungen ärmeren Marktsegmenten einfache Bankdienstleistun-gen zugänglich gemacht worden.

Entwicklungspartnerschaften effektiv gestalten

Viele der Versprechen des Johannesburg-Gipfels, so ist inzwischen deutlich geworden, haben sich nicht erfüllt. Dies hat viele in der entwicklungspolitischen Diskussion zu einer erneuten Überprüfung der Frage nach der Legitimität und des möglichen Beitrags des Privatsektors zur Entwicklungszusammenarbeit geführt. Wir müssen also noch einmal genauer darüber nachdenken, wie diese Partnerschaften effektiver gestaltet werden können und wie gewährleistet werden kann, dass sie einen nachhaltigen Einfluss auf die Entwicklung nehmen und nicht nur kleine Vorteile bringen, ohne aber an den grundlegenden systemimmanenten Problemen etwas zu ändern. Damit die Partnerschaften funktionieren, ist es notwendig, gewisse Grundprinzipien zu beachten.

Erstens wird nur dann eine maximale Wirkung erzielt, wenn die Entwicklungspartnerschaften in die nationalen Strategien zur Armutsbekämpfung und Steigerung der Wettbewerbsfähigkeit integriert werden. Dazu ist es erforderlich, dass sich die Entwicklungspartner des öffentlichen Sektors an der Ausarbeitung der Agenda beteiligen und sicherstellen, dass die Partnerschaften dem tatsächlichen Bedarf und den Prioritäten des jeweiligen Landes entsprechen.

Zweitens gilt es anzuerkennen, dass sich die Motive für eine Partnerschaft auf der privaten und der öffentlichen Seite klar unterscheiden. Der privatwirtschaftliche Partner wird darauf abzielen, langfristig den Unternehmenswert zu steigern, und mit Blick auf den Profit agieren. Das mag manchem als mit der Idee der Entwicklungszusammenarbeit unvereinbar erscheinen, doch möchte ich anregen, das Gewinnmotiv nicht zu verteufeln, sondern es vielmehr für die Zwecke der Entwicklung zu nutzen. Denn so lassen sich die einzigartigen Ressourcen der in aufgeklärtem Eigeninteresse agierenden Unternehmen in weit größerem Maße erschließen. Indem wir das Gewinnmotiv nutzen, können wir alle privatwirtschaftlichen Akteure einbeziehen, auch die kleinen und mittleren Betriebe, die das entscheidende Bindeglied im letzten Abschnitt der Versorgung darstellen.

Der Beitrag der Privatwirtschaft zur Entwicklungszusammenarbeit muss sich keineswegs auf Partnerschaften beschränken. Es gibt viele Bereiche, in denen Unternehmen, eigenständig und aus Gewinnstreben agierend, eine wesentliche Rolle in der Entwicklung spielen können. Allerdings haben sich die entsprechenden marktgesteuerten Mechanismen in den Entwicklungsländern aus verschiedenen Gründen noch nicht in größerem Rahmen etabliert. Hier kann die Entwicklungspartnerschaft ein sinnvoller Weg sein, um das Risiko zu mindern, Informationsassymetrien auszugleichen, zu Investitionen zu ermutigen und das Fundament für zukünftige funktionierende Marktmechanismen zu legen. Zudem kann sie für eine möglichst große Sozialverträglichkeit sorgen.

Damit Partnerschaften funktionieren, gilt es, auch mentale Barrieren zu überwinden. Während Akteure des öffentlichen Sektors akzeptieren müssen, dass die privatwirtschaftlichen Akteure letzten Endes mit dem Ziel agieren, Profit zu machen, müssen Letztere berücksichtigen, dass ihren öffentlichen Partnern andere Kapazitäten und Ressourcen zur Verfügung stehen als ihnen, und bereit sein, Investitionen zu tätigen, die den Bedürfnissen dieser neuen Märkte gerecht werden.

Wir sollten alles daran setzen, dass diese Gleichung aufgeht. Denn wenn die wirklich erfolgreichen Innovationen im großen Stil übernommen und ausgebaut werden, wird dies einen Quantensprung in der Entwicklung darstellen. Damit dies aber geschehen kann, müssen die Rahmenbedingungen und Anreize stimmen, denn sonst enden diese Bemühungen alle als Eintagsfliegen.

Das Engagement der UNDP für öffentlich-private Partnerschaften

Einer der in den letzten Jahren bei den Vereinten Nationen zu verzeichnenden begrüßenswerten Fortschritte ist die zunehmende Zusammenarbeit mit der Geschäftswelt. Ein besonderer Impetus in dieser Richtung erfolgte vor vier Jahren mit der Bildung des Global Compact, an dem derzeit über 1200 Unternehmen beteiligt sind. Und innerhalb des UN-Entwicklungsprogramms haben wir eine besondere Abteilung gebildet, die »Division for Business Partnerships«, die unsere Partnerschaftsagenda im privaten Sektor weiterentwickeln und fördern soll.

In diesem Zusammenhang möchte ich zwei Initiativen als Teil unseres Engagements für Partnerschaften mit der Privatwirtschaft hervorheben: Die *Growing Sustainable Business Initiative* (GSB) und die *Commission on the Private Sector in Development*. Die von Sir Mark Moody Stuart angeregte GSB-Initiative fördert Neuinvestitionen in Entwicklungsländern, mit denen sowohl Gewinn erzielt als auch die Armut reduziert werden soll. Die Projekte – derzeit in Äthiopien, Tansania und Madagaskar, wobei dieses Jahr weitere Länder hinzukommen sollen – realisieren innovative Ansätze in der infrastrukturellen Versorgung, unter anderem in den Bereichen Wasser, Strom und Telekommunikation; zentrale Elemente sind die Entwicklung kleiner und mittlerer Betriebe, die Beteiligung verschiedener Interessengruppen und die Bezugnahme auf nationale Entwicklungsprioritäten. Es handelt sich hier um eine einzigartige Vision öffentlich-privater Partnerschaft, in der Gewinnstreben mit entwicklungspolitischer Wirkung verknüpft ist und die, so hoffen wir, als Modell für die Zukunft dienen kann.

Die zweite Initiative ist die *Commission on the Private Sector in Development* des UN-Entwicklungsprogramms. Im Juli 2003 vom UN-Generalsekretär einberufen, hat diese unter dem Vorsitz des kanadischen Premierministers Paul Martin und des ehemaligen mexikanischen Präsidenten Ernesto Zedillo stehende Kommission in diesem Frühjahr einen Ergebnisbericht vorgelegt, in dem strategische Empfehlungen zur Förderung einer starken privaten Binnenwirtschaft in den Entwicklungsländern gegeben werden: Kernpunkte sind der Ausbau der Märkte, die Bereitstellung günstiger Darlehen, die Anregung des Investitionsklimas durch ausländische Direktinvestitionen (FDI), die Schaffung einfacher Regulierungsmechanismen, durch die die Unternehmen aus einer Schattenwirtschaft in die »formal economy« integriert werden.

Fazit

Der potenzielle Nutzen des Engagements privatwirtschaftlicher Unternehmen in der Entwicklungszusammenarbeit ist enorm; bisher wurde allenfalls die Oberfläche angekratzt. Um die Partnerschaft zwischen dem privaten und dem öffentlichen Sektor produktiv zu gestalten, wird viel Arbeit nötig sein sowie ein tief greifendes Verständnis der Lage seitens aller Beteiligter, wozu auch die Anerkennung unterschiedlicher Motive und Kapazitäten gehört, die die einzelnen Akteure mitbringen. Nur wenn wir die Punkte, die ich hier aufgezeigt habe, berücksichtigen, können wir dazu beitragen, dass in den Entwicklungsländern ein Unternehmertum entsteht, Arbeitsplätze geschaffen werden und es zu nennenswerten Steuereinnahmen kommt – unverzichtbare Voraussetzungen zur Ankurbelung des Wirtschaftswachstums, das wiederum notwendig ist, um die Millenniumziele und den Kern der Entwicklungszusammenarbeit zu erreichen: den Entwicklungsländern zu helfen, den Weg aus der Abhängigkeit von der Entwicklungshilfe zu finden, fest auf den eigenen Füßen zu stehen und die Bedürfnisse ihrer Bürger aus eigener Kraft zu decken.

Rupert Neudeck

Nahe am Menschen: Herausforderungen der Entwicklungspolitik im 21. Jahrhundert

In Zeiten, in denen globale Krisen wie Armut, Krieg, Terror, Hungerkatastrophen, Menschenrechtsverletzungen und Fluchtbewegungen zu unserem Alltag gehören, scheinen die Möglichkeiten nationalstaatlicher Lösungsansätze erschöpft. Diese Vermutung geht allerdings von einer stark europäisch geprägten Prämisse aus. Denn in den Kontinenten der Ärmsten der Armen stellt sich die Frage derzeit anders: Gibt es schon nationalstaatliche Lösungen für die Probleme von Millionen Menschen, die nur langsam zu einem Volk werden? Zunächst müssen – um überhaupt überstaatliche und zwischenstaatliche Lösungen erreichen zu können – die Staaten als Staaten und Administrationen funktionieren. Dies ist keineswegs eine Selbstverständlichkeit. Nur auf der Grundlage staatsrechtlicher Verantwortlichkeit einer Regierung können zwischenstaatliche Bündnisse und Verbände aufgebaut werden.

So bleibt uns auch in der Ära der Globalisierung und des so genannten *global village* die Aufgabe, zunächst nationalstaatliche Verantwortung zu gewährleisten und zu üben. In Afrika und Lateinamerika, in geringerem Ausmaß auch in Süd- und Südostasien, stehen wir vielerorts vor den erschütternden Folgen von *bad governance*.

Die globale Struktur der Welt ist im Bewusstsein der meisten Menschen noch keineswegs festgeschrieben, sie ist allenfalls über die UNO verwirklicht. Doch im Zweifelsfall sind die Herrscher dieser Welt immer dann über- und supranational, wenn sie vor Schwierigkeiten stehen.

Die Existenz einer großen Weltverantwortung in institutionalisierter Gestalt ist ein großer Fortschritt in der Menschheitsgeschichte. UNO-Spezialagenturen kümmern sich um Flüchtlinge, versuchen, den Hunger zu lindern, sorgen für Kinder und für die Gesundheit der Menschen weltweit. Diese Organisationen sind das Einzige, worauf sich Menschen in aller Welt und in jeder Hinsicht verlassen können. UN-Organisationen agieren stets vor Ort. Es darf aber nicht verschwiegen werden, dass sie in den vergangenen 20 Jahren einen großen Teil ihrer Operationalität eingebüßt haben und häufig zu Koordinationsagenturen in den jeweiligen Haupt- und großen Städten der betroffenen Länder degeneriert sind.

Sträflich vernachlässigt wurden bislang Regionalverbände und -zusammenschlüsse, die sich organisch und organisatorisch in den jeweiligen Regionen ja geradezu anbieten. So haben es die Afrikaner bisher versäumt, eine panafrikanische Truppe als Blauhelm-Einheit zu konstituieren. Die Armee- und Soldateneinsätze, die die Wirtschaftsgemeinschaft westafrikanischer Staaten ECOWAS (*Economic Community of West African States*) unter Leitung von Nigeria in Sierra Leone und in Liberia auf die Beine stellte, muss man mit dem Schweigen der Barmherzigkeit übergehen. Die Abkürzung der westafrikanischen Blauhelm-Truppe ECOMOG wurde in den beiden genannten Ländern von der Zivilbevölkerung wie folgt aufgeschlüsselt: *Every Car Or Mobile Gone.*

Die Verblendung ihrer staatlichen Souveränitätsabschottung gegeneinander hat wiederum die Asiaten bislang daran gehindert, eine gemeinsame Schutztruppe und Kooperation zu schaffen, die sich im Falle des Falles auch einmischen könnte. Die Kriege in Korea, in Kambodscha, in Kaschmir, in Afghanistan, der Krieg in Tadschikistan und schließlich der furchtbare Erste Golfkrieg fanden unter Ausschluss der gesamtasiatischen Öffentlichkeit und auch der ASEAN-Staaten statt.

Auch im Falle Nordkoreas lassen sich nicht die entsprechenden Kräfte mobilisieren, die von außen und innen in die Konflikte in der Demokratischen Volksrepublik Korea eingreifen könnten. Die Leidtragenden sind die Menschen. In Nordkorea sind nach Einschätzung internationaler Organisationen bereits zwei Millionen Bürger durch Hunger ermordet worden. Nichts wurde von außen getan, diese furchtbare Zahl an Opfern zu verhindern.

Die größte Verantwortung aber tragen wir Europäer. Wir nehmen die Themen der globalen Verantwortung und der universalen Menschenrechte nur semantisch ernst, nicht aber in der Realität. Innerlich halten wir noch immer an einem Konzept der Vorsorge für die Erste Welt und der Vorsorge für die Dritte Welt fest. Wir befinden uns im Einklang mit uns selbst, wenn wir uns auf unsere Gesundheits-, Pensions-, Renten- und Urlaubs»ansprüche« beschränken, die Nöte und Bedürfnisse der Menschen in der Dritten Welt aber ganz weit von uns wegschieben.

Vor 30 Jahren redeten wir uns in Europa und Nordamerika ein, die Staaten der Dritten Welt würden durch unsere Strukturhilfe, durch unsere TZ (Technische Zusammenarbeit) und FZ (Finanzielle Zusammenarbeit) gesunden. Diese Hoffnungen und Erwartungen haben getrogen. Denn wir haben immer nur so getan, als ob wir täten. Wir haben uns mit vielen Experten in viele Länder begeben, ohne dort wirklich etwas zu ändern. Wir haben die Hilfe sozusagen gespielt, sie aber niemals wirklich gewollt. Die Deutschen haben dabei den Vogel abgeschossen. Über Jahrzehnte hin benutzten sie ihre Entwicklungshilfe für weit über hundert Länder, um ihre politische Hallsteindoktrin durchzusetzen. Nahm etwa ein Land Afrikas, Lateinamerikas oder Asiens den zweiten deutschen Staat, die DDR, als real existierend wahr, so wurde dieses Land von der BRD mit Entzug der Entwicklungsgelder bestraft. Kehrte das Land jedoch reumütig in den Schoß derer zurück, die nur die BRD wahrnahmen, wurde es königlich belohnt.

Das hat zu einer inneren Verkümmerung der deutschen Entwicklungshilfe geführt. Wird sie sich in naher Zukunft aus diesem Zustand lösen können? Meiner Meinung nach wahrscheinlich nicht. Im Bundesministerium für wirtschaftliche Zusammenarbeit und Entwicklung sowie in den staatlichen Entwicklungshilfeorganisationen sind ganze Bataillone von Experten aufgestellt worden. In meinen Augen müssten diese Bataillone allesamt entlassen und die Hilfe auf fünf bis sechs Länder konzentriert werden. Doch eine Auflösung dieser Apparate und ein Umdenken in der Entwicklungspolitik machen Angst und könnten für mancherlei Unannehmlichkeit sorgen. Stattdessen hält man lieber an einer falschen Politik fest.

Dabei wäre gerade eine forcierte Entwicklung nichtstaatlicher Organisationen derzeit ein Segen. Nichtstaatliche Organisationen sind in besonderem Maße dafür geeignet, in Krisensituationen einzugreifen und den betroffenen Menschen zu helfen. Dazu müssen sie aber auch tatsächlich nichtstaatliche Organisationen im wahrsten Sinne des Wortes, also staats- und regierungsunabhängig sein.

In der Realität sind viel zu viele der Organisationen, die sich stolz NGOs *(Non Governmental Organizations)* beziehungsweise NROs (Nicht-Regierungsorganisationen) nennen, dies schon lange nicht mehr. Viele NROs arbeiten mit einer Finanzierungsdeckung von fast 90 Prozent ihrer Projekte und Ausgaben durch Regierungsgelder. Ich kenne NROs, die sich nicht schämen, bis zu 100 Prozent von Regierungsgeldern abhängig zu sein und sich trotzdem weiter NROs nennen. Die Versuchung, durch Subventionen in Form von Regierungsgeldern eine nur noch scheinbare NRO zu werden, ist durch die lockere Vergabe von Subventionen durch die Europäische Union noch größer geworden. Die EU-Finanzierung geht über eine Projektfinanzierung hinaus. Sie gibt der begünstigten Organisation noch zusätzlich 7 Prozent der bewilligten Projektsumme für die betreffende Organisation und ihre Struktur. Damit müssen solche so genannten NROs gar nicht mehr um Spenden und Unterstützung bei ihrer Bevölkerung werben.

Hier liegt derzeit die große Herausforderung für die NROs. Sie müssen sich jetzt auseinander dividieren in diejenigen, die dem alten Anspruch der gesellschaftlichen Organisation, einem Institut der Bürgerinitiative, noch wirklich verhaftet sind und die Bürger des eigenen Landes überzeugen wollen, eine Aktion durch private Spenden zu unterstützen. Und auf der anderen Seite in diejenigen, die sich ins bequeme Bett der Regierungssubventionen legen oder gelegt haben und sich nur noch über Regierungsaufträge definieren.

Der verheißungsvolle und häufig sehr effektive Charakter der NROs hat bisher die internationale Staatengemeinschaft diese Aufteilung und Unterscheidung der »reinen« von den »unreinen« Organisationen vernachlässigen lassen. Der deutsche Entwicklungshilfeforscher Professor Franz Nuscheler hat bereits 1995 in seinem *Lern- und Arbeitsbuch Entwicklungspolitik* als Erster die NROs aufgefordert, diese »Säuberungen« in ihren eigenen Reihen durchzuführen. Laut Nuscheler haben die NROs längst erkannt, dass in der Teilfinanzierung ihrer Aktivitäten durch den Staat eine große Gefahr liegt. Einmal, weil sie als humanitäres Feigenblatt für eine Entwicklungspolitik missbraucht werden können, die sie eigentlich kritisieren. So erhielten beispielsweise bereits 1993 die kirchlichen Hilfswerke allein Zuschüsse in Höhe von 296 Mio. Mark, die anderen NROs 126 Mio. Mark. Die Richtlinien der Bundesregierung verstehen derartige Subventionen wie folgt: »Die Zusammenarbeit zwischen Staat und nichtstaatlichen Organisationen trägt dazu bei, die breite Verantwortung der Entwicklungshilfe im Bewusstsein der deutschen Öffentlichkeit zu stärken, Vorbehalte gegen die Entwicklungspolitik abzubauen und ihr als eigenständigem Politikbereich Rückhalt zu verschaffen.«

Solche Bedingungen bringen, so Nuscheler, die so genannten nichtstaatlichen Organisationen in eine prekäre Lage, denn sie verlangen ihnen »als Gegenleistung für die staatlichen Subsidien« ab, »Unterstützung für die staatliche Entwicklungspolitik zu mobilisieren«. Die NROs laufen somit Gefahr, auf leisen Sohlen der staatlichen Subsidien ein Stück ihrer Unabhängigkeit zu verspielen. Und damit werden die NROs zu QUANROs, also zu Quasi-Nicht-Regierungsorganisationen. Oder zu dem, was man GONGOs nennen könnte, *Governmental Non-Governmental Organizations*.

Bleiben aber die nichtstaatlichen Organisationen sich ihrer Aufgabe des kritischen Gegenübers zu Staat und Regierung bewusst, können sie sehr viel ausrichten. So durch ihre unablässige und zielgerichtete Kritik an den Regierungen der jeweiligen Länder, in denen sie tätig werden, und durch die Stärkung dessen, was man mit einem etwas zu häufig gebrauchten (und dann eben auch missbrauchten) Wort Zivilgesellschaft nennt.

Auch »Prävention« ist ein politisch korrekter Schlachtruf geworden. Parteien, Stiftungen und Institutionen führen fortwährend den Begriff der Prävention im Munde, zu Deutsch: der Vorbeugung. Kaum jemand aber hat den Mut darzulegen, dass unsere Gesellschaften in ihrer gegenwärtigen Verfasstheit keinen Anlass sehen, irgendeine Prävention zu präferieren oder zuzulassen. Das Kind muss erst in den Brunnen gefallen sein, ehe man versuchen wird, es zu retten.

Eines der markantesten Beispiele hierfür ist der Völkermord in Ruanda. In der Nacht des 6. April 1994 begannen nach dem Abschuss des Flugzeuges von Präsident Habyarimana die Kämpfe in dem ostafrikanischen Land, die insgesamt 800 000 Menschenleben kosten sollten. Am 11. Januar 1994 – also knapp drei Monate vor dem Ausbruch des blutigsten und schnellsten Völkermordes der Zeitgeschichte – hatte der kommandierende General der UNO-Blauhelme, der Kanadier Romeo Dallaire, sich beim UN-Generalsekretär gemeldet und verlangt, die Nester und Höhlen, die Waffenlager der Genocidaires, der Völkermörder, auszuschalten. Dallaire war sich vollkommen sicher, dass ihm das durch eine Legitimation des UN-Generalsekretärs erlaubt werden müsste. Prävention wäre also zu diesem Zeitpunkt möglich gewesen. Doch der damals amtierende Unter-Generalsekretär und Zuständige für die Blauhelm-Operationen mit Namen Kofi Annan verbot diese Operation, weil sie die 2700 Mann starke Truppen der UNAMIR von der Aufgabe des reinen Beobachters in die Rolle des Kämpfers geführt hätte.

Nachträglich wird jeder die dringende Notwendigkeit einer derartigen Prävention einsehen. Aber während der Völkermord Ruanda in ein Meer von Blut und Mord tauchte, dachte niemand in Europa auch nur einen Augenblick an Prävention. Vielmehr war man damit beschäftigt, die Menschen, die man als etwas »wertvoller« als andere erachtete, aus dem Bürgerkriegs- und Völkermordland zu evakuieren.

Kurz, auch NROs sind gezügelt, gar gefesselt, wenn sie es sich in den weichen Kissen der Legalität bequem machen. Wenn sie sich zum Beispiel nicht klar machen, wie viel größer die Arbeit ist, wenn ein Völkermord gar nicht erst zugelassen wird. NROs müssen die Grenzen der Legalität niederreißen und hinter sich lassen, koste es, was es wolle. Es gilt, international Ungehorsam zu Lande, zu Wasser und in der Luft zu üben, wie dies zum Beispiel eine Organisation wie Greenpeace seit Jahr und Tag tut. Auch muss man bereit sein, sein Leben zu riskieren, um Menschen in unmittelbarer oder mittelbarer Lebensgefahr zu helfen.

NROs erfahren ihre Legitimation nicht durch demokratische Wahlen. Aber sie sind durch die Gelder – also die Zuwendungen der ihnen anhängenden Millionen Spenderinnen und Spender – legitimiert. Diese können sich unter Umständen bis zu einer Art von heimlichem Plebiszit steigern. Zudem sind NROs Bürgerinitiativen, die sich aus demokratisch organisierten Gesellschaften heraus entwickeln. NROs sind schlecht bis gar nicht als Sumpfdottergewächse in diktatorischen und autoritären Regimen vorstellbar.

Mit welchen Kompetenzen und Befugnissen sind »staatenlose« Organisationen auszustatten, damit sie globalen Anforderungen gerecht werden und die Welt wieder regierbar machen können? Es handelt sich hierbei nicht um eigentliche Kompetenzen, die uns die Regierungen oder die großen *Intergovernmental Bodies* verleihen. Vielmehr geschieht die Legitimation wiederum durch die eigene Bevölkerung, die Zivilgesellschaft. Regierungen haben immer nur eine abgehobene und abgeleitete Kompetenz.

Folgende Episode mag dies illustrieren: Am 13. Dezember 1999 landete ich gemeinsam mit Norbert Blüm und Heiner Geißler auf dem Nairobi International Airport Jomo Kenyatta. Am Ausgang erwartet uns der deutsche Botschafter in Kenia, Jürgen Werth, und verlangt, mit uns zu sprechen. Wir drei wollen am nächsten Morgen aufbrechen, um über die Grenze zwischen Kenia und Sudan auf einem irrwitzig gefährlichen Weg in die Nubaberge im Zentralsudan zu gelangen. Dort leben über 350 000 Menschen bar jeglicher humanitärer und politischer Hilfe, ohne auf irgendeine Unterstützung durch die eigene Regierung vertrauen zu dürfen. CAP ANAMUR betreibt dort seit 1997 ein in einem Berghang verborgenes Krankenhaus.

Wir verlegen das Gespräch in den Sportclub und das dortige Hotel in Nairobi, wo wir drei die Nacht verbringen wollen. Der Botschafter hat den Auftrag, den beiden gewählten Bundestagsabgeordneten der CDU-Fraktion von ihrem Besuch im Sudan dringend abzuraten. Er erfüllt diesen Auftrag pflichtgerecht. Er macht allerdings keinerlei Anstalten, mich, den Vertreter einer NRO, von meiner Expedition abzuhalten, weil er weiß, dass ihm das sowieso nicht gelingen wird. Aber immerhin kann er am Vorabend unserer Abreise die beiden MdBs gehörig verunsichern.

Die Organisation CAP ANAMUR arbeitete unter absolut illegalen Bedingungen in den Nubabergen. Illegal: Das war und ist nur möglich, wenn man keine Regierungsfinanzierung hat. Illegalität bedeutet für uns in Mitteleuropa eine gesetzeswidrige Handlung. Dies ist aber nicht der eigentliche Hindernisgrund, sich zu engagieren. Vielmehr fehlt den allermeisten von uns der Mut, ein Jahr, oder wie lange auch immer, unter

249

den Bedingungen der Habenichtse und Schmuddelkinder zu leben, deren Arbeit mit zu tun, neue Freunde zu gewinnen, unter denen der Gast in den Nubabergen zufrieden leben kann.

Welche Anforderungen werden an diejenigen gestellt, über welche Kompetenzen und welche Eigenschaften müssen diejenigen verfügen, die Verantwortung übernehmen, die helfen wollen, diese Welt regierbar, und das heißt besser, zu machen? Zunächst müssen sie in der Lage sein, von ihrer »Euro-Gottherrlichkeit« oder, ziviler formuliert, von der uns Europäern angeborenen Arroganz ein wenig abzulassen. Ich habe mich schon selbst dabei ertappt, dass wir uns noch immer als die Herren und Herrscher der Welt sehen. Dass wir das 2004 nun wirklich nicht mehr sind, habe ich mitunter fast als Beleidigung empfunden.

Auf der nächsten Ebene sind praktische und intellektuelle Fähigkeiten gefragt. Um Verantwortung übernehmen zu können, sollte man über eine gute Berufsausbildung verfügen und bereits Berufspraxis haben. Man sollte seinen Beruf in Deutschland gern ausüben, denn die Bedingungen in den Ländern, die Hilfe benötigen, werden ungleich schwieriger sein, sodass einem die Liebe zur Tätigkeit über manches hinweghelfen muss.

Wer Verantwortung für andere übernehmen möchte, muss den Menschen nahe sein. Man darf den Sündenfall der Entwicklungshilfe nicht mitmachen: Dieser bestand schon gegen Ende der 60er Jahre darin, Tarifregelungen für so genannte Helfer derart zu gestalten, dass mancher von ihnen sich eine goldene Nase verdienen konnte und nach einem Auslandseinsatz von zwei oder drei Jahren auf längere Zeit nicht mehr arbeiten musste. Zuschläge zu den ohnehin schon doppelten und dreifachen Gehältern, Prämien wie die »prime de risque«, die Risikoprämie, führten dazu, dass diese Berufssparte besser- bis bestverdienende Positionen und sichere Arbeitsplätze verhieß. Die Länder, denen eigentlich geholfen werden sollte, gingen währenddessen zum Teil zugrunde.

Der Erfolg der Entwicklungsarbeit steht und fällt mit dem Respekt vor und der Anerkennung der Kulturen, der Verschiedenartigkeit der Lebensstile, der Modalitäten des Zusammenlebens, der Religionen und ein sich auf Zeit Anpassen an diese Lebensbedingungen. So weit der luxusgewöhnte Europäer – Gleiches gilt natürlich auch für den US-Bürger, den Kanadier und Australier – das überhaupt noch zu leisten in der Lage ist, sollte er sich einmal im Leben ein Dasein im Kollektiv gönnen, und das Kleinod seiner Identität und seiner Seeleneinzigartigkeit in Zusammenhang mit dem Leben anderer in deren »vier Wänden« bringen.

Zukunft werden diejenigen Organisationen haben, die ihre Kompetenzen nicht nach der arbeitsteiligen Gesellschaft und nach den Luxus-, Tarif- und Versicherungsordnungen Europas ausrichten, und die sich bewusst sind, dass sie anderen Menschen, Gesellschaften und Ländern nichts überstülpen oder aufnötigen dürfen. Erst wenn eine ganz neue Generation von Helfern sich unter diesen Prämissen entschlossen hat, Verantwortung zu übernehmen, erst dann wird die Welt zu großen Teilen regierbar werden.

Irene Khan

»Unsere Welt bricht auseinander...«

Ein Gespräch

Welche Bedeutung hat die von zivilgesellschaftlichen Organisationen, Regierungen und der Privatwirtschaft geführte globale Menschenrechtsdebatte und welche Position nimmt Amnesty International dabei ein?

Die Bedeutung der weltweiten Debatte um Menschenrechte und universelle Grundwerte erklärt sich meines Erachtens aus der Art und Weise, in der unsere Welt momentan aufgespalten wird. Egal, ob es sich um die Globalisierung handelt oder um die neue globale Sicherheitsdoktrin – die Menschen werden zunehmend aufgeteilt in solche, die »drinnen« und solche, die »draußen« sind, in Ankläger und Angeklagte.

Unsere Welt bricht auseinander. Welcher Klebstoff aber könnte sie zusammenhalten? Das können nur gemeinsame Werte leisten. Ich glaube, dass gerade Menschenrechtsangelegenheiten eine solche gemeinsame Grundlage bieten. Bei Menschenrechten geht es um Gerechtigkeit und allen unterschiedlichen kulturellen Auslegungen zum Trotz bin ich überzeugt, dass in jeder Zivilisation, jeder Kultur ein gewisses gemeinsames Verständnis darüber besteht, was Gerechtigkeit bedeutet: Den fairen Umgang mit Menschen, die Wiederherstellung der Menschenwürde, eine höhere Ebene des menschlichen Daseins. Diese grundlegenden Vorstellungen haben heute mehr Geltung als je zuvor. Es ist die Aufgabe von Amnesty International, die Einhaltung der Menschenrechte zu verbessern. Daher müssen wir mit allen im Gespräch stehen, die etwas bewegen können. Wir sind eine mitgliedergestützte Organisation, mit 1,8 Millionen Mitgliedern in mehr als 100 Ländern weltweit. Und wir wenden eine ganze Reihe unterschiedlicher Methoden an, um mit unseren Partnern einen Dialog zu führen. In Punkten, die uns wichtig sind, arbeiten wir natürlich lieber *mit* ihnen zusammen, doch letztendlich sind wir bereit, *jedes* Mittel einsetzen, um Unternehmen oder Regierungen unseren Standpunkt klar zu machen.

Wir wissen, dass Unternehmen wichtige Akteure sind, wenn es darum geht, eine Menschenrechtssituation zu verbessern. Daher ist es besser, *mit* ihnen zu arbeiten, als durch Boykotte und Sanktionen *gegen* sie zu agieren. Erst vor kurzem autorisierten uns unsere Mitglieder zum Boykottaufruf, falls wir dies in speziellen Fällen für erforderlich halten sollten, doch das war noch nie Amnestys Strategie. Es ist viel wichtiger, Unternehmen – oder Regierungen – davon zu überzeugen, dass sie ihr Verhalten ändern müssen, als sie dazu zu zwingen.

Behandeln Sie ein Menschenrechtsthema im Gespräch mit einem Unternehmen als geschäftliche Angelegenheit oder als Frage der Moral?

Ein Menschenrechtsthema hat meiner Ansicht nach sowohl eine geschäftliche als auch eine moralische Dimension. Vor einigen Jahren war ich auf einer Tagung, auf der der Leiter von Cisco Systems zum Thema Menschenrechte sprach. Ein Journalist fragte ihn: »Das Geschäft eines Geschäfts ist das Geschäft – was reden Sie über die Menschenrechte?« Antwort: »Es gibt über eine Milliarde Menschen auf der Welt, die we-

253

niger als einen Dollar am Tag verdienen. Eine Milliarde Menschen wird also niemals Software von Cisco Systems verwenden. Nun ist es mein Geschäft, den Markt zu erweitern. Also werde ich dafür sorgen, dass mehr von diesen Leuten Zugang zu unserem Markt erhalten.« Es hängt also davon ab, ob Ihr Blick kurz- oder langfristig ausgerichtet ist.

In den meisten Fällen sollten Moral und Geschäft miteinander verbunden sein. In manchen Situationen ist das nicht möglich, diese sind aber meines Erachtens in der Unterzahl. Man kann heutzutage nicht immer unterscheiden, wer Investor und Anteilseigner, wer Angestellter oder Manager eines Unternehmens ist – und je mehr diese Linien verwischen, desto größer wird der Druck auf das Unternehmen, ethisch verantwortlich zu wirtschaften. Das ist der Grund, warum die öffentliche Meinung immer wichtiger wird.

Wie hat sich Ihrer Erfahrung nach die Menschenrechtspolitik im Laufe der Jahre verändert?

Die gravierendsten Veränderungen haben auf drei Gebieten stattgefunden: bei der Agenda, den Akteuren und den Antworten. Was die Agenda angeht, wird die Menschenrechtsdiskussion heute auf viel breiterer Ebene geführt. Die Bereitschaft, auch wirtschaftliche, soziale und kulturelle Rechte als Bestandteile der Menschenrechte, als so genannte Menschenrechte der zweiten Generation anzuerkennen, ist gewachsen. Auf diesem Gebiet sind wir erst in den letzten zwei Jahren aktiv geworden. Die Aspekte Armut und soziale Ungleichheit haben in der Menschenrechtsdebatte heute einen größeren Stellenwert als je zuvor.

Die Erweiterung der Agenda hat uns klar gemacht, dass wir uns auch anderen verantwortungstragenden Akteuren zuwenden müssen: Unternehmen, bewaffneten Gruppen, Frauen, religiösen Institutionen und Gemeindeoberhäuptern, um nur einige Beispiele zu nennen. Wahrscheinlich steht die Bewegung damit vor ihrer größten Herausforderung, weil sich die Menschenrechtsfrage ursprünglich in der durch internationale Verträge geregelten Beziehung zwischen einem Staat und seinen Bürgern und Bürgerinnen manifestierte. Wir gehen jetzt dazu über, bei der Durchsetzung der Menschenrechtsagenda unterschiedlichen Akteuren mit unterschiedlichen Strategien zu begegnen. Im gleichen Maße, in dem die Macht lokaler NGOs, Basisorganisationen und kommunaler Gruppen gewachsen ist, hat sich auch unser Bündnis mit ihnen verstärkt. Da die Einhaltung der Menschenrechte immer nur an Ort und Stelle überprüft werden kann, müssen große zivilgesellschaftliche Organisationen wie Amnesty International und Human Rights Watch lernen, mit den Menschen vor Ort zusammenzuarbeiten.

Außerdem sind wir dabei, Gruppen in Russland, Mitteleuropa und Zentralasien aufzubauen, wo andere Themen vorherrschen und die Umstände, unter denen unsere neuen Mitglieder arbeiten, es den Verfechtern von Menschenrechten nicht gerade leicht machen. Auch entstehen Umweltschutzgruppen, Frauenrechtsorganisationen und Entwicklungsnetzwerke in diesen Ländern. Daher müssen wir uns fragen: Welche Relevanz haben die Menschenrechte für ihre Agenda? Welche neuen Antworten können wir ihnen bieten? Und was haben wir zu ihren Diskussionen beizutragen?

Amnesty International bereichert die lokalen Debatten, indem wir – gestützt durch die geballte Macht unserer 77 Ländersektionen – regionalen Gruppen weltweit Gehör verschaffen, was ihnen sonst verwehrt bliebe. In der Vergangenheit bestanden die größten Erfolge unserer Organisation in der Durchsetzung internationaler Verträge und der Zusammenarbeit mit internationalen Institutionen wie dem Internationalen Strafgerichtshof, dem UNO-Hochkommissariat für Menschenrechte und der UN-Anti-Folter-Konvention – alles unter Ausnutzung unserer weltweiten Präsenz.

Die Hebelkraft, die wir auf diesem Weg erlangen, ist für unsere interne Strategie der Zusammenarbeit mit regionalen Gruppen von zentraler Bedeutung: Wir nennen es »jenen

Raum geben, die keine Stimme haben«. Ein Beispiel dafür ist mein Besuch in Brasilien Anfang Dezember letzten Jahres. Ich traf mich dort mit Vertretern örtlicher Menschenrechtsgruppen – darunter Frauen, landlose Bauern und Ureinwohner. Auf der Pressekonferenz anlässlich der Veröffentlichung unseres Berichtes über das Schicksal von Aktivisten in Lateinamerika baten wir die örtlichen brasilianischen Menschenrechtler auf das Podium und gaben ihnen Raum und Gelegenheit zu sprechen; etwas, was ihnen ihre eigene Regierung oder die Medien nicht zugebilligt hatten.

Ein anderes Positivbeispiel kommt aus Mexiko. Dort haben wir uns in der Stadt Ciudad Juárez an der mexikanisch-texanischen Grenze der Ermordung mehrerer Hundert Frauen in den letzten sieben bis zehn Jahren angenommen. In Zusammenarbeit mit Frauengruppen und den Müttern der ermordeten Frauen ist es uns gelungen, den mexikanischen Präsidenten Vicente Fox auf den Fall aufmerksam zu machen und ihn zu zwingen, die offizielle Untersuchung der Morde zu intensivieren.

In welche Richtung entwickeln sich die Aktivitäten von Amnesty und anderer NGOs?

Wir haben uns in den vergangenen beiden Jahren verstärkt darum bemüht, für die breite Masse der Menschenrechtsbewegung nachvollziehbarer und transparenter zu werden. Wir sehen uns als gesellschaftlich engagierte Organisation innerhalb dieser Bewegung. Natürlich bleiben wir auch weiterhin unseren eigenen Mitgliedern und Spendern gegenüber rechenschaftspflichtig, wie unser rechtlicher Rahmen auch aussehen mag, doch wir beabsichtigen, uns enger mit anderen Menschenrechtsgruppen zusammenzuschließen, sie über unsere Aktivitäten und deren Gründe zu informieren und unser Berichtswesen dahingehend zu verändern, dass wir ein Teil der Gemeinschaft werden. Dies ist ein gradueller Prozess, denn bis vor kurzem haben die meisten zivilgesellschaftlichen

Organisationen – Amnesty und andere mit eingeschlossen – diese Beziehung nicht richtig eingeschätzt.

Amnesty hat sich schon immer als Kollektiv verstanden, das mit Einzelnen zusammenarbeitet, die von Verstößen gegen die Menschenrechte betroffen sind. Wir beschäftigen uns seit jeher mit unrechtmäßigen Inhaftierungen und setzen uns für die Freilassung von Gefangenen ein. Doch unsere Beziehung zu ihnen war eher die eines Retters zum Geretteten – wir kamen zu jenen, die im Gefängnis saßen, und holten sie dort raus. Inzwischen entwickelt sich die Menschenrechtspolitik von dieser Form der Einzelfallarbeit weg. Wir werden diese Art der Arbeit sicherlich fortsetzen, doch der Schwerpunkt liegt mittlerweile auf der Veränderung des Systems. Wenn man Gewalt gegen Frauen bekämpft, ist die Rettung einer einzelnen Frau nicht die Lösung. Wenn man gegen Kinderarbeit vorgeht, geht es nicht darum, ein Kind davon zu befreien. Es geht darum, das ganze System zu verändern, das solche Verstöße gegen die Menschenrechte zulässt, und das wiederum bedeutet, mit anderen, von diesem System betroffenen Gruppen zusammenzuarbeiten, um die notwendigen Veränderungen herbeizuführen.

Wie finden Sie ein Gleichgewicht in Situationen, in denen das Abstellen einer Menschenrechtsverletzung andere Schäden nach sich ziehen kann; so wie das Verbot von Kinderarbeit in Bangladesch die wirtschaftliche Lage von Kindern dort erheblich verschlechterte?

Ich denke, das Gleichgewicht muss von Fall zu Fall neu hergestellt werden. Die Dinge liegen jedes Mal anders, deshalb ist eine umfassende Betrachtung erforderlich. Nehmen wir beispielsweise die Situation im Irak. Auf der einen Seite ging es darum, ein Regime abzusetzen oder zu entfernen, das offenkundig verachtungswürdig war und die Menschenrechte mit Füßen trat. Auf der anderen Seite stellte sich das Problem, wie wir ein solches Regime entfernen und mit den unvermeidlichen Folgen dieses Handelns umgehen sollten. Und die Erfahrungen im Irak haben uns gelehrt, dass es darauf keine einfachen Antworten gibt.

In der Irakkrise konzentrierte sich Amnesty auf die Situation der Menschen. Wir haben durchgängig die Position vertreten, dass die Rechte der irakischen Bevölkerung geschützt werden müssen. Im Fall eines militärischen Angriffs hatten die Verantwortlichen auch dafür zu sorgen, dass Zivilisten nicht darunter leiden würden. Ebenso wichtig aber war es uns zu erfahren, welche Maßnahmen nach dem militärischen Eingreifen etabliert werden würden, um die Menschen zu schützen und ihnen ein Mitspracherecht in ihrer Regierung zu gewähren.

Ich halte es für unsere Aufgabe, solche Situationen im Hinblick auf die Folgen für die Menschenrechte zu beobachten. Natürlich spielen auch andere Faktoren hinein – Sicherheit, Massenvernichtungswaffen und so weiter –, dennoch würden wir uns wünschen, dass sich Regierungen, Unternehmen und andere verantwortliche Akteure eine umfassendere Betrachtungsweise zu eigen machen, weil es im Bezug auf die Menschenrechte immer weniger folgenlose Entscheidungen gibt.

Als Washington und London letztes Jahr ihr militärisches Vorhaben mit der Notwendigkeit begründeten, die Menschenrechte der Iraker schützen zu müssen, veröffentlichte Amnesty eine Stellungnahme, die besagte, dieses Vorhaben hätte keineswegs etwas mit den Menschenrechten zu tun und man solle die Menschenrechte nicht als Vorwand missbrauchen. Nun sagen Sie, die Menschenrechte hätten im Irak durchaus zur Debatte gestanden...

... es stimmt, die militärischen Pläne drehten sich unter anderem auch um Menschenrechtsbelange. Doch Saddam Husseins erschreckender Umgang mit den Menschenrechten war nicht erst sei 2003 bekannt. Schon 1988 hat Amnesty International Berichte über die Gasangriffe auf Kurden veröffentlicht und damals teilten uns die britischen und amerikanischen Behörden mit, dass sie uns nicht glaubten. Unsere Stellungnahme besagte daher nichts anderes, als dass man nicht 15 Jahre lang Menschenrechtsberichte ignorieren kann, um sie ausgerechnet dann zum Thema zu machen, wenn es der eigenen Sicherheitspolitik oder den außenpolitischen Zielen zupass kommt. Ein derart selektives Verhalten – Menschenrechtsverletzungen als Vorwand zur Verfolgung bestimmter politischer Ziele zu benutzen – mag für Regierungen normal sein, aber es bringt das ganze Menschenrechtssystem in Misskredit. Denn es untergräbt das Vertrauen der Menschen, wenn sie sehen, dass Menschenrechte benutzt werden, um politische und militärische Reaktionen zu rechtfertigen.

Michael Ignatieff sagte kürzlich, Regierungen folgten ausschließlich ihrem politischen Instinkt. Sie handelten nur, wenn es in ihrem eigenen Interesse sei und nähmen sich eines Menschenrechtsthemas dann an, wenn es ihre eigene Sache voranbringe. Seiner Meinung nach war es 1988 nicht im Interesse Londons und Washingtons, im Irak einzuschreiten, 2003 dagegen schon. Sehen Sie das genauso?

Ich stimme Michael Ignatieff zu, dass Regierungen nur ihrem politischen Instinkt folgen und ihre politischen Ziele auf jede erdenkliche Weise vorantreiben. Dazu gehört auch, dass Menschenrechte zur Rechtfertigung ihres Handelns herhalten müssen. Gerade deshalb müssen wir dafür sorgen, dass niemand den Rahmen und die Verbindlichkeit internationaler Abkommen und der internationalen Menschenrechte untergräbt. Wenn wir das erlauben, wird im Grunde das gesamte Menschenrechtssystem zerstört. Deshalb müssen wir dem Versuch von Regierungen, das System zu ihrem Vorteil zu manipulieren, etwas entgegensetzen, das ihr Verhalten weitestgehend unter Kontrolle hält. Amnesty International versucht das durch die öffentliche Meinung zu erreichen und die UNO durch ihren Menschenrechtsapparat. Wenn wir zulas-

259

sen, dass die Menschenrechte zu einem außenpolitischen Instrument degradiert werden, wird die werteorientierte Basis der Menschenrechtspolitik zerstört.

Das Gespräch führte Igor Reichlin

Mary Robinson

Seltsame Zeiten für Menschenrechte

Ein Gespräch

Wie hat sich die Menschenrechtspolitik im Laufe der letzten 30 Jahre verändert?

In meinen Augen verschiebt sich der Schwerpunkt derzeit vom Formulieren von Gesetzen auf ihre Durchsetzung. Es geht zunehmend darum, Regierungen und andere verantwortliche Instanzen zur Rechenschaft zu ziehen und dafür möglichst wirksame Strategien zu entwickeln. Mir persönlich lässt es einfach keine Ruhe, wenn ich sehe, wie Menschen Opfer von Menschenrechtsverletzungen werden, leiden müssen, weil der Schutz der Menschenrechte nicht gewährleistet ist, in äußerster Armut leben oder an Aids sterben.

Auch die Gewichtung der Menschenrechte verändert sich. Im Zusammenhang mit dem Kalten Krieg kam es zu der etwas unglücklichen Entwicklung, dass zwei internationale Pakte gebildet wurden: einer über bürgerliche und politische Rechte, der vom Westen ernst genommen wurde, und einer über wirtschaftliche, soziale und kulturelle Rechte, der damals von der Sowjetunion und vielen Entwicklungsländern favorisiert wurde. Die Haltung dieser Länder war: Wir kümmern uns um die Ernährung unserer Bevölkerung und um Bereiche wie Bildung und Gesundheit, und wenn das alles gewährleistet ist, dann werden wir uns – vielleicht – mit der Frage der politischen Rechte befassen. Auf diese Weise mussten sie sich mit Belangen wie dem Recht auf ein unparteiisches Gerichtsverfahren, der Meinungsfreiheit und dem Recht auf politische

Betätigung nicht auseinander setzen. Die Situation war also in gewisser Weise festgefahren.

Ich hatte eigentlich die Hoffnung, dass wir dieses Problem nach dem Fall der Mauer würden überwinden können, aber die wirtschaftlichen, sozialen und kulturellen Rechte haben immer noch nicht das angemessene Gewicht, auch wenn ich den Eindruck habe, dass die Europäische Union mehr und mehr erkennt, wie bedeutend diese Rechte für Europa und ganz besonders für die Entwicklungsländer sind.

Diese beiden Gruppen von Menschenrechten auf einer gemeinsamen Ebene zusammenzuführen ist unglaublich wichtig, und als ich im September 1997 mein Amt als UNO-Hochkommissarin für Menschenrechte antrat, habe ich das als Teil meiner Aufgabe betrachtet. Die Notwendigkeit einer ausgewogenen, breit gefächerten Agenda, die gleich viel Gewicht auf die bürgerlichen, politischen, wirtschaftlichen, sozialen und kulturellen Rechte legt, war mir sehr bewusst. Aber ich hielt es für sinnvoll, die beiden Gruppen von Menschenrechten jeweils für sich zu stärken. Zum einen durch den Schutz und die Förderung der bürgerlichen und politischen Rechte mit dem langfristigen Ziel, das Folterverbot durchzusetzen und die Meinungsfreiheit zu garantieren. Zum anderen, indem dafür gesorgt wird, dass die wirtschaftlichen, sozialen und kulturellen Rechte implementiert und die verantwortlichen Instanzen zur Rechenschaft gezogen werden. Letzteres kann und sollte auf ganz verschiedenen Wegen geschehen, das halte ich für sehr wichtig. Man kann Etats überprüfen oder vor Gericht gehen, wie etwa in Südafrika oder Indien, oder man macht die Rechenschaftspflicht zu einem Bestandteil der Berichterstattung an die UNO-Vertragsorgane. In diesem Zusammenhang spielt auch die Zivilgesellschaft zunehmend eine wichtige Rolle. Wenn eine Regierung zum Beispiel gegenüber dem UNO-Ausschuss für die Rechte des Kindes behauptet, diese oder jene Maßnahme durchzuführen, kann sich die Zivilgesellschaft einschalten und sagen: »Nein, das stimmt nicht, im Gegenteil: Hier vor Ort geschieht überhaupt nichts.« Und dann nimmt sich der UNO-Ausschuss der Sache an und erstellt seinen eigenen Bericht. Der Mechanismus ist natürlich noch verbesserungsfähig, aber es ist der Anfang einer institutionalisierten Verantwortlichkeit.

Wie steht es um den größeren Rahmen der Menschenrechtspolitik? Ändert sich auch hier etwas?

Was sich, zumindest in gewisser Hinsicht, verändert hat, ist, dass die Gruppen, die an der Basis arbeiten, sich auf lokaler Ebene engagieren – für die Rechte des Kindes, die Rechte der Frau, die Bekämpfung der Armut –, besser informiert sind. Es gibt in dieser Arbeit mittlerweile eine nützliche internationale Dimension, die es den Gruppen ermöglicht, zunächst mit ihrer zuständigen Regierung zu verhandeln, wenn das jedoch nichts bringt, sich nach Genf zu wenden oder an den Europäischen Gerichtshof für Menschenrechte in Straßburg, oder das amerikanische Menschenrechtssystem zu nutzen, um die Regierung an den Pranger zu stellen. Auch in Afrika passiert so etwas immer häufiger. Die neue Dimension, die sich dort mit dem *Fakultativprotokoll zur Afrikanischen Charta der Menschenrechte und Rechte der Völker über die Rechte der Frauen in Afrika* aufgetan hat, wird von afrikanischen Frauengruppen bereits genutzt. Wenn dieses Protokoll ratifiziert wird, wird sich das auf die Frauenrechte in den afrikanischen Ländern massiv auswirken.

All diese Mechanismen tragen dazu bei, das Prinzip der Verantwortlichkeit zu stärken. Sie sind nicht perfekt, lassen sich aber durch die wachsende Vernetzung der zivilgesellschaftlichen Gruppen – besonders im Bereich der wirtschaftlichen, sozialen und kulturellen Rechte – immer besser nutzen. Man tauscht sich in zunehmendem Maße über sinnvolle Vorgehensweisen aus; ein breiteres Wissen über die einschlägige Rechtsprechung bestimmter Länder führt dazu, dass vergleichbare Fälle anderswo auch vor Gericht gebracht werden;

und die Erfahrungen mit dem Europäischen Gerichtshof in Straßburg sind besonders wertvoll. Die Gruppen, die sich für die Rechte des Kindes und die wirtschaftlichen und sozialen Rechte engagieren, sind sich zum Beispiel inzwischen der Möglichkeit bewusst, einen alternativen Bericht vorzulegen, wenn eine Regierung ihren Bericht an die UNO hinauszögert. Und wenn eine Regierung einen Bericht vorlegt, mit dem sie nicht übereinstimmen, können sie wiederum einen eigenen Bericht einreichen, der von den Menschenrechtsorganen der UNO berücksichtigt wird. Zugleich gibt es ein relativ ausgereiftes System von Verträgen, mit deren Hilfe das Hochkommissariat die fünf Hauptausschüsse unterstützt: Den Ausschuss für die Rechte des Kindes, den Menschenrechtsausschuss des Internationalen Paktes über bürgerliche und politische Rechte, den Ausschuss für wirtschaftliche, soziale und kulturelle Rechte, den Ausschuss gegen Folter und den Ausschuss für die Beseitigung der Rassendiskriminierung.

Die Abteilung Frauenförderung der UNO in New York unterstützt den Ausschuss der Konvention zur Beseitigung jeder Form von Diskriminierung der Frau, *Convention for the Elimination of Discrimination against Women* (CEDAW), und es wird sehr viel Erfahrungsaustausch betrieben. Was diesen Ausschüssen jedoch fehlt, ist das Geld: Sie sind chronisch unterfinanziert, weil einige Regierungen nicht wollen, dass sie effektiv arbeiten können. Während meiner Zeit bei der UNO habe ich mich bemüht, diese fünf Ausschüsse mit Geldmitteln auszustatten, aber jedes Mal, wenn ich das Thema außeretatmäßige Finanzierung aufbrachte, kam selbst von den entwickelten europäischen Ländern die Reaktion: »Nein, die Ausschüsse sollten aus dem regulären Etat finanziert werden« – und dann sorgten sie dafür, dass das nicht geschah.

Es ist mir gelungen, aus UNO-unabhängigen Quellen zusätzliche Gelder zu beschaffen, aber einfach war das nicht. Es ist ein richtiger Kraftakt, ausreichende Mittel aufzutreiben, die es diesen Ausschüssen ermöglichen, konsequent und gründlich zu arbeiten, in einem gewissen Rahmen Nachforschungen anzustellen und die Berichte, die ihnen aus verschiedenen Ländern zugehen, angemessen zu diskutieren. Sie müssen in die Lage versetzt werden, diese Berichte schneller zu bearbeiten – wenn es Verzögerungen gibt, landen die Berichte in den Akten, und manchmal vergehen fünf Jahre, bis man sich schließlich mit ihnen befasst.

Auf welcher Ebene sind öffentlich-private Partnerschaften Ihrer Ansicht nach am sinnvollsten: auf der lokalen, der regionalen oder der zwischenstaatlichen Ebene?

Das kommt ganz darauf an. Es ist sehr wichtig, eine größere Bandbreite von Partnern einzubeziehen. Ich habe ja schon erwähnt, dass die Organisationen, die an der Basis arbeiten, sowohl regionale Möglichkeiten wahrnehmen können – falls vorhanden – als auch solche auf zwischenstaatlicher und UNO-Ebene. Außerdem tragen auch die Unternehmen zunehmend Verantwortung. Die Hauptverantwortung liegt nach wie vor beim Staat, aber Globalisierung bedeutet zum Teil eben auch Deregulierung und den Rückzug des Staates aus einer ganzen Reihe von Dienstleistungen, etwa im Bildungs- und Gesundheitswesen, ja sogar im Strafvollzug und anderen Bereichen des Rechtswesens. Dennoch muss die Grundverantwortung bei der Regierung liegen, und zwar auch im Falle nichtstaatlicher Dienstleistungen: Sie muss sicherstellen, dass die Art und Weise, in der diese Dienstleistungen erbracht werden, die schrittweise Durchsetzung der wirtschaftlichen, sozialen und kulturellen Rechte fördert. Zugleich liegt es in der Verantwortung derjenigen Unternehmen, die Dienstleistungen im Rahmen einer öffentlich-privaten Partnerschaft anbieten, sicherzustellen, dass sie keine Menschenrechtsverletzungen mittragen. Sie müssen sich aktiv für das Recht der Menschen auf Gesundheit, Bildung, Meinungsfreiheit und körperliche Unversehrtheit einsetzen.

Es hat einige Kritik am Internationalen Währungsfonds (IWF) gegeben, dessen Politik Regierungen gelegentlich dazu zwingt, budgetierte Programme zusammenzustreichen, um den Staat effizienter zu verwalten. Wie kann dieses Problem Ihrer Ansicht nach gelöst werden?

Nehmen wir das Bildungswesen in den Entwicklungsländern. Hier sollte der Staat eine maßgebliche Rolle spielen, denn es gehört zu seinen spezifischen Verpflichtungen, für Bildungsmöglichkeiten auch in den ärmsten und/oder ländlichen Gegenden zu sorgen. Die Realität sieht jedoch so aus, dass der Internationale Währungsfonds vorwiegend eine Politik der Strukturanpassung betreibt, die zu einer Reduktion des öffentlichen Bildungsangebots geführt hat. Zugleich haben jedoch die Eliten in den Entwicklungsländern privilegierten Zugang zu Privatschulen und anderen Bildungsmöglichkeiten. Die jeweiligen Regierungen müssen also dringend ihrer Verantwortung nachkommen und Maßnahmen gegen Diskriminierung ergreifen. In vielen Ländern hat sich ein Zweiklassen-System herausgebildet –, Privatschulen für die Eliten und daneben ein staatliches Schulwesen, das durch die Strukturanpassungspolitik geschwächt ist. Einerseits liegt es also in der Verantwortung des Staates, ein öffentliches Bildungsangebot zu schaffen und im Eliten-Schulsystem Diskriminierung zu verhindern, andererseits betreibt der Währungsfonds eine Politik, die das Bildungsangebot einschränkt und es den Ländern erschwert, ihrer rechtlichen Verpflichtung nachzukommen und schrittweise die wirtschaftlichen, sozialen und kulturellen Rechte zu implementieren.

Das Projekt, das ich zurzeit leite – die *Ethical Globalization Initiative* (EGI) –, legt den Schwerpunkt auf das Prinzip der Verantwortlichkeit. Die meisten Staaten dieser Welt haben die verschiedenen Menschenrechtsverträge ratifiziert. Somit liegt es in ihrer Verantwortung sicherzustellen, dass die Politik des Internationalen Währungsfonds oder auch der Weltbank oder der Welthandelsorganisation nicht die fortschreitende Durchsetzung der wirtschaftlichen, sozialen und kulturellen Rechte unterminiert. Die derzeit vom Weltwährungsfonds betriebenen Strukturanpassungsprogramme und sein Umgang mit dem Schuldenproblem bewirken jedoch leider genau das: sie untergraben die Implementierung der Menschenrechte, ja oft verhindern sie sie sogar.

Wie wird die Ethical Globalization Initiative *dieses Problem handhaben? Geht sie auf Konfrontationskurs zum Internationalen Währungsfonds?*

Nein, wir arbeiten nicht konfrontativ. Wir wollen Bewusstsein schaffen und als Katalysator für die Entstehung eines neuen Denkens und neuer Partnerschaften wirken, die der engen Verbindung zwischen den Menschenrechten, der menschlichen Entwicklung und der menschlichen Sicherheit Rechnung tragen. Die EGI ist eine sehr kleine Initiative, die drei institutionelle Partner hat: das Aspen Institute, die Columbia University und den International Council on Human Rights Policy. Wir betrachten uns als Vermittler. Wir möchten zu Überlegungen und Ideen anregen, wie sich die Beachtung der Menschenrechte in Handel und Entwicklung verankern lässt, befassen uns unter dem Aspekt der Menschenrechte mit Migration, bekräftigen das Recht auf Gesundheit als eines der Menschenrechte und bringen diesen Aspekt in die Diskussion über die Verfügbarkeit von Medikamenten und medizinischer Behandlung im Zusammenhang mit der Bekämpfung von HIV/Aids ein.

Wir möchten auf verschiedenen Ebenen vermitteln: auf Regierungs-, Führungs-, Unternehmensebene, auf zivilgesellschaftlicher und auf akademischer Ebene. Wir verzahnen das intellektuelle Potenzial der Columbia University mit dem des Trinity College in Dublin, anderer europäischer Universitäten und der Universität von Pretoria, wobei der Schwerpunkt der Arbeit auf Afrika liegt.

Wir sprechen hier über öffentlich-private Partnerschaften, das heißt über Unternehmen und zivilgesellschaftliche Organisationen auf der privaten sowie Regierungsstellen und internationale Organisationen auf der öffentlichen Seite. Damit solche Partnerschaften funktionieren, sind gegenseitiges Vertrauen und gegenseitige Rechenschaft erforderlich. Glauben Sie, dass diese Gleichung aufgeht?

Ich finde es schwierig, von Partnerschaft zu sprechen, wenn es um die heiklen Punkte geht – sicherzustellen, dass die Polizei nicht foltert, dass die Gerichte unabhängig sind und dass Meinungs- sowie Religionsfreiheit gewährleistet sind. In diesen Bereichen gilt es die Regierung zur Rechenschaft zu ziehen, denn sie trägt die Hauptverantwortung. Und diese Interaktion ist verständlicherweise nicht frei von Spannungen – es erfordert äußerste Kraft und Entschlossenheit seitens der lokalen Menschenrechtler, ihre Regierung zu zwingen, die Menschenrechtsverträge zu implementieren, wobei sie als letzten Schritt internationale Menschenrechtsgruppen zur Unterstützung heranziehen können.

Für die Menschenrechte einzutreten ist ein Kampf, und dieser Kampf hat die Arbeit der Menschenrechtler geprägt: Ihren Einsatz gegen Menschenhandel und Gewalt gegen Frauen, ihr Bestreben, den politisch Entrechteten eine Stimme zu geben.

Im Kontext der Entwicklung lässt sich leichter von Partnerschaft sprechen, zum Beispiel wenn es um die Millennium-Entwicklungsziele geht, die für die Umsetzung der wirtschaftlichen, sozialen und kulturellen Rechte von größter Bedeutung sind.

Eine solche Partnerschaft im weitesten Sinne entwickelt sich derzeit zwischen der UNO und der Geschäftswelt. Letztes Jahr hat die Unterkommission für die Förderung und den Schutz der Menschenrechte der UNO den Entwurf eines normativen Rahmens für Unternehmen vorgelegt: Die Normen für die Verantwortlichkeiten transnationaler Unternehmen und anderer Wirtschaftsunternehmen im Hinblick auf die Menschenrechte. Die Normen sollen für Unternehmen auf jeder Ebene gelten und die Menschenrechtsprinzipien des Global Compact der Vereinten Nationen deutlich machen. Unternehmen, die sich dem Global Compact anschließen, verpflichten sich, die Allgemeine Erklärung der Menschenrechte zu unterstützen und jegliche Form der Mittäterschaft bei etwaigen Menschenrechtsverletzungen auszuschließen sowie die grundlegenden Umwelt- und Arbeitsstandards zu beachten. Was allerdings den Nachweis angeht, wurde die Latte meiner Ansicht nach sehr niedrig gelegt – bisher mussten die Unternehmen, die unterzeichnet haben, nicht präzise nachweisen, dass und wie sie ihre Verpflichtungen erfüllen. Das bringt mich wieder zum Thema Verantwortlichkeit zurück. Die neuen UN-Normen werden die Latte höher legen; wenn wir die Unternehmen davon überzeugen können, dass die Normen den Fortschritt fördern, können sie ein hilfreiches Instrument zur Stärkung des Global Compact sein.

Monitoring ist dabei natürlich ein wichtiger Punkt. Wir brauchen ein objektives Kontrollsystem; die Zivilgesellschaft könnte die Unternehmen kontrollieren, die Unternehmen könnten sich gegenseitig kontrollieren, vielleicht wird auch eine NGO als Aufpasser nötig sein. Für die Teilnahme der Menschenrechtskommission an einem solchen Kontrollsystem ist es allerdings noch zu früh, denn die Unternehmen sind sich derzeit noch sehr uneinig. Hier rate ich deshalb zu Eile mit Weile.

Wenn Sie eine Prognose abgeben sollten – wie sieht die Zukunft der Menschenrechtsfrage aus?

Nach meiner Einschätzung wird die Implementierung der wirtschaftlichen, sozialen und kulturellen Rechte sehr viel weiter ausdifferenziert werden, die Verantwortlichkeit der Regierungen wird steigen, die Entwicklung hin zu Global Governance wird sich beschleunigen und von den Unternehmen wird zunehmend erwartet werden, dass sie sich wie Partner und nicht wie Missetäter verhalten.

Aber ganz allgemein gesehen ist es eine seltsame Zeit für die Menschenrechte, und ich sehe ihrer Zukunft mit einer guten Portion Skepsis entgegen. Die Situation ist in mehrfacher Hinsicht viel schwieriger geworden, doch andererseits steckt in den derzeitigen Bemühungen, die wirtschaftlichen, sozialen und kulturellen Rechte zu implementieren, eine ungeheure Lebendigkeit – und das wird selbst in den USA mittlerweile wahrgenommen.

Das Gespräch führte Igor Reichlin

Weltsicherheit, Weltfrieden

Jean-Marie Guéhenno

Friedenssicherung heute

Ituri, Kongo: In der Krisenprovinz sorgt ein Blauhelmbataillon aus Pakistan gemeinsam mit Einheiten aus Bangladesch, Nepal und Uruguay dafür, dass die Milizen sich ruhig verhalten und die Bevölkerung aufatmen kann.

Dili, Osttimor: Zivilberater vermitteln der gerade entstehenden Regierung Kenntnisse in Informatik, Organisation und Verwaltung.

Kosovo: Erfahrene Polizisten aus Berlin, Buenos Aires, Kairo und Katmandu schulen, beraten und überwachen die neuen Ordnungskräfte, während Justiz- und Strafvollzugsexperten an der Anpassung des Gerichts- und Gefängnissystems mitwirken und so für eine rechtsstaatliche Infrastruktur sorgen.

Liberia: Zivilhelfer betreuen frisch entwaffnete und aus dem Kriegsdienst entlassene Kombattanten, darunter neunjährige Kindersoldaten, samt deren Familien.

Äthiopien – Eritrea: Militärbeobachter aus Jordanien und Kenia wachen über die Einhaltung des Waffenstillstands.

Momentaufnahmen von Friedenseinsätzen der Vereinten Nationen. Ende 2003 liefen an den Krisenherden der Welt insgesamt dreizehn solcher Operationen. Umfang und Aufgaben der Missionen variieren stark. Während an der indisch-pakistanischen Grenze etwa 50 Militärberater ihren Dienst versehen, ist für Liberia die Entsendung von bis zu 15000 Mann vorgesehen. Die Bandbreite der Aufgaben reicht von der relativ simplen Überwachung einer Waffenstillstandslinie über die Umsetzung detaillierter Friedensabkommen bis zur Verwaltung ganzer Regionen. Allen bisherigen Prognosen zum Trotz nimmt der Bedarf an friedenssichernden Maßnahmen ständig zu – vor allem in Afrika, wo die Weltgemeinschaft der Brutalität der Konflikte und den dadurch verursachten humanitären Katastrophen keine angemessenen Anstrengungen zu deren Prävention, Eindämmung und Lösung entgegenzusetzen vermag. Die Friedenseinsätze der UNO bleiben daher das wichtigste, wenn nicht gar das einzige Mittel, diesem dringenden Bedarf genüge zu tun.

Viel hat sich getan, seit Ralph Bunche vor 55 Jahren die Grundzüge der Friedenssicherung der Vereinten Nationen entwickelte; im Kern allerdings bleibt die Aufgabe unverändert. Obwohl in der UNO-Charta nicht explizit erwähnt, sind Blauhelm-Missionen ein probates Mittel des Sicherheitsrats zur Wahrnehmung seiner Verantwortung für Weltfrieden und internationale Sicherheit. Mit diesen Operationen setzt die Völkergemeinschaft inmitten der verfeindeten Parteien ein handfestes, glaubwürdiges Zeichen ihres politischen Willens, gestützt auf die besondere Legitimität ihrer Universalorganisation. Im Jahr 1956 verfasste Bunche für Dag Hammarskjöld, den damaligen Generalsekretär, eine Botschaft, die der Noteinsatztruppe der Vereinten Nationen bei deren Landung am Sueskanal zugehen sollte. Darin bezeichnete er die Blauhelme als »Vorhut einer moralischen Kraft, die um die ganze Welt geht«.

Auch wenn die Friedenssicherung heute flexibler betrieben wird und ein breites Spektrum politischer, militärischer, administrativer und sozioökonomischer Funktionen abdeckt, beruht sie noch auf den Prinzipien, die Bunche zur Überwachung des Nahost-Waffenstillstands von 1948 sowie anlässlich der Entsendung der ersten Friedenstruppe an den Sueskanal acht Jahre später formulierte: Die Konfliktparteien müssen der Mission zustimmen. Deren Angehörige haben sich unparteiisch zu verhalten. Gewalt dürfen sie nur in Notwehr anwenden. Würde eine dieser Bedingungen missachtet, handelte es sich nicht mehr um Friedenssicherung.

Die vermutlich wichtigste Lehre aus der UNO-Intervention in Bosnien und Herzegowina Anfang der 90er Jahre lautet: Friedenssicherung kann die aktive Auseinandersetzung mit dem Aggressor nicht ersetzen. Ebenfalls in Bosnien und zur gleichen Zeit in Ruanda hat die Welt gelernt, dass Unparteilichkeit und Neutralität zweierlei sind und dass ein dogmatisches Festhalten daran im Angesicht von Massakern an Zivilisten einer Mittäterschaft gleichkommt.

Manchmal sind Friedensmissionen von vornherein zum Scheitern verurteilt, weil sich die Fronten dermaßen verhärtet haben, dass Frieden außerhalb jeder Reichweite liegt. In solchen Fällen muss der Sicherheitsrat von der Entsendung von Blauhelmen absehen. Eine schmale blaue Linie vermag dem Anmarsch einer Panzerkolonne wenig entgegenzusetzen, richtet womöglich sogar zusätzlichen Schaden an, indem sie der Bevölkerung suggeriert, der durch die Friedenstruppe vertretenen Weltgemeinschaft gehe es um Sicherheit und Wohlergehen der Zivilisten.

Die Friedenssicherung der Vereinten Nationen hat sich mit der zunehmenden Komplexität der Konflikte mitentwickelt. Auseinandersetzungen zwischen Staaten kommen zwar noch vor, doch in der Regel hat es die UNO heute mit den schrecklichen Folgen innerer Kriege in gescheiterten oder kollabierenden Staaten zu tun, in denen bewaffnete Milizen aufeinander losgehen und dabei Tod und Verderben über die Zivilbevölkerung bringen.

Aber selbst unter solchen Umständen haben sich Friedenseinsätze immer wieder als effektiv erwiesen. Derartige Situationen sind freilich äußerst gefährlich und bergen das doppelte Risiko des Versagens der Staatengemeinschaft und weiteren Leidens der betroffenen Bevölkerung, sofern die Vereinten Nationen nicht erstens über ein klares Mandat ver-

273

fügen, aus dem sowohl die Zielvorgaben als auch die zu deren Verwirklichung zulässigen Mittel hervorgehen, sowie zweitens die personellen, materiellen und finanziellen Ressourcen erhalten, die zum Erfolg der Mission nötig sind.

Eine wesentliche Erkenntnis aus den UNO-Einsätzen der 90er Jahre ist, dass ein Mandat eindeutige Ziele enthalten muss. Der Sicherheitsrat muss die Rolle der Friedenstruppe in seinen Resolutionen genau bestimmen und realistische Ziele nennen. Politische Rücksichtnahmen dürfen weder die Mission als Ganze noch deren Teilnehmer gefährden. Vor allem anderen muss der Rat die Lage vor Ort berücksichtigen. Ebenso essenziell wie zeitige und korrekte Informationen über den Konflikt sind die Mittel zu deren Auswertung sowie zur Ausarbeitung der Lösungsstrategie. Nur so kann der Rat verdeutlichen, was die Vereinten Nationen erreichen wollen.

Die meisten Aufgaben der Friedenssicherung – Mitwirkung an der Erfüllung von Friedensabkommen, an politischen Prozessen, am Aufbau ziviler Institutionen, Ausbildung von Polizeikräften, humanitäre Hilfe, Rückführung von Flüchtlingen und Vertriebenen, Beobachtung der Menschenrechtslage, Mithilfe bei Verfassungs-, Justiz- und Wahlrechtsreformen, Unterstützung des wirtschaftlichen Ausgleichs und Wiederaufbaus – sind in einem restriktiven Umfeld unlösbar. Diese Arbeit wird nicht von Soldaten, sondern von Zivilisten getan, die sich dabei nicht hinter Betonbarrieren und Stacheldraht verstecken können. Deshalb muss sich der Sicherheitsrat vor einer Mission des Friedenswillens der Konfliktparteien und deren Zustimmung zum Eingreifen der Vereinten Nationen versichern.

Neben klaren Zielen ist ein Konsens über die erlaubten Mittel unerlässlich. Dieser Aspekt ist unter anderem deswegen wichtig, weil er die Grundsätze der Friedenssicherung berührt. Obwohl sich der Sicherheitsrat seit Ende des Kalten Krieges in rund einem Drittel seiner Resolutionen auf die für den Gewalteinsatz maßgeblichen Artikel des Kapitels VII der UNO-Charta berufen hat, blieb häufig unklar, inwieweit Gewalt bei Friedensmissionen vertretbar sei. Die Ermächtigung zur Notwehr ist ehernes Prinzip. Allerdings operieren die Blauhelme heute fast ausschließlich in Situationen, in denen weder dieser Grundsatz noch die offizielle Zustimmung der Konfliktparteien zur UNO-Präsenz viel bedeuten, weil sich irreguläre Milizen, Friedenssaboteure und gewöhnliche Banditen, die insbesondere aus der unsicheren Übergangsphase nach einem Konflikt Kapital zu schlagen suchen, kaum davon beeindrucken lassen. Dies bedeutet, dass die Friedenswächter vom Moment ihrer Ankunft an jede Herausforderung ihrer Autorität abschmettern können müssen. Sie müssen Kraftproben souverän meistern und in aller Deutlichkeit signalisieren, dass sie sich selbst ebenso schützen können wie den Friedensprozess, zu dessen Unterstützung sie angerückt sind.

Missionen auf heiklem Terrain können nur gelingen, wenn Einvernehmen darüber herrscht, dass dies eine wehrhafte Truppe voraussetzt, die so aufgestellt und konfiguriert ist, dass sie nicht nur über Zwangsmittel verfügt, sondern auch die Initiative an sich reißen sowie im Falle einer Provokation sich und ihr Mandat verteidigen kann. Ein solches Eskalationspotenzial ist für die Glaubwürdigkeit der UNO-Projekte entscheidend. Je deutlicher die eigene Schlagkraft zu erkennen ist, desto seltener wird die Truppe davon Gebrauch machen müssen.

Zur Friedenssicherung benötigt man vor allem Soldaten, Polizeikräfte und sonstige Helfer aus den Mitgliedstaaten. Dies ist die zweite Prämisse der Friedenseinsätze: Das Personal, das unter der blauen Flagge dienen soll, wird von UNO-Mitgliedern gestellt. Die Vereinten Nationen unterhalten kein stehendes Heer. Ohne die Beteiligung der Länder gäbe es keine Friedensmissionen.

Die vom Sicherheitsrat ermächtigten internationalen Streitkräfte in Bosnien, im Kosovo und in Afghanistan sind unentbehrliche Stützen des Weltfriedens und der globalen Sicherheit. Ohne den Schutz, den die NATO mit ihrer KFOR im Kosovo gewährt, könnte die dortige UNO-Mission kaum etwas ausrichten. Die Bedeutung solcher vom Sicherheitsrat verfügten, aber von Drittorganisationen wie der NATO, der Europäischen Union oder einer Koalition aus Mitgliedern der Vereinten Nationen ausgeführten Einsätze ist beachtlich. Kehrseite dieser Praxis ist, dass die beauftragten Länder im Gegenzug weniger zu Missionen beisteuern, bei denen die UNO selbst Regie führt. Dabei wäre ihre Mitwirkung insbesondere an den Einsätzen in Afrika, wo die meisten Blauhelme Dienst tun, von größter Bedeutung.

So sehr die afrikanischen Krisen die Weltgemeinschaft erschüttern mögen, so wenig entspricht deren Engagement auf diesem Kontinent den Erfordernissen, ja es verblasst förmlich neben dem andernorts betriebenen Aufwand. Allein die KFOR marschierte mit sage und schreibe 50 000 Mann vollzählig im Kosovo auf, das ein Drittel Belgiens misst. In Afrika dagegen sind insgesamt 40 000 Soldaten im Namen der UNO im Einsatz. Darin eingerechnet ist die Mission im Kongo, einem Land der Größe Westeuropas, in dem rund 10 000 Blauhelme stationiert sind.

Auch außerhalb der Friedenssicherung der Vereinten Nationen haben sich politische Akteure in einzelnen Krisensituationen militärisch auf dem afrikanischen Kontinent engagiert – so die EU in der kongolesischen Stadt Bunia sowie Großbritannien in Sierra Leone. Diese Einsätze waren nötig und haben vielen Menschen das Leben gerettet. Trotzdem stellt sich die Frage, ob es dazu hätte kommen müssen, wenn man die UNO-Missionen in Sierra Leone und im Kongo von Anfang so konfiguriert und ausgerüstet hätte, wie es zur Erfüllung ihres jeweiligen Auftrags erforderlich gewesen wäre, beispielsweise mit einer schnellen Eingreiftruppe.

Sollen die Vereinten Nationen ihrer unabdingbaren Pflicht zur Wahrung des Weltfriedens gerecht werden, müssen sie fest mit den Personalkontingenten rechnen können, die sie zur sachgerechten Durchführung ihrer Mandate benötigen. Um die erfolgsentscheidende Selbstbehauptung einer Friedensmission zu gewährleisten, braucht man nicht nur tapfere

Infanteristen, die das Gelände sichern, sondern auch eine logistische und technische Infrastruktur, die dem Unternehmen seine Flexibilität und Handlungsfähigkeit erhält. Ein kleines Fluglotsenteam etwa kann dafür sorgen, dass die Flughäfen und Landebahnen im Kongo offen und funktionsfähig bleiben. Entsprechend ausgebildete Spezialisten findet man in erster Linie in den Streitkräften entwickelter Länder. Ohne deren fachliche Unterstützung kommen die Vereinten Nationen nicht aus. Trifft diese Hilfe nicht unter der blauen Flagge ein, müssen wir ihre Verfügbarkeit auch künftig auf anderem Wege sicherstellen – so, wie es der EU im Kongo gelungen ist.

Afrika wird mehr als jeder andere Kontinent von Konflikten heimgesucht. Diese verursachen im Verbund mit weiteren Faktoren schwerste humanitäre Krisen, die dringender Abhilfe bedürfen. Teil dieser komplexen Wirklichkeit ist der unverbindliche, äußerst labile, gleichwohl hoffnungsvolle Friedensprozess im Kongo. Ebenfalls zur Realität gehört Liberia, das im Chaos und in brutaler Gewalt versunken wäre, hätten nicht die Wirtschaftsgemeinschaft Westafrikanischer Staaten und später die Vereinten Nationen eine Friedensperspektive eröffnet. Tatsache ist auch, dass die Federführung bei der Bewältigung solcher Krisen trotz der bewundernswerten Initiative sowie wegen der begrenzten Ressourcen afrikanischer Staaten und Organisationen letztlich den Vereinten Nationen zufällt.

So jedenfalls stellt es sich heute dar. Langfristig könnten sich ermutigendere Aussichten ergeben. Die Afrikaner sind dabei, ihre schlimmsten Bürgerkriege zu beenden. Eine aus Erfahrung geborene pragmatische Zuversicht gewinnt in der afrikanischen Politik zunehmend an Boden. Unter denkbar ungünstigen Bedingungen entstanden, hat sich die postkoloniale afrikanische Diplomatie dennoch entwickelt und kontinuierlich verbessert. Zu erwarten ist ferner, dass die Afrikaner in der Friedenssicherung quantitativ und qualitativ aufschließen und somit in der Lage sein werden, zur Befriedigung des weltweiten Bedarfs an UNO-Missionen beizutragen. Die

Afrikanische Union stellt momentan eine Reservetruppe aus internationalen, subregional gegliederten Brigaden auf. Diese und weitere multi- wie bilaterale Anstrengungen zur Förderung und Sicherung des Friedens in Afrika muss die Völkergemeinschaft kritisch begleiten.

Frieden sichern kann nur, wer genau weiß, was er tut und was er erreichen will. Vor allem muss es einen Frieden geben, den man bewahren kann und auf dem sich aufbauen lässt. Dazu brauchen wir angemessene Ressourcen. Von niemandem kann verlangt werden, dass er eine so komplexe Aufgabe wie die Friedenssicherung ohne entsprechende politische, militärische, finanzielle und personelle Mittel meistert. Genau dies ist in der Vergangenheit geschehen. Die Friedenseinsätze der Vereinten Nationen mögen nicht immer das am besten geeignete Instrument sein. Manchmal aber sind sie das einzige – deshalb müssen sie funktionieren.

Mary Kaldor

Rückwärtsgewandte Ideologien oder fortschrittliche Realität?

Vor dem 11. September 2001 herrschte in der Diskussion über Global Governance große Zuversicht. Bereits im Jahre 1795 befand Immanuel Kant, unser Planet sei so klein geworden, dass ein lokaler Rechtsbruch überall auf der Welt bemerkt werden könne. Die immer stärkere Verflechtung aller gesellschaftlichen Betätigungsfelder, die Beschleunigung der Kommunikation und des Reisens, besonders im letzten Jahrzehnt, bezeugen Kants Weitsicht. Nach dem Kalten Krieg hofften viele, ein multilaterales Regelwerk werde das bisherige, auf militärische Macht gegründete internationale System ablösen und nicht nur den Staaten, sondern auch dem Individuum Schutz bieten. Darüber hinaus liefere der Erhalt der globalen Sicherheit eine Legitimitätsgrundlage, auf der sich neue weltpolitische Institutionen globalen Regierens der Probleme unserer Zeit annehmen könnten – etwa der Armut, der Seuchenbekämpfung oder des Umweltschutzes. In einer solchen Weltordnung träten nach wie vor die Staaten als Hoheitsträger auf. Allerdings würden sie ihre Souveränität je nach Aufgabe bündeln, vor allem in der Sicherheitspolitik. Somit wäre die Souveränität zunehmend an Bedingungen geknüpft wie etwa die Achtung der Menschenrechte.

Mit den Anschlägen auf die Türme des World Trade Center begann stattdessen eine Phase der »Rückwärtsglobalisierung«[1]. Der Begriff bezieht sich auf das Erstarken von Gruppen, die dann für Globalisierung eintreten, wenn diese ihren Sonderinteressen nützt, die im weltweiten Maßstab aber eine rückschrittliche Ideologie propagieren. Als rückschrittlich bezeichne ich Ideologien, die das Vergangene verherrlichen, ohne ein nachhaltiges Zukunftsprojekt vorweisen zu können. Dies trifft speziell auf Gruppen zu, die an einem obsoleten Souveränitätsbegriff festhalten. Sowohl die Regierung Bush als auch die militanten religiösen oder nationalistischen Netze, die seit zehn Jahren von sich reden machen, sind jeweils auf ihre Weise Vertreter der Rückwärtsglobalisierung.

Für George Bush und sein Kabinett repräsentiert Amerika per se das Gute. Die USA sind keine Nation, sondern ein Ideal. Sie befinden sich auf einem moralischen Kreuzzug zur Verbreitung der »freien Marktdemokratie« amerikanischer Couleur und zu deren Durchsetzung gegen alle möglichen Bedrohungen durch das »Böse«. Entscheidend ist dabei der Glaube, diese Mission lasse sich mit militärischer Gewalt erfüllen. Zur Untermauerung wird die Welt an den amerikanischen Sieg von 1945 erinnert, der den Europäern die Demokratie geschenkt habe. Ein hoher Beamter aus Bushs Mannschaft äußerte sich mir gegenüber wie folgt: »Es mag Sie schockieren, doch es gibt in der Geschichte Momente, in denen die Menschheit einen Gewaltausbruch braucht. Ohne die beiden Weltkriege hätten Sie in Europa niemals Ihre Demokratie bekommen.«[2]

Das Dogma, Amerika sorge mit Militärgewalt für die Ausbreitung der Demokratie, beherrschte die Jahre des Kalten Krieges. Viele Mitglieder der Bush-Regierung haben bereits unter Ronald Reagan gedient. Bushs »Achse des Bösen« erinnert an Reagans Wort vom »Reich des Bösen«. Die Suche nach dem neuen Gegner begann lange vor dem 11. September. Seit Ende der 90er Jahre sprach man von »Schurkenstaaten«, die Terroristen halfen oder Vernichtungswaffen horteten. Nach dem Anschlag auf New York wurde der Feindbegriff auf einen zum Teil unbestimmten Personenkreis ausgedehnt. Man denke etwa an Donald Rumsfelds berühmten Ausspruch über die »unbekannten Unbekannten«.[3] Nach dieser neuen Sicherheitsdoktrin beanspruchen die USA ein extrem weit gefasstes Mandat, um statt durch Abschreckung mit Präventivschlägen gegen solche Unbekannten vorzugehen.

Wichtigste Stütze dieser Idee ist die moderne Technik. Den Sieg im Zweiten Weltkrieg schreiben die Amerikaner ihrem Know-how zu, insbesondere ihrer industriellen Massenproduktion. Nun heißt es, die USA müssten ihre Kompetenz im Umgang mit den jüngsten Errungenschaften der Informationstechnik beweisen. Die so genannte virtuelle Kriegsführung markiert angeblich einen ähnlichen Durchbruch wie die Erfindung des Steigbügels oder des Schießpulvers. Ein begeisterter Verfechter dieser These: »Auch wenn der Treibriemen manchmal hängt, erreichen die Tugenden der modernen amerikanischen Wirtschaft – ihr Wagemut, ihre Spontaneität und ihre Bereitschaft, Informationen weiterzugeben – schließlich auch unser Militär. So, wie der jugendliche Autobastler von einst zur Motorisierung unserer Weltkriegsstreitmacht beitrug, sorgen die mit Videospielen, Internet und Tabellenkalkulation aufgewachsenen Feldwebel von heute für den Anschluss des Militärs an das Informationszeitalter.«[4]

Dabei hat sich die Kriegstaktik seit 1945 kaum geändert. Die US-Armee bevorzugt nach wie vor Bombardements aus der Luft und schnelle Offensiven. Zwar hat sich deren Präzision ebenso verbessert wie die Kenntnis des jeweiligen Schlachtfelds, doch baut dieser technische Fortschritt auf altbewährten Strukturen und Strategien auf, so dass das Militär nur immer spektakulärere Neuaufführungen historischer Schlachten inszeniert.

Dieser Ansatz ist rückschrittlich, weil er fast ausschließlich auf die Amerikaner zugeschnitten ist und auf der Glorifizierung vergangener Siege beruht. Er lässt sich als Versuch interpretieren, institutionelle Strukturen aus der Zeit des Kalten Krieges zu bewahren und sie der gänzlich anderen Welt von heute aufzunötigen. Die Souveränität der USA genießt in dieser Vorstellung höchste Priorität. Amerika entscheidet selbst, welchen Regeln es sich unterwirft und welchen nicht. Daher die Ablehnung völkerrechtlicher Abkommen wie des Klima-

protokolls von Kioto, der Landminen- und der Biowaffen-
konvention sowie allen voran des Internationalen Strafgerichtshofs. Die Integrität anderer Länder hängt indessen davon ab, ob sie der amerikanischen Definition des Guten
genügen. Wie subjektiv dieser Maßstab ist, zeigt sich daran,
dass zum Beispiel der Iran als »böse« gilt, während ebenso
autoritäre Staaten wie Saudi-Arabien und Usbekistan offiziell
zu den »Guten« gehören.

Anders als im Zweiten Weltkrieg sind der Ausübung militärischer Gewalt heute Grenzen gesetzt. Ein Grund dafür ist
die abnehmende Bereitschaft des amerikanischen Volkes, in
die Schlacht zu ziehen. Früher wurden einfach die Steuern
drastisch erhöht und Tausende eigener Bürger geopfert. Weil
die Welt nach Dollars hungerte, konnte man außerdem durch
großzügige Beihilfen in Form der Leihpacht die US-Wirt-
schaft ankurbeln. Heute braucht die amerikanische Gesellschaft für den Krieg nicht mehr zu bezahlen. Im Gegenteil:
Die Steuern werden gesenkt, und die Regierung achtet sehr
darauf, nicht das Leben von Amerikanern zu riskieren. Angesichts ihres gewaltigen Haushalts- und Leistungsbilanzdefi-
zits müssen sich die USA daher zur Finanzierung ihrer Feld-
züge im Ausland Geld leihen. Die Beteiligung des eigenen
Volkes beschränkt sich mehr oder weniger darauf, die Kriege
im Fernsehen zu verfolgen.

Wegen der begrenzten Mitwirkung der eigenen Bürger und
weil immer mehr unkonventionelle Gegner in den Besitz von
Waffen aller Art gelangen, ist es überdies schwieriger geworden, einen Krieg zu gewinnen. In der konventionellen Kriegsführung verfügen die USA zweifellos über einen großen Vorsprung. Doch infolge der steigenden Treffsicherheit und
Zerstörungskraft aller Waffentypen – ob leichte Waffen, Gra-
naten oder tragbare Raketen – können unkonventionelle
Feinde oder die von den Amerikanern so genannten »asym-
metrischen Bedrohungen« den bisherigen Vorteil aushebeln.
Einerseits sind konventionelle Militärschläge mit viel größerer Genauigkeit und Wirkung möglich als früher. Anderer-

seits ist es erheblich schwerer geworden, Ordnung herzustellen oder den Gegner zu bezwingen. Obwohl die Regime Afghanistans und des Irak ungeheuer schnell gestürzt wurden, bestehen ihre Überreste im Untergrund fort. Zwar ist Saddam Hussein endlich gefasst worden, doch Osama Bin Laden erfreut sich noch immer seiner Freiheit. In beiden Ländern bestehen Gewalt und Unsicherheit fort, ist das Modell der »freien Marktdemokratie« noch lange nicht verwirklicht. Die andauernden Repressalien gegen mutmaßliche Feinde sowohl in Afghanistan als auch im Irak, bei denen unzählige Zivilisten getötet werden, provozieren antiamerikanische Ressentiments und tragen zu jener gesellschaftlichen Polarisierung bei, von der die unkonventionellen Krieger profitieren.

Aber vielleicht sind solche Probleme unerheblich, stellen sie doch die Gesamtstrategie nicht unbedingt in Frage. Während die Finanzmärkte den Zusammenbruch der amerikanischen Wirtschaft fürchten, werden sie den USA mit Krediten aushelfen – ungeachtet der Vorbehalte gegenüber amerikanischen Kriegen. Solange die US-Medien amerikanische Siege melden, sind deren Negativwirkungen allein außerhalb des eigenen Landes von Belang. Wenn Bush vom Deck eines Flugzeugträgers aus verkünden kann: »Auftrag erledigt!«, und wenn er zum Erntedankfest seine jubelnden Truppen in Bagdad mit Truthahnbraten verwöhnen kann, dann haben die Kriege ihren Zweck erfüllt. Solange Amerika an seinen moralischen Kreuzzug glaubt, sind die Folgen für den Rest der Welt unwichtig. Dass die Terroristen trotzdem weitermachen, bestärkt die Amerikaner höchstens in ihrem Glauben, sie kämpften für die richtige Sache.

Religiöser oder nationalistischer Radikalismus ist an sich nichts Neues. Die Ursprünge solcher Bewegungen reichen in vielen Fällen in die 20er oder 30er Jahre zurück. Die heute zu beobachtende Verbindung aus politischem Extremismus (in Form des Exklusivismus oder des Fundamentalismus[5]), Gewalt an Zivilisten sowie Verbrechertum ist jedoch vorwiegend in den letzten beiden Jahrzehnten entstanden. Wegen

283

der Angriffe auf westliche Ziele berichten die dortigen Medien in erster Linie über den globalen Islamismus. Bewegungen mit ähnlich rückschrittlicher Ideologie finden sich aber bei allen Weltreligionen (Christen- und Judentum, Hinduismus, Sikhreligion, Buddhismus) sowie in vielen Nationen und Ethnien. Bisweilen lassen sich religiöse und nationalistische Gruppen nur schwer unterscheiden, da die Nationalidentität oft an eine bestimmte Religion geknüpft wird – man denke an Katholiken und Protestanten in Irland oder an die Nationalismen der Hindus und Sikhs.

Das Phänomen erklärt sich einesteils aus dem Niedergang säkularer linker Ideologien, namentlich des Sozialismus und des postkolonialen Nationalismus, anderenteils aus der zunehmenden wirtschaftlichen und sozialen Unsicherheit im Kielwasser der Globalisierung. Die neuen Bewegungen rekrutieren vor allem junge Arbeitslose, darunter viele, die entweder vom Land in die Städte oder aus dem Süden in den reichen Norden abgewandert sind – Männer, die die Bindung an ihre Heimat bereits verloren haben, ohne sich in ihr neues Lebensumfeld integriert zu fühlen, und die mangels Einkommens nicht einmal heiraten können. Die Mitgliedschaft in einer militanten Gruppe verschafft ihnen eine gewisse Sicherheit (durch Hilfsleistungen assoziierter Privatorganisationen oder religiöser Einrichtungen), ein Einkommen (aus kriminellen oder halblegalen Aktionen), moralische Selbstbestätigung, ein persönliches Ziel sowie die Aussicht auf Abenteuer.

Diese Gruppen streben fast alle nach religiös oder ethnisch legitimierter Staatsmacht, von der sie eine altmodische Vorstellung hegen. Sie halten an einem absolutistischen Hoheitsbegriff fest und weigern sich, die mit der Globalisierung einhergehende Bedingtheit der Macht anzuerkennen. Sie glauben, andere Religionen oder Ethnien aus ihrem fest umgrenzten Territorium ausschließen zu können. Die häufig mit Al Kaida verbundenen global agierenden Islamistengruppen machen sich überwiegend für islamische Regionalstaaten stark. So favorisiert Al Kaida ein Großkalifat für den Nahen Osten, während das Indonesien, Malaysia, die Philippinen und Singapur umspannende Terrornetz *Jemaah Islamia* für die Errichtung eines asiatischen Kalifats kämpft. In ähnlicher Weise sucht die südasiatische Organisation *Dschamaat-i-Islami* die Muslime zu einen.

Gemeinsam ist diesen Gruppen auch die Nostalgie nach einer imaginären Vergangenheit, einem »goldenen Zeitalter«, in dem vermeintlich sie in ihren Ländern herrschten. Ferner spielt bei allen das Bild vom Kampf eine wichtige Rolle. Jede dieser Gruppen macht sich einen klaren Begriff von sich selbst und »den anderen«, von Gut und Böse, vom Dschihad, vom kosmischen Krieg, von Armageddon, und schwelgt oft in Schlachtenepen und Heldenkult.

Ihre rückwärtsgewandte Ideologie hindert diese Bewegungen freilich nicht daran, sich bei Bedarf der Globalisierung zu bedienen. Viele von ihnen sind als transnationale Netze organisiert, deren Knoten sich über die ganze Welt verteilen. Fast alle werden von bedeutenden Diasporagemeinden mit Geld, Technik und Ideen versorgt. Sie finanzieren sich durch grenzüberschreitendes organisiertes Verbrechen, Drogen- und Menschenhandel, Alkohol- oder Zigarettenschmuggel. Sie verkörpern die erstarkende Kehrseite der Globalisierung. Ihre Ideologie verbreiten sie über die neuen Medien. Zur Weitergabe von Nachrichten und zur Planung von Aktionen verwendet beispielsweise Al Kaida unter anderem Videobänder.

Der Gewalteinsatz dieser Gruppen ist wohl am ehesten als Form der politischen Mobilmachung zu deuten. Im Gegensatz zu ihren Vorgängern, die es auf strategisch wichtige Ziele wie hohe Funktionäre oder sensible Anlagen abgesehen hatten, vergreift sich die neue Terroristengeneration vorsätzlich an Zivilisten, wobei sie zur möglichst makabren, spektakulären Inszenierung ihrer Brutalität neigt. Der Luftangriff auf das World Trade Center war vermutlich der aufsehenerregendste Gewaltakt aller Zeiten. Solche Aktionen bestätigen die Kampf- und Konfliktrhetorik ihrer Urheber. Da sie die allgemeine Unsicherheit verschärfen, schüren sie extremisti-

sche Gefühle. Bin Laden selbst hat es in einem auf Video mit-
geschnittenen Interview mit Al Dschasira im Dezember 2001
so ausgedrückt: »Selbst wenn Osama stirbt: Das Erwachen
hat begonnen. Gepriesen sei Gott.«[6]
Es besteht die Gefahr, dass die verschiedenen Ausprägun-
gen der Rückwärtsglobalisierung einander hochschaukeln
und für sachliche Überlegungen und Diskussionen ebenso
wenig Raum lassen wie für nachhaltige Projekte, die differen-
ziert auf den aktuellen Kontext eingehen. Im Irak haben es die
Amerikaner mit einer unangenehmen Allianz aus Überbleib-
seln des alten Regimes und Gotteskriegern zu tun. Statt den
Terrorismus zu besiegen, hat der Krieg für eine Annäherung
zwischen diesen Gruppen gesorgt und in Saudi-Arabien, Marokko und der Türkei eine Welle terroristischer Gewalt ausgelöst. Dass die USA den Regierungen Russlands und Israels in
deren »Antiterrorkriegen« beistehen und demokratiefeind-
liche Regime unterstützen, liefert den Terroristen weitere Argumente. Die Amerikaner betonen immer wieder, sie seien
im Gegensatz zu den Attentätern bemüht, Verluste unter der
Zivilbevölkerung zu vermeiden. Verglichen mit den Statistiken früherer Kriege sind in Afghanistan und im Irak tatsächlich verhältnismäßig wenige Opfer zu beklagen – im ersten
Fall rund 3000, im zweiten 8000. Diese Bilanz enthält allerdings weder die Truppenverluste, die ohnehin nicht mit-
gerechnet werden, noch Flüchtlinge, noch Todesopfer des
kriegsbedingten humanitären Notstands. Nimmt man dagegen die Menschenrechte zum Maßstab, erweisen sich die genannten Zahlen als äußerst hoch. Höher als die durchschnittliche Todesbilanz terroristischer Anschläge sind sie allemal.
Auch diese Zahlenverhältnisse bestätigen den Eindruck, dass
Amerika sich eine Doppelmoral leistet und gegenüber dem
Rest der Welt Sonderrechte beansprucht.
Könnten die Beispiele Iraks und Afghanistans Schule machen? Sowohl die Regierung Bush als auch die neuen militanten Nationalisten und Religionsfanatiker blühen im Kampf
erst richtig auf. Einander niederringen können sie nicht. Aber

sie können den Konflikt auf unbestimmte Zeit fortsetzen. Schließlich hat Rumsfeld uns darauf vorbereitet, dass der »Krieg gegen den Terror« so lange dauern werde wie der Kalte Krieg, nämlich 50 Jahre. Hier wird eine Parallele zur Auseinandersetzung zwischen Israel und den Palästinensern erkennbar: Selbstmordanschläge, die israelische Zivilopfer fordern, bringen die Palästinenser im Ringen um einen eigenen Staat keinen Schritt voran. Ebenso wenig tragen israelische Vergeltungsmaßnahmen oder Angriffe auf mutmaßliche Terroristen, bei denen der Tod palästinensischer Zivilisten in Kauf genommen wird, zur Sicherheit der Israelis bei. Beide Arten von Gewalt erhöhen die Polarisierung, spielen den Extremisten – seien es die Hamas oder die zionistische Rechte – in die Hände und rücken die Konfliktlösung in immer weitere Ferne.

Wie also stehen die Chancen einer fortschrittlichen Globalisierung? Können liberale Amerikaner und gemäßigte Muslime, gestützt auf das Votum der Mehrheit, ein alternatives Bündnis schmieden? Rund um den Globus demonstrierten am 15. Februar 2003 insgesamt 15 Millionen Menschen für die weltweit sich durchsetzende Auffassung, dass Krieg Unrecht ist. Können die Vereinten Nationen, die Europäische Union und andere internationale Organisationen trotz innerer Spaltung auf der Basis dieser globalen Meinungsäußerung einen Gegenentwurf, einen vorausschauenden, nachhaltigen Sicherheitsplan formulieren? Den Leidtragenden politischer Konflikte gewährt die Präsenz internationaler Vermittler wie der UNO, der EU oder privater Hilfsorganisationen selbst dann einen gewissen Schutz, wenn diese nicht mit militärischer Rückendeckung arbeiten. Im Irak jedoch glänzen die Vermittler durch Abwesenheit. Soll das die künftige Marschrichtung sein?

Vorschläge und Ideen liegen zur Genüge vor. Als Beispiele seien der Bericht »Die Verantwortung, zu schützen« (»The Responsibility to Protect«), die Ogata-Sen-Kommission »Human Security«, das Konzept der »Globalen öffentlichen

287

Güter« und die »Millenniumziele« der UNO genannt. Die Frage ist, wie man sie trotz allgemeinem Rückschritt in die Tat umsetzt. Die Rückwärtsglobalisierung mag unumkehrbar sein, lässt sich aber eindämmen, sofern fortschrittliche Globalisierungsträger den entsprechenden politischen Willen aufbringen. Die Wurzel der gefährlichen Tendenzen der Gegenwart ist die physische und materielle Unsicherheit. Wir müssen Mittel und Wege finden, den Einzelnen zu schützen und die Verbrecher zu verhaften. Wir brauchen eine globale Umverteilung. Und wir müssen jede ernsthafte Bemühung um Demokratie unterstützen. Dazu wiederum brauchen wir Ressourcen, die zumindest finanziell dem entsprechen, was man im und nach dem Zweiten Weltkrieg auszugeben bereit war. Wichtig wäre zudem die Selbstverpflichtung, Menschenleben nicht um des Irrsinns des gegenseitigen Abschlachtens willen zu riskieren, sondern allenfalls zur Rettung anderer, wie es Vertreter von Menschenrechts- und Hilfsorganisationen, Polizisten und Feuerwehrleute praktizieren. Mit anderen Worten: Das rückschrittliche Spektakel muss einer fortschrittlichen Realität weichen.

Anmerkungen

1 Den Ausdruck *regressive globalisation* hat Martin Shaw geprägt: »Global Transformation of the Social Sciences«. Mary Kaldor, Marlies Glasius, Helmut Anheier (Hg.): *Global Civil Society 2003*. Oxford 2003.

2 Vergebens mein Hinweis auf die erheblich längere demokratische Tradition Europas sowie mein Einwand, der Erste Weltkrieg habe der Menschheit vor allem den Faschismus und den Kommunismus beschert.

3 »Es gibt Dinge, von denen wir wissen, dass wir sie wissen. Hinzu kommen bekannte Unbekannte, das heißt Sachverhalte, von denen wir wissen, dass wir sie nicht kennen. Es gibt aber auch unbekannte Unbekannte, also Dinge, von denen wir nicht einmal wissen, dass wir sie nicht wissen. [...] Jedes Jahr entdecken wir mehr dieser unbekannten Unbekannten.« Zitiert in John Ikenberry: »America's Imperial Ambitions«. *Foreign Affairs*, September/Oktober 2002, Seite 50.

4 Elliott Cohen: »A Tale of Two Secretaries«. *Foreign Affairs*, Mai/Juni 2002, Seite 39.

5 Exklusivisten grenzen Angehörige anderer Völker oder Religionen aus. Fundamentalisten halten starr an ihren Glaubenssätzen fest und versuchen, diese anderen aufzuzwingen.

6 Zitiert in Jason Burke: *Al Qaeda: Casting A Shadow of Terror*. London 2003, Seite 238.

Robert Kagan

Freunde gewinnen, Einfluss nehmen

Ein Gespräch

In der Ergänzung zu Ihrem Buch Macht und Ohnmacht: Amerika und Europa in der neuen Weltordnung *geht es um Legitimität. Inwieweit ist die Machtposition der USA in einer globalen Welt legitim?*

Die Frage der Legitimität hat seit Ende des Kalten Krieges neue Bedeutung gewonnen. Da die USA nun alleinige Supermacht in einer unipolaren Welt sind, stellt sich natürlich die Frage der Legitimität. Dabei steht außer Zweifel, dass die USA Verbündete brauchen – wenn auch nicht unbedingt im materiellen Sinne: Nennenswerte militärische Unterstützung wird Europa in den meisten Fällen wohl nicht zu leisten imstande sein, und auch mit seinem wirtschaftlichen Beistand ist kaum zu rechnen. Doch es bleibt der psychologische Rückhalt: diesen vor allem braucht Amerika von seinen Verbündeten. Ich glaube, was wir jetzt im Falle des Irak erlebt haben, dass nämlich die USA psychologisch im Stich gelassen wurden, sollte uns allen als ein Warnzeichen hinsichtlich der Gefahren dienen, die uns drohen. Der Westen – das, was wir früher den Westen nannten – macht momentan eine Legitimitätskrise durch, weil Amerika außerordentlich mächtig ist und eine beträchtliche Anzahl seiner westlichen Partner sein politisches Handeln nicht mehr als legitim betrachtet. Dieses Infragestellen der Legitimität der USA ist für das amerikanische Volk ein Problem, denn entgegen dem Mythos kümmert es die Amerikaner sehr wohl, was der Rest der westlichen, liberalen Welt von ihnen denkt. Und

wenn diejenigen, die ihnen weltanschaulich am nächsten stehen, ihnen ständig erzählen, dass sie unrechtmäßig, illegal und
unmoralisch handeln, lässt das die Amerikaner nicht kalt.
Irgendwie müssen wir also eine neue Möglichkeit finden, die
Macht der USA in einen legitimen Kontext zu stellen.

Bis zum Ende des Kalten Krieges ergab sich die Legitimität
der USA quasi von selbst. Alle waren sich über das Wesen der
Bedrohung einig, alle stimmten darin überein, dass diese Bedrohung abgewehrt werden musste und dass nur die USA
mächtig genug waren, dies zu tun. Die Führungsrolle der
USA wurde einfach aufgrund der Umstände als legitim betrachtet. Es bestand eine ideologische Kluft zwischen Demokratie und Totalitarismus, und diese allein legitimierte die
USA. Die Welt war bipolar: Amerika war sehr mächtig, aber
die Sowjetunion war es ebenfalls. Als der Kalte Krieg endete,
waren auch die Grundbestandteile dieser Legitimität dahin.
So dass wir jetzt eine neue Grundlage finden müssen, und die
kann meiner Meinung nach nur in unseren geteilten liberalen
Werten, unseren gemeinsamen westlichen Prinzipien liegen.
Allerdings frage ich mich, ob unsere strategischen Visionen
mittlerweile nicht so weit auseinander klaffen, dass wir dieses
Gefühl von Gemeinschaft, von geteilten Interessen und gemeinsamen Prinzipien gar nicht mehr werden entwickeln
können. Das ist nach dem Irakkrieg meine größte Sorge.

Vor dem Irakkrieg war ich der Ansicht, dass Europa und
Amerika zwar keine gemeinsame strategische Vision hatten, in
vielen anderen Bereichen – vom Politisch-Weltanschaulichen
bis hin zur Wirtschaft – jedoch eine enge Verbindung bestand.
Die beiden Kontinente gingen zwar in gewissen strategischen
Belangen unterschiedliche Wege, hatten sich aber auf eine
grundsätzliche Arbeitsteilung geeinigt: Europa würde sich auf
Europa konzentrieren, dem inzwischen ohnehin sein vorwie-
gendes Interesse galt, die USA würden ihr Augenmerk auf den
Rest der Welt richten, und alles wäre in Ordnung. Aber inzwischen erkenne ich immer klarer, dass es so nicht kommen wird.
Meiner Ansicht nach erleben wir derzeit etwas, das einer Spal-

291

tung des Westens nahe kommt – unsere strategischen Differenzen wirken sich auch auf alles andere aus.

Sehen Sie irgendeine Möglichkeit, die Spaltung hinsichtlich der strategischen Fragen zu überwinden?

Da bin ich manchmal sehr pessimistisch. Beide Seiten müssten sich auf eine prinzipielle Einigung einlassen: Die USA müssten sich bereit erklären, ihren Verbündeten konkrete Einflussnahme auf die Art und Weise zuzugestehen, wie sie, die alleinige Supermacht, ihre alleinige Supermacht ausüben. Europa wiederum müsste als Bedrohung anerkennen, was die USA als solche wahrnehmen, und akzeptieren, dass sein eigener Umgang damit nicht angemessen ist. Die USA müssten sich ihren liberalen demokratischen Verbündeten fügen oder ihnen zumindest gewisse Zugeständnisse machen, und ihre Verbündeten müssten umgekehrt die von den USA wahrgenommene Bedrohung entschieden ernster nehmen. Dazu gehört auch, anzuerkennen, dass gelegentlich Gewaltanwendung notwendig ist, um dieser Bedrohung zu begegnen. Nun kann ich mir nicht einmal ansatzweise vorstellen, warum die Europäer diese Sichtweise akzeptieren sollten. Doch es ist mehr als offensichtlich, dass uns letztlich nichts anderes übrig bleiben wird, als eine neue transatlantische Einigung zu erzielen, die den tatsächlichen Unterschieden zwischen den beiden Kontinenten Rechnung trägt. Wie gesagt, hier bin ich pessimistisch. Ich mache mir Sorgen, weil wir meiner Meinung nach am Beginn einer der gefährlichsten Epochen der Moderne stehen. Es geht nicht nur um Al Kaida und den Terrorismus. In Ostasien muss jederzeit mit einer von Nordkorea, China, Taiwan ausgelösten massiven Krise gerechnet werden. Die Weiterverbreitung von Massenvernichtungswaffen ist eine unbestreitbare Tatsache – es kann gut sein, dass in fünf Jahren weitere zehn Länder im Besitz von Atom- und ähnlichen Waffen sind. Und der Westen geht gespalten in diese Krisenzeit, was bedeutet, dass im Moment nicht die geballte freiheitlich-demokratische Macht und

Kompetenz, die eigentlich gegen diese Bedrohung mobilisiert werden könnte, verfügbar ist. Ich kann nur hoffen, dass die führenden Politiker auf beiden Seiten des Atlantiks dagegen etwas unternehmen werden.

In *Macht und Ohnmacht* habe ich nicht zuletzt deshalb die Diskrepanz zwischen den amerikanischen und den europäischen Wertvorstellungen hervorgehoben, weil ich die Menschen dazu anregen wollte, ernsthaft über unsere unterschiedliche Wahrnehmung und unsere verschiedenen Werte nachzudenken. Ich hatte die Hoffnung, die allseitige Erkenntnis, dass wir die Welt nicht mehr mit den gleichen Augen betrachten, würde uns womöglich den Anstoß dazu geben, konstruktive Schritte zu unternehmen, um diese Situation zu ändern. Leider habe ich inzwischen jedoch das Gefühl, dass wir in dieser Uneinigkeit erstarrt sind, und ich bin mir nicht sicher, ob der Wille dazu da ist, vorwärts zu gehen und diese Erstarrung aufzulösen.

Die USA und ein großer Teil Europas haben in Sicherheitsfragen stark voneinander abweichende Ansichten. Auch zu anderen Problemen – nachhaltige Entwicklung, die Bekämpfung von Krankheiten wie Aids – bestehen erhebliche Meinungsverschiedenheiten. Die USA haben Kioto boykottiert, lehnen den Internationalen Gerichtshof ab – inwieweit verfolgen die USA eine unilateralistische Politik?

Diese Fragen muss man gesondert betrachten. Die amerikanische Politik kann in manchen Bereichen unilateral, in anderen wiederum multilateral sein. Was etwa den Handel angeht, ist die Politik der USA im Großen und Ganzen genauso unilateral wie die eines jeden anderen Staates, der sich den Freihandel auf die Fahnen geschrieben hat, die europäischen Länder eingeschlossen. Wir sind uns in den meisten Bereichen durchaus einig, haben durchaus gemeinsame Prinzipien. Nur in Fragen der Strategie unterscheiden wir uns grundsätzlich. Zumindest fehlen uns hier gemeinsame Grundsätze. **293**

Solange George W. Bush an der Macht ist, oder zumindest solange er sein derzeitiges Kabinett beibehält, werden die USA womöglich weiterhin ihren eigenen Weg gehen, ohne sich groß um den Rest der Welt zu scheren. Aber ich glaube, die meisten Amerikaner haben durch den unnötigen Unilateralismus der ersten Jahre unter Bush ihre Lektion gelernt. Ihnen ist klar geworden, dass die USA einen hohen Preis bezahlen, nämlich den weltweiten Verlust an Respekt. Dies nicht, weil Bush gegen das Klimaschutzabkommen von Kioto war, sondern wegen der Art und Weise, wie er damit umgegangen ist; nicht, weil Bush gegen den Internationalen Gerichtshof war, sondern wegen der Art und Weise, wie er damit umgegangen ist. Ich halte es für unwahrscheinlich, dass der nächste Präsident den gleichen Fehler machen wird. Ehrlich gesagt war ich schon immer der Meinung, dass die USA in manchen Situationen gar keine andere Wahl haben, als unilateral zu handeln, und das gilt insbesondere bei Sicherheitsfragen, einfach deshalb, weil kein anderes Land vergleichbare militärische Macht besitzt.

Ansonsten allerdings, in Bereichen, wo wir sehr wohl die Wahl haben, sehe ich keinen Sinn darin, andere unnötig vor den Kopf zu stoßen. Es gab berechtigte Einwände gegen Kioto, Einwände, die den führenden europäischen Politikern zu gegebener Zeit einsichtig geworden wären, doch ist man seitens der Bush-Regierung denkbar undiplomatisch vorgegangen. Aber diese Art von Problemen ist – im Gegensatz etwa zur weltweiten Armut – handhabbar, so etwas muss in Zukunft kein Problem mehr sein. Wir können eine Menge der heutigen Herausforderungen, Aids zum Beispiel, als Partner angehen. Was Aids angeht, steht Bushs Amerika, wahrscheinlich nicht zuletzt dank Colin Powell, ziemlich gut da. Ich will damit sagen, dass viele Europäer – und letztlich auch viele Amerikaner – das Verhalten der Bush-Regierung überinterpretiert haben und dadurch zu dem Schluss gekommen sind, dass die USA in jedwedem Bereich, der von globalem Interesse ist, unilateral agieren werden. Aber dieses Bild der USA als dem hegemonialen Tyrann, der sich in jeglicher Frage von internationalem Belang durchsetzen muss, ist einfach nicht richtig.

Sie sehen also den vermeintlichen Unilateralismus und Mangel an Diplomatie seitens der USA nur als eine Phase?

Ich finde, dass wir eine in mancher Hinsicht hochgradig unfähige Regierung haben, die in keinster Weise darauf vorbereitet war, ein Problem zu bewältigen, das lösen zu müssen sie nie erwartet hatte. Diese Regierung nahm ihre Arbeit in der Erwartung auf, dass sich nun, da der Kalte Krieg vorbei war, alle entspannen und die USA es sich leisten könnten, sich ein Stück weit zurückzuziehen. Es war nicht vorrangiges Ziel, eine globale Führungsrolle zu übernehmen. Das schien gar nicht nötig zu sein. Als die Regierung Bush im Jahr 2000 an die Macht kam, war sie tendenziell minimalistisch, realistisch und neo-isolationistisch ausgerichtet. Dann kam der 11. September, und plötzlich steckten die USA wieder mittendrin im globalen Geschehen. Was die Regierung Bush dabei nicht berücksichtigte, war die Tatsache, dass es im globalen Geschehen bestimmte Spielregeln zu beachten gilt. Man muss versuchen, Freunde zu gewinnen und Einfluss zu nehmen. Die Bush-Regierung ließ die Lektion des Kalten Krieges außer Acht, als wir uns respektvoll diverse internationale Anliegen anhörten, die für uns zwar nicht sonderlich relevant waren, deren Beachtung jedoch alle anderen zufrieden stimmte und unsere Vormachtstellung leichter erträglich machte. Das war etwas, was Präsident Reagan wirklich gut beherrschte: Er wusste, wie man Kanten ein wenig abschleift, ohne dass er deshalb von seinen Grundsätzen abgewichen wäre. Reagan nahm die transatlantische Partnerschaft ernst, er entwickelte zum Beispiel ausgezeichnete Beziehungen zu Maggie Thatcher und Helmut Kohl. Aber George W. Bush fehlt Reagans soziale Kompetenz, und was wir nach dem 11. September von ihm bekamen, war die Ausübung nackter hegemonialer Macht. Ich lasse hier einige andere Probleme

295

unter den Tisch fallen, wesentliche strukturelle Differenzen zwischen den einstigen Verbündeten etwa, aber ich glaube wirklich, dass einige der schlimmsten Fehler schlicht dem Wesen dieser Regierung anzulasten sind.

Heißt das, dass die Probleme Ihrer Ansicht nach letztlich auf mangelnde Kommunikation zurückzuführen sind?

Mangelnde Kommunikation seitens aller Beteiligten, und das bringt mich wieder zu meiner größten Sorge zurück. Die Europäer, die Völker Europas, empfinden nicht die gleiche Bedrohung wie die Amerikaner, nämlich die eines internationalen Terrorismus. Bedroht sehen sich die Europäer durch inländischen Terrorismus. Einer kürzlich durchgeführten Umfrage zufolge betrachten sie sogar die USA als Gefahr. Die meisten Europäer scheinen allerdings die Einwanderung für die größte Bedrohung zu halten, der sie ausgesetzt sind. Sie fühlen sich nicht von Al Kaida bedroht, sie fühlten sich nicht von Saddam Hussein bedroht, sie fühlen sich nicht vom Iran bedroht und auch nicht von Nordkorea, denn Nordkorea hat nun weiß Gott herzlich wenig mit ihrem Leben zu tun. Und da sie den internationalen Terrorismus nicht als Bedrohung empfinden, haben sie auch nicht das Gefühl, die Sicherheit zu benötigen, die die USA ihnen bieten können. Es gibt zweifellos einige führende europäische Politiker – die Joschka Fischers dieser Welt –, die sehr wohl erkennen, wo die wahren Gefahren liegen. Ich würde sagen, die strategische Führung Europas, Frankreich eingeschlossen, ist sich dieser Gefahren einigermaßen bewusst. Das Problem ist nur, dass die Politiker sehr wenig Zeit darauf verwenden, den Bürgern in ihrem Land diese Bedrohungen zu erklären. Und von alleine erkennen die Menschen diese Gefahren einfach nicht.

Das Gespräch führte Susan Stern

Luis Moreno-Ocampo

Auf dem Weg zu einem Weltjustizsystem

Auf der weltpolitischen Ebene entspricht die Errichtung des Internationalen Strafgerichtshofs (IStGH) der Entwicklung der nationalen Strafgerichtsbarkeit – einem Prozess also, der sich über ein ganzes Jahrtausend hinzog. Dass der Staat zur Lösung von Konflikten zwischen Privatpersonen sowie zur Verteidigung von Verbrechensopfern einschritt, war eine revolutionäre Neuerung. Analog dazu kann die Völkergemeinschaft heute laut dem Statut von Rom Verantwortung für den Schutz der Bürger einzelner Länder übernehmen.

Über ein Jahrhundert lang erwies sich die Einrichtung eines ständigen supranationalen Tribunals als nicht durchsetzbar. Auch wenn dieses Ziel nun erreicht ist, bleibt das 2002 in Kraft gesetzte Weltjustizsystem auf das entschlossene Handeln zahlreicher Akteure angewiesen, wenn es dem selbst gestellten Anspruch gerecht werden soll. Nach wie vor kommt den Staaten dabei eine Schlüsselrolle zu. Doch auf Dauer kann dieses System seinen Zweck nur erfüllen, wenn es von den übrigen Parteien, allen voran Wirtschaft und Zivilgesellschaft, mitgetragen wird.

Der vorliegende Beitrag beleuchtet zunächst die Ursprünge des IStGH sowie dessen Verhältnis zum Nationalstaat. Es folgen Überlegungen über mögliche Konsequenzen seiner Arbeit für die Wirtschaft. Dabei wird es auch darum gehen, wie die Geschäftswelt den Gerichtshof schon dadurch bei dessen langfristigen Aufgaben unterstützen kann, indem sie die aus seinem Wirken zu erwartenden ökonomischen Impulse aufgreift.

Die Entwicklung der Weltgerichtsbarkeit

Mit der Verabschiedung des Statuts von Rom, der Gründungsakte des Internationalen Strafgerichtshofs, hat die Völkergemeinschaft am 17. Juli 1998 einen entscheidenden Schritt hin zum weltweiten Schutz der Menschenrechte getan.[1] Das Statut errichtet ein globales System zur Verhinderung, strafrechtlichen Verfolgung und Ahndung schlimmster Gewaltverbrechen, indem es dem IStGH die Zuständigkeit für Völkermord, Verbrechen gegen die Menschlichkeit und Kriegsverbrechen überträgt, die nach dem 30. Juni 2002 begangen wurden.

Die Einrichtung eines ständigen Völkertribunals stellt eine beachtliche Errungenschaft dar. Bemerkenswerterweise kam es nicht zu Kriegs-, sondern zu Friedenszeiten zustande. Dies ist insofern einzigartig, als seine Vorläufer – erfolgreiche wie gescheiterte – stets im Zuge der Aufarbeitung konkreter weltpolitischer Krisen geschaffen worden waren. Auf die Schwierigkeit, Staaten im Frieden zu einem solchen Projekt zu motivieren, weist bereits Robert Jackson, amerikanischer Chefankläger bei den Nürnberger Prozessen, in seiner persönlichen Rückschau hin: »In ruhigen Zeiten schreiten die Bemühungen um ein wirksames Völkerrechtssystem nur langsam voran. Die Gemeinschaft der Nationen ist stärker von Trägheit befallen als jede andere Gesellschaft.«[2]

Bei den historischen Ansätzen einer internationalen Gerichtsbarkeit handelte es sich, wie gesagt, um zeitnahe Reaktionen auf Kriege oder andere bewaffnete Konflikte. Eines der frühesten, letztlich erfolglosen Beispiele war der Versuch der Alliierten des Ersten Weltkriegs, mutmaßliche deutsche Kriegsverbrecher vor Militärgerichte der Siegermächte zu stellen.[3] Nach dem Zweiten Weltkrieg kamen die Nürnberger Prozesse. Der Kalte Krieg legte dann das Interesse an idealistisch fundierten internationalen Institutionen im Allgemeinen sowie an der Völkerjustiz im Besonderen 40 Jahre lang auf Eis. Aber selbst die seither erzielten großen Fortschritte, zum

Beispiel die vom UNO-Sicherheitsrat eingesetzten internationalen Strafgerichte für das ehemalige Jugoslawien (ICTY, 1993) und Ruanda (ICTR, 1994), waren Antworten auf einzelne bewaffnete Konflikte. Erst bei der Verabschiedung des Statuts von Rom ließ sich die Völkergemeinschaft von Idealen und vom Präventionsgedanken leiten.

Parteien im Weltjustizsystem: die Staaten

Die Spannung zwischen staatlichem Souveränitätsanspruch und internationalem Rechtsschutz für die Opfer von Gräueltaten löst das Statut von Rom durch Beachtung des Subsidiaritätsprinzips. Demnach dient der IStGH lediglich als letzte Instanz in Fällen, in denen sich Staaten weigern oder als außerstande erweisen, Gerechtigkeit walten zu lassen. Grundsätzlich bleibt für die Verhütung, Bekämpfung und Verfolgung von Menschenrechtsverletzungen der Staat zuständig, auf dessen Hoheitsgebiet sie begangen werden. Sofern von den nationalen Stellen ordentliche Ermittlungen und Gerichtsverfahren zu erwarten sind, wird man den Tätern damit am ehesten beikommen – zumal der beste Zugang zu Beweismaterial und Zeugen im Inland besteht.

Die Stärke des Subsidiaritätsprinzips liegt in dem Paradox, dass es die Staaten gerade dadurch zu Wächtern des Völkerrechts erhebt, indem es ihren Anspruch bekräftigt, Völkermord, Kriegsverbrechen und Verbrechen gegen die Menschlichkeit innerhalb des nationalen Rechtssystems zu verfolgen. Es weitet folglich den Gedanken der Rechtsstaatlichkeit auf die internationale Sphäre aus, ohne die Befugnisse oder die Souveränität der Nationen in Frage zu stellen. Dadurch entsteht eine positive, beide Seiten stärkende Interdependenz.

Internationale Zusammenarbeit ist unerlässlich. Der IStGH ist aufgerufen, sich einzuschalten, wenn ein Staat für Strafverfolgung entweder nicht sorgen *kann* – etwa weil die Behörden die Kontrolle über eine Gewaltsituation verloren haben –

299

oder dies nicht *will*, weil die Träger des staatlichen Gewaltmonopols selbst zu den Tätern gehören. Es versteht sich von selbst, dass sich die Anklagevertretung in solchen Fällen nicht an die offizielle Ordnungsmacht wenden kann. Für einen Staatsanwalt mögen dies Eventualitäten sein, über die er sich kaum je den Kopf zu zerbrechen braucht. Doch in der Arbeit des Internationalen Strafgerichtshofs spielen sie durchaus eine Rolle. Überdies unterstreichen sie das Erfordernis staatlicher Unterstützung der Ermittlungen des IStGH. Nur mit internationaler Rückendeckung kann der Anwalt der Völkergemeinschaft die ihm zugetragenen Fälle prüfen.

Sowohl von seiner Satzung her als auch infolge der Realbedingungen, unter denen internationale Institutionen in Abwesenheit eines Weltstaates tätig sind, ist der Gerichtshof auf die Zusammenarbeit mit den Nationalstaaten angewiesen. Ob ein Fall vor der Inlandsjustiz verhandelt oder einem IStGH-Richter vorgelegt wird: Der Sieg der Gerechtigkeit hängt von einem guten, konstruktiven Verhältnis zwischen dem betroffenen Staat und dem Gericht ab. Daher ermutigt die Anklagebehörde die Nationen ausdrücklich zum Engagement am Gerichtshof.

Bei der Erfüllung der Mission des IStGH bleiben die Staaten Protagonisten. Dennoch sind sie nicht die Einzigen, auf die es bei der Verwirklichung der Anliegen des Statuts von Rom ankommt. Auch die Zivilgesellschaft nimmt nach wie vor auf die Entwicklung der internationalen Gerichtsbarkeit Einfluss. Eher am Rande des Geschehens stand bislang die Wirtschaft. Doch sie kann künftig stärker zur Förderung von Frieden und Sicherheit beitragen.

Die Wirtschaft

Die Strafverfolgung durch den IStGH ist für die langfristige Stabilität sowie zur Wiederherstellung von Recht und Ordnung in kriegsgepeinigten Gesellschaften unentbehrlich, kann aber den im Statut von Rom anvisierten dauerhaften Frieden und die Achtung des Völkerrechts nicht aus eigener Kraft gewährleisten. Vielmehr müssen Staaten, Wirtschaft und andere daran mitwirken. Im Folgenden wird ein für die Geschäftswelt positiver Nebeneffekt der Arbeit des IStGH behandelt: die Verringerung des Investitionsrisikos in Regionen, in denen sich der Gerichtshof an der Friedenssicherung beteiligt. Im Gegenzug trägt die Wirtschaft mit ihrem Engagement langfristig zu Stabilität und Wohlstand bei.

Mit Idealismus allein lassen sich die Aufgaben internationaler Institutionen nicht bewerkstelligen: »Ideale können Hoffnung auf Fortschritt wecken, ans Gefühl appellieren und als Grundlage supranationalen Handelns dienen«, so Goldsmith und Krasner. »Der Einsatz für ein Ideal wird allerdings nur von Erfolg gekrönt sein, wenn die zuständigen Entscheidungsträger die Machtverhältnisse, nationale Interessen und die Folgen ihrer Politik ins Kalkül ziehen.«[4]

Anders ausgedrückt: Um ihre Ziele zu erreichen, müssen diese Institutionen Wertvorstellungen, Macht und Partikularinteressen miteinander in Einklang bringen. Goldsmith und Krasner zitieren die Europäische Union als Beispiel einer aus Idealismus gegründeten Organisation, der es gelungen ist, realpolitische Faktoren zu integrieren und somit Kooperationsanreize jenseits altruistischer oder ethischer Anliegen zu setzen. Dies funktioniert deswegen, weil jeder Gliedstaat von der Institution profitiert und deren Bedingungen daher im eigenen Interesse erfüllt.[5]

Diese treffende Beobachtung ist auch für den IStGH von Bedeutung. Der von Goldsmith und Krasner beschriebene internationalistische Idealismus, der die Gründung des Gerichtshofs ermöglichte, lässt sich in dessen Statut nachlesen. Die bloße Berufung auf solche Ideale wird jedoch kaum ausreichen, um den Erfolg seiner Arbeit sicherzustellen und der Welt Frieden, Sicherheit und Wohlstand zu bescheren.

Bei der Anklagebehörde des IStGH müssen wir uns der Auswirkungen unseres Vorgehens auf die Interessen Dritter stets bewusst sein. In den Regionen, in denen der Gerichtshof tätig wird, zeichnen sich enorme Entwicklungschancen ab. Unsere Ermittlungen helfen bei der Befriedung von Krisengebieten, in denen an Investitionen derzeit kaum zu denken ist. Insofern kommt die Arbeit des Gerichtshofs der Wirtschaft zugute. Damit ihr Erfolg von Dauer ist, bedarf es wiederum des entschlossenen Handelns der Unternehmen in Form finanziellen Engagements in Regionen, in denen der IStGH und andere die Gewalt eindämmen. Arbeitsplätze und legaler Handel können erneuten Gewaltausbrüchen vorbeugen. Idealismus und geschäftliche Interessen liegen hier also auf derselben Linie.

Instabilität und private Investitionen

Dass der IStGH vermehrt in Regionen wird einschreiten müssen, die reich an natürlichen Ressourcen sind, kommt nicht von ungefähr. Vielmehr stehen Wirtschaftsgüter oft am Anfang der Kausalkette, die zur gerichtlichen Intervention führt. Vor allem Rohstoffkonzerne wissen, dass die von ihnen geförderten Bodenschätze in Bürger- oder Stammeskriegsgebieten schnell zur Beute werden. Eskaliert eine Krise, sind solche Unternehmen häufig gezwungen, ihre Investitionen kurzfristig abzuziehen. Leidtragende sind dann vor allem die im Schatten der vermeintlich langfristigen Projekte entstandenen, innerhalb des Landes isolierten Standortgemeinden.

Auch ohne die Zusatzrisiken eines lebensgefährlichen Umfelds und durch Gewalt verursachter Produktionsausfälle sind Projekte in den genannten Industriezweigen spekulativ genug. Da solche Vorhaben auf lange Sicht angelegt und kapitalintensiv sind, erfordern sie bereits in der Erschließungsphase, in der das Ergebnis noch ungewiss ist, erhebliche Vorabinvestitionen, um projektspezifische Anlagen zu bauen und die flankierende Infrastruktur zu schaffen. Da die Finanzierung im Regelfall zumindest teilweise über externe Geldgeber läuft, müssen sich diese mit dem mutmaßlichen Risiko anfreunden können. Bei der Prospektprüfung im Vorfeld der Fremdfinanzierung rechnen Gutachter wie Ingenieure oder Marktexperten verschiedene Projektszenarien durch und simulieren Extrembedingungen. Ihren Berichten entnehmen potenzielle Kapitalgeber, ob sich eine Investition lohnt. Strenge Rechtsvorschriften verlangen von Kreditvermittlern und Versicherern eine sachgerechte, vollständige Offenlegung der Risiken.

Doch während manche lokale oder regionale, meist makroökonomische, zuweilen gesetzliche oder behördliche Risiken spezialisierten Anlegern durchaus tragbar erscheinen, schrecken andere selbst den kühnsten Spekulanten ab. Bewaffnete Konflikte, Dauerbedrohungen für Leib und Eigentum und andere typische Begleitumstände von Situationen, die den IStGH auf den Plan rufen, sind Paradebeispiele jener »höheren Gewalt«, die den Finanzier im Ernstfall seiner vertraglichen Verpflichtungen entbindet.

Um unter solchen Bedingungen wirtschaften zu können, lassen sich viele Unternehmen auf Bestechung und andere Machenschaften ein, die sie in der Heimat einem beachtlichen Zusatzrisiko straf- und zivilrechtlicher Klagen, behördlicher Sanktionen sowie dauerhafter Rufschädigung aussetzen. Vorschriften und Konventionen wie das Ausländerentschädigungsgesetz (*Alien Tort Claims Act*, ATCA) und das Auslandskorruptionsgesetz (*Foreign Corrupt Practices Act*, FCPA) der USA sowie die OECD-Konvention gegen Bestechung verlängern den Arm der staatlichen Justiz ins Ausland und erweitern somit die Möglichkeiten, Firmen für ihr Verhalten zur Rechenschaft zu ziehen. Die Wirtschaft selbst beklagt den Verlust von Geschäftschancen und räumt den Bedarf an kollektivem Handeln ein. Seit kurzem beteiligt sie sich an Initiativen zur freiwilligen Selbstkontrolle wie dem so genannten Global Compact sowie den Normen zur Menschenrechtsverantwortung multinationaler Konzerne und anderer Wirtschaftsunter-

303

nehmen der Vereinten Nationen (*UN Norms on the Responsibilities of Transnational Corporations and Other Business Enterprises with Regard to Human Rights*).

Wie die Wirtschaft den IStGH unterstützen kann

Zum Tatbestand der vor dem IStGH verhandelten Fälle gehört fast immer der organisierte Massenmord. Nicht zuletzt deshalb wirken diese Verbrechen in den Gesellschaften, gegen die sie sich richten, so lange und so destabilisierend nach. Charakteristisch für solche Situationen ist, dass der Staat der Gewalt entweder nicht mehr Herr oder selbst der Täter ist.

Obwohl viele Kriegsregionen über bedeutende Rohstoffvorkommen verfügen, die ja nicht selten Gegenstand der Auseinandersetzung sind, ist der Durchschnittsbürger meist mittellos, die volkswirtschaftliche Infrastruktur marode. Ökonomische Instabilität schürt den Konflikt, weil sich die hoffnungslos verarmten Menschen um die verbliebenen Ressourcen streiten, ist aber ihrerseits durch die sich hinziehenden Kämpfe mitbedingt, weil Gewalt und politische Instabilität die Volkswirtschaft lähmen. Indem sie menschliche Existenzen vernichten, verbauen diese Konflikte den betroffenen Gesellschaften auch die langfristige Aussicht auf ökonomische Entwicklung und eine gesicherte Zukunft.

Das vom IStGH verfochtene Gerechtigkeitsideal kann nur bestehen, wenn Konflikte entschärft werden und andere Institutionen mitziehen. Frieden, Gerechtigkeit, Stabilität, Entwicklung und wirtschaftlicher Freiraum sind Eckwerte unseres Auftrags. Um ihn zu erfüllen, bedarf es der Mitarbeit aller interessierten Parteien. Für dieses Engagement spricht mehr als bloßer Idealismus oder ethische Erwägungen: Auch berechtigte Geschäftsinteressen würden davon profitieren, denn wenn es dem IStGH gelingt, zur Stabilisierung von Krisenregionen beizutragen, wird dies die Wirtschaft vor Ort ankurbeln. Es ist daher im Sinne der Unternehmen, den Gerichtshof zu unterstützen. Dieser wiederum kann auf die Mithilfe der Geschäftswelt nicht verzichten, wenn seine Arbeit etwas bewirken soll, das Bestand hat.

Diejenigen, die infolge der gerichtlichen Ermittlungen aus dem Kreis der Gewalttäter ausscheiden, sind umgehend in die Volkswirtschaft zu integrieren. Kindersoldaten, die wegen der Anklagen gegen ihre Heerführer und Befehlshaber aus dem Kriegsdienst entlassen werden, müssen die Chance erhalten, Bildung nachzuholen und zur gesellschaftlichen Wertschöpfung beizutragen. Die Unternehmen sind gefordert, für diese Jugendlichen und für andere, die sich nicht mehr an Kampfhandlungen beteiligen, Arbeitsplätze zu schaffen. Mittelfristig kommt es darauf an, isolierten Regionen durch Investitionen und finanzielles Entgegenkommen den Anschluss an den Weltmarkt zu erleichtern und ehemals ausgestoßenen, in gewaltsame Konflikte verstrickten Staaten den Weg zurück in die Völkergemeinschaft zu ebnen.

So attraktiv diese Regionen aufgrund ihrer Bodenschätze für Abbaugesellschaften und Investoren sind, so oft stehen Risiken und Sachzwänge dem geschäftlichen Engagement im Wege. Die Befriedung konfliktreicher Gesellschaften durch justizielle Mechanismen wie den Internationalen Strafgerichtshof leitet eine neue Ära ein, in der Unternehmen legal investieren, Arbeitsplätze schaffen und den Warenfluss wieder in Gang setzen können. Gerade dadurch, dass sie sich das Geschäftspotenzial zunutze macht, wird die Wirtschaft zu einem wichtigen, praxiserfahrenen Partner einer auf Idealismus gründenden Institution.

Fazit

Der Internationale Strafgerichtshof ist ein ausgezeichnetes Werkzeug im gemeinsamen Kampf gegen organisiertes Verbrechen und Massenmord. Sofern die Staaten mitziehen, wird er dabei wichtige Erfolge erzielen. Die Nachhaltigkeit seiner Arbeit hängt indessen auch davon ab, ob und inwieweit die Privatwirtschaft die von ihm eröffneten Entwicklungschancen aufgreift.

Anmerkungen

1 Der Gründungsvertrag wurde von 139 Staaten unterzeichnet. Trotz des offenen Widerstands einiger Nationalparlamente hatte knapp vier Jahre später die Mindestzahl von 60 Ländern das Statut ratifiziert, das somit in Kraft trat. Bis Dezember 2003 sind 92 Staaten durch Ratifizierung des Vertrags zu IStGH-Parteien geworden.

2 Telford Taylor: *The Anatomy of the Nuremburg Trials. A Personal Memoir.* New York 1952, S. 55.

3 Der Versailler Vertrag verpflichtete Deutschland, seine Staatsbürger vor diese Gerichte zu stellen. Doch die Alliierten mussten dies überdenken, da rasch deutlich wurde, dass die öffentliche Meinung in Deutschland dagegen war, was wiederum den Frieden bedrohte. Deutschland regte an, die Verfahren vor dem Reichsgericht in Leipzig zu verhandeln, worauf man sich letztlich auch einigte. Dies führte in vielen Fällen zu Freisprüchen; Belgien und Frankreich zogen ihre Teilnahme unter Protest zurück. Ibid S. 17.

4 Goldsmith, Jack, und Krasner, Stephen: »The Limits of Idealism«. *Dædalus: Journal of the American Academy of Arts and Sciences.* Band 132, S. 48. Cambridge (Massachusetts) 2003.

5 Ibid S. 62.

Shashi Tharoor

Der Menschheit die Hölle ersparen

Als Anfang März 2003 im Sicherheitsrat über den Irak gestritten wurde, fragte mich ein BBC-Reporter etwas nassforsch: »Wie steht die UNO eigentlich dazu, dass viele das *UN* in ihrem Namen als Abkürzung von *unerheblich* lesen?« Bevor er weiterdozieren konnte, unterbrach ich ihn: »Aus unserer Sicht steht *UN* für *unentbehrlich*.«

Es ging dabei keineswegs um bloße Rechthaberei. Wenn man Tag für Tag im UNO-Hauptquartier seiner Sisyphusarbeit nachgeht oder gar an den Krisenherden dieser Welt zwischen den Fronten vermittelt, gehen einem die ständigen medialen Nachrufe auf unsere Organisation irgendwann auf die Nerven. Wegen der Meinungsverschiedenheiten mit den USA bezüglich des Irak konstruieren manche eine Parallele zum Völkerbund, der sich, gegen Ende des Ersten Weltkriegs unter großen Erwartungen gegründet, nach dem Einmarsch der Deutschen in Polen damit begnügen musste, über die Vereinheitlichung der Spurweiten der europäischen Eisenbahnen zu verhandeln.

Derlei Vergleiche sind, gelinde gesagt, maßlos überzogen. In Anlehnung an den Kommentar Mark Twains über seinen eigenen Nachruf in der Zeitung kann man die Meldungen vom Untergang der Vereinten Nationen getrost als Übertreibung werten.

Da, was kommt, am besten sieht, wer in den Rückspiegel schaut, sei mir ein kurzer Exkurs in die Geschichte gestattet. Die Gründung der UNO fällt in eine Zeit, die kaum etwas anderes kannte als Krieg und Zwietracht. Ihren Beginn und ihr Ende markieren zwei grausame Völkerschlachten, die keine 25 Jahre auseinander lagen. Einem Schreckensszenario folgte das nächste, bis die Menschheit 1945 endlich der furchtbaren Tragödien gewahr wurde, die Krieg, Faschismus, versuchte Völkermorde und der Abwurf der Atombomben über sie gebracht hatten. Wäre es so weitergegangen, hätte unserem Planeten eine düstere Zukunft bevorgestanden. Doch zum Glück ersannen die großen Staatsmänner jener Epoche ein alternatives System der Ordnung unseres Zusammenlebens. Trotz regionaler Gewaltausbrüche und Menschenrechtsverletzungen blieb der Welt ein erneuter globaler Flächenbrand erspart. Internationale Kooperation und die Einigung auf weltweit gültige Normen ersetzten zunehmend die Anwendung militärischer Gewalt. Die Völker der so genannten Dritten Welt schüttelten das Joch des Kolonialismus ab. Der ehemalige Ostblock errang die politische Freiheit. Demokratie und Menschenrechte haben sich zwar noch nicht überall durchgesetzt, sind mittlerweile aber eher die Regel denn die Ausnahme.

Nichts von alledem war Zufall. Vielmehr handelte es sich um Folgen der bewussten Entscheidung weitsichtiger Staatsmänner der Jahre 1945 und danach, die zweite Hälfte des 20. Jahrhunderts anders zu gestalten als die erste. Diese Politiker formulierten Regeln staatlichen Verhaltens und riefen Institutionen ins Leben, in denen die Nationen zum allseitigen Nutzen zusammenarbeiten konnten. Die neuen Institutionen gründeten ihrerseits auf multilateraler Kooperation, auf einem globalen normativen Konsens und der Einführung verlässlicher, universell anwendbarer Regeln, von denen alle profitierten.

Den Schlussstein dieses Bogens, der den Frieden zwischen den Ländern tragen und diese im Streben nach Freiheit und Wohlstand miteinander verbinden sollte, bildeten die Vereinten Nationen. Visionäre wie der frühere US-Präsident Franklin Delano Roosevelt sahen in der UNO die einzige Alternative zu den niederschmetternden Erfahrungen der ersten Jahrhunderthälfte. Nach der Konferenz von Jalta beschrieb er die Vereinten Nationen in seiner historischen Ansprache vor den beiden Kammern des Nationalkongresses als Gegenentwurf zu Wettrüsten, Militärbündnissen und Gleichgewichtspolitik, die so oft geradewegs in den Krieg geführt hatten.

Für Menschen wie Roosevelt versinnbildlichten die Vereinten Nationen eine Welt, in der Angehörige verschiedener Nationen und Kulturen einander nicht mit Furcht und Argwohn begegneten, sondern als potenzielle Partner, die im gegenseitigen Interesse Waren und Ideen austauschten. »Sie haben ein großartiges Instrument zum Erhalt des Friedens, der Sicherheit und des Fortschritts der Menschheit geschmiedet«, mahnte sein Amtsnachfolger Harry Truman am 26. Juni 1945 die in San Francisco versammelten Unterzeichner der UNO-Charta. »Wenn wir es nicht zu nutzen verstehen, verraten wir diejenigen, die dafür sterben mussten, dass wir uns hier in Freiheit und Sicherheit zusammenfinden können, um dieses Instrument zu erschaffen. Desselben Verrats machen wir uns schuldig, wenn wir danach trachten, es eigennützig zu gebrauchen, zum Vorteil nur eines einzigen Volkes oder einer kleinen Staatengruppe.«

Das ist, wie gesagt, alles Geschichte. Fast 60 Jahre sind inzwischen vergangen. Wer unter den Kritikern aus dem heutigen Amerika, die eilfertig die Irrelevanz der Vereinten Nationen verkünden und vereinzelt sogar deren vermeintliches Ende feiern, würde in Trumans Rede die Worte eines amerikanischen Präsidenten erkennen? »Wir alle müssen einsehen«, so Truman an jenem denkwürdigen Tag, »dass wir es uns versagen müssen, jederzeit zu tun, was uns beliebt – mögen wir noch so mächtig sein. Kein Land [...] kann oder darf Privilegien beanspruchen, die einer anderen Nation schaden. [...] Solange wir nicht allesamt bereit sind, diesen Preis zu zahlen, kann keine Organisation zur Wahrung des Weltfriedens ihre Aufgabe erfüllen. Dabei war selten ein Preis so vernünftig!«

Zumal angesichts des Terrorismus hält es in Washington heute kaum noch jemand für vernünftig, dass die einzige

Supermacht des Planeten diesen Preis im Interesse einer so vagen Idee entrichtet wie derjenigen des Weltfriedens. Vor allem in den USA hat das Ansehen der Vereinten Nationen gelitten. Spätestens seit Robert Kagans *Macht und Ohnmacht* breitet sich die Vorstellung aus, das Kernproblem der zeitgenössischen Weltpolitik sei die Unvereinbarkeit der amerikanischen mit der europäischen Diagnose der aktuellen geopolitischen Lage. Demnach haben die USA die Welt im Sinne Hobbes' als Ort der Bedrohung und des Chaos erkannt, dem ein ordnender Leviathan Stabilität aufzwingen müsse, während die Europäer und mit ihnen ein Großteil der übrigen Welt von einem Kantschen Reich des Friedens und der Ratio fantasieren, regiert von vernunftbegabten Politikern, die im Rahmen von Institutionen wie der UNO sinnvolle Vereinbarungen treffen. Doch eben weil es sich hierbei um eine Wunschvorstellung handele, so die Verfechter der Gegenthese, seien die sie flankierenden Institutionen gleichermaßen unbrauchbar wie ineffektiv. In der Welt, wie sie wirklich sei, könnte der von Hobbes beschriebene Leviathan nichts bewirken, fesselte man ihn an ein Regelwerk, das auf die Bedürfnisse von Kleinstaaten ausgelegt ist. Er verkäme dann zu einem Gulliver, gebunden, um die Worte Charles Krauthammers zu verwenden, von »Myriaden von Schnüren«, mit denen die Liliputaner »seine anmaßende Gewalt beschränken«. Folglich müsse man die Vereinten Nationen links liegen lassen und, wie Michael Glennon in *Foreign Affairs* postuliert hat, der Macht wieder den ihr gebührenden Platz in der Weltpolitik einräumen.

Die Mängel dieser Argumentation sind zahlreich. Entscheidend ist jedoch, dass nicht einmal ihre wichtigste Voraussetzung stimmt. Die Vereinten Nationen sind eben nicht das Werk von Kantianern. Vielmehr stellte ihre Gründung eine Reaktion auf eine Welt dar, wie Hobbes sie sah. Vergessen wir nicht, dass es die Vereinten Nationen waren, die den Zweiten Weltkrieg gewannen: Jene Länder, die von den Medien »die Alliierten« genannt wurden, bezeichneten sich nach 1943 selbst als »United Nations«. Die UNO-Charta ist mithin das

Vermächtnis der Siegerstaaten, die ihr Kriegsbündnis zu einer Friedensorganisation fortentwickelten. Im Rückblick auf drei Hobbessche Jahrzehnte, die der Menschheit neben den beiden Völkerschlachten mehrere brutale Bürgerkriege, die Verbrechen des Totalitarismus sowie die Schrecken des Holocaust und Hiroshimas beschert hatten, gelobten diese Mächte: »Nie wieder!«

Der Leviathan, den sich die Visionäre von damals vorstellten, allen voran der zitierte Roosevelt, war indes kein einsamer Koloss, sondern ein System von Regeln, die aus der Welt nach 1945 eine bessere machen sollten als jene, welche die erste Hälfte des Jahrhunderts gerade mit knapper Not überstanden hatte. Das Interesse der USA an einem solchen System galt als so stark, dass sie dessen wichtigster Geldgeber wurden. In den Anfangsjahren finanzierten die Amerikaner nicht weniger als 50 Prozent des ordentlichen Haushalts der UNO – was noch erstaunlicher wirkt, wenn man bedenkt, mit welchem diplomatischen Aufwand sie diesen Anteil erst kürzlich von 25 auf 22 Prozent gesenkt haben. Gulliver sollte die Liliputaner führen, statt sich von ihnen gefesselt zu fühlen. Was sie ihm darbieten, ist nicht etwa ein Gefängnis, sondern ein Sprungbrett.

Die Welt, für die Roosevelt, Truman und die Alliierten gekämpft hatten, war eine Welt des immer offeneren Miteinanders, in der die imperiale Verengung einer Ausdehnung der Freiheit wich, eine Welt wachsenden gegenseitigen Vertrauens und vor allem: eine Welt, die hoffen ließ. Diese Hoffnung scheint allerdings in den letzten Monaten überall verblasst zu sein. Laut einer Umfrage des Meinungsforschungsinstituts Pew in 20 Ländern hat die Irakkrise den Vereinten Nationen sehr geschadet. In Amerika haben sie ihre Glaubwürdigkeit verspielt, weil sie den Feldzug der Regierung nicht unterstützten – und in den restlichen 19 Ländern, weil sie diesen Krieg nicht verhindert haben. Heißt das, die UNO ist am Ende?

Keineswegs. Erstens sind die USA in der Irakfrage auf die

Vereinten Nationen zurückgekommen. Nach dem Ende der Kriegshandlungen hat der Sicherheitsrat einstimmig die Resolutionen 1483, 1500 und 1511 verabschiedet, die die Bedingungen der Verwaltung des Landes durch die Koalition der Sieger regeln. Diese Maßnahmen sichern der UNO gewiss nicht das »Kommando« über den Irak, bestätigten aber erneut, dass Washington in zunehmendem Maße nicht nur auf internationale Rückendeckung, sondern mehr noch auf das Imprimatur des Weltgremiums angewiesen ist. Ohne Resolution 1483 hätten die Besatzer nicht einen Tropfen irakischen Öls verkaufen können, weil ihnen dies laut Völkerrecht nicht zusteht. Kaufinteressenten hätten mit Klagen von Firmen rechnen müssen, die sich auf Altverträge mit den abgesetzten, zuvor jedoch rechtmäßigen Behörden des Irak berufen konnten.

Schon mit der Vorlage der drei Resolutionen im Sicherheitsrat haben die USA anerkannt, dass es, wie Generalsekretär Kofi Annan konstatierte, für die von der UNO verliehene Legitimität keinen Ersatz gibt. Auch die anderen Ratsmitglieder einschließlich der Urheber der Demarche gegen die US-Intervention dokumentierten mit ihrer Annahme der Resolutionen Verständnis für die Bedeutung kollektiven Handelns.

Nicht zu vergessen: der Kern der Aussage George Bushs vor der UNO-Vollversammlung im September 2002. Indem Bush den Sicherheitsrat zu Maßnahmen gegen den Irak aufrief, stellte er nicht auf amerikanische Sonderinteressen ab, sondern auf die Durchsetzung früherer Ratsbeschlüsse. Die Vereinten Nationen und die Resolutionen ihres Sicherheitsrats blieben stets die Basis der amerikanischen Klage gegen den Irak.

Zweitens läuft der Vergleich mit dem Völkerbund ins Leere. Ende der 30er Jahre gehörten zwei der drei damals mächtigsten Länder der Welt, nämlich Amerika und Deutschland (das dritte war Großbritannien), dem Bund nicht beziehungsweise nicht mehr an. Folglich hatte dieser auch keinen Einfluss auf die Politik der beiden Großmächte. Er wurde schließlich aufgelöst, weil die geopolitischen Verhältnisse seiner Zeit ihn überholt hatten. In der UNO dagegen sind alle Nationen vertreten, darunter die USA als einzige Supermacht. Hat ein Volk die staatliche Unabhängigkeit erlangt, besteht eine der ersten Amtshandlungen seiner Regierung darin, bei den Vereinten Nationen um Aufnahme zu ersuchen. Ein Sitz bei der UNO ist die offizielle Bestätigung der Zugehörigkeit zur Völkergemeinschaft. So eng ist die Zukunft unseres Planeten in den Köpfen der Menschen mit den Vereinten Nationen verknüpft, dass selbst die Schweiz, infolge ihrer Neutralitätsdoktrin lange ein UNO-Verweigerer, im Jahr 2002 ihre Isolation per Volksentscheid aufgab und Vollmitglied wurde. Ein Verein, dem beitritt, wer kann, lässt sich schwerlich als irrelevant bezeichnen.

Drittens ist die Frage der Billigung oder Missbilligung des Irakfeldzugs durch den Sicherheitsrat nicht das alleinige Kriterium der Relevanz dieses Organs. Vor knapp vier Jahren hat die NATO das Verhalten der jugoslawischen Regierung im Kosovo mit Luftangriffen sanktioniert, ohne die Genehmigung des Sicherheitsrats einzuholen oder diesen auch nur zu konsultieren. Die »UN-Interpretation« meines eingangs erwähnten Gesprächspartners machte schon damals die Runde. Die Kosovokrise, hieß es, habe gezeigt, dass die UNO unerheblich geworden sei. Doch auch dieser Fall landete wieder vor dem Sicherheitsrat – nicht nur anlässlich des Scheiterns der Bemühungen, die Bombardements zu verurteilen, sondern auch, als es die Nachkriegsverwaltung des Kosovo zu regeln galt. Allein die Bestätigung durch den Sicherheitsrat konnte diese Regelung völkerrechtlich legitimieren und die Staatengemeinschaft motivieren, das Vorhaben politisch und materiell zu unterstützen. Als Herrin der Zivilverwaltung des Kosovo kam ebenfalls nur eine Institution in Frage: die Vereinten Nationen. Welche Aufgaben die UNO im Nachkriegsirak auch übernehmen wird (der Umfang der Mission stand zum Entstehungszeitpunkt dieses Aufsatzes noch nicht fest), eines muss man sich vor Augen halten: Es wäre nicht das erste Mal, dass man die Vereinten Nationen während eines Krieges abgeschrieben hat, nur um ihre Unersetzbarkeit im anschließenden Friedensprozess festzustellen.

Die UNO verfügt über eine Legitimität, die keine Ad-hoc-Koalition je beanspruchen könnte. Daran erinnerte auch die indische Regierung, als sie die amerikanische Bitte um militärischen Beistand im Irak ausschlug, weil sie ihre Truppen nicht ohne rechtfertigendes Mandat der Vereinten Nationen dem Kommando Washingtons unterstellen konnte. Viele Staaten Europas und Asiens entsenden Soldaten ausschließlich auf der Grundlage von UNO-Resolutionen ins Ausland. Die USA werden im Irak mit der Erkenntnis konfrontiert, dass sie sich leichter damit tun, Kriege im Alleingang zu gewinnen, als alleine Frieden zu stiften. Beim Aufbau eines Landes stößt militärische Macht an ihre Grenzen. Schon Talleyrand wusste, dass man mit einem Bajonett alles tun kann – nur nicht darauf sitzen. Zweifellos werden wir in den nächsten Monaten eine zunehmende Internationalisierung des irakischen Wiederaufbaus erleben.

Ungeachtet der Entwicklungen im Irak dürfen wir beim Erdichten voreiliger Nachrufe auf die Vereinten Nationen auch nicht vergessen, dass die Relevanz dieser Organisation nicht allein damit steht oder fällt, wie sie sich in einem Einzelfall schlägt. Ist die gegenwärtige Krise ausgestanden, harren unzählige weitere »Probleme ohne Reisepass«, wie Kofi Annan sie genannt hat, ihrer Lösung. Zu diesen Problemen, die ohne offizielle Einladung jede Grenze passieren, gehören die Verbreitung von Vernichtungswaffen, die fortschreitende Umweltzerstörung, Seuchen, Hungersnöte, Menschenrechtsverletzungen, Massenvertreibungen sowie das massive Analphabetentum. Kagans ebenso berühmter wie alberner Satz, die Amerikaner stammten vom Mars, die Europäer hingegen von der Venus, wird in den USA gerne zitiert. Angenommen, der Befund stimmte: Was wären dann die Afrikaner? Kinder des Pluto? Das tragische Zusammentreffen von Aids, Hunger und Dürre in Teilen Afrikas bedroht mehr Menschenleben, als die Irakkrise es je vermocht hätte. Da kein noch so mächtiges Land derart gewaltige Schwierigkeiten alleine schultern kann, fallen sie nach wie vor in die gemeinsame Verantwortung der Menschheit. Sie schreien geradezu nach Lösungen, die wie sie selbst alle Grenzen hinter sich lassen. Die Vereinten Nationen sind dazu da, solche Lösungen durch gemeinschaftliche Anstrengungen aller Staaten zu finden. Wenn es im Zeitalter der Globalisierung eine unentbehrliche globale Organisation gibt, dann die UNO.

Ohne Fehl und Tadel sind die Vereinten Nationen freilich nicht. Sie haben zuweilen unklug, manchmal auch gar nicht gehandelt; als Beispiele für beides seien die »Schutzzonen« in Bosnien und der Völkermord in Ruanda genannt. Gelegentlich stand ihre innere Spaltung einem erfolgreichen Handeln im Wege – so Anfang des Jahres 2003 während der Irakkrise. Und allzu oft haben ihre Mitglieder Resolutionen verabschiedet, die sie nie anzuwenden gedachten. Die UNO kann nicht mehr sein als ein Spiegel der Welt. Als solcher bildet sie unsere Differenzen und Konflikte ebenso ab wie unsere Hoffnungen und Überzeugungen. Manchmal wurstelt sie sich einfach nur durch. Doch wie sagte schon Dag Hammarskjöld, ihr unvergessener zweiter Generalsekretär: Die Vereinten Nationen wurden nicht gegründet, um den Himmel auf Erden zu schaffen, sondern um der Menschheit die Hölle zu ersparen.

Genau das hat die UNO schon zahllose Male geleistet. Wie rasch wir doch vergessen, dass den Vereinten Nationen während des Kalten Krieges die lebenswichtige Funktion zukam, die Eskalation regionaler Krisen und Konfrontationen zu einem Weltenbrand zu verhindern! Bei allem Streit um den Irak haben sich die Mitglieder des Sicherheitsrats zugleich über eine Vielzahl anderer wichtiger Fragen vom Kongo über die Elfenbeinküste und Zypern bis Afghanistan geeinigt. Wer die internationale Friedens- und Sicherheitsarbeit der Vereinten Nationen ausschließlich durch das Prisma des Irakkonflikts betrachtet, verzerrt die Wirklichkeit.

315

Bedenken wir ferner, dass die UNO sowohl Bühne als auch Akteur ist – eine Bühne, auf der die Mitglieder in ihrer jeweiligen Rolle auftreten sowie ihre Differenzen und Übereinstimmungen vortragen, aber eben auch ein Akteur (insbesondere in Gestalt des Generalsekretärs, seines Stabs, ihrer Agenturen und Missionen), der die dort beschlossenen Maßnahmen umsetzt. Dieser feine Unterschied pflegt der Öffentlichkeit zu entgehen. Den meisten gilt »die UNO« als amorpher Apparat. Das schuldhafte Tun oder Unterlassen einzelner Regierungen auf dieser Bühne wird der Organisation als Ganzer angelastet, was den Akteur UNO diskreditiert. Nirgends tritt dieses Problem klarer hervor als in den Vorwürfen amerikanischer Regierungsvertreter, die das Versagen der Vereinten Nationen angesichts des Völkermords in Ruanda anprangern, dabei aber die Mitverantwortung ihres eigenen Landes für die damalige Untätigkeit des Sicherheitsrats außer Acht lassen.

In ihrem Bemühen, sich am Beginn des 21. Jahrhunderts auf eine neue Ära jenseits der »Nachkriegszeit des Kalten Krieges« einzustellen, bleiben die Vereinten Nationen ein unentbehrliches Forum, auf dem sich die Länder der Welt versammeln, um die großen Aufgaben unserer Zeit zu lösen. Stimmen sind laut geworden, der Sicherheitsrat gebärde sich als Knecht seines mächtigsten Mitglieds. Wie die Irakdebatte belegt, ist das nicht immer der Fall. Doch selbst wenn dem so wäre: Lieber eine Weltorganisation, die in der geopolitischen Realität wurzelt, als eine, die den globalen Machtverhältnissen so weit entrückt ist, dass sie über keinen Einfluss mehr verfügt. Solange die Vereinten Nationen den anerkannten politischen und diplomatischen Rahmen des Handelns ihres stärksten Gliedstaates bilden und dieses Handeln zugleich in einen Kontext aus völkerrechtlichen Regeln und Legitimitätskriterien einbinden (und obendrein die Ansichten und Belange aller Mitglieder darauf einwirken lassen), können sie in der heutigen Welt nichts anderes sein als unentbehrlich.

Daher gebrauche ich die Abkürzung *UN* mit Stolz. Sie steht für die Unersetzlichkeit der UNO – als einziges der Welt zu Gebote stehendes Instrument, das zur Lösung der zahlreichen Aufgaben taugt, die sich uns auch dann noch stellen, wenn der Irak längst aus den Schlagzeilen verschwunden sein wird.

Der Beitrag gibt die persönliche Meinung des Autors wieder.

Fareed Zakaria

Die Macht im Zaum halten

Ein Gespräch

Welches sind die größten Herausforderungen, vor denen die Welt derzeit steht?

Im Moment gibt es zwei vordringliche Aufgaben. Die erste besteht darin, mehr Demokratie zu schaffen. Darunter verstehe ich, die Möglichkeiten der Partizipation zu erweitern, mehr Menschen mehr Mitspracherecht einzuräumen. Diese Entwicklung ist unaufhaltsam. Sie ist machtvoll und gesund und hat einen großen Vorzug: Sie legitimiert Prozesse und Resultate.

Die zweite Erfordernis ist eine effektive Ordnungspolitik. Globalisierung und demographischer Wandel schaffen neue Probleme. Europa beispielsweise wird durch einschneidende demographische Veränderungen gezwungen, sich mit dem Thema Zuwanderung auseinander zu setzen und seine sozialen Systeme zu verändern, sie neu zu bewerten und Abstriche zu machen. Auch in den USA müssen Leistungsansprüche revidiert werden. In der dritten Welt stehen die Regierungen vor der Notwendigkeit, wirtschaftliche Einschnitte vorzunehmen, die kurzfristig gesehen sehr schmerzhaft sind, sich aber auf lange Sicht rentieren. Auf allen diesen Gebieten schneiden Demokratien gewöhnlich schlecht ab, weil sie naturgemäß dazu neigen, ihrer jeweiligen Wählerschaft kurzfristige Lösungen zu bieten. Die Notwendigkeit einer effektiven Ordnungspolitik erfordert also eine gewisse Abkehr vom üblichen Prozess demokratischer Entscheidungsfindung. Und genau das geschieht gerade, auch wenn die meisten Menschen es nicht bemerken.

Die Welt ist nicht mehr das, was sie vor 30 Jahren war. Betrachten wir nur die Notenbanken. Niemand hätte geahnt oder es für möglich gehalten, dass das wichtigste ökonomische Instrument hoch entwickelter industrieller Gesellschaften sich einmal in den Händen nicht gewählter und im Grunde genommen nicht rechenschaftspflichtiger Banker befinden würde. Eine solche Entwicklung hätte man als eine Verzerrung der Demokratie gewertet. Und doch ist sie eingetreten und hat sich als durchaus erfolgreich erwiesen, ja, man erachtet sie gemeinhin als eine der tragenden Säulen der Gesellschaft. Niemand hätte geglaubt, dass sich Handelsgesetze in einem völlig isolierten Raum effektiv durchsetzen lassen, wo Menschen wie Pascal Lamy und Robert Zoellick, unbehelligt von demokratischen Prozessen, über enorme Autorität verfügen. Internationale Kernfragen werden immer häufiger an Organisationen wie die Welthandelsorganisation WTO, an Notenbanken und Anti-Trustbehörden delegiert. Keine dieser Institutionen ist demokratisch gewählt. Was uns fehlt, ist ein Verfahren, das Demokratie und Delegierungsprozesse miteinander verknüpft; ein Abkommen, eine Partnerschaft.

Wir brauchen ein demokratisches System und innerhalb dieses Systems einen Mechanismus, durch den bestimmte Bereiche an nicht gewählte Gremien delegiert werden, die natürlich überwacht und überprüft werden müssen. Ein solcher Mechanismus gewährleistet sowohl die erforderliche Legitimation als auch Effektivität. Im Moment haben wir das eine, aber nicht das andere. Europa ist ein gutes Beispiel dafür. In Bereichen wie Deregulierung, Anti-Trust und wirtschaftlicher Zusammenarbeit arbeitet Brüssel recht effektiv, wird aber weithin nicht anerkannt. Hingegen werden die Regierungen der Einzelstaaten zwar als legitim erachtet, erweisen sich jedoch zunehmend als unfähig, harte, aber notwendige Entscheidungen zu fällen. Das erklärt auch den Aufstieg radikaler Parteien, den wir zur Zeit beobachten. Das allgemeine politische System ist nicht mehr in der Lage, die großen Probleme anzugehen, wel-

319

che die Menschen beschäftigen: zunehmende Migration, die Zukunft des Wohlfahrtsstaates. Die Gefahr dabei ist, dass jedes Mal, wenn europäische Politiker vor einer schwierigen Entscheidung stehen, sie diese einfach nach Brüssel weiterreichen können und damit Brüssel den schwarzen Peter zuschieben. In dem Abkommen oder der Partnerschaft, die ich vorschlage, muss jede Seite ihren Part übernehmen und ihren Teil der Verantwortung tragen. Es ist die Aufgabe der gewählten Politiker, zu erklären, warum es wichtig ist, bestimmte Entscheidungen zu delegieren, und warum es im langfristigen Interesse der Gesellschaft ist, eine Rentenreform oder Einwanderungsgesetze so zu gestalten, dass damit nicht nur kurzfristig bestimmte politische Klientelen bedient werden. Auf der anderen Seite müssen die Bürokraten in Brüssel, die Delegierten, für ein offenes und transparentes System sorgen, damit die Menschen verstehen können, was vor sich geht. Ich halte das für ein wunderbares Geschäft. Ich fände es viel gefährlicher, einen Prozess voranzutreiben, der zwar auf mehr Demokratie setzt, aber irgendwann völlig bedeutungslos wird, so dass am Ende alles von nicht identifizierbaren Seilschaften geleitet wird, die außerhalb jeder Verantwortung stehen.

Welche Rolle spielen zivilgesellschaftliche Organisationen, NGOs, bei Ihrem Abkommen?

Ich bin der Auffassung, dass die meisten Leute sich über den Charakter von NGOs zu wenig Gedanken machen. Viele neigen zu der Ansicht, alles, was zivilgesellschaftliche Organisationen tun, sei gut, weil es irgendwie von der Basis kommt. NGOs sind wichtig, sie halten Augen und Ohren offen und machen das, was auch wir Medienleute tun sollten: hinschauen, beobachten, wahrnehmen und berichten. Aber auch diese Organisationen verfolgen eigene Ziele. Sie haben häufig eine sehr schmale Grundlage, eingeschränkte Interessensgebiete, sehr spezifische Ansichten und sie können von Fakten auf recht selektive Weise Gebrauch machen. Außerdem sind sie der

Öffentlichkeit gegenüber nicht rechenschaftspflichtig. Es ist sicher wichtig, dass sie existieren und Erfolg haben, aber man sollte sie ins richtige Verhältnis rücken. Es sind Interessengruppen; manche von ihnen sind gut, andere schlecht; einige handeln in besten Absichten, andere nicht. Sie können weder eine einvernehmliche Ordnungspolitik noch eine Regierung ersetzen. Die moralische Autorität jedoch sollte bei den demokratisch gewählten Regierungen liegen, nicht bei Interessengruppen. Natürlich ist es gut, Kontrollen zu haben, alert zu sein und sich zivil zu engagieren. Doch es gibt noch eine andere Form zivilen Engagements und die heißt »wählen«.

Die von NGOs so häufig kritisierten Regierungen haben die Prüfung durch diese Form des bürgerlichen Engagements bestanden. Daher begrüße ich einerseits die Arbeit zivilgesellschaftlicher Organisationen, finde aber andererseits, dass wir nicht den Fehler machen sollten, anzunehmen, sie hätten die Moral auf ihrer Seite, während demokratisch gewählte Regierungen unmoralisch seien. Letztendlich ist es die Macht der Regierung, die Macht eines Staates, die einer Gesellschaft in der heutigen Zeit ihr Gesicht verleiht. NGOs sind daher gut beraten, mit demokratischen Regierungen partnerschaftlich zusammenarbeiten. Selbst George Soros, der sein ganzes Leben und Vermögen der Unterstützung und Finanzierung von zivilgesellschaftlichen Organisationen gewidmet hat, musste am Ende erkennen, dass er die US-Regierung beeinflussen muss, wenn er wirklich etwas bewirken will.

Welche Rolle sollten Unternehmen in einer stabilen, demokratischen Ordnungspolitik spielen? Unternehmen sind ja nicht mehr und nicht weniger legitim oder demokratisch als zivilgesellschaftliche Organisationen…

Ich bin der Ansicht, dass Unternehmen in der Welt viel Gutes bewirken. Nicht, weil ein bestimmter Konzern sich durch besonderes bürgerschaftliches Engagement auszeichnet, sondern weil private Unternehmen, weil der westliche Kapitalismus Wohlstand schafft, Menschen Beschäftigung gibt, ein Arbeitsethos hervorbringt und die Bildung eines Mittelstands bewirkt – all das ist für eine Gesellschaft ungeheuer positiv. Zweifellos ist es dem Druck von NGOs zu verdanken, dass Unternehmen sich bemühen, bestimmten Standards gerecht zu werden, was wiederum dazu beigetragen hat, eine Form des Kapitalismus zu schaffen, die sowohl effizient als auch human ist. Erreicht wurde das durch partnerschaftlichen Umgang. Dort, wo es zwischen Unternehmen und dem Staat oder NGOs kämpferisch und stur legalistisch zugeht, wird überhaupt nichts bewirkt. Aber wenn Staat oder zivilgesellschaftliche Organisationen sich darauf verlegen, Unternehmen ins Gewissen zu reden, funktioniert es normalerweise. Nehmen wir beispielsweise die Sullivan-Prinzipien in Südafrika, deren Erfolg allein auf Schuldgefühlen beruht. Oder Konzerne wie Nike, die durch moralischen Druck zur Änderung ihrer Firmenpolitik bewegt wurden. Abgesehen von der Regierung eines Landes sind Unternehmen meiner Meinung nach die wichtigsten Akteure überhaupt, daher müssen wir eine Partnerschaft zwischen Unternehmen, politischer Führung und Gesellschaft erreichen. Ein Dreiecksverhältnis also. Unternehmen können in der Dritten Welt ausgesprochen segensreich wirken. Sie können Länder für moderne Ideen öffnen, für modernen Handel, moderne Kommunikation und ein modernes Arbeitsethos.

Natürlich können Unternehmen auch ungeheuer ausbeuterisch agieren – in Ländern mit großen Vorkommen an Bodenschätzen beispielsweise. Es gibt also auch eine Schattenseite. Aber im Großen und Ganzen haben sie das Potenzial zur Schaffung einer Balance, die sich für alle bezahlt macht. Für ein Unternehmen wie Microsoft rentiert es sich, Menschen in der Dritten Welt zu schulen, weil es sich für solche Firmen lohnt, eine gut ausgebildete Bevölkerung zu haben. Doch auch hier erreicht man die Einhaltung hoher Standards am besten durch Wachsamkeit und Druck, nicht durch Vorschriften. Wir neigen dazu, westliche Firmen an westlichen Standards zu messen, selbst wenn diese gar nicht in westlichen Ländern tätig sind. In Bezug auf die Menschenrechte ist das in Ordnung, aber nicht, wenn es um die Höhe der Löhne geht. Es ist absurd zu sagen: »Ihr bezahlt den Leuten nur sechs Dollar am Tag.« Wenn sie vorher nur drei Dollar verdient haben, hat sich ihr Lohn doch verdoppelt. Man kann Bangladesh nicht mit den Augen von New York City betrachten.

Welche Rolle spielen die USA in einer Weltordnungspolitik?

Meines Erachtens beginnen sich die Umrisse einer neuen Weltordnung gerade erst abzuzeichnen. Ich halte, im Gegensatz zu vielen anderen, die amerikanische Macht nicht für ein vorübergehendes Phänomen, sondern höchstwahrscheinlich für ein dauerhaftes Merkmal der neuen Welt – dabei denke ich an den Zeitraum der nächsten 50 Jahre. Es gibt einige sehr verlässliche Indikatoren für Zukunftstrends – die Bevölkerungsentwicklung beispielsweise. Die größten wirtschaftlichen Konkurrenten der USA, Europa und Japan, werden in 25 bis 50 Jahren überalterte Gesellschaften haben. Die USA dagegen werden dank Immigration und ihres natürlichen Bevölkerungswachstums jung und agil sein. Bei den Ausgaben für Forschung und neue Technologien, beides Schlüsselindikatoren für zukünftiges Wachstum, stellt Amerika inzwischen eine Klasse für sich dar. Sämtliche im Forschungsbereich führenden Universitäten, vielleicht mit Ausnahme von Cambridge, befinden sich in den Vereinigten Staaten. Die Kluft verbreitert sich weiter, obwohl bereits jetzt 45 Prozent der gesamten biomedizinischen Forschung hier stattfinden, in einem Land, das nur 5 Prozent der gesamten Weltbevölkerung stellt. Auch in Bezug auf die militärische Macht sind die USA eine Klasse für sich und hier wächst die Diskrepanz sogar noch schneller. Ich glaube daher, dass wir in einer Welt leben, die durch die Aktivitäten dieses einen Landes maßgeblich geprägt werden wird. Die entscheidende Frage wird sein, auf welche Art und Weise die USA diese Vormachtstellung auszuüben gedenken. Über Institutionen und Konsensbildung oder eher im Ad-hoc-Verfahren? Es ist kaum anzunehmen, dass Washington ganz und gar unilateral vorgehen wird – das wäre eine Verzerrung der Wirklichkeit. Die Frage ist eher, ob man versuchen wird, mit ad hoc gebildeten Koalitionen zu arbeiten oder mit Institutionen. Ich hoffe sehr, dass man sich für Institutionen entscheidet, denn sie garantieren ein deutlich höheres Maß an Vorhersehbarkeit und Stabilität in der Welt.

An welche Institutionen denken Sie dabei?

An bestehende Organisationen wie die Vereinten Nationen, die Weltbank, den Internationalen Währungsfonds, die NATO. Allerdings sollten wir auch kreativ darüber nachdenken, ob nicht neue Institutionen gebraucht werden. Vielleicht benötigen wir ein neues globales Abkommen – das ich kaum wage, eine Institution zu nennen –, um die Bekämpfung des Terrorismus erfolgreich voranzutreiben, damit wir am Ende wirklich eine gemeinsame Front gegen Terroristen bilden, Daten effizient austauschen und Aktivitäten weltweit abstimmen können. Sie mögen einwenden, dass Menschen und Völker nicht immer darüber einig sind, was den Charakter einer Bedrohung und die Art und Weise ihrer Bekämpfung angeht. Doch es wäre zu einfach, behaupten zu wollen, dass wir uns niemals auf ein globales Vorgehen verständigen können, nur weil Menschen Bedrohungen unterschiedlich einstufen. Wir müssen uns auf den schwierigen Prozess des Redens, Verhandelns und Kooperierens einlassen.

Europa und die USA waren schon oft verschiedener Meinung, doch auf vielen Gebieten, wie dem Handel beispielsweise, widersprechen wir uns viel seltener als früher. Amerika und Europa vertreten auch unterschiedliche Ansichten zum Iran und haben es trotzdem geschafft, eine halbwegs gemeinsame Front aufzubauen, die auf die Iraner äußerst konstruktiven Druck ausübt. Die Kooperation zwischen den USA und Europa in diesem Punkt hat ihr Machtpotenzial erheblich verstärkt. Hätten wir diese Art der Zusammenarbeit im Mittleren Osten, könnten wir deutlich mehr erreichen.

Die Notwendigkeit, Kompromisse zu schließen und zu kooperieren, geht weit über Amerika und Europa hinaus. Eine internationale Ordnung verlangt Kooperationen zwischen allen großen Mächten, zu denen sicherlich auch China, Russland und Indien gehören. Diese drei Länder in den globalen Rahmen zu integrieren ist von entscheidender Bedeutung. Sie müssen das Gefühl haben, beim Aufbau einer neuen internationalen Ordnung mitzuwirken, sonst besteht die reale Gefahr, dass sie sich ihre eigene Form des Unilateralismus schaffen. Sollte dies geschehen und Amerika und Europa in die Lage geraten, sich auf Ad-hoc-Basis mit jeweils nur einer anderen Macht verbünden zu können, wird die Welt zersplittern und instabil werden. Also brauchen wir eine »Straßenverkehrsordnung«, eine Verständigung darauf, sich zu beraten, zusammenzuarbeiten und mitunter nicht immer einer Meinung zu sein. Diese Regeln sollten zuerst in relativ einfachen Bereichen wie dem Handel angewandt werden. Es wäre zumindest schon einmal ein Achtungsbeweis gegenüber den Gremien und Prozessen. Eine solche internationale Ordnung ist eine wesentlich mächtigere Vision als jene, in der die USA nicht *durch* ein internationales System agieren, sondern vielmehr *als* jenes internationale System.

Besteht nicht die Gefahr, dass Regeln beiseite gelassen werden, sobald sie sich als hinderlich erweisen? Nehmen Sie den Stabilitätspakt in Europa: Die gleichen Länder, die ihn entwarfen, ignorieren ihn jetzt. Und die USA sind extrem wählerisch, wenn es darum geht, welche Abkommen oder internationale Konventionen sie unterschreiben.

Strukturen müssen sich anpassen, müssen flexibel sein. Ich halte vieles von dem, was in Europa passiert, für sehr gesund. Den Menschen und Ländern wird jetzt bewusst, dass die Union, die sie sich einmal vorgestellt haben, in dieser Form nicht zu wirklichen ist. Was sie eigentlich wollen ist das, was sie bereits haben: eine Union, die den Handel und soziale Angelegenheiten erfolgreich regelt. Aber sie wird weder jetzt noch in Zukunft ein Superstaat werden. Und das ist in Ordnung so. Auch bei den Vereinten Nationen funktioniert vieles nicht gut. Die USA überlegen sich in jedem einzelnen Fall, ob es sich lohnt, die eigene Macht der Regulation durch die UNO zu unterstellen. Fällt die Antwort negativ aus, tun sie es nicht. Allerdings haben es andere Länder – Frankreich zum Beispiel – in der Vergangenheit nicht anders gehalten. Nichtsdestotrotz bin ich der Ansicht, dass es gewaltige Vorteile birgt, den Prozess zu legitimieren.

Was das Klimaschutzabkommen von Kioto angeht, bedaure ich die Art und Weise, wie die Bush-Regierung damit umgegangen ist, auch wenn Kioto von Anfang an zum Scheitern verurteilt war. So gut wie kein europäisches Land ist in der Lage, die Vorgaben des Kioto-Protokolls zu erfüllen. Das Abkommen ist irrelevant, weil es China und Indien nicht berücksichtigt. Man kann die globale Erwärmung nicht bekämpfen, ohne die beiden größten und am schnellsten wachsenden Länder der Erde mit einzubeziehen. Die Vereinigten Staaten sorgen sich durchaus um die Umwelt, sie waren das erste Land überhaupt, das ernsthaft begann, Autos mit Katalysatoren auszurüsten, die Luftverschmutzung zu bekämpfen und die Wasserversorgung zu verbessern. Das Kioto-Protokoll aber erschien ihnen undurchführbar. Allerdings muss man als reichste und mächtigste Nation der Weltgeschichte den anderen die eigenen Absichten offen legen. Man sollte nicht einfach grobschlächtig erklären: »Kioto ist gestorben«, sondern Gründe dafür nennen und die Leute auffordern, neu zu verhandeln. Es ist notwendig, der Welt zu versichern, dass Amerika kein 8 000 Pfund schwerer wild gewordener Gorilla ist. Das ist keine Frage von Stil contra Inhalt. In diesem Fall *ist* der Stil der Inhalt.

Die Menschen sollten nicht vergessen, dass die USA die älteste konstitutionelle Demokratie der Welt sind. Sie haben eine sehr lebendige Medienlandschaft und einen größeren Zuwachs an zivilgesellschaftlichen Organisationen als jedes andere Land. Die Regierung führt kein Schurkenregime. Zweifellos jedoch könnte Amerika mit dem Rest der Welt besser zusammenarbeiten und umgekehrt. Es ist schön und gut, über den amerikanischen Unilateralismus zu reden, doch es gibt auch das Problem der europäischen Selbsttäuschung: der Glaube, man könne über Machtpolitik erhaben sein und das Land verachten, das damit agiert. Für den Aufbau einer Welt, wie ich sie beschreibe, müssen Amerika und Europa an einem Strang ziehen, denn gemeinsam bringen wir mehr als die Hälfte des weltweiten Bruttoinlandsproduktes auf. Zusammen können wir einen Kern bilden, der Länder wie Russland, China und Indien an sich bindet und so den wirklichen Beginn einer stabilen Weltordnung darstellt.

Tatsache ist, dass Amerika die Macht hat, und wenn diese Macht nicht in Zaum gehalten wird, wird Amerika vorpreschen und tun, wonach ihm der Sinn steht. Dann wird der Rest der Welt vor der äußerst unangenehmen Situation stehen, mit der Realität eines erfolgreichen Amerikas fertig werden zu müssen. Wären die USA allein in den Irak marschiert und hätten damit Erfolg gehabt, dann wäre das Land in seiner Überzeugung noch bestärkt worden, dass es keine Partner oder Verbündeten braucht. Und das wäre destruktiv gewesen.

Also lautet die Botschaft, dass die Welt keine andere Wahl hat, als sich mit den USA zusammenzutun, weil es zu gefährlich ist, dieses Land allein agieren zu lassen ...

Meiner Ansicht nach wird die internationale Politik überwiegend von machtpolitischen Gegebenheiten bestimmt. Und die Tatsache, dass wir in einer unipolaren Welt leben, lässt sich nun einmal nicht leugnen. Für den Rest der Welt läuft das auf die Frage hinaus: Wollt ihr versuchen, diesen Einzelpol zu zähmen, zu nutzen und zu beeinflussen oder wollt ihr euch vergeblich damit abmühen, einen Gegenpol zu bilden? Europa kann durch eine Zusammenarbeit mit Amerika dazu beitragen, die gemeinsame Vision von einer besseren Welt voranzutreiben.

Das Gespräch führte Susan Stern

Internet

Zoë Baird und Stefaan Verhulst

Haschen nach dem Wind – Welche Regeln braucht der Cyberspace?

Der im Dezember 2003 in Genf veranstaltete Weltgipfel zur Informationsgesellschaft (WSIS) schlug keine großen Wellen, doch er markiert vielleicht einen Wendepunkt in der Geschichte des Internet. Bei allen Differenzen waren sich die Regierungen einig über die Notwendigkeit, eine Form globalen Regierens für das Internet zu definieren und zu entwickeln. In der am letzten Tag der Konferenz vereinbarten Grundsatzerklärung wird die Notwendigkeit des »Managements des Internet« betont und eine herausragende Beteiligung der Regierungen anvisiert. »Die Zuständigkeit für politische Fragen, die das Internet betreffen, liegt in der Souveränität der Staaten«, wird in der Erklärung bekräftigt. »Sie haben Rechte und Verpflichtungen im Hinblick auf politische Fragen der internationalen Regulierung des Internet.«

Es ist noch gar nicht lange her, dass das Internet gerade wegen des Fehlens jeglicher Regeln und jeglicher Form der Kontrolle gepriesen wurde. So etwa in John Perry Barlows berühmter Erklärung zur Unabhängigkeit des Cyberspace von 1996: »Regierungen der industriellen Welt, ihr müden Giganten aus Fleisch und Stahl, ich komme aus dem Cyberspace ... Wo wir uns versammeln, besitzt ihr keine Macht mehr ... Wir haben keine gewählte Regierung, und wir werden wohl auch nie eine bekommen«. Und dennoch haben die Einwohner des Cyberspace nach der Erklärung des WSIS ihre Stimme nicht zum Protest erhoben.

Die Rufe nach einem neuen Regelsystem sind Anzeichen für die wachsende Komplexität, Reichweite und Bedeutung des Netzes. Das frühere System, das vor allem auf Selbstregulierung und Laisser-faire beruhte, wird den Anforderungen nicht mehr gerecht. Die wachsende Kommerzialisierung des Internet, die starke Zunahme von Spam, Identitätsdiebstahl und Viren, die Verletzung geistiger Eigentumsrechte und das nach wie vor bestehende Ungleichgewicht bezüglich Zugang und Verbindungsfähigkeit gefährden das enorme Potenzial des Netzes. Die Kreativität und Innovationskraft des Internet muss vor jenen geschützt werden, die von Chaos und Missbrauch profitieren würden. Kurz gesagt, wir erleben derzeit eine weltweite Krise der Internet-Verwaltung.

Es gibt natürlich viele Gründe für diese Krise. Wir glauben jedoch, dass der internationale, dezentralisierte Charakter des Internet und die daraus resultierende Untauglichkeit traditioneller Regulierungssysteme zu den Hauptgründen gehören. Das Internet braucht zweifellos gewisse Regeln. Aber Versuche, ein neues Regelsystem zu entwickeln, dürften kaum erfolgreich sein, solange sie ihre Antworten allein beim Nationalstaat suchen, der sich in seiner zentralisierten Autorität und Wirksamkeit definitionsgemäß auf die Grenzen einer einzelnen Nation oder die Vertragsstaaten beschränkt.

In diesem Beitrag soll daher gezeigt werden, dass wir nicht nur eine Regulierung des Internet benötigen, sondern auch ein grundsätzlich neues Regulierungssystem. Die Krise des Regierens zwingt uns, ein neues Modell des Regierens zu entwickeln. Einige Kernelemente dieses Modells sind: Es muss international sein und grenzüberschreitend funktionieren; es muss sektorübergreifend sein und eine Vielzahl an Stimmen und Beteiligten berücksichtigen, und schließlich muss die Zivilgesellschaft bei dieser Suche nach einem solchen sektorenübergreifenden Regieren eine gleichberechtigte Stimme neben den Regierungen und der Industrie erhalten.

Diese drei Elemente sind natürlich vorläufig und können das neue Modell nur grob umreißen. Wir fangen erst allmählich an zu begreifen, was es bedeutet, das Netz zu regieren – ein Gleichgewicht zwischen Innovationen und Regeln herzustellen und den notwendigen Kompromiss zwischen Ordnung und kreativem Chaos zu finden. Dieser Prozess zur Entwicklung neuer Formen des Internet-Regierens ist auch Teil einer allgemeineren, weltweiten Suche nach neuen Modellen des Regierens für Handel, Immigration, Sicherheit, Entwicklung und andere globale Belange. Bestehende Global-Governance-Foren (wie die Welthandelsorganisation [WTO] oder die Weltorganisation für geistiges Eigentum [WIPO]) können neuen Modellen des Internet-Regierens nicht nur als Vorbild dienen, sondern wiederum von ihnen lernen. Die Diskussion um die Internet Governance kann also als Beitrag zu einem breiteren – und sich weiter intensivierenden – Dialog betrachtet werden.

Die Notwendigkeit eines neuen Governance-Modells

Ein kurzer Blick auf die Geschichte des Netzes hilft uns, den Begriff Internet Governance zu verstehen. Vom US-Verteidigungsministerium in den 60er Jahren entwickelt, war das Internet ursprünglich ein Werkzeug der Regierung. Nichtsdestoweniger beruhte sein früher Erfolg auf dem Fehlen jeglicher Art von Regieren. Von Anfang an entwickelte sich das Internet in einer Kultur der Offenheit und Zusammenarbeit zwischen Industrie, Zivilgesellschaft und Nutzern. Deregulierung und Privatisierung wurden zu prägenden Begriffen; die damit verbundene Vorstellung der »Selbstregulierung« sollte eine flexiblere und anpassungsfähigere Form der Kontrolle ermöglichen.

331

Schon früh brachte diese Kultur beeindruckende Ergebnisse hervor. Hierzu gehörten die konsensbasierten Standards – einschließlich TCP/IP und HTML –, die die Ausbreitung und Beliebtheit des Internet enorm steigerten. Als das Internet jedoch immer komplexer wurde und die Zahl der Nutzer (und Interessen) im Netz exponentiell anstieg, zeigten sich die ersten Risse in der Selbstregulierung. Vor allem der sich abzeichnende kommerzielle Wert des Internet begann, die Dinge kompliziert zu machen. Als die Dot.com-Wirtschaft boomte, gab es für die Firmen kaum einen Anreiz, mit ihren Konkurrenten zusammenzuarbeiten; sie waren eher motiviert, die Entwicklung des Internet in eine Richtung voranzutreiben, die dem eigenen Gewinnstreben diente. Wie Lawrence Lessig in seinem 1999 erschienenen Buch *Code und andere Gesetze des Cyberspace* scharfsinnig beobachtete, bedeutete das Fehlen einer Internet-Kontrolle durch die Regierung nicht, dass es überhaupt keine Kontrolle gab; es hieß nichts weiter, als dass andere Kontrolle ausüben konnten, vor allem durch die von ihnen geschriebenen Code- und Softwareprogramme. Darüber hinaus, und teilweise infolge dieser wachsenden Kommerzialisierung, wurde das Netz immer stärker durch verschiedene Formen des »Missbrauchs« blockiert: So schätzen einige Statistiker, dass bis zu 50 Prozent des Verkehrs im heutigen Netz auf unerwünschte E-Mails oder andere Kommunikationsformen (Spam) zurückzuführen sind. Gleichzeitig stieg die Zahl der Websites mit pädophilem Inhalt im Jahr 2003 um 70 Prozent, und im selben Jahr wurden alleine in den USA etwa sieben Millionen Menschen Opfer eines Identitätsdiebstahls.

Diese Probleme sind nicht unbeachtet geblieben – wie auch die WSIS-Erklärung zeigt. Rund um die Welt sind sich die Regierungen der Gefahren bewusst, die aus einem unkontrollierten Internet erwachsen, und haben ihre Bemühungen verstärkt, angemessen darauf zu reagieren. Die USA beispielsweise haben ein Anti-Spam-Gesetz (CAN-SPAM Act) erlassen, das Geldstrafen und andere Maßnahmen vorsieht, um unerwünschte E-Mails einzuschränken. Auch die Europäische Union hat eine Reihe strenger Richtlinien zum Schutz der Privatsphäre in der elektronischen Kommunikation erlassen. Generell war in den vergangenen Monaten und Jahren eine deutliche Zunahme von Gesetzen zum Schutz (und zur Aktualisierung) geistiger Eigentumsrechte, zur Begrenzung der Ausbreitung von Viren und zur Regulierung von Online-Glücksspielen, Identitätsdiebstahl, Piraterie und Pornographie zu beobachten.

Die Grenzen des Staates

Solche Gesetze sind zweifellos wohlgemeint. Es ist jedoch unwahrscheinlich, dass sie ausreichen, um die Krise der Internet Governance in den Griff zu bekommen. Hierfür gibt es mindestens zwei Gründe. Erstens war es eben gerade ein wesentlicher Faktor für den Erfolg des Internet, dass es frei von staatlicher Regulierung war. Regulierung birgt immer die Gefahr der Überregulierung und Bremsung, und Überregulierung könnte den unternehmerischen und innovativen Geist des Netzes ersticken. Rein technische Lösungen werfen jedoch ähnliche Probleme auf. Während zum Beispiel striktes Filtern die Posteingänge von Spam freihält, kann sich dies auch wie eine unbeabsichtigte Zensur auswirken, indem jede Erwähnung eines typischen Spam-Themas – und selbst Hinweise auf Spam – in seriösen persönlichen E-Mails unterdrückt wird. Bei dem Versuch, Ordnung ins Internet zu bringen, dürfen staatliche Maßnahmen wie auch technische Lösungen daher nur als zwei Ansätze unter vielen betrachtet werden.

Zweitens, und dies ist vielleicht noch wichtiger, kann staatliche Kontrolle schlichtweg deshalb nicht die Antwort sein, weil sie sehr wahrscheinlich nicht funktioniert. Das Internet ist zu verzweigt, zu dezentralisiert und zu international. Es liegt zweifellos außerhalb der Reichweite eines einzelnen Nationalstaats. Dies bedeutet, dass es sich traditionellen Formen

333

der Regulierung entzieht. Es erfordert, dass wir nicht nur eine gewisse Kontrolle ausüben, sondern auch eine gänzlich neue Kontrollmethode entwickeln.

Denken wir zunächst an die jüngsten Versuche der Musikindustrie, den Fluss von urheberrechtlich geschütztem Material in Tauschnetzwerken zu begrenzen. Auch wenn verschiedene Länder (einschließlich der USA) in diesem Fall zugunsten der Musikindustrie entschieden haben, haben solche Entscheidungen nur einen geringen Effekt, wenn die Netzwerke selbst nationale Grenzen und Zuständigkeiten überschreiten. Ein neues Tauschprogramm, Earth Station 5 (ES5), macht dieses Problem deutlich: Das gegenwärtig von der West Bank und Gaza aus betriebene Netzwerk bewegt sich im rechtsfreien Raum und entzieht sich dem Einfluss der meisten staatlichen Behörden.

Solche Schwierigkeiten sind bei einer Reihe von Aspekten anzutreffen. Aber die Schwierigkeiten, das möchten wir betonen, beschränken sich nicht auf das Problem der Durchsetzung von Regeln: Der internationale Charakter des Internet wirft auch Fragen bezüglich der Angleichung unterschiedlicher Zuständigkeiten auf. Nicht in jedem Land gelten die gleichen rechtlichen Standards in Bezug auf die Meinungsfreiheit; auch wird die Privatsphäre nicht in jedem Land gleichermaßen geschützt. Dies bedeutet, dass selbst wenn Nationalstaaten (oder Gruppen von Nationalstaaten) in der Lage sind, Kontrolle auszuüben, ihre Bemühungen von widersprüchlichen rechtlichen Normen und Standards untergraben werden und zu einer Balkanisierung des Internet führen können.

Ein bemerkenswertes – und berühmt-berüchtigtes – Beispiel für einen solchen Konflikt ereignete sich im Jahr 2000, als ein französisches Gericht unter Berufung auf das französische Gesetz, das die Verbreitung von rassistischen und antisemitischen Inhalten unter Strafe stellt, Yahoo! anwies, auf seiner Website den Zugang zu Auktionen mit Nazi-Devotionalien zu sperren. Diese Anordnung, die alle Nutzer des Yahoo!-Netzwerks betroffen hätte, war mit den amerikanischen Traditionen und Gesetzen zur Meinungsfreiheit unvereinbar. Da nahm sich ein französisches Gericht das Recht heraus, zu diktieren, was sich Amerikaner (oder Inder, Russen und Brasilianer) im Netz ansehen konnten. Zu einem ähnlichen Konflikt rechtlicher Standards kam es im vergangenen Jahr, als ein australisches Gericht entschied, dass ein Geschäftsmann aus Melbourne den US-amerikanischen Website-Betreiber Dow Jones in Australien wegen Verleumdung verklagen konnte, obwohl der fragliche Inhalt in den USA im Netz veröffentlicht worden war. Beide Fälle werfen ein Licht auf die Schwächen bestehender, staatlich geführter Verwaltungssysteme: Es ist schwierig (wenn nicht unmöglich), eine globale Ressource wie das Internet zu regieren, solange sich die globale Gemeinschaft nicht über die rechtlichen (und andere) Normen geeinigt hat, die der Steuerung zugrunde liegen sollen.

Einem neuen Modell entgegen – Die Bedeutung der Zivilgesellschaft

Zusammengenommen verdeutlichen diese Beispiele die Probleme des Internet-Regierens sehr gut. Das Fehlen oder auch eine unübersichtliche Vielfalt von Regeln, so viel ist inzwischen klar, kann das Potenzial des Netzes begrenzen; der Nationalstaat allein, auch das sollte klar sein, kann das Problem jedoch nicht lösen. Was wir brauchen, ist, wie schon erwähnt, ein völlig neues Modell des Regierens – eines, das grenzüberschreitend funktioniert und das die Staatsgewalt, wenn auch nicht ersetzen, so doch ergänzen kann.

Lektionen aus anderen Verwaltungsversuchen

Glücklicherweise können wir auf einige Beispiele internationaler, nicht traditioneller Regulierung zurückgreifen und darauf aufbauen. Die *Internet Corporation for Assigned Names and Numbers* (ICANN) hat bereits ein innovatives Entschei-

335

dungsmodell entwickelt. Auch wenn ICANN mit vielen Kinderkrankheiten zu kämpfen hatte, ist ihre Verwaltung des Domainnamensystems (DNS) ein gutes Beispiel dafür, wie eine internationale Ressource durch eine multi-sektorale Nicht-Regierungsorganisation reguliert werden kann. Ein weiteres interessantes Experiment sektorübergreifender Tätigkeit stellt die *Digital Opportunity Task Force* (DOT Force, Arbeitsgruppe »Digitale Möglichkeiten«) dar, die im Jahr 2000 von den Staats- und Regierungschefs der G8-Länder ins Leben gerufen wurde. Von Regierungsseite gegründet und unterstützt, aber zusammengesetzt aus Vertretern von Regierungen, Unternehmen und Nicht-Regierungsorganisationen aus Industrie- und Entwicklungsländern, gelang es der DOT Force, einen globalen Aktions- und Umsetzungsplan für die Nutzung von Informations- und Kommunikationstechnologien zur Förderung der wirtschaftlichen und sozialen Entwicklung zu erarbeiten. Seine Verwaltungsstruktur und sektorübergreifenden Prozesse wurden mittlerweile von der UN-ICT Task Force übernommen.

Natürlich ist keine dieser Organisationen perfekt, und ihre Reichweite ist begrenzt. Aus ihren Fehlern können wir genauso viel lernen wie aus ihren Erfolgen. Die vielen Probleme von ICANN, zum Beispiel, können als hilfreiche Lektionen für die Entwicklung eines effektiveren Regulierungssystems für das Internet dienen. Auch wenn mit den jüngsten Reformen der Organisation möglicherweise ein neuer Weg eingeschlagen wurde, haftet ICANN immer noch der Makel an, zu wenig partizipatorisch zu sein. Vor allem Entwicklungsländer und zivilgesellschaftliche Gruppen fühlten sich bisher im Entscheidungsprozess übergangen. Dieses Gefühl der Ausgeschlossenheit hat die Legitimität und Autorität von ICANN untergraben und somit auch die Effektivität der Organisation begrenzt: Sie dient als warnendes Beispiel dafür, dass jedes internationale Regulierungssystem so viele Stimmen wie möglich einbeziehen muss, es also unerlässlich ist, dass die Internet Governance, wie wir bereits mehrfach ausgeführt haben, auf einem Prinzip multi-sektoraler Partizipation beruht.

Dieses Prinzip, ebenso wie der internationale Lösungsansatz, ist eine wesentliche Voraussetzung für eine erfolgreiche Verwaltung. Traditionelle Regulierungssysteme stützen sich in erster Linie auf die Zwangs- und Strafgewalt des Staates. Eine effektive Internet Governance beruht hingegen eher auf einer Kultur gegenseitigen Interesses und gegenseitiger Achtung. Ihre Autorität wird daher wesentlich von ihrer Legitimität abhängen – und diese wiederum richtet sich nach dem Gefühl der Einbezogenheit, dem Gefühl seitens der Vertreter der verschiedenen Sektoren und Regionen, bei der Festlegung von Regeln für das Internet ein Mitspracherecht zu haben.

Die Rolle der Zivilgesellschaft

Natürlich müssen Regierungen und der private Sektor zu diesen Akteuren gehören: Sie bilden zwei wesentliche Säulen, auf denen das Regieren des Internet ruht. Aber eine genauso wichtige, wenn auch häufig übersehene Säule ist die Zivilgesellschaft. Sie muss – in Form von Nicht-Regierungsorganisationen und gemeinwohlorientierten Interessengruppen – eine gleichwertige Rolle in einem multi-sektoralen Regieren des Internet spielen.

Vertretung des öffentlichen Interesses: Zunächst ist die Zivilgesellschaft ein wichtiger Akteur, weil sie das öffentliche Interesse oft besonders gut vertreten kann. Viele Probleme, mit denen uns das Internet konfrontiert, sind auf seine wachsende Kommerzialisierung zurückzuführen. Diese muss nicht immer im Widerspruch zum öffentlichen Interesse stehen: Tatsächlich ist gerade ihr ein großer Teil der Innovationen und Kreativität im Netz zu verdanken. Es gibt jedoch zwangsläufig Momente, in denen private und öffentliche Interessen kollidieren. In solchen Momenten sind zivilgesellschaftliche Gruppen in einer idealen Position, um Letztere zu vertreten.

337

Außerdem sind solche Gruppen am besten in der Lage, individuelle Rechte gegenüber dem Staat zu verteidigen.

Vertrauen: Die Zivilgesellschaft kann diese Rolle unter anderem deshalb übernehmen, weil sie ein beachtliches Kapital in Form von Vertrauen besitzt. Da zivilgesellschaftliche Gruppen weder an den Staat noch an kommerzielle Sektoren gebunden sind, können sie oft einen unabhängigen und vertrauenswürdigen Standpunkt vertreten. In einer neueren Umfrage zum Thema Vertrauen, die vom Weltwirtschaftsforum unter 36 000 Personen durchgeführt wurde, erzielte die Zivilgesellschaft – NGOs und Interessenverbände – die zweithöchste Quote (nach den Streitkräften) unter den als vertrauenswürdig eingeschätzten Parteien. Die Institutionen, denen das geringste Vertrauen entgegengebracht wird, waren Regierungen (am unteren Ende der Liste) und private Unternehmen. Eine von der Markle Foundation durchgeführte Umfrage zur Internet-Verantwortlichkeit kam zu ähnlichen Ergebnissen und zeigte, dass die Befragten zustimmend auf die Frage reagierten, ob gemeinnützige Organisationen eine Rolle bei der Entwicklung von Regeln für das Internet spielen sollten. Die Öffentlichkeit bewertet diese Möglichkeit positiv (mit einer Quote von 7,1) – die Quote liegt deutlich höher als die für technische Experten (6,6), Einzelpersonen (6,3) oder Landesregierungen (5,0). Angesichts der allgemein anerkannten Tatsache, dass Vertrauen wirtschaftliche, soziale und andere Interaktionen wesentlich erleichtert, weisen solche Zahlen darauf hin, wie wichtig die Zivilgesellschaft für die Förderung einer gesunden Entwicklung der Online-Umgebung ist.

Internationalität: Schließlich kann die Zivilgesellschaft eine effektive Rolle spielen, weil sie oft (und in zunehmendem Maße) wirklich globale Reichweite hat. In Anbetracht der Tatsache, dass das Regieren des Internet internationale Koordination erfordert, ist es natürlich wichtig, auch weltweit agierende Gruppen einzubeziehen. Transnationale Nicht-Regierungsorganisationen und andere zivilgesellschaftliche

Gruppen, die in den vergangenen Jahrzehnten weltweit deutlich zugenommen haben, sind in einer idealen Position, um die Rolle eines internationalen Akteurs zu übernehmen, der alle Segmente der globalen Gemeinschaft repräsentiert. Tatsächlich wird bereits ein bedeutender Anteil internationaler Entwicklungshilfe über internationale Nicht-Regierungsorganisationen abgewickelt; sie stehen auch an vorderster Front bei der internationalen Interessenvertretung und der Schaffung verbindlicher Regeln.

Eine solche Interessenvertretung, das sollte hinzugefügt werden, ist ein wichtiges Mittel, um die Entwicklungsländer in das Regieren des Internet einzubeziehen. Die frühen Fehler von ICANN, wie auch die jüngsten Probleme der Welthandelsorganisation in Cancún, zeigen deutlich die Gefahren von multilateralen Ordnungsmechanismen auf, die nicht auf die Bedürfnisse der Entwicklungsländer eingehen. Ohne einen Integrationsprozess wird es internationalen Regulierungsinstanzen an der nötigen Legitimität und damit auch Autorität fehlen. Und was vielleicht noch wichtiger ist: Das Versäumnis, die Entwicklungsländer in Regulierungsprozesse einzubeziehen, wird zu einer Unausgewogenheit dieser Regeln führen, beziehungsweise zu einem systemischen Ausschluss von Nationen und Bevölkerungen, der sich mit der weiteren Entwicklung des Netzes noch verstärken wird. Letzten Endes werden solche Unausgewogenheiten nicht nur den Entwicklungsländern schaden, sondern sie werden auch das Netz selbst schwächen, indem sie seine Entwicklung hemmen und die Entstehung neuer, innovativer Anwendungen, die aus der Nutzergemeinschaft hervorgehen, begrenzen.

Fazit

Grundsätzlich bleiben wir optimistisch, dass wir neue Modelle des Regierens entwickeln können, die uns dabei helfen werden, die gegenwärtigen Probleme mit dem Internet zu überwinden, und es uns ermöglichen, sein enormes Potenzial zu nutzen. Das Modell, für das wir plädieren, muss drei wesentliche Merkmale aufweisen: Es muss internationale Reichweite und Autorität besitzen, es muss auf multi-sektoraler und globaler Beteiligung basieren und es muss Vertreter der Zivilgesellschaft einbeziehen.

Wenn diese drei Bedingungen erfüllt sind, wird das nicht nur eine gesunde Entwicklung des Internet mit sich bringen, sondern wir werden wahrscheinlich eine wahre Blüte des Netzes erleben. Aber darüber hinaus – zum Teil infolge dieser Blüte – kann das Internet auch zu einem Instrument für eine intensivere weltweite Kooperation und größere Harmonie werden. In einer Zeit, in der so viele unserer Konflikte durch konkurrierende Ideologien und Vorstellungen genährt werden, kann ein globales und alle einbeziehendes Internet einen wesentlichen Beitrag dazu leisten, eine fruchtbare (und friedliche) Diskussion solcher Vorstellungen zu fördern. Es geht um viel – für das Internet selbst und für die globale Gemeinschaft im Allgemeinen.

Wirtschaft

Mario Monti

Impulse für eine europäische Wirtschaftspolitik

Überall in Europa befindet sich die Politik in einer paradoxen Lage: Einerseits erwarten die Bürger von ihr die Lösung der Kernprobleme moderner Gesellschaften. Bei der Verwirklichung der wirtschaftlichen und sozialen Entwicklungschancen, die uns die Globalisierung bietet, soll die Europäische Union ebenso die Initiative übernehmen wie beim Umwelt- und Verbraucherschutz, im Kampf gegen Arbeitslosigkeit und Kriminalität sowie bei der Bewältigung regionaler Konflikte. Andererseits reagieren immer mehr Menschen gegenüber Institutionen und Politikern mit Argwohn oder Desinteresse. Auf der Unionsebene ist diese Erscheinung besonders akut. Bei vielen bröckelt die Zuversicht, das politische Handeln dieses komplizierten, schwer verständlichen Systems richte sich nach den Wünschen der Regierten. So werden der EU Bürgerferne und übermäßige Einmischung zugleich vorgeworfen.

Neue politische Instrumente?

Die Europäische Kommission hat sich eingehend mit der Frage beschäftigt, wie sich Transparenz und Kohärenz der politischen Steuerung der Union verbessern ließen, und die Ergebnisse ihrer Überlegungen in Form des Weißbuchs *Europäisches*

Regieren veröffentlicht. Darin zieht sie den Schluss, dass die EU sich dezentralisieren, ihre Regeln vereinfachen und ihr politisches Arsenal um weitere nichtlegislative Instrumente ergänzen muss.

Im Zuge unserer Reflexionen über die Kunst des Regierens kristallisierte sich eine Idee heraus, die wir als »Koregulierung« bezeichnen. Es handelt sich dabei um einen im Konsens mit der Industrie entwickelten Ansatz zur Regelung von Bereichen, in denen nach einhelliger Auffassung Interventionsbedarf besteht. Mithin ist zunächst zu klären, ob die EU überhaupt eingreifen soll. Wenn ja, gilt es in einer Form zu intervenieren, die sachlich angemessen ist und dem Gemeinwohl dient, also nicht nur dem Sonderinteresse des betreffenden Industriezweigs.

Beim Kartellrecht im engeren Sinne dürfte eine Schärfung der vorhandenen Instrumente sinnvoller sein als neue Regulierungsmechanismen. Dafür spricht, dass die Kartellvorschriften des Gründungsvertrags der Europäischen Gemeinschaft (EGV) unabhängig vom konkreten Aufsichtsmodell für alle Beteiligten verbindlich und von den Behörden konsequent durchzusetzen sind. Daher wäre hier eine konsensuelle Verabschiedung von Regeln nicht angebracht.

Kartellvorschriften lassen sich am besten durch klugen Einsatz gesetzlich verankerter Aufsichtsinstrumente um- und durchsetzen. Koregulatorische Vereinbarungen, Selbstregulierung und Selbstkontrolle sind kein Ersatz für eindeutige, einklagbare Wettbewerbsregeln, die den Unternehmen Chancengleichheit garantieren. Wo solche Regeln gebraucht werden, sollten sie stimmig und streng formuliert, in Kraft gesetzt und angewendet werden, ohne dass unnötige bürokratische Belastungen entstehen. Dem Druck der Lobbys muss man standhalten – was mehr Mut erfordert, als sich auf unverbindliche Formen der Mitbestimmung einzulassen. Bei der Reform der Kartellaufsicht muss es deshalb um deren Verbesserung gehen, nicht aber um Alternativen.

Konzertierte wirtschaftspolitische Strategie

Die ordnungspolitische Reform verfolgt vor allem ökonomische Ziele: Förderung des Wettbewerbs, Dynamisierung der Wirtschaft, Wachstum, Beschäftigung. Damit die Union diese im März 2000 vom Europäischen Rat in Lissabon vorgegebenen Ziele erreichen kann, müssen die Regierungen ihre Wirtschaftspolitik in ein strategisches Gesamtkonzept integrieren. Zu diesem Zweck hat der Europäische Rat im Juni 2002 in Sevilla die drei Räte für den Binnenmarkt, die Industrie und Forschung zum neuen Wettbewerbsrat vereint. Dieser soll für eine kohärente politische Strategie zur Förderung der Wettbewerbsfähigkeit sorgen.

Da es jetzt darauf ankommt, die Wirtschaftsreformen zu beschleunigen, wurde der Wettbewerbsrat beauftragt, Wettbewerbsfähigkeit und Wachstum im Rahmen einer solchen integrierten Strategie sektorübergreifend zu steigern. Dies schließt eine regelmäßige Bestandsaufnahme sowohl der gesamtwirtschaftlichen als auch der sektorspezifischen Belange ein. Von der Kommission stammt die integrierte Strategie zur Förderung der Wettbewerbsfähigkeit. Ich halte diesen Vorstoß für einen äußerst nützlichen Beitrag zur Verbesserung der europäischen Wirtschaftspolitik. Der übergreifende Ansatz kann freilich nur Wirkung zeigen, wenn aus den ermittelten Schwachstellen konkrete politische Entscheidungen abgeleitet werden, wobei der Schwerpunkt auf zentralen Wettbewerbsaspekten wie Produktivität, Innovation und Marktreformen zu liegen hätte. Im März 2004 wird sich der Rat mit einer Stellungnahme der Kommission zur Umsetzung dieser Strategie befassen.

Reform der Kartellaufsicht fördert Wettbewerbsfähigkeit

Wie können Reformen der Wettbewerbsaufsicht uns den Zielen von Lissabon näher bringen? Welche Bedeutung der Wettbewerb in diesem Kontext hat, liegt auf der Hand: Ohne ihn ist eine wettbewerbsfähige Wirtschaft nicht vorstellbar. Wettbewerb ist die Voraussetzung für Innovation, Rationalisierung und für den Strukturwandel, den die Globalisierung erfordert. Wettbewerb ist der Schlüssel zur Steigerung der Wettbewerbsfähigkeit unserer Industrie, ist Wachstumsmotor und Garant dauerhafter Beschäftigung.

Eine Anpassung der Wettbewerbsregeln an die Gegebenheiten einer modernen, offenen Ökonomie ist unumgänglich. Wie in anderen Bereichen muss die Industrie auch bei der Anwendung des Kartellrechts von überflüssiger Bevormundung verschont und in die Lage versetzt werden, auf den rapiden Wandel des globalen Marktumfelds ebenso zügig zu reagieren. Seit drei Jahren weist die Union ein enttäuschendes Wirtschaftswachstum aus. Immer wieder wurde in dieser Zeit der Ruf nach Lockerung der Kartellbestimmungen laut. Eine substanzielle Aufweichung wäre allerdings ein falscher Schritt. Ohne Wettbewerb kein Wachstum und keine Beschäftigung. Insofern steht die Marschrichtung fest: Statt den Wettbewerb zurückzufahren, müssen wir mehr davon auch in diejenigen Wirtschaftszweige hineintragen, die sich dem Markt noch nicht geöffnet haben. Für die Anwendung der Kartellbestimmungen des EGV gilt indessen: Wir müssen die Bürokratie abbauen und die Unternehmen von unsinnigen aufsichtsrechtlichen Bürden entlasten, ohne unseren Standard preiszugeben.

Deregulierung

Betrachten wir die Telekommunikation, eine Branche, die nach ihrer Generalüberholung enorm an Produktivität zugelegt hat. Doch trotz Liberalisierung und Kartellrecht herrschen dort noch keine Marktbedingungen, die eine Aufgabe der Ex-ante-Regulierung gestatten würden. Man könnte ob der eigenwilligen Kombination aus Regulierung und Wettbewerb, die den neuen aufsichtsrechtlichen Rahmen kennzeichnet, ins Staunen geraten und der Kommission vorwerfen, sie führe immer mehr Regeln ein, statt den Vorschriftenkatalog auszudünnen. Sinn und Zweck der Übung bestehen jedoch nicht in der Abschaffung der Regulierung als solcher, sondern darin, die Übereinstimmung des Regulierungsansatzes mit der kartellrechtlichen Bewertung und Handhabung zu gewährleisten. Letztlich geht es weniger um den Umfang der regelnden Eingriffe als vielmehr darum, dass die gültigen Regeln angemessen sind.

Früher bestand die branchenspezifische Regulierung aus einer Sammlung von Einzelnormen, die den Wettbewerb eher behinderten als förderten. Wie in der Wasser-, Gas- und Stromversorgung, im Schienenverkehr und beim terrestrischen Rundfunk variierte das Aufsichtsrecht in der Telekommunikation von einem Land zum nächsten. Aber auch innerhalb der Staaten galten für jeden Wirtschaftszweig eigene Regeln. Dies ändert sich gerade von Grund auf. Im Fernmeldewesen vertritt die EU heute einen an ökonomischen Kriterien orientierten Regulierungsansatz. Er fußt auf der Erkenntnis, dass Eingriffe in den Markt nach wie vor erforderlich sind, um Kräfte und Fehlentwicklungen in den Griff zu bekommen, die auf die Monopolstrukturen der Vergangenheit zurückgehen.

Die Regulierung ist demnach zunehmend wettbewerbspolitisch determiniert. Kartellrecht und Aufsichtsinstrumente ergänzen einander. Sie behandeln dasselbe Problem und dienen demselben Zweck. Dieser heißt nicht mehr Monopolschutz, sondern: Einführung von Marktmechanismen, die dem Verbraucher ebenso nützen wie der Wirtschaft als Ganzer.

Modernisierung des Kartellrechts

Auch die internen Prozesse der Kommission laufen mittlerweile wesentlich effizienter ab. Ende 2002 hat der Rat die kartellpolitische Verordnung 1/2003 verabschiedet und damit den Anwendungsrahmen der EGV-Artikel 81 und 82 geändert. Die am 1. Mai 2004 in Kraft tretende Vorschrift schlägt ein neues Kapitel in der Umsetzung des EU-Kartellrechts durch Kommission, nationale Behörden und Gerichte auf.

Bislang mussten Ausnahmen von den vereinbarten kartellpolitischen Restriktionen bei der Kommission beantragt werden. Weil sich infolgedessen die Kartellverfahren in Brüssel stapelten, konnte die Kommission bei der Wahrnehmung ihrer Exekutivaufgaben kaum noch eigene Prioritäten setzen. Zudem wurden die Mitwirkungsmöglichkeiten der nationalen Stellen bei der Durchsetzung des gemeinschaftlichen Kartellrechts stark beschnitten.

Vor einigen Jahren erkannte die Kommission den Bedarf, die Kartellaufsicht zu reformieren und zu rationalisieren. Kern des neuen Systems der Anwendung der Artikel 81 und 82 EGV ist die Abschaffung der Ausnahmemeldungen an die Kommission, die sich somit darauf konzentrieren kann, besonders schwere Kartellrechtsverstöße von Amts wegen oder aufgrund von Beschwerden zu verfolgen. Zugleich werden die Unternehmen von lästigen Meldepflichten befreit.

Die zweite große Errungenschaft der Reform ist, dass sie zwischen den Akteuren auf dem Binnenmarkt für Chancengleichheit sorgt. Der neuen Verordnung zufolge wird an alle Absprachen zwischen Unternehmen derselbe Bewertungsmaßstab angelegt: Artikel 81 EGV. Nationale Aufsichtsbehörden und Gerichte werden an der Durchsetzung des EU-

Kartellrechts beteiligt. Sie können die vereinbarten Restriktionen und Ausnahmen nun unmittelbar anwenden. Kartellrechtsfälle sind von derjenigen Behörde zu bearbeiten, die dem Sitz der betroffenen Unternehmen am nächsten liegt und somit am besten situiert ist, den Wettbewerb vor Ort wiederherzustellen.

Bei der Kontrolle von Firmenfusionen gilt es, die Effektivität unseres Systems trotz der zunehmenden Komplexität der Fälle und strengeren Beurteilung durch die nationalen Gerichte auch in Zukunft zu gewährleisten. In dieser Absicht hat die Kommission im Jahr 2000 ihren Ansatz bei der Fusionskontrolle auf den Prüfstand gestellt. Dies vorweg: Die Fusionskontrolle ist nicht so interventionistisch, wie man meinen könnte. Der Kommission geht es gewiss nicht darum, sich der Entwicklung des Marktes entgegenzustemmen. Zusammenschlüsse sind oft die einzige Antwort auf den Wandel der Wirtschaft. Darum hat die Kommission äußerst selten ein Fusionsvorhaben blockiert – seit 1990 in nur 18 von über 2200 gemeldeten Fällen. Ein Veto erregt jedoch selbstverständlich viel mehr Aufsehen als die Genehmigung einer Fusion.

Die neue Verordnung flexibilisiert den Zeitrahmen der Ermittlungen und bemüht sich, die Interaktion mit den Betroffenen jeweils über eine einzige Anlaufstelle abzuwickeln. Die bessere Arbeitsteilung zwischen Kommission und nationalen Behörden führt dazu, dass die am besten geeignete Instanz den Fall untersucht. Anträge und Meldungen brauchen nicht mehrfach eingereicht zu werden. Nach der neuen Verordnung haben die meldepflichtigen Parteien die Möglichkeit, vor der Meldung die Verweisung an eine andere Instanz zu beantragen. Insbesondere können sie verlangen, dass auch Fälle, die sich nicht unionsweit auswirken, der Kommission übergeben werden, sofern der Zusammenschluss in mindestens drei Gliedstaaten angemeldet werden müsste.

Überdies wurde verdeutlicht, dass sich die in der Verordnung vorgesehene inhaltliche Prüfung auf alle gemeinschäd-

347

lichen Kartellszenarien erstreckt, sei es die Beherrschung des Marktes durch ein einzelnes Unternehmen oder die Beeinträchtigung der Interessen der europäischen Konsumenten durch Oligopolbildung. Diese Klarstellung erhöht die Rechtssicherheit, weil die Prüf- und Bewertungskriterien nunmehr eindeutig bestimmt sind. Erfasst werden alle Konzentrationsformen, die dem Verbraucher schaden könnten. Auch die Grenzen der Interventionskompetenz der Kommission sind klar geregelt.

Beim Thema Subventionen schließlich hat der Rat mehrfach und völlig zu Recht auf einer Senkung des Gesamtvolumens sowie einer stärkeren Förderung gesamtwirtschaftlicher Ziele anstelle der Begünstigung einzelner Branchen oder Unternehmen bestanden. Selektive Beihilfen verzerren den Wettbewerb. In Subventionsfragen hat die Kommission bisweilen einen schweren Stand – vor allem, wenn Großunternehmen von nationalem Rang nach der öffentlichen Hand rufen. Staatliche Beihilfen zur Rettung und Umstrukturierung von Konzernen haben zum Teil erbitterte Kontroversen ausgelöst und sind womöglich der Subventionstyp mit dem größten Verzerrungseffekt.

Diese Materie ist heikel, weil es zwischen den industrie- und strukturpolitischen Prioritäten der Gliedstaaten und der Rolle der Kommission als Hüterin der Chancengleichheit in der gesamteuropäischen Industrie leicht zu Konflikten kommt. Häufig wird eingewendet, die strenge Subventionspolitik der Union koste Arbeitsplätze. Solchen unangemessenen Versuchen, Druck auszuüben, muss die Kommission widerstehen. Beihilfen an einzelne Unternehmen benachteiligen Konkurrenzbetriebe, die ohne staatliche Zuschüsse auskommen, und gefährden dort die Beschäftigung.

Die Subventionskontrolle muss effektiver werden, damit die Kommission ihr Augenmerk auf Fälle richten kann, in denen auf der Gemeinschaftsebene ernsthafte wettbewerbspolitische Bedenken bestehen. Bei der Verfahrensreform ist der Fortschritt am größten. Die zur Vereinfachung und Modernisierung nötigen Änderungen sind bereits ermittelt. Momentan wird an einer Umsetzungsvorschrift zur Verfahrensverordnung über staatliche Beihilfen (Ratsverordnung 659/1999 vom 22. März 1999) gearbeitet. Geplant ist zudem die Entwicklung neuer Instrumente, um die Prüfung von Subventionsaspekten zu straffen, die wettbewerbspolitisch weniger problematisch sind.

Globale Dimension

Über der Reform der EU-Innenpolitik dürfen wir die globale Dimension des Wettbewerbs nicht vernachlässigen. Angesichts der Tatsache, dass bereits in rund hundert Ländern Kartellbestimmungen der einen oder anderen Art gelten, legt die Kommission größten Wert auf multilaterale Kooperation. Die Rückschläge in den Bemühungen der Welthandelsorganisation WTO sind gewiss enttäuschend, werden aber durch den großen Erfolg des Internationalen Wettbewerbsnetzes (*International Competition Network*, ICN) abgefedert. Dieser informelle Verbund der Mehrheit der nationalen Kartellämter dient dem politischen Austausch sowie der Standardisierung der Verfahren.

An seiner zweiten Jahrestagung im mexikanischen Mérida im Juni 2003 nahmen die meisten der 80 im ICN zusammengeschlossenen Behörden teil. Dabei wurde deutlich, dass sie der Förderung des Wettbewerbs höchste Priorität einräumen müssen, um die Öffentlichkeit stärker auf dessen Nutzen aufmerksam zu machen und andere Politikbereiche unter Wettbewerbsaspekten mitzugestalten. Diskutiert wurde auch über Möglichkeiten, die globalen Mechanismen zur Prüfung länderübergreifender Firmenfusionen zu verbessern. Die Konferenz sprach Empfehlungen zur Beurteilung solcher Zusammenschlüsse aus und erörterte Maßnahmen zur Erleichterung der Kooperation und Konvergenz unter den Kartellbehörden. Dies sollte zur Rationalisierung des Prüfprozesses beitragen und damit den Zeit- und Kostenaufwand bei der Bewertung multinationaler Fusionen senken.

Auf erfolgreichen Wegen

Die Debatte über die Wettbewerbspolitik ist zugunsten einer Beaufsichtigung der Märkte entschieden. In allen EU-Ländern erkennen Ökonomen und Juristen die Vorteile des Wettbewerbs für Verbraucher und Wirtschaft an. Auch in der Öffentlichkeit gewinnt er an Akzeptanz. Die Konsumenten sind zunehmend von seinem Nutzen überzeugt. Die Kartellbehörden genießen Vertrauen; ihr Handeln ist transparent, ihre Ziele finden allgemeine Zustimmung. Dies alles macht die Arbeit der Kommission zu einer dankbaren Aufgabe und spornt uns an, den eingeschlagenen Weg fortzusetzen.

C. Fred Bergsten

G2: Ein neues Modell transatlantischer Wirtschaftsbeziehungen

In diesem Beitrag schlage ich die Gründung eines »G2«-Konsultativmechanismus vor, durch den die Europäische Union und die USA ihre wirtschaftlichen – und möglicherweise auch einige sicherheitspolitischen – Beziehungen regeln und auf informelle Weise die globale Ökonomie lenken können. Arbeitsgruppen aus Vertretern diverser europäischer und amerikanischer Ministerien sollten zusammentreffen, lose verbunden von einer »Koordinationsgruppe«. Auf diese Weise würde sich der Konsultativmechanismus mit einer wachsenden Zahl dringender politischer Fragen auseinander setzen können.

Zunächst soll hier die Grundstruktur des G2-Modells umrissen und dann praktische Schlüsselfragen abgehandelt werden, die mit der Einführung und Handhabung eines solchen Mechanismus verbunden sind: Mit welchen Themen würde sich eine G2 beschäftigen? Und wer würde daran mitarbeiten?

Die G2-Initiative würde ihre globale Managementrolle als informelles Instrument wahrnehmen und bestehende institutionelle Mechanismen, wie beispielsweise die G7/8, nicht ersetzen. Vielmehr bestünde die Aufgabe der G2 darin, jene breiteren Initiativen zu motivieren und ihre Effektivität zu steigern, indem sie innerhalb der Foren das Führungspotenzial der einzigen beiden Mächte zur Verfügung stellt – der Europäischen Union und der USA –, die gemeinsam dafür sorgen können, die jeweiligen Aufgaben erfolgreicher wahrzunehmen.

In konzeptioneller Hinsicht stellt die neue G2 das Zentrum einer Reihe entscheidungsfindender Gremien dar, die als konzentrische Kreise um den G2-Kern angeordnet sind. Ausgehend vom G2-Kern besteht der nächste Kreis aus den derzeitigen »inner circles«, also den G7-Finanzgipfeln der Finanzminister und mitunter auch der Notenbankchefs zu makroökonomischen und monetären Angelegenheiten, sowie den Treffen der so genannten »Quad-Länder« zu Handelsfragen. Jenseits dieser Foren verläuft der nächste Ring mit den »Exekutivkomitees« der offiziellen internationalen Institutionen, darunter der Internationale Währungs- und Finanzausschuss (das frühere Interimskomitee) des Internationalen Währungsfonds und – gelegentlich – die CG-18 der GATT/WTO, deren Aufgabe es ist, die Arbeit dieser quasi universellen Organisationen zu strukturieren und zu optimieren. Multilaterale Organisationen selbst wie der Internationale Währungsfonds (IMF) oder die Welthandelsorganisation (WTO) bilden den äußersten der konzentrischen Kreise, die in ihren jeweiligen Zuständigkeitsbereichen die endgültigen Entscheidungen treffen oder ratifizieren.

Als Herzstück dieses Modellvorschlags zur Steuerung internationaler Entscheidungsfindung würde die G2 auf einer vollkommen informellen Basis operieren. Eine Bekanntgabe ihrer Gründung oder gar eine öffentliche Billigung wäre daher nicht erforderlich. Der zwangsläufig diffuse und vermutlich eher unregelmäßige Charakter, mit dem die G2 auf vielen Gebieten, die unten umrissen sind, zum Einsatz käme, würde eine solche »heimliche« Existenz fördern, wenn nicht sogar bedingen.

Warum eine G2?

Vier Hauptgründe sprechen für die Schaffung einer informellen G2: Zunächst verfügen Europa und die USA derzeit über keine konzeptionelle Basis für ihre bilateralen Beziehungen.

40 Jahre lang bot der Kalte Krieg eine solche Basis, ein Ersatz wurde bisher nicht gefunden. Ohne eine solche intellektuelle Grundlage aber drohen die transatlantischen Beziehungen zu erodieren oder gar abzureißen.

Zweitens würde die G2 dazu beitragen, den größten außenpolitischen Versäumnissen der transatlantischen Partner entgegenzuwirken: Amerikas Neigung zu Unilateralismus und Europas Hang zur Abschottung. Gerade wegen ihrer derzeitigen fraglosen Überlegenheit brauchen die USA einen verlässlichen und vertrauenswürdigen Verbündeten, der die Supermacht vor der ständigen Versuchung hegemonialer Alleingänge bewahrt. Die Europäische Union wiederum benötigt in Anbetracht ihrer großen institutionellen Umwälzungen einen global orientierten Partner. So kann sie ihren Hang zu selbstbezogenem Verhalten überwinden, der in ihren enormen inneren Aufgaben begründet ist.

Drittens ist Weltwirtschaft wie jedes politische und soziale Gefüge, welches sich mit den Schwierigkeiten gemeinsamen Handelns konfrontiert sieht, auf die Führungsleistungen derjenigen ihrer Mitglieder angewiesen, die sowohl die Fähigkeiten als auch den Willen dazu aufbringen. Angesichts der rapide steigenden Zahl staatlicher Akteure – der Internationale Währungsfonds zählt 187 Mitglieder, die Welthandelsorganisation 144 – und, was noch bedeutsamer ist, der wachsenden Zahl derjenigen, die auf die Weltwirtschaft erheblichen Einfluss ausüben (etwa 30 bis 40), ist diese Erfordernis heute dringender denn je. Auf absehbare Zeit werden nur die USA und die Europäische Union in der Lage sein, im Sinne einer globalen Ordnungspolitik die Führung zu übernehmen. Durch die Expansion der Europäischen Union weisen beide Wirtschaftsräume in Bezug auf Bevölkerungszahlen, Wirtschaftsleistung (besonders im Hinblick auf die Kaufkraftparität, PPP), Pro-Kopfeinkommen, Außenhandelsströme, Openness Ratios (Anteil des Außenhandelsvolumens am Bruttosozialprodukt) und die meisten anderen Wirtschaftsindikatoren bemerkenswerte Ähnlichkeiten auf. Japan dagegen,

353

das einstige Mitglied einer vermeintlichen G3-Initiative, verliert wirtschaftlich rapide an Schubkraft. Ein Ende dieser Entwicklung ist nicht in Sicht; und sei es nur aus demographischen Gründen. China hingegen ist eine aufstrebende Macht und wird vielleicht in ein oder zwei Jahrzehnten in den Führungskreis mit aufgenommen werden müssen. Noch aber ist die Volksrepublik ein armes Land mit einer unkonvertierbaren Währung, der Weg zur Marktwirtschaft ist erst zur Hälfte zurückgelegt und der zur politischen Demokratie ist noch viel weiter. Daher wird auf absehbare Zeit nur die G2 die Weltwirtschaft steuern können.

Viertens existiert eine G2 bereits in verschiedenen Bereichen, was für die Umsetzbarkeit meines Vorschlags spricht. In der Handelspolitik ist sie seit 40 Jahren etabliert, seit die ursprüngliche Europäische Wirtschaftsgemeinschaft diese Funktion in der Europäischen Kommission zentralisierte: Ihr Höhepunkt ist das derzeitige enge Verhältnis zwischen dem amerikanischen Handelsbeauftragten Robert Zoellick und dem EU-Handelskommissar Pascal Lamy. Durch die NATO erfährt die G2 in gewissem Sinne ihre Umsetzung auch auf militärischer Ebene, insbesondere durch die jüngste Ausdehnung des NATO-Engagements auf Einsätze außerhalb der europäischen Bühne. Die G2 ist also ganz offensichtlich eine praktikable Option.

Aufgaben und Funktionsweise der G2

Eine zweckmäßige G2 würde stets zwei Zielsetzungen gleichzeitig verfolgen: eine effektivere Beziehung zwischen Europa und den Vereinigten Staaten einerseits und eine effektivere globale Wirtschaftspolitik andererseits. Diese beiden Ziele sind fast immer miteinander kompatibel und verstärken sich meist gegenseitig. So sind harmonische transatlantische Beziehungen für ein globales Gleichgewicht unverzichtbar, während Letzteres für die Europäische Union und die Vereinigten Staaten in ökonomischer wie politischer Hinsicht von unschätzbarem Wert ist.

Zu Recht wird die Frage nach politischen Instrumenten erhoben, die ein wirksamer G2-Mechanismus effektiv zum Einsatz bringen könne. Auch wenn eine ausführliche Analyse solcher Handlungsinstrumente den Rahmen dieser Ausführungen sprengen würde, möchte ich aufzeigen, welche neuen politischen Möglichkeiten den transatlantischen Partnern zur Verfügung stünden, sollten sie sich für diesen Kurs entscheiden.

Zwei grundlegende Strategien dienen zur Schaffung einer G2. Die eine folgt dem Prinzip »von oben nach unten«, wobei auf höchster Ebene beschlossen wird, zu einem breiten Spektrum von Themen intensive transatlantische Beratungen aufzunehmen, und bereits im Vorfeld eine umfangreiche Liste mit spezifischen Beratungspunkten festgelegt wird. Denkbar ist auch ein übergeordnetes Steuerungskomitee, das die einzelnen Themen miteinander verknüpft und allgemeine politische Impulse beiträgt. Alternativ bietet sich eine Herangehensweise »von unten nach oben« an, bei der auf Einzelfallbasis zu spezifischen Punkten Beratungen aufgenommen und Beziehungen aufgebaut werden, beispielsweise im Bereich der internationalen Geldpolitik, wenn eine gravierende Instabilität des Dollar-Euro-Kurses eine stärkere aktive Zusammenarbeit bedingt, oder in umweltpolitischen Fragen, sollten sich die USA bereit erklären, gemeinsam mit der EU ein akzeptables Nachfolgemodell des Kioto-Protokolls zu erarbeiten.

Unabhängig davon, welcher dieser Wege letztendlich beschritten wird oder sich im Prozess herausbilden mag, sollen die möglichen Gebiete, die für ein G2-Management in Frage kommen, skizziert werden. Mindestens zehn Bereiche bieten sich unmittelbar an: Handel, Wettbewerbspolitik, Regulierungspolitik einschließlich des Bereiches der Unternehmensführung, Makroökonomie, internationale Geldpolitik, internationale Finanzmärkte, Energiepolitik, Umwelt, Migration und globale Armut. Alle diese Gebiete würden mit großer

Wahrscheinlichkeit davon profitieren, wenn sich ihnen die zuständigen europäischen und amerikanischen Behörden innerhalb eines neuen G2-Gefüges systematischer und nachhaltiger widmen könnten. Der Handel beispielsweise erfährt bereits jetzt ein hohes Maß an G2-Management und die Vorteile liegen auf der Hand. Doch auch hier hat man sich mit einigen Kernproblemen bisher nicht auseinander gesetzt: dem ausufernden Geflecht bilateraler Handelsabkommen und der Notwendigkeit koordinierterer Reaktionen auf die Kritiker der Globalisierung. Zwei Anliegen stehen im Mittelpunkt: die G2-Mitglieder zu bewegen, sich gegenseitig in erster Linie als Hüter des globalen Handelssystems zu betrachten und nicht als merkantilistische Widersacher. Und die starken persönlichen Beziehungen zu institutionalisieren, die glücklicherweise in diesem Bereich inzwischen existieren und die wesentlich dazu beigetragen haben, in einer Phase ernster und sich verschärfender Auseinandersetzungen echte Handelskonflikte zu vermeiden.

Die Liste der für ein G2-Management in Frage kommenden Betätigungsfelder zeigt, dass ein solcher Prozess, sofern er annähernd im vorgeschlagenen Maßstab verwirklicht werden sollte, eine erhebliche Anzahl von Personen aus diversen öffentlichen – und möglicherweise auch privaten – Institutionen diesseits und jenseits des Atlantiks mit einbeziehen würde. Um eine hoffnungslose Bürokratisierung zu vermeiden, wäre daher ein hohes Maß an Flexibilität und Informalität erforderlich.

Im Grunde genommen kann der Prozess als die auf G2-Ebene stattfindende Vertiefung und Institutionalisierung bereits funktionierender multinationaler Beziehungen betrachtet werden. So stehen die Chefs der Notenbanken, Wettbewerbsbehörden und Handelsbeauftragte schon in engem Kontakt. Dort hingegen, wo bisher noch keine oder nur unterentwickelte Beziehungen bestehen, werden neue geschaffen, wie beispielsweise bei den Vertretern der Energie- und Umweltbehörden, die weniger gut miteinander kommunizieren. Jede verantwortliche Gruppe würde eine eigene Agenda, einen eigenen Zeitplan entwickeln und auf bereits etablierten Verfahrensweisen aufbauen. Ihr Mandat wäre die Ein- oder Fortführung eines Beratungsprozesses zu Schlüsselfragen, die sich aus den jeweiligen Themenbereichen ergeben.

Wo immer möglich, würde die G2 auf bereits bestehenden Mechanismen aufbauen und sowohl Amtsträger als auch Wirtschaftsführer und Vertreter der Zivilgesellschaft mit einbeziehen. Ein Beispiel dafür ist die Regulierungspolitik, in der der *TransAtlantic Business Dialogue* (TABD) sich einer Reihe kritischer Themen angenommen hat, für die er zumindest teilweise eine Einigung in Form so genannter *Mutual Recognition Agreements* (MRAs) anstrebt. Ein weiteres Beispiel ist der Bereich der Unternehmensführung, wo Kooperationen zwischen den Round-Table-Konferenzen europäischer und amerikanischer Unternehmer zur Ausarbeitung freiwilliger, aber nützlicher Regeln führen könnten, die künftige Firmenzusammenbrüche à la Enron oder Parmalat verhindern helfen sollen. Die von einer ganzen Reihe von Nicht-Regierungsorganisationen angewandte *Track II Diplomacy* ist im asiatischen und pazifischen Raum inzwischen sehr verbreitet, während davon jenseits des Atlantiks bisher deutlich seltener Gebrauch gemacht wird. Doch sie könnte auf breiter Ebene Ideen für offizielle G2-Beratungen beisteuern und, was noch wichtiger ist, dazu beitragen, in Amerika und Europa das Konzept dieser neuen Strategie und vor allem das damit verbundene gravierende Umdenken zu verbreiten, die eine erfolgreiche Durchsetzung erst ermöglichen.

Die jeweiligen Arbeitsgruppen könnten sich auf dreierlei Art austauschen: Die erste wäre rein *informatorisch*, das heißt, sie bestünde aus umfassenden Briefings über die jüngsten Entwicklungen innerhalb der jeweiligen Themenbereiche in beiden Regionen, so dass die jeweils andere Seite bei zukünftigen Schritten die Entscheidungen des Partners zumindest mit in Betracht ziehen kann. Die zweite Variante bezieht sich auf *politische Zusammenhänge* oder internationale Konsequenzen anstehender politischer Entscheidungen eines der beiden Partner, beispielsweise die Auswirkungen drastischer amerikanischer Steuersenkungen oder der Reform des Stabilitätspaktes auf den internationalen Kapitalfluss und die Devisenmärkte. Die dritte und progressivste Form des Austausches wäre die Durchführung *kooperativer oder gar koordinierter Aktionen* zu bestimmten Anlässen, um auf spezifische politische Aufgaben effektiver reagieren zu können.

Die Bildung eines Koordinationsausschusses, der die – zehn oder mehr? – themenspezifischen Beratungsgruppen miteinander vernetzt und für Konstanz sorgt, stellt ein weiteres Handlungsinstrument dar. Ein solcher Ausschuss ist nicht zwingend erforderlich, könnte aber im Rahmen eines kleinen und unbürokratisch arbeitenden Sekretariats dafür sorgen, die verschiedenen Teile des Programms untereinander abzustimmen und Überlappungen und Inkonsistenzen zu vermeiden. Darüber hinaus könnte der Ausschuss den jeweiligen Beratungsgruppen bestimmte Themen »zuweisen«, die sich unter anderem aus den regelmäßigen Gipfeltreffen der transatlantischen Führungsspitzen ergeben – wobei diese Treffen dank der Zuarbeit durch die Beratungsgruppen in Zukunft wesentlich mehr Bedeutung gewinnen könnten. Durch die Besetzung des Gremiums mit engen persönlichen Mitarbeitern der politischen Führer – was zumindest am Anfang des Prozesses unbedingt erforderlich erscheint – wäre der Ausschuss zudem in der Lage, einen gewissen politischen Einfluss auszuüben und dort, wo einzelne Gruppen sich an themenspezifischen Problemen festbeißen, selbstständig helfend einzugreifen.

Überschneidungen mit anderen internationalen Gruppen?

Würde das G2-Modell nicht eine Neuauflage bereits bestehender Gremien darstellen? Nein, denn alle anderen »G«-Foren, zu denen die G7/8-Treffen ebenso zählen wie die offiziellen multinationalen Institutionen des Währungsfonds und der Welthandelsorganisation, würden weiter existieren. Mit der Entwicklung der G2 zu einem effektiven Steuerungskomitee nähme auch die Bedeutung der bestehenden Organisationen zu, deren Aufgabe darin bestünde, die Entscheidungen des Führungskerns in die nächsten Führungskreise hineinzutragen und beschlossene Regelungen umzusetzen.

Ist es in Anbetracht des wirtschaftlichen Rückschritts Japans und der Bedeutungslosigkeit Kanadas und Russlands in den meisten weltwirtschaftlichen Belangen nicht dennoch legitim zu fragen, ob die G7 faktisch nicht bereits jetzt eine G2 darstellt und eine Neubildung daher überflüssig macht?

Auch hier ist die Antwort ein eindeutiges Nein. Erstens gehören der Gruppe der 7/8 drei Länder an, die für die meisten wirtschaftlichen Belange von internationalem Format kaum eine Rolle spielen – Kanada, Japan und Russland –, was interne Diskussionen und Entscheidungsfindungsprozesse zwangsläufig verkompliziert. Zweitens schmälert die Anwesenheit von Vertretern vierer europäischer Länder sowie der europäischen Kommission eher die Chancen auf eine gemeinsame europäische Position, als sie zu erhöhen. Genau aus diesem Grund geht man innerhalb der G7/8 dem grundlegenden Problem einer sinnvollen Koordination lieber aus dem Weg, als es in Angriff zu nehmen. Drittens gleichen die G7/8-Gipfeltreffen inzwischen eher einem Medienzirkus als ernsthaften Konferenzen; sie sind mehr Politmeetings als Wirtschaftstagungen, bei denen fundierte Inhalte im Mittelpunkt stehen. Viertens ist auch der »Finanz-G7«, obgleich er einige Fehler der anderen Gipfeltreffen vermeidet, fast gänzlich wirkungslos geworden. Dies ist großteils der von den Gruppenmitglie-

359

dern getroffenen Übereinkunft zuzuschreiben, sich gegenseitig nicht zu kritisieren, sowie ihrer Resignation und Untätigkeit angesichts »überwältigender Marktkräfte« und der Unabhängigkeit ihrer Notenbanken. Fünftens haben sich die
G7/8-Varianten mit einigen der dringendsten Problempunkte
der oben aufgeführten Vorschlagsliste bis heute nicht befasst,
darunter die Themen Migration und Umweltpolitik.

Die letzte und zentrale Frage lautet natürlich, ob eine neue
G2 in der Lage wäre, jene Probleme zu überwinden, die sich
auf die G7/8-Initiativen und andere internationale Zusammenschlüsse derart lähmend auswirken. Die ehrliche Antwort darauf lautet, dass sie dies nur dann vermag, wenn sie
von den höchsten politischen Köpfen auf beiden Seiten des
Atlantiks mit ernsthaftem politischem Willen aus der Taufe
gehoben und anschließend von den Verantwortlichen mit
dem gleichen Engagement kontinuierlich und nachhaltig implementiert wird. Als Vorbild dienen natürlich die amerikanische und die europäische Union selbst: Die überzeugenden
Vorteile einer tief gehenden Integration und die Realisierung
des Konzepts durch eine Gruppe engagierter Befürworter hat
beide enorme Hindernisse überwinden lassen.

Nur unter ähnlichen Bedingungen kann eine G2 noch im
ersten Teil des 21. Jahrhunderts erfolgreich agieren. Der Antrieb dafür muss der festen Überzeugung beider Mächte entspringen, dass ihre Beziehung einer stabilen neuen Grundlage
bedarf; dass es notwendig ist, sich vor den schlimmsten eigenen Angewohnheiten zu schützen – wie gesagt, dem amerikanischen Unilateralismus und dem europäischen Hang zur
Abschottung –, und dass sie ihre globale Führungsverantwor-
tung nur wahrnehmen können, wenn sie gemeinsam vorgehen. Zusammengenommen ein eindrucksvolles Plädoyer dafür, die G2-Initiative so bald wie möglich zu starten.

Will die G2 ihrem Führungsanspruch gerecht werden,
muss sie selbstverständlich mit anderen Ländern und entsprechenden Foren zusammenarbeiten. Die letzte WTO-Minis-
terkonferenz in Cancún hat gezeigt, dass eine Übereinstim-

mung der G2 zwar eine notwendige Voraussetzung für globalen Fortschritt darstellt, allein aber nicht mehr ausreichend ist. In diesem Fall hätte die G2 ein wesentlich großzügigeres Angebot zur Liberalisierung der eigenen Agrarpolitik unterbreiten und mit den G20, dem im Entstehen begriffenen Zusammenschluss der wichtigsten Entwicklungsländer, die in Cancún zum ersten Mal ihr Vetopotenzial demonstrierten, kooperativ zusammenarbeiten müssen.

Wie eingangs erwähnt, muss die G2 im Zentrum einer Reihe konzentrischer Kreise aus internationalen entscheidungsfindenden Gremien operieren. Dabei ist es unerlässlich, dass beide zentralen Mächte in ständigem Austausch mit ihren engsten Verbündeten auf der nächsten Länderebene stehen (beispielsweise in der Abfolge Russland, Japan), um sowohl deren Ansichten umfassend zu berücksichtigen als auch ihr Einverständnis für grundlegende G2-Entscheidungen zu gewinnen. Die Politik und die Führungsgremien der multilateralen Institutionen, besonders des Internationalen Währungsfonds und der Welthandelsorganisation, sind in allen Stadien zu involvieren. Letztendlich aber obliegt ein effektives globales Wirtschaftsmanagement der Führung durch die einzigen beiden Supermächte in diesem Bereich, der Europäischen Union und der USA. Genau aus diesem Grund wird sich die G2 als essenzieller Bestandteil von Global Governance im frühen 21. Jahrhundert erweisen.

Dieser Beitrag beruht auf einem Papier, das der Autor gemeinsam mit Caio Koch-Weser verfasst hat.

Jonathon Porritt

Konkurrenz oder Partnerschaft: Kapitalismus auf dem Prüfstand

Als Kontrollinstanz der Unternehmensführung, aber auch durch die Tätigkeit der Finanzinstitute gerieten die Kapitalmärkte in den 90er Jahren zunehmend in die Kritik. Turbulenzen bei Anleihen aus Schwellenländern; die Skandalserie unter amerikanischen und europäischen Konzernen; Kapazitätsengpässe und Sicherheitslücken in der privatisierten Versorgungswirtschaft; Misstrauen der Kunden gegenüber Anbietern von Sparplänen; zunehmender Ansehensverlust von Unternehmen mit schlechter Öko- und Sozialbilanz – all diese Krisensymptome des Kapitalismus angloamerikanischer Prägung schienen die Mehrheit der Finanzinstitute zu überfordern. Der Hauptgrund dafür könnte sein, dass sich viele, wenn nicht alle der genannten Probleme wie Kollektivgüter verhalten: Obwohl ihre Lösung im Interesse aller läge, zahlt es sich für einzelne institutionelle Trittbrettfahrer aus, ein konzertiertes Vorgehen zu blockieren. Mittlerweile ist der Handlungsdruck auf die Banken allerdings so hoch, dass neue Bündnisse entstanden sind. Gut möglich, dass von deren Erfolg oder Scheitern das Überleben des heutigen angloamerikanischen Kapitalismusmodells abhängt. Es lohnt daher, die fünf erwähnten Krisensymptome genauer zu betrachten.

Ein Großteil dieser Entwicklungen lässt sich auf die explosionsartige Zunahme der Auslandsdirektinvestitionen nach 1990 zurückführen. Die Unruhen auf dem Markt für Anleihen aus Schwellenländern erreichten solche Ausmaße, dass die Weltbank den derzeitigen Rückgang dieser Finanzierungsform als entwicklungsfördernd begrüßt. Ausgehend von extremen Niedrigständen zu Beginn der 90er Jahre schwoll die Fremdkapitalflut bis 1997 auf 90 Milliarden Dollar an, bevor sie auf Tilgungsleistungen von 25 Milliarden im Jahr 2001 herunterschnellte. In Verbindung mit der Anhäufung von Aktiva in einigen Zentralbanken haben diese Rückzahlungen die Entwicklungsländer zu Nettokapitalgebern der OECD gemacht. Das heißt, unter dem Strich fließt kein Kapital mehr aus den einkommensstarken Ländern in Volkswirtschaften, die darauf angewiesen wären, um die entwicklungspolitischen »Millennium-Ziele« zu erreichen.

In den Industrieländern, allen voran den USA, hat die von Enron eingeleitete Reihe folgenschwerer Wirtschaftsskandale die Führungsschwäche der Aktionäre und sonstiger Vertreter finanzieller Ansprüche offenbart. Die Skandale haben die Konzerne das Vertrauen der Märkte und damit einen wertvollen Posten ihres immateriellen Vermögens gekostet. Doch die Anleger trifft eine erhebliche Mitschuld. Die Spekulationsblase auf den Aktienmärkten der 90er Jahre setzte die Unternehmen einem hohen Erwartungsdruck aus: Wer seine Bonitätsnoten und, beunruhigender noch, den Wert der Aktienoptionen seiner Vorstände halten wollte, musste zweistellige Ertragszuwächse ausweisen. Dass die härter Gesottenen irgendwann fiktive Zahlen vorlegten, durfte kaum überraschen. Erstaunlicher war da schon die Untätigkeit der Aktionäre und ihrer Fondsmanager in Grundsatzfragen der Unternehmensführung.

Die Privatisierung ehemals staatlicher Versorgungsbetriebe ist in den letzten 20 Jahren von den Industrienationen auf die Entwicklungsländer übergeschwappt. Der verordnete Wettbewerb hat zweifellos zu einer wirtschaftlicheren Nutzung solcher Anlagen geführt. Die Kapitalrendite ist enorm gestiegen. In Großbritannien und anderswo hat sich aber auch gezeigt, dass in einigen Branchen die Investitionen in die Versorgungskapazität und die Instandhaltung ebenso vernachlässigt wurden wie das allgemeine öffentliche Interesse. Wegen Produktionsengpässen kam es in Amerika, Europa und Neuseeland

363

wiederholt zu Stromausfällen. Die Bahn steht im Verdacht, an der Sicherheit gespart zu haben. Betreiber privatisierter Wasserwerke stellten zum Teil fest, dass eine Beteiligungsfinanzierung kaum mit der Verpflichtung auf Qualitäts- und Umweltnormen zu vereinbaren ist. Inzwischen probieren manche Versorgungsbetriebe alternative betriebswirtschaftliche Modelle aus. In der privatisierten Versorgungswirtschaft hat die Steuerung der Unternehmen über spezialisierte Kapitalmärkte jedenfalls nicht den erhofften Erfolg gebracht.

Auch an der Kontrolle der Finanzinstitute selbst wurden Zweifel laut. Anlass dazu bot das Grassieren fragwürdiger Vertriebspraktiken unter britischen Anbietern langfristiger Sparpläne. Versicherer und Vermögensverwalter haben das Vertrauen ihrer Kunden so gründlich verspielt, dass bereits eine Sparlücke klafft, die der britische Versicherungsverband ABI (*Association of British Insurers*) auf 26 Milliarden Pfund taxiert, und sich Angst vor einer Rentenkrise breit macht. Auch wenn die tieferen Ursachen dieser Krise in der Demografie und den Staatsfinanzen zu suchen sind, bleibt es bei der Erkenntnis, dass die Verbraucher insgesamt zu wenig sparen, und das liegt zu einem großen Teil am fehlenden Vertrauen in die Finanzinstitute.

Ein Nebeneffekt des Siegeszuges der Informatik ist, dass Kunden und Zivilorganisationen zunehmend auf ökologische und soziale Versäumnisse multinationaler Unternehmen reagieren. Vorbei die Zeiten, da man beim Bau eines Staudamms ganze Gemeinden mit symbolischen Summen für den Verlust der Heimat abfinden oder Arbeitskräfte ohne Rücksicht auf internationale Richtlinien beschäftigen konnte. Vorbei auch die Zeiten, da Banken solche Projekte und Firmen finanzieren konnten, ohne ihren Ruf und den Kurs ihrer Aktien aufs Spiel zu setzen. Zwar versprechen die von der Umweltpolitik geschaffenen neuen Märkte, etwa der CO_2-Handel, den Finanzinstituten ein Zusatzgeschäft. Dennoch ist deren Beschäftigung mit Nachhaltigkeitsaspekten primär von der begründeten Sorge um den eigenen Ruf motiviert.

Nur langsam setzt in diesen Fragen ein Umdenken ein. Der seit jeher erbitterte Konkurrenzkampf auf den Kapitalmärkten ist partnerschaftlichem Handeln nicht gerade förderlich. Eine Zusammenarbeit mit externen Interessengruppen, etwa den politischen Organisationen der Zivilgesellschaft, findet kaum statt. Einzelkämpfertum wird die Finanzinstitute aber auch nicht weiterbringen. Vor einiger Zeit zitierte die *Financial Times* den obersten Vermögensverwalter der Citigroup, Tom Jones, mit den Worten: »Es gibt wichtigere Dinge, um die ich mich zu kümmern habe. Ich bin kein Weltverbesserer. Ich möchte mich auf das konzentrieren, wofür man mich bezahlt. Der Kampf für Aktionärsanliegen gehört nicht dazu. [...] Wenn wir für Aktionärsaktivismus Geld ausgeben, zahlen unsere Kunden die Rechnung, ohne dass sie dafür mehr bekämen als andere Anleger.« Genau das ist der springende Punkt. Um sich Vorteile zu verschaffen und die Kosten zu streuen, muss man zusammenarbeiten. Einige Finanzinstitute lassen sich daher auf Kooperationsinitiativen ein, die eine neue Ära partnerschaftlichen Miteinanders einläuten könnten.

Eine solche Initiative sind die so genannten »Äquatorprinzipien«, ausgearbeitet von den Projektfinanzabteilungen mehrerer Großbanken, darunter die Citibank und ABN AMRO. Im Juni 2003 haben insgesamt zehn Kreditinstitute aus sieben Ländern angekündigt, sich künftig an diese freiwilligen Richtlinien halten zu wollen. Die Äquatorprinzipien regeln gesellschaftliche und ökologische Aspekte der Finanzierung entwicklungspolitischer Großprojekte. Sie gelten weltweit und für alle Sektoren, also auch für Projekte im Bergbau, in der Öl- und Gasindustrie sowie in der Forstwirtschaft. Kooperation unter den beteiligten Banken ist schon deswegen unerlässlich, weil die Beachtung der Prinzipien ihre Finanzierungsangebote verteuert und dies Konkurrenten auf den Plan ruft, die sich an keine vergleichbaren Auflagen halten. Eine solche Partnerschaft ist für die extrem wettbewerbsorientierten Mitspieler ein Novum. Die betriebswirtschaftliche Beurteilung dieses Ansatzes wird davon abhängen, ob er die Beteiligten besser vor den Risiken einer schlechten Presse zu schützen vermag. Mal sehen, ob die Banken merken, dass sie dazu auch mit den NGOs zusammenarbeiten müssen – sind diese doch der wichtigste Übertragungskanal derartiger Risiken.

Noch ein Beispiel: Das *Carbon Disclosure Project* (CDP) ist ein gemeinsamer Vorstoß institutioneller Anleger und Vermögensverwalter, denen aufgegangen ist, dass die politische Reaktion auf den Klimawandel die Erträge von Investitionen gefährdet. Im Mai 2002 sowie im November 2003 hat diese Interessengemeinschaft die 500 größten Konzerne der Welt schriftlich aufgefordert, anlagerelevante Zahlen und Fakten zu ihrem Treibhausgasausstoß offen zu legen. Die Suche nach neuen Ansätzen im Umgang mit diesem speziellen Investitionsrisiko hatte 87 Kapitalsammelstellen mit einem Gesamtvermögen von neun Billionen Dollar zusammengeführt. Die Offenlegung der Daten kann zwar nur der erste Schritt zur Bewältigung des Klimawandels sein. Dass nun sogar Großinvestoren gemeinsam an einem globalen Problem arbeiten, verspricht indessen einiges.

Der Klimawandel ist nicht das einzige Thema, das diesen Teil der Finanzbranche zu partnerschaftlichem Handeln veranlasst hat. Vor dem Hintergrund der Gesundheitskrise in den Schwellenländern, namentlich den Folgen von Aids, hat sich als weitere Koalition institutioneller Anleger und Vermögensverwalter vor kurzem die *Pharma Group* formiert. Wie den Initiatoren des CDP geht es ihr um die Offenlegung von Informationen. Jetzt sollen Pharmakonzerne über die Verfügbarkeit patentierter Arzneien Auskunft geben. Warum sich Investoren dafür interessieren? Weil sie davon ausgehen, dass sich das Verhalten der Pharmaindustrie angesichts der Epidemien in den Schwellenländern langfristig auf den Wert und die Dividende ihrer Aktien auswirkt. Um die Öffentlichkeit besser über ihren Dialog mit den betroffenen Konzernen zu informieren, schließen sich die Anleger in diesem Fall zusätzlich mit den einschlägigen NGOs kurz. Die Kopublikation *Sustainability Pays* der Versicherungsgenossenschaft *Co-operative Insurance* (CIS) und des *Forum for the Future* (FFF) referiert eine Fallstudie zur gemeinsamen positiven Einflussnahme der Hilfsorganisation Oxfam und mehrerer Großanleger auf die Entscheidung des Pharmakonzerns Glaxo-Smith-Kline, Patienten in Afrika den Zugang zu bestimmten Medikamenten zu erleichtern.

Das FFF hat in der Entwicklung partnerschaftlicher Beziehungen zur britischen Wirtschaft Pionierarbeit geleistet und setzt sich nun für eine Ausweitung der im Finanzsektor entstandenen Initiativen ein. Wie das *Centre for Sustainable Investment* (CSI) des Forums betont, lässt sich das Finanzsystem als Ganzes nur reformieren, wenn die Aufsichtsbehörden in einige dieser Partnerschaften einbezogen werden. Freiwillige Bündnisse einzelner Institute dagegen bleiben stets einem konkreten betriebswirtschaftlichen Bedarf an kollektivem Handeln verhaftet.

Wie die Finanzaufsicht durch Einsatz von Marktmechanismen dafür sorgen kann, dass die Märkte nachhaltiger wirtschaften, war Gegenstand einer Analyse des Zentrums, die der britische Premierminister im Jahr 2002 auf dem Johannesburger Entwicklungsgipfel vorgestellt hat. Eine Kernaussage der Studie *Financing the Future: The London Principles of Sustainable Finance* lautet, dass sich ökonomische und gesellschaftliche Risiken stärker in den Kursen von Aktien und Schuldtiteln niederschlagen müssen. Dazu müssten Auskunfteien sowie Analytiker von Effektenbanken ihre Prüf- und Bewertungskriterien erweitern. Ansatzweise geschieht dies schon, etwa in Form der regelmäßig vergebenen Unternehmensführungsnoten der Agentur Standard & Poors oder der von internationalen Großbanken wie UBS und DrKW veröffentlichten Untersuchungen über die Auswirkungen der Klimapolitik auf das Investitionsgeschäft.

Das CSI unterstützt überdies das Umweltprogramm der Vereinten Nationen (UNEP) und das *African Institute for Corporate Citizenship* (AICC) dabei, nach der Methodik der **367**

Londoner Prinzipien die Nachhaltigkeit des afrikanischen Bankensystems zu beurteilen. In Zusammenarbeit mit diesen und anderen Organisationen, darunter das Königlich-Britische Außenpolitische Institut (*Royal Institute of International Affairs*, RIIA), versuchen wir, eine weltweite Koalition internationaler Organisationen und staatlicher Finanzaufsichtsbehörden zu schmieden.

Noch lassen sich die Initiativen der Finanzbranche an einer Hand abzählen. Von selbst verfassten Erfolgsmeldungen abgesehen gibt es bislang kaum Belege dafür, dass führende Finanzinstitute auf breiter Front gemeinsam Verantwortung übernehmen. Daher bleibt offen, ob sich das partnerschaftliche Miteinander durchsetzt und inwieweit es die Zukunft des vorherrschenden angloamerikanischen Modells des Kapitalismus beeinflussen wird.

Ong Keng Yong

Wenn der Tiger mit dem Drachen ... Gute Nachbarschaft in Südostasien

Partnerschaft zwischen den Ländern und Menschen Südostasiens ist ein Entwicklungsprozess. Geschwindigkeit und Intensität der Entwicklung werden von nationalen, regionalen und globalen Kräften beeinflusst. Partnerschaft ist das Ergebnis andauernder Interaktionen zwischen Regierungen, Wirtschaften und Gesellschaften innerhalb der Region und darüber hinaus. Im Zentrum dieser Koalition steht die Vereinigung Südostasiatischer Nationen ASEAN, die seit ihrer Gründung im Jahr 1967 großen Anteil am Aufbau und der Entwicklung dieser Partnerschaft hat. Die ASEAN ist eine dynamische Institution, die sich an die neuen Zeiten, Chancen und Probleme anpasst.

Die Region der ASEAN besteht aus zehn Ländern unterschiedlicher Größe mit unterschiedlichen politischen Systemen und Entwicklungsstufen. Ihr gemeinsames Ziel ist die Förderung der sozialen und wirtschaftlichen Entwicklung und die Wahrung von Frieden und Stabilität in der Region. Die Etablierung der ASEAN verwirklichte die Vision ihrer Gründerväter, alle zehn Länder Südostasiens zu einer Nationengemeinschaft zusammenzuführen. Die Region stellt sich hiermit auch der Herausforderung, in einer zunehmend vernetzten und globalisierten Welt eine gemeinsame Stimme zu besitzen und ihr Handeln aufeinander abzustimmen.

Über diese eindeutigen Motive und Interessen hinaus ist ASEAN auch Ausdruck gemeinsamer Wertvorstellungen und einer gemeinsamen Identität, die sich über Jahrhunderte aufgrund ähnlicher geographischer, klimatischer und kultureller

Bedingungen sowie historischer Erfahrungen unter den Ländern Südostasiens herausgebildet hat. In diesem Sinne setzt ASEAN den Beschluss der Region um, »eine stabile Basis für gemeinsames Handeln im Geiste der Gleichberechtigung und Partnerschaft zu schaffen«, wie es in der Bangkok-Erklärung von 1967 heißt.

Der Übereinstimmung der ASEAN-Staats- und Regierungschefs bei ihrem letzten Gipfel auf Bali im Oktober 2003, Form und Inhalt der ASEAN durch ein groß geschriebenes »C« in ihrem Namen (ASEAN Community) hervorzuheben, bildet den jüngsten Meilenstein in der Geschichte der Organisation.

Die Gründung von ASEAN setzt nicht nur eine Partnerschaft zwischen den Ländern Südostasiens voraus, sondern auch zwischen ihnen und anderen Ländern, die berechtigte Interessen in dieser Region verfolgen. Dies schließt intensive Partnerschaften in den Bereichen Politik, Sicherheit, Wirtschaft und Gesellschaft ein. Die Partnerschaft soll integrieren, nicht ausgrenzen. Sie soll Engagement fördern, nicht eine Politik der Eindämmung. Partnerschaften innerhalb von und mit ASEAN haben zum Ziel, in der eng verflochtenen Welt von heute gemeinsame Interessen zu wahren und gegenseitigen Nutzen zu erzielen.

Welche Bedeutung hat diese institutionelle Entwicklung einer der heute erfolgreichsten regionalen Organisationen der Welt? Wie wirkt sie sich auf die intraregionale Zusammenarbeit zwischen ihren Mitgliedern sowie zwischen ASEAN und ihren Partnern außerhalb Südostasiens aus?

Partnerschaft innerhalb von ASEAN

Die Grundsätze der ASEAN-Partnerschaft sind im Vertrag über Freundschaft und Kooperation in Südostasien (TAC) verankert und beruhen auf dem Prinzip der Gleichberechtigung, der Nichtdiskriminierung und des wechselseitigen

Nutzens. Diese Grundsätze haben sich seit Bestehen der Organisation vielfach bewährt. Bei allen größeren Initiativen der vergangenen Jahre haben sich die Mitgliedsländer an diesen Richtlinien orientiert.

ASEAN gab Form und Richtung für die Langzeit-Agenda für regionale Kooperation vor, welche die drei parallelen, aber miteinander zusammenhängenden Bereiche Sicherheit, wirtschaftliche und soziokulturelle Kooperation umfasst. Dieser integrative und ausgewogene Ansatz zielt darauf ab, die vielfältigen Chancen und Probleme regionaler Interdependenzen anzugehen.

Die Sicherheitsgemeinschaft der ASEAN hat sich ein friedliches Miteinander der Länder innerhalb dieser Region und weltweit unter gerechten, demokratischen und harmonischen Bedingungen zur Aufgabe gestellt. Die Wirtschaftsgemeinschaft der ASEAN soll wirtschaftliche Stabilität und Wettbewerbsfähigkeit durch den freien Fluss von Waren, Dienstleistungen, Investitionen, Kapital und eine größere Mobilität von Akademikern und Fachkräften fördern. Die soziokulturelle Gemeinschaft der ASEAN hat zum Ziel, ein Miteinander von Solidargesellschaften aufzubauen und auf diese Weise die regionale Identität zu stärken.

ASEAN hält sich bei ihren Entscheidungsprozessen streng an das Prinzip der Gleichberechtigung, indem sie für ein faires Gleichgewicht zwischen kleineren und größeren Ländern der Region sorgt. Größere Länder wie Indonesien, dessen Einwohnerschaft über 40 Prozent der Gesamtbevölkerung der Region ausmacht, spielen eine konstruktive und verantwortungsvolle Rolle. So stellt Indonesien sein ganzes Gewicht und Ansehen auf der internationalen Bühne in den Dienst der ASEAN. Die kleineren Länder wiederum zeigen sich offen oder stimmen den Entscheidungen anderer Länder zu, solange diese ihre nationalen Interessen nicht gefährden.

Der Beitritt von Kambodscha, Laos, Myanmar und Vietnam zur ASEAN in den 90er Jahren hat das Gemeinschaftsgefühl gestärkt und damit auch das Bewusstsein einer gemeinsamen Verantwortung für regionale Angelegenheiten und dafür, dass alle Mitglieder gleichermaßen von der regionalen Kooperation profitieren. Die politischen Führer der ASEAN haben sich nicht nur aus wirtschaftlichen Gründen das Prinzip »Mache deinen Nächsten reich« zu eigen gemacht, sondern auch, um auf diese Weise zum Aufbau einer regionalen Gemeinschaft beizutragen.

Vietnam, das erste der neueren Mitgliedsländer, das die rotierende Präsidentschaft der ASEAN übernahm, hielt sich erst gar nicht damit auf, die Botschaft zu transportieren, dass ASEAN das Entwicklungsgefälle zwischen seinen Gründungsmitgliedern und den Beitrittsländern verringern müsse. ASEAN hat bereits spezielle Maßnahmen ergriffen, um ihre volle Integration zu beschleunigen.

Im Juli 2001 gaben die ASEAN-Außenminister die Erklärung von Hanoi zur Verringerung des Entwicklungsgefälles *(Hanoi Declaration on Narrowing the Development Gap)* heraus. Die Erklärung verpflichtet ASEAN, »besondere Anstrengungen und Mittel zur Förderung der Entwicklung der neueren Mitgliedsländer der ASEAN aufzuwenden, mit den Schwerpunkten auf Infrastruktur, Entwicklung der Humanressourcen sowie Informations- und Kommunikationstechnologie«.

Im November 2002 verabschiedeten die ASEAN-Führer einen Sechsjahresplan zur Verringerung des Entwicklungsgefälles zwischen den ASEAN-Ländern, zur Beschleunigung der regionalen wirtschaftlichen Integration, zur Förderung einer gerechten wirtschaftlichen Entwicklung und zur Bekämpfung der Armut.

Um Ressourcen für die Umsetzung des Sechsjahresplans zu mobilisieren, organisierte das ASEAN-Sekretariat mit Sitz in Jakarta im Rahmen der Initiative für die Integration von ASEAN ein Forum für Entwicklungszusammenarbeit, das internationale Organisationen, Geberinstitutionen, gewerbliche Wirtschaft, private Stiftungen und Nicht-Regierungsorganisationen vereint.

Die ASEAN-Freihandelszone (AFTA) besteht inzwischen für die sechs ursprünglichen Unterzeichnerländer des Plans: Brunei Darussalam, Indonesien, Malaysia, Philippinen, Singapur und Thailand. Aus Gründen der Fairness und Flexibilität wurde den späteren Mitgliedsländern der gleiche Zeitrahmen eingeräumt, um ihre Zollsätze auf unter fünf Prozent zu senken. So wird erwartet, dass Vietnam seine Verpflichtung bis zum Jahr 2006 erfüllt, Laos und Myanmar bis 2008 und Kambodscha bis 2010. Darüber hinaus hat die Region im Januar 2002 den Plan für ein Integrationssystem von Präferenzen *(ASEAN Integration System of Preferences Scheme)* verabschiedet, der vorsieht, dass den neueren Mitgliedern von den älteren Mitgliedern Vorzugstarife auf freiwilliger und bilateraler Basis angeboten werden.

Das Prinzip »Mache deinen Nächsten reich« ist eine Win-Win-Lösung, die dazu beiträgt, die unterschiedlichen wirtschaftlichen Entwicklungsstufen unter den ASEAN-Mitgliedern anzugleichen. Eine Verbesserung ihrer ökonomischen Situation ermöglicht es ärmeren Mitgliedsländern, Geschäftspartner für die entwickelteren Länder zu werden. Gleichzeitig stärken ein starker wirtschaftlicher Zusammenhalt und eine höhere Wettbewerbsfähigkeit der zehn Mitgliedsländer die Verhandlungsposition der ASEAN in Fragen wie Marktzugang, Technologietransfer und Auslandsinvestitionen gegenüber der restlichen Welt. Über den offensichtlichen materiellen Nutzen hinaus trägt eine Verbesserung der wirtschaftlichen Situation zur allgemeinen politischen Stabilität in der gesamten Region bei, indem Probleme wie illegale Migration verringert werden.

Partnerschaften über ASEAN hinaus

Für die wirtschaftliche Entwicklung der Region müssen die südostasiatischen Länder ausländische Investoren gewinnen, am globalen Markt teilhaben und den Technologietransfer

373

mit Industriegesellschaften fördern. Südostasien ist zudem eine Region von strategischer Bedeutung, ein Schmelztiegel unterschiedlichster Kulturen und ein wichtiger Teil Ostasiens und seiner pazifischen Randgebiete. Seine Küsten erstrecken sich vom Indischen bis zum Pazifischen Ozean. In diesem Gebiet verfügen alle Großmächte über eine gewisse strategische Präsenz und haben wichtige Interessen zu verteidigen. Diese Umstände zwingen ASEAN zu einer offenen Außenwirtschaftspolitik mit aktiven Auslandsbeziehungen.

Die Entwicklung auswärtiger Beziehungen gehört zu den frühesten und wichtigsten Aktivitäten der ASEAN. Der Grundstein hierzu wurde in den frühen 70er Jahren mit einer Initiative für interregionale Zusammenarbeit mit der Europäischen Wirtschaftsgemeinschaft gelegt. Heute unterhält ASEAN stabile »Dialogpartnerschaften« mit seinen wichtigsten Handelspartnern und anderen Staaten, die eine strategische Funktion in der Region haben. Hierzu gehören Australien, Kanada, China, die Europäische Union, Japan, Indien, Neuseeland, Südkorea, die Russische Föderation und die Vereinigten Staaten. Auch dem Entwicklungsprogramm der Vereinten Nationen wird ein solcher Status eingeräumt.

Der Begriff »Dialogpartnerschaft« ist angesichts der derzeitigen Intensität und Breite der Aktivitäten zwischen der ASEAN und ihren Partnern untertrieben. Der regelmäßige Meinungsaustausch in internationalen politischen und wirtschaftlichen Fragen nimmt einen wichtigen Platz in den Beziehungen ein. Daneben gibt es ein breites Spektrum von Aktivitäten im wirtschaftlichen, sozialen und kulturellen Bereich. Die »Dialogpartnerschaft« ist eine innovative Strategie, die es ermöglicht, die Interessen kleinerer Staaten gegenüber ihren größeren Partnern zu wahren und durchzusetzen. Gleichzeitig bietet sie den Großmächten eine Plattform, um ihren Einfluss geltend zu machen und ihre jeweilige Rolle in der Region erfüllen zu können. Der multilaterale Charakter des ASEAN-Regionalforums und der ASEAN-Nachfolgekonferenzen der Ministertreffen unterstützt den Aufbau einer Sicherheitsgemeinschaft in der breiteren asiatisch-pazifischen Region.

Die ASEAN-Freihandelszone und andere Formen wirtschaftlicher Zusammenarbeit dienen ASEAN als Basis, mit ihren größeren Handelspartnern in Verbindung zu treten. Die Partnerschaft mit Ostasien hat sich seit der ersten Gipfelkonferenz der politischen Führer von ASEAN, China, Japan und Südkorea im Jahr 1988 rapide entwickelt. Es ist geplant, eine Ostasiatische Freihandelszone innerhalb einer Ostasiatischen Gemeinschaft zu gründen; ostasiatische politische Führer sind sich einig, dass das langfristige Ziel ASEAN+3 (China, Japan, Republik Korea) sein sollte. Auf der Grundlage gegenwärtiger Rahmenabkommen mit China, Japan und Indien sollen bis zum Jahr 2012 gemeinsame Wirtschaftsräume mit diesen Ländern geschaffen werden. Es ist zu erwarten, dass die zukünftige Wirtschaftsgemeinschaft der ASEAN einen ökonomischen Aufschwung und eine größere Wettbewerbsfähigkeit der Region zeitigen wird.

In gewisser Weise bestätigen diese formalen Abkommen bereits bestehende Tatsachen. Der Handel innerhalb Ostasiens weist seit Jahren ein zunehmendes Wachstum und zunehmende Interdependenzen auf. Das Handelsvolumen innerhalb Ostasiens nähert sich rasch der 50-Prozent-Marke des gesamten Handelsvolumens der Region. Ein gemeinsamer Wirtschaftsraum in Ostasien würde zu einem gemeinsamen Markt von zwei Milliarden Menschen beziehungsweise einem Drittel der Menschheit führen, mit einem gemeinsamen Bruttosozialprodukt von 6,3 Billionen US-Dollar beziehungsweise knapp 20 Prozent des weltweiten Bruttosozialprodukts im Jahr 2002 und einem Gesamthandelsvolumen von 2,2 Billionen US-Dollar beziehungsweise etwa 17 Prozent des Welthandels im Jahr 2001.

Mit der Europäischen Union und den Vereinigten Staaten sind mittlerweile intensive Diskussionen über die transregionale Handelsinitiative EU/ASEAN (TREATI) und die

Enterprise for ASEAN Initiative (EAI) im Gange, welche Aussichten auf langfristige bilaterale Freihandelsabkommen mit ASEAN-Mitgliedsstaaten eröffnen.

Von ASEAN lernen

ASEAN ist sich darüber bewusst, dass beim Aufbau einer Gemeinschaft alle gesellschaftlichen Bereiche einbezogen werden müssen: der öffentliche, der private und der zivilgesellschaftliche. ASEAN kann nicht alles leisten, aber sie kann als Katalysator für Aktivitäten und politische Richtlinien dienen, die eine Multiplikatorwirkung nach unten haben. Sie wird sich weiterhin darauf konzentrieren, durch den Erhalt von Frieden und Stabilität in der Region, die Verbesserung der wirtschaftlichen Integration und Wettbewerbsfähigkeit und die Herausbildung einer gemeinsamen regionalen Identität, für günstige Rahmenbedingungen zu sorgen.

Das Modell der ASEAN für den Aufbau von Partnerschaften und Gemeinschaften mittels Beratung und Konsens hat der Region in ihren Außenbeziehungen mit anderen Ländern und Ländergruppen gute Dienste erwiesen. Die Prinzipien von Gleichberechtigung, Nichtdiskriminierung und gegenseitigem Nutzen wurden auf multilaterale und interregionale Prozesse übertragen. Global Governance im 21. Jahrhundert sollte sich auf genau die gleichen Werte und Prinzipien stützen.

Olusegun Obasanjo

Vom Kampf gegen die Korruption

Nigeria spielt innerhalb Afrikas eine wichtige Rolle. Dass alles, was in Nigeria geschieht, die Entwicklung des Kontinents in hohem Maße mitbestimmt, empfinde ich als besondere Verantwortung. Meinen nigerianischen Mitbürgern erkläre ich: Gott macht keine Fehler. Er schaut auf unser kleines Land und schenkt den Menschen darin Tatkraft und Entschlossenheit. Er verfolgt eine Absicht: Die Nigerianer sollen für ihr Land und für Afrika etwas leisten. Nigeria muss zuerst, darf aber nicht nur an sich selbst denken. Unsere Fürsorge muss sich von unserem Land aus über Westafrika auf den ganzen Kontinent erstrecken, weil wir für die Welt, in der wir leben, verantwortlich sind.

Die Geschichte Nigerias ist allgemein bekannt. Bis 1999 war Bestechlichkeit de facto das Grundprinzip der öffentlichen Verwaltung. Der Niedergang der gesellschaftlichen Institutionen war beispiellos, während jegliches Erfolgspotenzial von mächtigen Interessenten privatisiert wurde. Hinzu kamen die üblichen Begleiterscheinungen: Einschüchterung der Justiz, das Unterlaufen geregelter Verfahren, Rechtsbeugung, Unterdrückung der Zivilgesellschaft, Zurückdrängung demokratischer Werte und Einrichtungen. Macht verkam zum Werkzeug der Bereicherung und Subversion. Produktivität und Initiative wichen administrativer, auf den Einzelfall fixierter Geschäftigkeit. Je mehr sich die Bürger auf außerrechtliche und informelle Überlebenstaktiken verlegten, desto stärker litten Legitimität und Stabilität des Staates.

Schuld am Entstehen des nigerianischen Korruptionssumpfes waren das Versagen und der spätere Zusammenbruch des

Staates, der Verrat an demokratischen Prinzipien, die Erosion der Kontrollverfahren sowie Führungsschwäche auf allen Ebenen. Das bröckelnde Vertrauen der Öffentlichkeit in Politik und Wirtschaft leistete der Missachtung des Rechtsstaats Vorschub und führte schließlich zu Toleranz gegenüber Verhaltensweisen, die früher jedermann entsetzt hätten.

Weder heute noch in Zukunft kann sich Nigeria die gesellschaftlichen, politischen und wirtschaftlichen Kosten allgegenwärtiger Korruption leisten. Zur Korrektur der Missstände sind Reformen noch immer dringend geboten. Ziel ist, die Transparenz öffentlicher Institutionen und Unternehmungen zu erhöhen sowie deren Rechenschaftspflicht zu verschärfen.

Nach 1999: Voraussetzungen für Rechtsstaatlichkeit und Rechenschaft

Bei meinem Amtsantritt im Jahre 1999 war klar, dass Bestechung und Bestechlichkeit zu den größten Hindernissen bei der Entwicklung Nigerias zählten. Nur ein wohl durchdachtes Programm zur Rechenschaftsreform im öffentlichen Sektor konnte die Verwaltung auf Vordermann und das Staatsschiff wieder auf Kurs bringen. Deshalb erklärte ich die Antikorruptionskampagne zur Chefsache. Die während meiner ersten Amtszeit getroffenen institutionellen und strukturellen Maßnahmen signalisierten einen ordnungspolitischen Neubeginn. Der Maßnahmenkatalog umfasste zunächst offene Ausschreibungen und freien Wettbewerb bei der staatlichen Auftragsvergabe, ein geregeltes Verfahren zur Prüfung und zum »Abspecken« von Staatsaufträgen sowie eine massive Antikorruptionskampagne unter Beteiligung aller Amtsträger einschließlich des Präsidenten. Sodann sollten Bestechungsmöglichkeiten durch Reformen im öffentlichen Dienst weitgehend beseitigt werden, insbesondere durch vollständige Monetisierung der Beamtenbezüge; die Liberalisierung von

Staatsmonopolen wie der Telekommunikation sollte durch zügige Privatisierung sowie Versteigerung von Betriebsgenehmigungen vorangetrieben werden. Die Einrichtung einer unabhängigen Antikorruptionsbehörde sowie eines Wirtschafts- und Finanzkriminalamts waren weitere Schritte. Schließlich erfolgte die Gründung eines dem Präsidialamt unterstellten Kontrollstabs (*Policy & Programmes Monitoring Unit*) mit folgenden Aufgaben: Aufbau einer umfassenden Datenbank politischer Maßnahmen, Beobachtung der Umsetzung sämtlicher Präsidialentscheidungen, Kontrolle der Umsetzung amtlicher Programme in Ministerien und halbstaatlichen Institutionen.

Wir hoffen, dass Nigeria infolge dieser Verwaltungsreformen binnen vier Jahren auf dem Weg zur politischen Integrität deutlich voranschreiten wird. Angesichts der tiefen institutionellen Verwurzelung der Korruption bedurfte es großen Mutes, diese Maßnahmen in Angriff zu nehmen. Zwar sind unsere gesetzlichen Vorschriften gegen Bestechung und Bestechlichkeit im Prinzip ausreichend. Trotzdem haben wir durch Reformen der Justiz, der Polizei, des Strafvollzugs und angrenzender Bereiche dafür sorgen müssen, dass diese Gesetze angewendet und durchsetzbar wurden. Dass wir mit unserer Politik auf dem richtigen Weg sind, zeigt sich daran, dass bei Wahrnehmungsmustern, Einstellungen und in der Arbeitsweise staatlicher Institutionen ein Umdenken einsetzt. Dazu im Folgenden einige Beispiele.

Konsequente Anwendung der Antikorruptionsgesetze

Um den einschlägigen Gesetzen Geltung zu verschaffen, haben wir eine unabhängige Behörde zur Bekämpfung der Korruption und verwandter Delikte (*Independent Corrupt Practices & Related Crimes Commission*, ICPC) geschaffen, die bereits eine beachtliche Erfolgsbilanz vorweisen kann. Das ebenfalls neue Wirtschafts- und Finanzkriminalamt (*Economic & Financial Crimes Commission*, EFCC) hat unverzüglich mit der Verhaftung gesuchter Betrüger begonnen, von denen viele nun unter Arrest auf ihren Prozess warten. Bei der Aufklärung von Finanzvergehen, Geldwäscherei und anderer Wirtschaftsdelikte, aufgrund derer unser Land ins Fadenkreuz der OECD-Sonderkommission FATF (*Financial Action Task Force*) geraten war, hat die Amtsleitung großes Engagement bewiesen.

Auf die berüchtigten Schwindelbriefe, in denen nigerianische Betrüger und als Nigerianer auftretende Ausländer zur Beteiligung an illegalen Geschäften auffordern, fällt heute kaum noch jemand herein. Dank der Arbeit des Wirtschaftskriminalamts konnte in einer Reihe von Fällen die Kontrolle verschärft und das Strafmaß ausgeschöpft werden. Diese Erfolge belegen die Entschlossenheit meiner Regierung bei der Abwehr des Korruptionsvirus.

Die noch andauernde Justiz- und Polizeireform ergänzt das Wirken der genannten Behörden. Sie reicht von der Antikorruptionskampagne über Personalbeschaffung und Ausbildung, Modernisierung der Ausrüstung, Erhöhung der Bezüge und Zulagen bis zur Verbesserung der Arbeitsbedingungen. Ich hoffe, die internationale Gemeinschaft wird unsere Anstrengungen anerkennen und honorieren. Schließlich ist der Kampf gegen die Korruption in einem Entwicklungsland wesentlich härter als in Industrieländern.

Ordentliches Vergabewesen

Das schlechte Image Nigerias in Sachen Transparenz lässt sich mit der Praxis früherer Regierungen bei der Vergabe öffentlicher Aufträge erklären. Zur Überprüfung, Überwachung und Beglaubigung entsprechender Projekte haben wir daher ein Haushaltskontroll- und Preisinformationsreferat (*Budget Monitoring & Price Intelligence Unit*, BMPIU) eingerichtet. Seine Aufgabe besteht in der Gewährleistung eines ordentlichen Ausschreibungs- und Vergabeverfahrens. Demnach wird die Finanzierung eines Projekts aus öffentlichen Mitteln nur dann zugelassen, wenn ein seriöser, vollständiger Implementierungsplan vorliegt. Entsprechende Angebotspakete müssen sich strikt an die Vergaberegeln für internationale Ausschreibungen halten. Diese Projektbeglaubigung macht das Preisleistungsverhältnis wieder zum entscheidenden Kriterium der Bewilligung von Staatsausgaben. Der Erfolg des neuen Verfahrens kann sich sehen lassen: Regelwidrige Verträge wurden gekündigt, und unsere Beamten merken, dass sie mit der eigennützigen Aufblähung von Aufträgen nicht mehr durchkommen. Allmählich spricht sich herum, dass die Regierung die Korruption im Visier hat.

Transparenz

Die für Außenstehende kaum durchschaubaren Vorgänge in der Ölindustrie, die unsere Volkswirtschaft dominiert, untermauern in den Augen der Öffentlichkeit den Eindruck einer schlechten Bewirtschaftung der natürlichen Ressourcen. Weil uns dies klar ist, haben wir uns der Transparenzinitiative der Rohstoffindustrie (*Extractive Industries Transparency Initiative,* EITI) angeschlossen. Damit Privatwirtschaft und Zivilgesellschaft die staatliche Machtausübung kontrollieren können, wird die Regierung ihre Maßnahmen, Einkünfte und Ausgaben rund um das Ölgeschäft offen legen.

Bewusst haben wir uns für die Privatisierung und Liberalisierung zentraler Wirtschaftszweige entschieden, um Transparenz und Rechenschaft zu fördern und einen Konsens herzustellen, der die Reformen trägt. So wurden in den Jahren 2000 und 2001 Staatsanteile an Zementwerken, Ölvertriebsgesellschaften und Banken zur Auktion ausgeschrieben. Die 2001 im Fernsehen übertragene, von technischen Beratern aus Großbritannien betreute Versteigerung von Konzessionen für den digitalen Mobilfunk wurde als eine der transparentesten Lizenzauktionen der Geschichte gefeiert. Mit Unterstützung der Weltbank konnten wir auch die zweite und die dritte Stufe unseres Privatisierungs- und Liberalisierungsprogramms mit diesem Grad an Öffentlichkeit verwirklichen: Alle externen Beratungsaufträge sowie die zum Verkauf stehenden Vermögenswerte und Beteiligungen wurden inseriert. Die Auktionen zu sämtlichen Veräußerungsgeschäften konnte das ganze Land live am Bildschirm verfolgen. Dass Privatfirmen und halbstaatliche Organisationen diesem Trend folgen, ist vielversprechend.

Den Kampf gegen Bestechung und Bestechlichkeit flankieren Initiativen auf der administrativen Ebene. Angefangen bei unserem Eintreten für Effizienz, Reformen im Staatsdienst und einen kompetenten Dienst am Bürger, über unsere Kampagnen zur Verbesserung der Kommunalverwaltung, zur Demokratisierung der Parteienlandschaft sowie zur Stärkung der Zivilgesellschaft bis zur Umstrukturierung ganzer Institutionen haben wir Energien freigesetzt, aus denen sich eine landesweite Bewegung für mehr Rechenschaft speist. Mit der Reform der Gemeindeverwaltung geht die Regierung gegen Unbotmäßigkeit, Verschwendung, Schlamperei, Ineffizienz und Korruption vor. Kommunale Inkompetenz und Bestechlichkeit rauben unserem Volk die Hoffnung auf einen demokratischen Staat, lähmen seinen Elan und seine Begeisterungsfähigkeit für die Anliegen integrer Politiker. Zudem trübt eine inkompetente Führung die Aussichten auf soziale Gerechtigkeit, Toleranz und demokratische Entwicklung. Momentan versuchen wir, die Regierungen der nigerianischen Bundesländer für unser Reformprojekt zu gewinnen. In weiteren Initiativen sollen die Transparenz- und Rechenschaftsstrukturen konsolidiert werden. Das Reformpaket für Bund, Länder und Kommunen lässt hoffen, dass Nigeria das Meer der Verzweiflung und der Korruption bezwingt und zur Insel der Zuversicht, des Wachstums und der Integrität wird.

Stand der Antikorruptionskampagne

Vor uns liegt noch ein weiter Weg. Die Exekutive geht mit gutem Beispiel voraus. Jetzt sind Legislative und Rechtsprechung gefordert, an sich denselben strengen Maßstab anzulegen. Das nigerianische Volk muss allen Organen der Staatsgewalt wieder vertrauen können. Auch mit den Problemen des Steuerföderalismus zwischen Bund, Ländern und Gemeinden haben wir uns noch auseinander zu setzen. Infolge der konstitutionell verbrieften Finanzautonomie der Länder und Kommunen hat die Bundesregierung nur die Möglichkeit, die übrigen Glieder der Föderation durch moralische Überzeugungsarbeit auf eine transparente, verantwortliche Amtsführung einzuschwören. Diese Situation hat die Welt in dem vernichtenden, sich hartnäckig haltenden Urteil bestärkt, dass Transparenz in Nigeria einer Gleitskala folgt – mit hohen Werten auf der Bundesebene, niedrigen in den Ländern und dem Nullpunkt bei den Kommunen.

Ein Wort zur Privatwirtschaft: Die Unternehmen der garantierten Profite zu entwöhnen, die früher wegen Nachlässigkeit und Verzerrungen in der öffentlichen Verwaltung selbst bei bescheidenster Produktivität möglich waren, ist eine Herkulesaufgabe. Kurz- bis mittelfristig wird es hier zu sozialen Verwerfungen kommen. Dennoch wird sich meine Regierung auf die Unterstützung wirtschaftspolitischer Ansätze wie der Privatisierung und der Deregulierung beschränken, weil diese die wertschöpfende Privatinitiative fördern und damit zu mehr Kreativität und Innovation führen. Eine in diesem Sinne produktive Wirtschaft profitiert von den Chancen, die ein sauberer, effizienter und leistungsorientierter Staatsapparat bietet, und avanciert dadurch zum Wachstumsmotor. Der so ermöglichte Aufschwung würde dem Heer der Unterbezahlten und Arbeitslosen, das aus wirtschaftlicher Not für Korruption besonders anfällig ist, eine vernünftige Perspektive eröffnen.

Bei den Medien und der Zivilgesellschaft einschließlich der **383**

Berufsverbände sowie der breiten Öffentlichkeit hat sich ein gewisser Zynismus festgesetzt. Überdies verdächtigen sie die Regierung noch immer der Unterdrückung von Synergien und Kooperationsmöglichkeiten, wie wir sie bräuchten, um konzertiert gegen jenes Krebsgeschwür vorzugehen, das längst alle als den größten Feind des dringend erforderlichen Fortschritts erkannt haben. Die Überwindung des Grabens zwischen Staat und Zivilgesellschaft stellt an die Kommunikationsfähigkeit aller Beteiligten höchste Ansprüche. Erst am Anfang stehen unsere Bemühungen, den Bürgern zu vermitteln, dass es besser ist, die Früchte des Erfolgs zu genießen, als ewig an Enttäuschungen zu nagen, und dass jedermann den Mut, das Engagement und die Kontakte entwickeln muss, die man braucht, um Korruption jederzeit und überall aufzudecken und zu bekämpfen.

Ohne Partner geht es nicht

Nigeria und die Nigerianer können ihr Ziel nicht im Alleingang erreichen. Im weltweiten Feldzug gegen die Korruption ist kein Land eine Insel. Die Völkergemeinschaft muss sich der Erkenntnis stellen, dass es nur mit ihrer Hilfe gelingen wird, multinationale Unternehmen zu ehrlichem Wettbewerb um Märkte und Staatsaufträge in Entwicklungsländern anzuhalten. Dazu bedarf es globaler Normen sowie technischer, gegebenenfalls auch finanzieller Unterstützung, da manche Staaten diese Normen nicht anders umsetzen können.

Es betrübt mich, dass sich Konzerne aus Industrieländern noch vor kurzem massiv an der Kriminalisierung unserer Geschäftskultur beteiligt, Politiker kompromittiert, Institutionen korrumpiert und Verfahrensregeln unterlaufen haben. Internationale Entwicklungshilfe- und Finanzinstitutionen sowie die OECD-Staaten, allen voran die USA, müssen durch ihr eigenes Verhalten die politisch, wirtschaftlich und sozial kostspieligen Reformen aufgeschlossener Regierungen in Entwicklungsländern anerkennen und mit ausgewogener, sorgfältig abgestimmter Wirtschaftshilfe darauf reagieren. Unsere Partner sollten die erheblichen politischen Risiken honorieren, die wir im Kampf gegen Bestechung und Bestechlichkeit eingehen, und unsere Siege mit uns feiern, statt die Situation noch komplizierter zu machen.

Mehr Taten statt schöner Worte würden die Reformen gegen Bestechung und Bestechlichkeit in unseren Ländern weiterbringen. Eine weltweiter Feldzug gegen die Korruption ist nicht bloß eine Idee, deren Stunde dank der unermüdlichen Aufklärungsarbeit von Transparency International (TI) endlich gekommen ist, sondern eine zwingende Voraussetzung der friedlichen Koexistenz aller Staaten. Von den Regierungen der Industrieländer erwartet die Welt, dass sie durchsetzbare Sanktionen zur Maßregelung natürlicher und juristischer Personen vorschlagen, die sich im Ausland auf korrupte Praktiken einlassen. Mit Stolz darf ich bekannt geben, dass Nigeria sich federführend für die UNO-Konvention gegen Korruption einsetzt. Alle, die Verantwortung für nationale oder grenzüberschreitende Antikorruptionskampagnen tragen, werden der Unterzeichnung der Konvention begeistert zustimmen.

Ich beglückwünsche die Mitarbeiter von TI zu ihren großartigen Leistungen und möchte sie von Herzen bitten, ihren renommierten Korruptionsindex um weitere Aufstellungen zu ergänzen. So könnte TI regelmäßig veröffentlichen, was welche Länder unternehmen, um gegen Bestechung vorzugehen. Vielleicht noch wichtiger wäre eine Auflistung derjenigen Staaten, die Korruption im Ausland fördern sowie unterschlagene Gelder empfangen und behalten. Viele dieser Länder liegen in Europa. Es wäre daher nützlich, wenn es neben dem Index der wahrgenommenen Korruption (*Corruption Perception Index*) bald einen Korruptionsbegünstigungs- und einen Korruptionseindämmungsindex gäbe. Damit läge eine Gesamtübersicht über nationale und globale Korruptionserscheinungen sowie deren Bekämpfung vor. Nur eine

385

solche ganzheitliche Betrachtung vermittelt ein realistisches Bild vom Umfang unserer selbst gewählten Aufgabe: der Herbeiführung einer weltweiten »Nulltoleranz« gegenüber der Korruption.

Dieser Beitrag basiert auf einem Vortrag anlässlich der Feier des 10. Gründungstags von Transparency International im November 2003.

Anhang

Autorenverzeichnis

Josef Ackermann
Geb. 1948 in Mels, Schweiz. Seit 2002 Vorstandssprecher und Chairman des Group Executive Committee der Deutsche Bank AG, Frankfurt am Main. Mitglied des Vorstandes der Deutsche Bank AG seit 1996. Ab 1990 Mitglied der Generaldirektion der Crédit Suisse, ab 1993 deren Präsident.

Kader Asmal
Geb. 1934 in Stanger (Natal, Südafrika). Seit Juni 1999 Bildungsminister Südafrikas. 1998–2000 Vorsitzender der World Commission on Dams (WCD). Seit 1991 Mitglied des nationalen Exekutivausschusses des Afrikanischen Nationalkongresses (ANC). 1994 bis 1999 Minister für Wasser- und Forstwesen.

Zoë Baird
Vorsitzende der Markle-Stiftung in New York. Unternehmerin, Politikerin (tätig für die Regierungen Carter und Clinton), Wissenschaftlerin (Yale). Mitglied im beratenden Ausschuss für Technik und Datenschutz des US-Verteidigungsministeriums. Direktionsmitglied unter anderem beim Versicherungskonzern Chubb, im Brookings-Institut und im James-Baker-Institut für Staatspolitik.

Benjamin R. Barber

Geb. 1939. Inhaber der Kekst-Professur für Fragen der Zivilgesellschaft an der Universität Maryland. Direktionsmitglied der Bildungsinitiative »Democracy Collaborative«. Im Frühjahr 2002 DaimlerChrysler-Stipendiat an der Amerikanischen Akademie zu Berlin. Veröffentlichungen u. a.: *Starke Demokratie: Über die Teilhabe am Politischen* sowie *Coca-Cola und Heiliger Krieg* (auf Deutsch auch unter dem Titel *Demokratie im Würgegriff*).

J. T. Battenberg III

Geb. 1943 in Springfield (Missouri). Vorstandsvorsitzender des Automobilzulieferers Delphi. Vorstandsmitglied unter anderem beim Konsumgüterkonzern Sara Lee und in der Wirtschaftsfakultät der Columbia-Universität. Mitglied im nationalen Beirat des Bankkonzerns J. P. Morgan Chase. Vom Harvard Business Club in Detroit zum »Staatsmann des Jahres 2002« gekürt. Vorsitzender der Arbeitsgruppe Finanzpolitik des US Business Roundtable.

Thorsten Benner

Geb. 1973 in Freudenberg. Stellvertretender Direktor des Global Public Policy Institute in Berlin. 2001 bis 2003 McCloy-Stipendiat an der Kennedy School of Government der Harvard-Universität. Zuvor Tätigkeit im Entwicklungsprogramm der Vereinten Nationen (UNDP) sowie am Forschungsinstitut der Deutschen Gesellschaft für Auswärtige Politik.

C. Fred Bergsten

Geb. 1941 in New York. Direktor des Wirtschaftsforschungsinstituts IIE (Institute for International Economics) in Washington seit dessen Gründung 1981. 1977 bis 1981 Abteilungsleiter für auswärtige Angelegenheiten im US-Finanzministerium. 1969 bis 1971 Mitarbeiter im Weltwirtschaftsreferat des nationalen Sicherheitsrats der USA. Mitarbeit im

Brookings-Institut (1972–76), in der Carnegie-Weltfriedensstiftung (1981) und im amerikanischen Rat für Außenbeziehungen (1967–68). Zahlreiche Veröffentlichungen zu Fragen
der Weltwirtschaft.

Peter Eigen
Geb. 1938 in Augsburg. Gründer (1993) und Vorsitzender von
Transparency International. Ehrenprofessor der Politikwis-
senschaft an der Freien Universität Berlin. Von der Zeitschrift
Reader's Digest zum »Europäer des Jahres 2004« gekürt.

Betty Sue Flowers
Direktorin der L. B. Johnson-Bibliothek und Professorin für
Englisch an der Universität Austin (Texas). Lyrikerin, Publi-
zistin, Unternehmensberaterin und Moderatorin einer eigenen Fernsehsendung. Seminarleiterin am Aspen-Institut für
humanistische Studien. Veröffentlichungen über Lyrikthera-
pie und den Mythos Wirtschaft; Bücher zu TV-Produktio-
nen, darunter *Joseph Campbell and the Power of Myth*.

Jean-Marie Guéhenno
Geb. 1949 in Frankreich. Untergeneralsekretär der Vereinten
Nationen für Friedenseinsätze. 1979 bis 1981 Mitglied im politischen Planungsstab des französischen Außenministeriums.
1982 bis 1986 Kulturattaché der französischen Botschaft in
den USA, 1989 bis 1993 Leiter des politischen Planungsstabs.
1993 bis 1995 Botschafter bei der Westeuropäischen Union
(WEU). Ritter der französischen Ehrenlegion.

Manfred Güllner
Geb. 1941 in Remscheid. Studium der Soziologie, Sozialpsy-
chologie und Betriebswirtschaft in Köln. 1970 bis 1978 Mitglied der Institutsleitung des infas-Instituts für angewandte
Sozialwissenschaften. 1978 bis 1983 Direktor des Kölner Sta-
tistikamts. 1984 Gründung der forsa Gesellschaft für Sozial-
forschung und statistische Analysen. Seit 2004 Honorarpro-

fessor an der Freien Universität Berlin. Zahlreiche Veröffentlichungen, u. a. *Der forsa Meinungsreport. Was Deutschland
bewegt.*

Amr Hamzawy

Geb. 1967 in Kairo. Assistenzprofessor am Fachbereich Politikwissenschaft der Universität Kairo. Studium der Politolo-
gie in Kairo, Amsterdam und Berlin. Autor und Herausgeber
zahlreicher Publikationen zum zeitgenössischen arabischen
Diskurs über Demokratie, Zivilgesellschaft, Islamismus, Globalisierung und die Beziehungen zum Westen.

Charles Handy

Geb. 1932 in Kildare (Irland). Lebt als Publizist in London.
Autor von zahlreichen Büchern über den Wandel der Ar-
beitswelt, der Organisationsführung und des privaten Alltags,
darunter *Gute Egoisten; Die Fortschrittsfalle; Im Bauch der
Organisation.* Jüngster Titel: *The Elephant and the Flea.*

Paul Hohnen

Geb. 1950 in Sydney. Strategiedirektor von GRI (Global Reporting Initiative) in Amsterdam. Ehemaliger Diplomat der
australischen Regierung. 1993 bis 1999 Direktor für Außen-
kontakte bei Greenpeace. Seit 2000 externer Berater in Fragen
der nachhaltigen Entwicklung bei der UNO, in der Wirtschaft und bei freien Organisationen.

Michael Ignatieff

Geb. 1947 in Toronto. Carr-Professor für Menschenrechtsfragen am politikwissenschaftlichen Institut der Harvard-
Universität. Direktor des Carr-Zentrums. Jüngste Veröffentlichungen: *Isaiah Berlin – ein Leben; Die Politik der
Menschenrechte; Empire lite. Die amerikanische Mission und
die Grenzen der Macht* sowie zuletzt *The Lesser Evil: Political Ethics in an Age of Terror.*

Robert Kagan

Forschungsbeauftragter der Carnegie-Weltfriedensstiftung, spezialisiert auf amerikanische Macht- und Außenpolitik. Schreibt für die Zeitschriften *Weekly Standard* und *New Republic*. Kolumnist der *Washington Post*. Veröffentlichungen: *Macht und Ohnmacht* sowie *American Power and the Crisis of Legitimacy*.

Henning Kagermann

Geb. 1947 in Braunschweig. Vorstandssprecher der SAP AG. Seit 1982 im Unternehmen, im Vorstand seit 1991. 1982 bis 1992 Nebentätigkeit als Professor für Physik und Betriebsinformatik an der Technischen Universität Braunschweig und der Universität Mannheim.

Mary Kaldor

Programmdirektorin des Zentrums für globale Zivilgesellschaft an der London School of Economics. In den 80er Jahren Mitgründerin der Abrüstungsbewegung END (European Nuclear Disarmament). Ehemalige Kovorsitzende der Bürgerversammlung von Helsinki (Helsinki Citizens' Assembly, HCA). Mitglied der unabhängigen internationalen Kommission zur Untersuchung der Kosovokrise. Zahlreiche Veröffentlichungen.

Irene Khan

Geb. 1958 in Dhaka (Bangladesch). Seit August 2001 Generalsekretärin von Amnesty International. 1999 Einsatzleiterin des Flüchtlingskommissariats der Vereinten Nationen (UNHCR) in Mazedonien, Ernennung zur stellvertretenden Direktorin der Abteilung für internationalen Rechtsschutz. 1998 Leiterin des Dokumentations- und Forschungszentrums des Flüchtlingskommissariats, 1995 Leiterin der UNHCR-Vertretung in Indien. Trägerin des Pilkington-Preises »Frau des Jahres« 2002.

Claus Leggewie

Geb. 1950. Seit 1989 Professor für Politikwissenschaft und Direktor des Zentrums für Medien und Interaktivität an der Universität Gießen. Gastprofessuren unter anderem an der Universität Paris-Nanterre und der Universität New York. Zahlreiche Veröffentlichungen, u.a. *Die Globalisierung und ihre Gegner; Amerikas Welt. Die USA in unseren Köpfen.*

Ernst Ligteringen

Geb. 1955 in den Niederlanden. Geschäftsführer von GRI (Global Reporting Initiative) in Amsterdam. 1995 bis 2001 erster Geschäftsführer von Oxfam International, danach Programmdirektor der Internationalen Föderation des Roten Kreuzes. Bei GRI ist Ligteringen erstmals seit 24 Jahren wieder in seiner Heimat tätig. Zuvor studierte und arbeitete er im früheren Zaire, in der Dominikanischen Republik, in Kolumbien, Großbritannien und Frankreich.

Mark Malloch Brown

Geb. 1953 in London. Seit Juli 1999 Leiter des Entwicklungsprogramms der Vereinten Nationen (UNDP). Vorsitzender der UNO-Entwicklungsgruppe (UNDG), befasst mit der Ausarbeitung einer Umsetzungsstrategie für die entwicklungspolitischen Millenniumziele. 1994 bis 1999 Ressortleiter für auswärtige und UNO-Angelegenheiten bei der Weltbank.

Mario Monti

Geb. 1943 in Varese (Italien). Seit 1995 Mitglied der Europäischen Kommission in Brüssel. Rektor der Bocconi-Universität, Mailand. Wirkte 1987 und 1988 am Entwurf des italienischen Kartellgesetzes mit. 1988 bis 1990 Mitglied der Arbeitsgruppe zur Vorbereitung Italiens auf den europäischen Binnenmarkt.

Luis Moreno-Ocampo

Geb. 1952 in Buenos Aires. Seit April 2003 Generalanwalt des Internationalen Strafgerichtshofs (IStGH). 1985 stellvertretender Staatsanwalt bei den Prozessen gegen Vertreter der argentinischen Militärjunta der Jahre 1976 bis 1983. 1992 Eröffnung einer eigenen Kanzlei in Buenos Aires. 2002 und 2003 Vorstandsmitglied von Transparency International und Gastprofessor in Stanford und Harvard.

Rupert Neudeck

Geb. 1939 in Danzig. Jura- und Theologiestudium. Gründer der Hilfsorganisation Komitee CAP ANAMUR Deutsche Not-Ärzte (1979) sowie der »Grünhelme« (2003). Zahlreiche Veröffentlichungen, u.a. *Jenseits von Kabul; Die Menschenretter von Cap Anamur.*

Olusegun Obasanjo

Geb. 1937 in Abeokuta (Nigeria). Häuptling Obasanjo ist seit 1999 nigerianischer Staatspräsident. Bereits 1976 als Chef einer Militärverwaltung an der Macht, übergab er die Staatsführung 1979 freiwillig an eine Zivilregierung. 1995 bis 1998 unter dem damaligen Militärregime inhaftiert. Träger des GCFR-Ordens.

Ong Keng Yong

Geb. in Singapur. Seit Januar 2003 Generalsekretär der Vereinigung Südostasiatischer Nationen (ASEAN). Zuvor seit 1979 in verschiedenen Positionen im singapurischen Außenministerium tätig. Inhaber akademischer Titel der Universität Singapur und der Georgetown-Universität.

Jonathon Porritt

Geb. 1950 in London. Mitgründer und Programmdirektor der gemeinnützigen Londoner Denkfabrik »Forum for the Future«. Vorsitzender der britischen Regierungskommission für nachhaltige Entwicklung. Kodirektor des Wirtschafts- und Umweltprogramms des Prince of Wales' Business & Environment Programme. Für seine Verdienste um den Umweltschutz wurde Porritt im Januar 2000 der Komturorden des Britischen Imperiums (CBE) verliehen. Neueste Veröffentlichung: *Playing Safe: Science and the Environment*.

Mary Robinson

Geb. 1944 in Ballina (Irland). Geschäftsführerin der Ethikinitiative EGI (Ethical Globalization Initiative). Gründungsmitglied und derzeitige Vorsitzende des CWWL (Council of Women World Leaders). Ehrenvorsitzende von Oxfam International. Professorin am Institut für Außen- und Staatspolitik der Columbia-Universität. 1990 bis 1997 Präsidentin der Republik Irland. 1997 bis 2002 UNO-Hochkommissarin für Menschenrechte. Trägerin des »Global Leadership Award« der Vereinten Nationen, des Fulbright-Preises für Völkerverständigung und des Indira-Gandhi-Friedenspreises.

John Ruggie

Geb. 1944 in Graz. Direktor des Zentrums für Wirtschafts- und Staatspolitik an der Kennedy School of Government der Harvard-Universität. Ehemaliger Beigeordneter des Generalsekretärs der Vereinten Nationen, Chefarchitekt des Global Compact. Seit kurzem Sonderberater Kofi Annans in Fragen des Global Compact.

Jeffrey D. Sachs

Geb. 1954 in Detroit. Promotion an der Harvard-Universität; dort Lehrtätigkeit bis 2002. Direktor des Earth Institute, Quetelet-Professor für nachhaltige Entwicklung sowie Professor für Gesundheitspolitik und -fürsorge an der Columbia-Universität. Gastforscher am NBER (National Bureau of Economic Research). Sonderberater des UNO-Generalsekretärs Kofi Annan in Fragen der entwicklungspolitischen Millenniumziele.

Paolo Scaroni

Geb. 1946 in Vicenza (Italien). Seit 2002 Vorstandsvorsitzender des Stromkonzerns Enel. Absolvent der Mailänder Bocconi-Universität und der Wirtschaftsfakultät der Columbia-Universität. Mitglied in den Vorständen der Unternehmen BAE Systems und Alliance UniCem sowie der Columbia Business School, im Aufsichtsrat des Bankkonzerns ABN AMRO und im Exekutivausschuss von Confindustria (Dachverband der italienischen Industrie). Autor von *Professione manager.*

Stephan Schmidheiny

Geb. 1947 in der Schweiz. Gründer der Stiftung Avina. Ehrenvorsitzender des 1991 von ihm ins Leben gerufenen World Business Council for Sustainable Development (WBCSD). Veröffentlichungen: *Kurswechsel: Globale unternehmerische Perspektiven für Entwicklung und Umwelt* sowie *Walking the Talk: The Business Case for Sustainable Development.*

Jürgen E. Schrempp

Professor Schrempp ist Vorsitzender des Vorstands der DaimlerChrysler AG und Chairman der Global Business Coalition on HIV/Aids.

Anne-Marie Slaughter

Geb. 1958. Leiterin des Instituts für Staats- und Außenpolitik der Universität Princeton. Inhaberin akademischer Titel der Universitäten Princeton, Oxford und Harvard. Präsidentin der amerikanischen Völkerrechtsgesellschaft ASIL (American Society of International Law); prominente Kommentatorin zu außenpolitischen und völkerrechtlichen Themen. Jüngste Buchveröffentlichung: *A New World Order.*

Shashi Tharoor

Geb. 1956 in London. Studium der Geschichte in Neu-Delhi. Jura- und Diplomatiestudium in den USA. Seit 1978 bei der

UNO, derzeit als Untergeneralsekretär für Kommunikation und Öffentlichkeitsarbeit. Bislang acht Buchveröffentlichungen, darunter *Der große Roman Indiens; Indien: Zwischen Mythos und Moderne* sowie zuletzt *Nehru: The Invention of India*.

Stefaan Verhulst

Geb. 1966 in Belgien. Forschungsleiter bei der Markle-Stiftung in New York. Gründer und früherer Direktor des Programms für medienrechtliche und medienpolitische Komparatistik an der Universität Oxford. Berater unter anderem des Europarats, der EU-Kommission, der UNESCO, des UNDP sowie der Entwicklungshilfeämter der USA (USAID) und Großbritanniens (DFID). Zahlreiche Veröffentlichungen.

Jan Martin Witte

Geb. 1974 in Bünde. Stellvertretender Direktor des Global Public Policy Institute in Berlin. Doktorand an der John Hopkins School of Advanced International Studies (SAIS) in Washington. Tätigkeiten unter anderem am Brookings-Institut, bei der Weltbank und im Entwicklungsprogramm der Vereinten Nationen (UNDP). Zahlreiche Veröffentlichungen zu den Themen globales Regieren und transatlantische Beziehungen.

Patricia Wolf

Geb. 1944 in New York. Seit 1963 Mitglied des Ordens der Barmherzigen Schwestern in Amerika. Engagiert sich seit 1975 in der ethisch motivierten Aktionärspolitik. Seit 2001 Geschäftsführerin des Anlegerverbands ICCR (Interfaith Center on Corporate Responsibility). MA-Abschluss am Manhattan College, Ehrendoktorat am Mercy College in Dobbs Ferry (Bundesstaat New York).

Daniel Yergin

Geb. 1947 in Los Angeles. Bakkalaureat an der Yale-Universität, Promotion in Cambridge. Vorsitzender des Beratungsunternehmens CERA (Cambridge Energy Research Associates), Treuhänder des Brookings-Instituts, Direktionsmitglied der Privatorganisation »Atlantic Partnership«. Pulitzer-Preisträger. Veröffentlichungen: *Der Preis. Die Jagd nach Öl, Geld und Macht* sowie *Staat oder Markt: Die Schlüsselfrage unserer Zeit.*

Fareed Zakaria
Geb. 1964 in Mumbai (Indien). Chefredakteur von *Newsweek International,* Kolumnist der amerikanischen Ausgabe der Zeitschrift. Politischer Kommentator bei ABC News. Bakkalaureat an der Yale-Universität, Promotion in Harvard. Jüngste Buchveröffentlichung: *The Future of Freedom: Illiberal Democracy at Home and Abroad.*

Die Alfred Herrhausen Gesellschaft für internationalen Dialog

Kuratoriumsmitglieder

Josef Ackermann (Vorsitzender), Frankfurt am Main
Jean-Christophe Ammann, Frankfurt am Main
Sybille Ebert-Schifferer, Rom
Wolfgang Frühwald, Bonn
Detlev Ganten, Berlin
Anthony Giddens, London
Peter Gomez, St. Gallen
Heather Grabbe, London
Tessen von Heydebreck, Frankfurt am Main
Wolfgang Ischinger, Washington D.C.
Jürgen Jeske, Frankfurt am Main
Sergej A. Karaganow, Moskau
Hans Werner Kilz, München
Charles A. Kupchan, Washington D.C.
Eckard Minx, Berlin
Jürgen Mlynek, Berlin
Andrej Plesu, Bukarest
Bruce M. Ramer, Los Angeles
Lynn Forester de Rothschild, London
Stephan Sattler, München
Christoph Schwöbel, Heidelberg
Haig Simonian, Zürich
America Vera-Zavala, Stockholm
George Weidenfeld, London

Geschäftsführer

Wolfgang Nowak (Sprecher), Berlin/Frankfurt am Main
Maike Tippmann, Frankfurt am Main
Norbert Walter, Frankfurt am Main

Die Alfred Herrhausen Gesellschaft analysiert Probleme, Reformbedarf und Trends in der Zivilgesellschaft und eröffnet den Diskurs über Handlungsalternativen. Die drängenden Fragen unserer Zeit machen vor nationalen Grenzen nicht Halt. Auch Lösungen können nur grenzüberschreitend in einem internationalen Dialog initiiert werden.

Die Alfred Herrhausen Gesellschaft ist ein Zentrum unabhängigen Denkens, das Spuren der Zukunft in der Gegenwart sucht, Entwicklungslinien sichtbar macht und diskutiert. Als Think Tank der Deutschen Bank führt sie Menschen zusammen, die sich für die Zukunft der Zivilgesellschaft engagieren.